危机协同论

[加] 鲍勇剑 著

復旦大學出版社

THE COMMONS SERIES

复旦大学管理学院
商业文明和共同体研究所
系列丛书

序一

亲爱的鲍教授：

你要的新书序，谨此送上。

无论是日常生活，还是科学研究，我们始终都会遇到一个问题：怎样理解个体和所归属的整体之间的关系？个体可能包括公司的员工、高速公路上的汽车，或者经济体中的工厂；个体可能是植物的细胞或生物学研究的动物；个体和整体之间的关系问题还可以延展到无机世界，如激光发散的原子。所有这些有什么共同特征？它们都是系统，都是以一种形式或另一种形式运动的功能系统。这意味着，个体之间一定以某种有序且自律的形式运动着，整体系统因此而存在。无论有机体、公司，还是激光，都是如此。其中，生物有机体比较突出显示系统功能运动的规则。这些运动规则不是由外部强加的，而是生物有机体通过自我组织的过程而显现出来的。我们称这个过程为"自组织"过程。

通过研究一个特殊的物理系统——激光，我们对自组织过程有了一些洞察。我们找到在自组织过程深层的一些普遍原则：所有的系统都内嵌在周边环境中，周边环境设置了系统的一些特殊条件，系统因应这些条件而发展出某种状态和行为模式。这些状态和模式，即秩序形态，是从对周边环境反应中产生的。周边环境和缓变化，系统状态也随之和缓变化。

不过，出乎意料的是，和缓变化的系统会被迫放弃当下状态，被迫在几个根本性质迥异的新状态、新组合、新行为之间做选择。这是系统的关键处境，这样的关键处境一般被定义为"危机"。研究危机状态下的系统行为表现是"协同论"的根本目的，协同论是研究冲突状态下如何合作的科学。确实如此，危机管理的制胜之道在如何启动合作。危机管理研究根植于协同论的一些通用概念：秩序参数、役使原则、循环因果关系等。支持这些概念的严谨数学模型是从下而上推导出来的，从个体到系统，从个人行为到集体行为。我们发现，危机也有进化特征，进化不止于生物界。

除了自下而上的方法，还有另外一种自上而下的方法，它们组成协同论的两个基础。自上而下的协同论利用"香农信息"（简称 S-信息）的基本理论。协同论显示，计算 S-信息量，我们要用测试到的数据。S-信息有别于日常通俗的信息概念，它本身不指认任何意义。发展香农的理论，协同论的信息，或称协同信号，包含语义和行动指令。因此，协同信号代表着"秩序参数"，它告知系统中的个体如何通过自组织过程而行动。提醒一下，自组织过程本身受制于周边环境条件，受制效果起到间接约束和引导的作用。

就是这样，通过上下两种方法，无序走向有序。

借此信，祝你和你太太新年健康快乐！我期待你们再次来访！

赫尔曼

2021 年 1 月 2 日

（赫尔曼·哈肯教授是协同论创始人）

Dear Professor Bao,

I am sending you a suggestion for the prologue you required.

In our daily life as well as in science, we are continuously confronted with the understanding of the relations between individual parts and the ensembles they belong to. The parts may be workers in a company, cars on highways, or factories in an economy. They may be cells in a plant or animals we studied in biology. Or the parts and their ensembles may belong to the inanimate world, e.g., the light emitting atoms of laser. What have all these ensembles in common? They are "systems" that "function" in one way or another. This implies that the parts must behave in specific well ordered, regulated ways to enable the survival of the whole system, be it an organism or, say, a company (or a laser that we throw away if it doesn't function). As all biological organisms demonstrate, the "functioning" rules haven't been prescribed from the outside of nature. They must have been found by the organisms themselves by a process we term "self-organization."

Starting from insights we have gained by the study of a specific physical model system, the laser, we found general principles that underlie the process of self-organization. All systems are embedded in surroundings that impose special conditions on the considered systems that in turn develop a specific state/configuration/behavior in response to their surroundings. In general, this response changes smoothly, as long as the surrounding changes smoothly.

However, quite surprisingly, there are critical situations, where a smooth change of the surrounding forces the system to abandon its present state/configuration/behavior and to make a choice between a set of qualitatively different new state/configurations/behavior. Such a situation is conventionally termed "crisis." The study of the behavior of systems in crisis is the central goal of "Synergetics," the science of cooperation. Indeed, a key to overcome a crisis consists in cooperation. Its detailed study is based on quite general concepts such as order parameters, slaving principle, and circular causality. The rigorous mathematical formulation is based on a bottom-up procedure: from parts to system, from individual to collective behavior. We may state that a series of crises is the matter of evolution, not only in biology!

In addition to the bottom-up approach, there is a top-down approach that is termed "Synergetics' 2nd Foundation." It employs Shannon information (in short: "S-information"), a concept basic to information technology. We show, how to calculate S-information of a system on account of measured/given data. Since S-information doesn't refer to meaning (in contrast to the everyday use of the word "information"), in a further step, the concepts of semantic and pragmatic information are introduced. The latter serves as order parameter that informs the parts of a system how to behave in line with a self-organization process. Note that each self-organization process is the result of specific external ("environmental") conditions, whose fixation can be used as "indirect steering."

I wish you and your wife a Happy and Healthy New Year! I am looking forward to your visit!

Hermann

2021 年 1 月 2 日

(Professor Hermann Haken is the founder of synergetics)

序二

《危机协同论》是一本关于判断能力的好书。

每位企业家都需要提升危机管理的能力，这已经毋庸置疑。但是，如何系统地提升危机管理能力？它不仅是实践问题，也是理论难题。在紧密相扣的大系统中，看似局部的事故却能蔓延，导致全局性灾难。反之，人们有时对貌似惊天动地的事件过度反应，其实，如果当机立断，它也成不了气候。识别和判断能力，是对企业领导者的基本要求。系统提升危机管理能力从锻炼我们的判断力开始。勇剑的《危机协同论》可以做一根思想拐杖。

多年前，当信息技术遍布全社会各个角落时，我们发现，信息过剩，但知识短缺。今天，我们又遇到另外一个问题。当关于不确定性的知识普及后，我们发现，知识有了，但判断能力还没有跟上！知识管理研究者认为，"知道是什么"（know what）与"知道怎么做"（know how）之间有区别。判断能力是架接两者的桥梁。在我看来，判断力既有从实践中培养起来的行动经验，也有选择利用思维模式而养成的洞察习惯。遇到事情，特别是危机事件，我们不仅要敢于行动，还要有把握时机、洞察策略弱信号的思维模式。例如，用效率成本的思维看待危机，往往忽视危机潜在的灭绝成本。勇剑撰写的《危机协同论》，主要讨论的就是洞察策略弱信号的思维方法。

"少就是多"（less is more）。当代建筑学家推崇的设计思想在《危机协同论》中表现突出。一位学者，如果他（她）能够把一本书的要点画成一幅环环相扣的概念图，那至少说明他（她）精研了所阐述的概念，说明他（她）有明显的系统思维特征。在关注效率的常态管理领域，系统的概念和理论已经有很多。在关注生存与转型的危机管理领域，我们还缺乏一张言之成理的大系统概念图。勇剑从一张图开始，层层推进，演绎出危机管理的思考和行动系统。他的尝试是首创，是值得鼓励的努力!

今天,我们已经有许多学者研究危机管理的方法。它包括突发性事件管理、危机公共关系、舆情应对、商业的可持续发展、危机预防措施等。但我们还需要升高三级,思考它们背后深层次的规律。探索越深,规律总结越精练,洞察力效果越高。它要求学者不满足于简单和直接的管理效果,更要致力于艰难抽象的思考。这是一条泥泞且孤独的道路,因为努力不一定有成果,有结果人们不一定能理解。勇剑选择这样的探索。他去德国访谈协同论创始人哈肯教授,研究他的著作,思考怎样用最简洁的概念解释危机现象。他通读哲学家唐力权教授的全集,把唐力权教授的场有哲学运用到危机管理的实践中。唐力权教授是学贯中西哲学的大家,中国哲学界曾经为他举办过专题研讨会。哲学与商学相结合,早在哈佛商学院创立时就有这样的传统。杜威、威廉·詹姆斯、皮尔斯的实用主义哲学是美国商学知识体系的思想来源。中国的商学院也积极把中国哲学与商学相结合,并有许多成就。不过,用"意愿场有"的中西哲学观解释危机,塑造危机管理行动,勇剑应是第一位。

多年来,勇剑为我们 EMBA 讲授危机管理,多次获得 EMBA 优秀教师的称号,这也是企业家和高层管理者们对他知行融合的教学的肯定。我特别高兴看到《危机协同论》出版,相信这本书不仅会成为 EMBA "危机管理"课程的教材,而且会为广大管理学者、管理实践者带来十分有益的启示和全面切实的借鉴。

陆雄文 教授

复旦大学管理学院院长

序三

哲学，作为普遍性的理论，解释世界，但作为思维模式，又在解释世界的过程中塑造世界。某种哲学有多伟大，就在于它对于世界有多大的解释力和塑造力。

西方古代哲学在其集大成者亚里士多德那里确立了一种"形而上学"（metaphysics）或"本体论"（ontology），其实质是与"主-谓句式"相关联的"实体-属性"的思维模式，亚里士多德本人和其后的西方自然科学、认识论、伦理学和政治学无不在这种思维模式的影响之下，所谓"主体"与"客体"、"基础"与"表层"、"中心"与"边缘"、"绝对"与"相对"等宇宙、社会和人生的种种关系都是"实体"与"属性"关系的衍生。毋庸置疑，亚里士多德所确立的这种"实体主义"的思维模式在西方两千多年的历史中占有主导性地位，其解释力和塑造力超过了任何其他哲学理论。

但是，随着20世纪的降临，这种思维模式走到了尽头。科学的新发现和哲学内部的"反形而上学"思潮都更青睐"非实体主义"的哲学，其中最富建设性的是英国哲学家怀特海的"机体哲学"和德国哲学家海德格尔的"生存哲学"。他们都旨在打破亚里士多德那个坚硬的"实体"之为基本的存在（being），让存在（being）向着"时间""历程""创生""功能""生命""活动""变化""关系""意义""可能性"等世界的本然真实开放。值得注意的是，他们的思想与中国古代哲学不仅有契合性，甚至多少受到后者的影响。回首20世纪哲学，古今中西，交相辉映。唐力权的"场有哲学"正是在此背景下应运而生。唐力权先生基于现象学来会通怀特海、海德格尔与《周易》《道德经》，以"场有"（field-being）刻画万事万物的真相，以"即场而有""相对相关""诚仪隐机""和光同尘"来描述宇宙人生的真实历程。唐力权先生作为20世纪具有重要影响力的中国哲学家的地位早已确立，但其"场有哲学"的解释力和塑造力则正经历着考验。

于是，我们欣喜地看到了鲍勇剑教授关于"危机、协同、场有"一书。表面上看，这是一本"危机管理指南"，但实际上，说它是"管理哲学"都低估了它的理论深度和广度。当鲍教授把"危机"和"危机管理"定义为"一切生命活动的主旋律"时，他这本书带给读者的就是哲学的"世界观"和"方法论"，是要解释"从混沌到秩序的生成历程"，而管理学意义上的"危机管理"则只是最便于诠释这一哲学的具体实例而已！或者说，其要义不在于"解决冲突"，而在于"合作创立新秩序"，后者可谓一切哲学的宗旨和归趣。鲍教授坦言，作为其思想核心的"危机协同论"，是哈肯"协同论"和唐力权"场有论"的有机结合。他的"意愿场有论"既是唐氏"场有论"的应用，也是发展。"意愿"或"意向"是 20 世纪最为重要的哲学概念之一，从实体主义的角度和场有哲学的角度去看待，会呈现截然不同的后果。从实体主义的角度看，"危机"在很大程度上就是原子式个人之间的"意愿"必然冲突的危机，而从场有哲学的角度看，"危机"乃是相对相关的意愿场有的协同效应的"契机"。鲍教授认为，企业和产品都是场有活动作用产生的信号与能量凝聚现象，他以"特斯拉""亚马逊""苹果"和"乐视"等国际著名企业的兴衰为例，详解了不同思维方式的不同后果，为场有哲学的解释力和塑造力提供了强有力的佐证。

无疑，这是本雅俗共赏的佳作，不仅哲学与管理学的爱好者可以从中获得理论的享受和智慧的启迪，更能让普通读者举一反三、触类旁通，更新思维方式，把握这个"危"与"机"时刻并存的时代。记得希腊哲人赫拉克利特和柏拉图都喜欢说"上山的路和下山的路是同一条路"这样的话，鲍勇剑教授让"场有哲学"和"危机管理"殊途同归，他走的正是这"同一条路"。我们期待他更多的著作问世。

宋继杰　教授
清华大学人文学院哲学系系主任
2020 年 12 月 1 日

自序

　　21年前，第一次讲授危机管理时，我费尽全力想把正确的规律传送给同学。21年后，走上讲台，我的第一句忠告是：在这里，我说的都是错的，不过，没有找到正确的之前，它暂时有用！请以同样的态度阅读本书！

　　对于危机的认识，我经历了三个阶段。第一阶段的研究重点是如何防范危机和冲突。黑人领袖路易斯（John Lewis）启发了我。路易斯说，为"好的麻烦"，敢于斗争（fight good trouble）。麻烦与冲突是事物变化发展的伴生现象。只会防范，那就被动了！

　　第二个研究阶段是如何解决危机和冲突。访谈维克（Karl Weick）后，发现这也有问题。维克与另一位学者曾描述一位农夫选择错误的农作物，以至于土地板结。不顾土地属性，农夫不断选择更高马力的拖拉机松土，土地板结问题也越来越严重。用自以为正确的手段去解决错误定义的问题，只会放大危机。所以，首要的任务是搞清楚，这是一个什么问题。

　　到了第三个阶段，我研究如何凝视失败，发现危机是寻找合作方法、建立新秩序的科学。这时，我所了解的管理知识已经无法回答新问题。现代管理学，特别是商业管理，主要关注经济和效率问题。在成本与收益的思维范畴内，危机难以获得合适的理解，更不会达到较为长久的动态均衡状态。"礼失而求诸野"，我尝试从其他学科寻找启发。

　　物理学家哈肯教授的"协同论"和哲学家唐力权教授的"场有论"给了我最直接的启发。发轫于激光研究，协同论是研究"事物在两个动态均衡状态之间，如何自组织，如何合作的科学"。这两个状态，一个是失序的状态，即所谓危机，另一个是秩序的状态。两个状态之间的所有工作就是危机管理。场有论试图解释事物聚散的过程和条件。当我把两者结合在一起后，过去看似矛盾的概念和实践都能自洽了。

　　本书呈现一套自洽的危机理论体系。它一定可以证伪。不过，没有找到正确的之前，暂时有用。

　　我对危机和危机管理认识发展的三个阶段也是结识良师益友的过程。

先是我的同修。复旦大学管理学院的 EMBA 课堂是锤炼思想的战场,同学们既有让我下不了台的本能,也有让我离不开教室的热情。我对危机管理的所有认识都来自他们的鼓励和鞭策。错误归我,智慧属于 EMBA 班级的朋友们。特别值得一提的是复旦大学管理学院 EMBA 行政组的老师,她们在后台为大家赋能。康蔚、高菁澴、刘欣、金娟、龚婧……我们除了分工不同,没有贡献大小之分。

然后是协同论创始人,哈肯教授。找到哈肯教授,幸运来自我的朋友徐石。徐石是北京致远互联的董事长。致远同人用近 20 年的时间研究协同行为、协同论和协同软件。受他们的嘱托,我不远万里飞到德国斯图加特,访谈哈肯教授。年过古稀的哈肯教授倾囊相授他的智慧,我永远感谢他亲笔写下的回信和为本书做的序言。

我发自内心感谢编辑朋友。2019 年开始的疫情激发我从书斋研究转向大众传播。在"澎湃新闻"和"界面新闻"的支持下,我主持"危机不慌"专栏,希望能对各行各业的危机管理做出贡献。《清华管理评论》编辑刘永选也给我正面压力,敦促我把研究转化为中文文章。复旦大学《管理视野》的朋友更是良师益友。孙一民教授、于保平博士、程亚婷执行主编始终欢迎和容忍我特立独行的选题和写作风格。没有亚婷的改写,有些文章就会生涩难懂。本书中许多章节的原始思考都来自我的专栏文章。我的编辑朋友孙鉴、蔡军剑、张衍阁、马蕾、黄锫坚、刘永选和戚雅斯给我许多鼓励。他们修改、编辑了我的文章和本书内容。

我的朋友陆雄文教授对本书从构思到出版帮助最大。每次见面讨论,雄文总是让我感觉我是在做一件宏大的事情。领导者能让一名平常的人做出超常的事情。对我,完成这本书,它是超常的表现。雄文的指导功不可没。

哲学家罗蒂(Richard Rorty)说,21 世纪,世界充满荒诞和讽刺性,找到志同道合的朋友,团结组成智慧共同体,它是救赎之路。写这本书,到底是为了整理思想,还是为了结识智慧的朋友?结识思想同路人更重要!

前言

危机管理正在成为统领一切管理活动的显学。它本该如此。认真阅读考夫曼（Stuart Kauffman）《秩序的起源》(*The Origins of Order*)，我们发现，危机，克服危机，从危机中升华，它们是一切生命活动的主旋律，其他不过为伴奏。长期以来，危机管理被视为一种项目管理，或等同于危机公关。这怨不得众人眼浅。过去，它一没有科学原理支持，二没有哲学概念支撑。进入21世纪，大河上下，寰宇内外，一个危机接踵另一个危机。危机管理成为"显学"，因为危机占据大小新闻频道。危机管理却有沦为"神油""蛇药"和"大力丸"的趋势，危机管理成为一门"显赫的学问"。任何学问一旦显赫，它就可能成为脱口秀的舞台。

让危机管理回归它的本分：解释从混沌到秩序的生成历程。危机管理不仅是解决冲突的方法，更是合作创立新秩序的策略。这是本书要旨。

哲学家唐力权认为，一个有曼陀罗智慧的大系统，它必然是方中有圆，圆中有方，以方求圆，以圆求方的生机结构。有曼陀罗智慧的大系统也应该可以精炼提纯到一幅画。它就是唐卡。一幅唐卡既包罗万象又简洁明了：方与圆的关系，层峦叠嶂，生生不已，形成大千世界浑圆的道场。本书的主题——"危机协同论"也可以提炼成为下面的思维导图，它包含全书所有的立论结构。

传导新希望，汇聚微意愿

简而言之，危机是冲突与合作的结合体。危机管理是激活合作因素，从混乱走向秩序。协同论解释危机历程的起、承、转、合与成、住、坏、空。危机大系统的演变始终是两股力量交织纠缠的过程：意愿系统的力量和能量系统的力量。在这两股力量交错过程中，四种典型的活动现象如影随形。它们是曲线诞生、主观感应、场有效应和小概率现象。与生产效率为先的常态管理相比，危机管理要求非常不同的八项组织能力，从危机决策到行动主义。所有不幸的危机各有各的哀伤曲调。所有成功的危机管理却都体现同样的旋律风格：传导新希望，汇聚微意愿！

"删繁就简三秋树，领异标新二月花。"郑板桥的这句诗生动地说明总纲与章节之间的关系。通过本书的十个章节，我们递进铺陈危机协同论的理论和应用要素。

第一章首先介绍危机协同论是研究从无序到有序过程的理论。然后阐述危机协同论十条原理。我们从哈肯（Hermann Haken）的协同论（synergetics）延展引申危机协同论的基本概念。它主要包括待确定状态、序参数、哈肯信号和协同场效应。

第二章的重点在讲解危机的意愿现象特征。所有的危机都是社会危机，所有的社会危机都是人的危机，所有人的危机根本点在于人的意愿。因此，理解和把握众人的主观感受是危机管理的重要任务，它为梳理众人的意愿打下基础。在此之上，危机管理者建立"问题情境观"。危机问题往往是刁怪的问题，它可以"横看成岭侧成峰"，有多种解释和定义角度。怎样定义危机问题直接影响后续的策略选择。

第三章说明危机协同论的另外一个重要理论来源：唐力权的场有论。本书的危机协同论是哈肯协同论和唐力权场有论的有机结合，系统地解释危机历程中意愿、场有、信号三大要素。本书还对前辈理论作了重要发展，说明调动意愿和传播信号的有效方法是行为艺术。所以，成功的危机管理都有行为艺术表演的元素。

第四章比较常态决策和危机决策之间的差异。危机决策有别于常态决策，其决策前提不一样，它是在恐慌心态、小概率事件、待确定状态和弱信号前提下的决策。然后，重点讨论弱信号下的危机决策的指导框架和设计思维的必要性。

第五章用一些具体案例来解释危机大系统的特征和潜在陷阱。危机大系统受意愿和能量两股力量左右。这一章着重讲解能量系统的六个复杂联动特征，它们解释了为何危机大系统有诸多脆弱性，以及为何我们不能用简单的线性因果关系解释危机现象。

第六章重点分析危机的临时组织特征和对协同骤聚能力的要求。我们先解释临时组织有4T（time, team, task, transition）。如果忽略4T特征，常态的事故就容易演变为危机的故事。然后，我们详细说明临场应变的骤聚能力是危机管理的核心竞争力。骤聚能力不容易建设，不容易管理，因为它执行时要求强控制，变化时希望灵敏再组合。

第七章开篇介绍归纳、演绎和溯因三种逻辑的联系和区别，然后说明怎样用溯因逻辑支持情境规划。我们用具体实例演示如何使用情境规划的方法，并突出它的贡献在于锤炼组织和团队成员之间的思想能力。危机实践既有想的实践，又有做的实践。情境规划方法赋能想的实践。

第八章讲解学错的文化在危机管理中的功能。危机现象往往是小概率事件，它很难用常态管理的认知方法去理解。小概率事件要求不但要学对，还要学错，即从变差和偏差中找创造性突破的机会。在这一章，我们试图刷新对失败和组织坚韧力的认识。

第九章又回到危机现象的根本问题：时间和空间的社会性。以新冠疫情引发的全球危机为背景，我们再访危机现象的玄元，叩问事关人类生存的根本问题。结合互联网平台经济的危机现象，说明探索和解析商业的根本问题的重要性。

第十章是对全书涉及的协同思维方法的另类总结。以绝境领导力为主题，把前面章节的讨论概括为协同思维的十项基本原则。

好莱坞电影剧本大家麦基（Robert McKee）说得好，小是通透，是对工作对象深切的了解。看通透了，繁杂就变简单，快变慢，庞大就缩小为能够理解的疑问。到访过纽约的朋友都会对范德罗（Ludwig Mies vander Rohe）设计的极简主义代表作——西格拉姆大楼（Seagram Building）留下深刻印象。密斯是"少就是多"（less is more）哲学的倡导者。掌握精简的元概念和基本原则一定有利于提高预判能力。少即丰富，小是通透。全书从一页纸的危机协同论的唐卡开始。最后，回到绝境领导力的十项思维原则。危机管理的密码还能更少、更小吗？

可以的！一个字："您！"

目录

第一章　秩序未央　协同减熵 ······ 1
　第一节　危机管理的四种环境模型 ······ 2
　第二节　"哈肯信号"是危机熵减的"圣杯" ······ 7
　第三节　危机协同论，合作的科学 ······ 11
　本章要义 ······ 22

第二章　意愿现象　变态管理 ······ 23
　第一节　迈入意愿法门，危机管理豁然开朗 ······ 25
　第二节　危机沟通首先不讲道理 ······ 29
　第三节　危机不是无解，而是五解 ······ 32
　第四节　危机管理的现实境界是"无咎" ······ 36
　本章要义 ······ 40

第三章　意愿场有论　行为艺术观 ······ 41
　第一节　三个事例解释场有论 ······ 42
　第二节　解救"崖断危机"的场效应策略 ······ 46
　第三节　主导企业兴衰的意愿、场有、信号 ······ 52
　第四节　再访危机协同核心概念 ······ 60
　本章要义 ······ 63

第四章　危机决策　设计思维 ······ 65
　第一节　弱信号下的危机决策 ······ 65
　第二节　大危机解困，启动设计思维 ······ 74
　第三节　设计思维的正反案例 ······ 78
　第四节　"迹象管理"的设计原则 ······ 82

第五节　设计思维的奇点 ································· 86
本章要义 ··· 91

第五章　大系统陷阱　大关系思维 ······················ 92

第一节　大系统决策的陷阱 ····························· 93
第二节　骑士集团的灭顶危机 ··························· 98
第三节　两个历史经典案例 ···························· 102
第四节　敬畏危机从大系统思考开始 ···················· 106
第五节　大系统是个怪东西 ···························· 109
第六节　"川猪走天下"的大关系思维 ···················· 112
第七节　识别四种历史大关系 ·························· 115
第八节　借交响乐神通大关系 ·························· 116
第九节　大关系的奥妙：美丽的复杂性 ·················· 118
本章要义 ·· 121

第六章　临时应急组织　协同骤聚能力 ················· 123

第一节　从美联航看临时组织的悲剧 ···················· 124
第二节　恒天然 WPC80 危机公案 ······················· 127
第三节　组织骤聚能力的应急协同 ······················ 132
第四节　巡回排演临场应变 ···························· 142
本章要义 ·· 149

第七章　溯因思考　情境规划 ························· 151

第一节　启发性原则和溯因逻辑 ························ 152
第二节　情境规划分析方法简论 ························ 157
第三节　预想全球科技大变局 ·························· 162
第四节　未来工作4.0的情境规划 ······················ 167
本章要义 ·· 182

第八章　学错的文化　成功的失败 ····················· 183

第一节　现代社会进入"长态危机" ······················ 184

第二节　走不出危机，因为知识陷阱 …… 188
　　第三节　像堂吉诃德那样凝视失败 …… 191
　　第四节　马斯克懂得设计成功的失败 …… 195
　　第五节　认识高可靠性组织 …… 199
　　第六节　小心坚韧力绞杀竞争力 …… 203
　　本章要义 …… 208

第九章　商业存在与时间　平台经济与模式 …… 209
　　第一节　商业的存在与时间 …… 210
　　第二节　重新想象未来商业空间 …… 216
　　第三节　重新想象平台企业的商业模式 …… 221
　　第四节　平台企业怎样避免"公地危机" …… 226
　　第五节　复产复工，董事长做好两件事 …… 230
　　第六节　重新想象气候颠覆 …… 233
　　本章要义 …… 235

第十章　绝境领导力　混沌渐确定 …… 236
　　第一节　绝境领导力中的渐确定性策略 …… 237
　　第二节　被误解的熵减 …… 239
　　第三节　危机中的真切领导力 …… 246
　　第四节　向欧洲家族企业学战略模糊 …… 249
　　第五节　战略模糊时期，补上"实物期权"这一课 …… 252
　　第六节　切莫轻视危机阴谋论 …… 256
　　第七节　双循环的"产业俱乐部"策略 …… 260
　　本章要义 …… 265

结语　危机协同　认知先行 …… 266

参考文献 …… 272

第一章 秩序未央　协同减熵

旧市场结构已经破裂，新秩序尚未萌发，这是一个怎样的秩序状态？VISA信用卡创始人和前总裁霍克（Dee Hock）称之为"未央"（chaordic）。未央，它既表示新秩序将至，旧秩序未尽，也意指四顾茫然，漫漫无边的处境。《诗·小雅·庭燎》有"夜如何其？夜未央"。王安石注解《老子》中的"荒兮其未央哉"为"道之荒大而莫知畔岸"。

今天，全球企业的处境也是"未央"。一方面，因担心失去统治优势，旧市场秩序的建立者调动行政手段中止或修改市场规则。中美贸易摩擦和英国脱欧就是两个典型代表。另一方面，新兴力量积极作为，力求建设全球化新秩序。2020年，中国政府开展一系列新的国家与国家之间的自由贸易协议。《区域全面经济伙伴协议》（RCEP）和《中欧投资协议》是新版全球化的代表性实践。不过，凶险环境仍在。因为，除了世界经济领域的冲突因素之外，全球气候变化和流行传染病已经成为周期性破坏因素。

未央，它生动地捕捉到人与环境之间心理关系的危机状态。怎样解释人与环境之间的关系左右着危机管理的方向和策略。

剑桥大学考古学家坦特（Joseph Tainter）假设，人类5 000年文明得益于地球地质和气候环境前所未有的稳定。在稳定的环境中，技术、社会形态和组织结构才能越来越精密。一旦环境出现剧烈变化，精密复杂的社会组织系统就难以维持。坦特30年前的假设特别有现代感。2018—2021年，气候变化、新冠病毒肆虐、地缘政治冲突、去全球化……这一系列环境剧变都让所有管理者警醒，认识到一个新现实：危机管理是个纲，纲举目张！

危机管理从认清组织与环境的关系开始。**本章第一个重点是介绍四种危机环境模型**。值得强调的是，我们与环境之间的关系不仅只是适应。在生态进化过程中，生物一方面适应（adaptation）变化的环境条件，另一方面善用环境资源（exaptation）。例如，鸟类的羽毛先是为适应环境温度变化而生，它又被善用在发展飞翔能力上。主动作为、善用环境，是本书鲜明的积极行动的态度。

20世纪50年代，波兰科幻作家斯坦尼斯拉夫·莱姆（Stanislaw Lem）出品的《索拉里斯》(Solaris)，寓意丰富，被多次翻拍为电影。小说描述地球人到另一个星球（索拉里斯），发现那里的海洋如绵绵不断的超级智慧，能将人的一切想象栩栩如生地化为伸手可及的现实。但是，人的智慧却难以企及同样的理解，无法与外星智慧传情达意。危机现象与传统管理思维之间也存在类似的鸿沟。得益于中文对危机的智慧解释，我们都知道危中有机。但只有极少数的人和组织真正能将危难转化为机遇。其中一个重要的原因在于大多数人选择了不合适的思考模式。

危机是从混乱状态到动态均衡状态的过渡现象。长期以来，危机管理被规范成解决冲突的方法，而非探索合作、更新秩序的策略。在这本书之前，关于危机管理的论述有一个共同特征：如何恢复秩序，返回危机前的系统状态。而这本书的理论要义在于：破裂的系统不可能复原，只能更新、再生、蝶变。

犹如索拉里斯，危机大系统包含绵绵不断的超级智慧。为了与之交流，我们需要相匹配的思维模式。它的研究对象是从混乱到秩序的过程。它能指导从冲突到合作的实践。物理学家哈肯（Hermann Haken）的协同论（synergistics）提供了一个精练的理论框架。通过反复研读和多次交流，在哈肯教授直接指导下，本书将哈肯的协同论延展到危机管理领域。

本章的第二个重点落在危机协同要义。香农（Claude Shannon）用"熵值"标识系统混乱无序状况。熵增则系统无序度上升，熵减则系统有序度上升。我们将说明，为何不能用香农的信息论理解危机现象，为何"哈肯信号"才是合适的熵减方法。

第一节　危机管理的四种环境模型

危机管理者可以选择未来环境吗？其实，我们一直在选择。例如，人们流行用 VUCA（volatility, uncertainty, complexity, ambiguity；不稳定、不确定、复杂、模糊）解释当前的环境特征。当我们用一种环境模式来解释面临的危机之时，选择已经开始。

研究 7 个国家成功的历史性逆转后，戴蒙德（Gerald Diamond）得出结论：危机管理的核心在于选择！讨论存在的危机，海德格尔（Martin Heidegger）同样强调选择：向内，选择与自我调和（attunement）；向外，选择与环境渐确定（ascertainment）。

乐视的贾跃亭、瑞幸的陆正耀，他们都做出了自己的选择。可是，人们对他们选择的成效有两极看法。一方面，我们不知道当事人选择如何与内在自我调和；另一方面，选择与环境所达成的渐确定关系不是恣意妄为，而是遵从规律前提下的思考与行动。

是的，人可以选择环境。这与我们的观念相左，我们以为，客观环境只能顺从和适应。但是，环视一下周边的一草一木，有哪些成分没有经过社会的改造？一切都是人造的！2015 年，地质学家扎拉西维奇（Jan Zalasiewicz）连同其他 19 位研究者发文指出：以千百万年的地质年代划分，地球正式进入"人类世"（Anthropocene），即人类活动从此主导地球，并影响地球未来。一切环境必然是社会化的环境，这不仅是哲学家的思考，也是科学家的结论。我们在受环境影响的同时，也改造着环境。关于危机管理过程中人与环境的关系，哲学家戴维森（Donald Davidson）的互动观（intersubjectivity）更贴切。

直白地讲，我们对环境特征和性质的主观解释，影响到我们对认知方法和策略行动的选择。主观解释本身激发环境因素。它们对我们的行动有促进或限制影响。无论结果如何，我们都看到人与环境互动观的特征。有一点可以肯定，自以为是，强力运用互动的环境力量，一定会遭受如同回旋镖一般的惩罚。

那么，当危机发生时，在我们发挥主观能动性之前，怎样看待环境条件？受考特尼（Hugh Courtney）的"透视未来不确定性"的启发（20/20 Foresight），以不确定性的程度和特征来划分，我们关注四种环境原型。危机发生时，管理者可以依据这四个原型形成自己对环境的解释，这将影响后续对认知方法和行动策略的选择。表 1-1 汇集了我们的研究结果。

表 1-1 解释、选择与行动

种类/属性	环境叙事	未来选择特征	人与环境关系	认知方法	行动选择
	简单环境	曲折的单一选择	服从	规划管理	商业续命管理
	复合环境	复数选择可以事先规划	适应	实物期权	竞争能力组合
	复杂环境	模糊的选择在一定范围内波动	影响	情境分析	新生态联盟
	创变环境	稍纵即逝的无限选择	自组织	文学想象	预体验虚拟真

第一层次的"简单环境"是未来不确定性最低的。在该环境中，我们熟悉的重大社会经济和技术因素仍然发挥作用，没有看到根本改变。因此，出现干扰，策略会有波动，但大方向还是明确的。例如，第二次世界大战后 50 年的全球化世界经济格局。它基本上是欧美国家力量做后盾，西方大公司市场和生产策略为

主导，发展中国家和企业从属的局面。在此期间，发生过全球石油危机、债务危机和货币危机。但是，大方向和主导因素没有根本变化。因此，对各方面而言，危机后的环境基本上维持旧秩序。危机前的全球化策略选择还是有效。危机带来的冲击更多是策略波动，主旋律不变。在这样的情况下，企业有比较确定的主流策略选择。虽然根据自己在全球供应链中所处的地位，波动和冲击有高低，但企业能够做中长期规划。在遭遇危机后，企业通常有信心逃过这一劫，市场恢复，业务再起。所以，商业续命是企业的主要作为，包括"过冬"准备、现金流控制、裁员和减少生产规模。在世界观上，企业视环境为必须服从的客观限制因素。在方法论上，传统的策略规划管理被视为圭臬。低不确定性的环境永远存在，视危机性质、时空特征和管理者的能力。它也被认为是一种友好环境。

如果我们选择用"简单环境"的叙事风格解释外部条件，我们基本上假设环境是难以规避或改变的限制性因素。我们只能服从环境施加的各种限制。一个极端的例子是有3 000年历史的印度种姓制度。它向最底层的首陀罗和达利特灌输命定思想。底层种姓的人以"简单环境"意识理解生命中发生的大大小小的矛盾和冲突，然后选择服从。

第二层次的"复合环境"对主事人的挑战提高。人与环境是互动关系，互动过程有随机性和偶然因素。因此，事前规划好的行动路径可能出现岔道，环境中的不确定性就上升。于是，我们有了第二个层次的环境类别："复合环境"。复合环境比简单环境更有挑战性，因为有两个因素：①在随机和偶然活动干扰下，未来发展的路径有不止一项选择（复数的选择）；②面临岔道选择，人们需要发挥主观能动性，需要系统的判断能力。这时，系统判断力要求人们放弃简单的线性逻辑思维，接受概率分布思想。关于随机性，诺贝尔化学奖得主艾根（Manfred Eigen）和他的合作者专门写了一本书，《游戏法则》（Laws of the Game），说明随机偶然性是自然规律的一种。如果认为完全按规律办就能得到预计的结果，这就违背"随机规律"了。

"复合环境"的一个未来不确定特征是复数选择，有许多岔道。虽然选择错了会陷入困境，但是关于这些岔道的信息和知识是可以事先获得并准备的。例如，进入国际市场，我们可以选择直接贸易、合资、联盟、直接投资和许可证，这是五个不同的选择。有些可以安排为"套餐"，有些相互独立。选择不一样，未来的发展道路也有差异。不过，因为挑战环境的随机性和偶然性，我们最好不要假设其中的选择不会发生，而要设想何时发生。这样，我们适应环境能力才能提升。与"复合环境"相对应的认知方法是"实物期权"（real options）。例如，考虑到国际环境动荡，先与合伙人商量好低风险的直接贸易，并约定当贸易量达到一定程度时，有投资对方公司的选择。相对于金融市场风险对冲的虚拟期权，这就是实物期权。以"复合环境"解释危机发生时的氛围，在行动上，企业会选择竞争能力的组合策略。一些与当前主流业务关联性不大，但是符合实在期权考虑的能力是企业组合对象。

如果我们选择"复合环境"观看待人与外部因素之间的关系，我们一般假设外部力量发展的轨迹不容易改变，但可以去理解。弄懂多种发展轨迹之后，我们设计相匹配的方案，然后根据变化做动态选择。历史上，老罗斯柴尔德（Mayer Amschel Rothschild）把五个儿子派送到欧洲的五个经济中心：伦敦、法兰克福、那不勒斯、巴黎、维也纳，长期扎根发展。除了金融，他们还分别涉足矿业、地产、酿酒、能源、农业和慈善业。两百年间，罗氏的身影出现在法俄战争、巴西独立、以色列建国、非洲罗得西亚自治、苏伊士运河、东印度公司……处于19世纪初期的危机动荡年代，罗氏用"复合环境"观指导家族事业的期权组合。

第三种类别是"复杂环境"。在复合环境中，虽然未来道路有多条，每一条路径轨迹是清晰的。相比而言，复杂环境的动态变化程度很高，值得选取的路线不明朗。未来取决于背后多股力量之间的互动过程。在这样的环境中，当危机发生时，关于未来的选择是模糊的，不过，大约会在一个范围之内。它的不确定性程度高于前面两类。第一类属于"我们知道未来方向"（known knowns），第二类属于"我们重新审阅被忽视的未来可能性"（unknown knowns），第三类则是"未来有无知领域"（known unknowns）。我们假设的第三类环境恶劣，因为我们假设在无知领域，有力量颠覆现在的业务和模式。20世纪70年代，从壳牌石油公司开始，大企业运用情境分析（scenario planning）的认知方法，试图在一个模糊范围内理解未来变化可能的情境。大企业特别关心无知领域的力量，因为它们带来颠覆性冲击。

情境分析的另一个假设，是未来仍然由当下的因素汇集造就。草蛇灰线，伏延千里。情境分析者善于捕捉环境中的弱信号，识别涌动中的活跃因素，预想它们叠加在一起之后的力量，绘测诸多合力缴绞而成的趋势。然后，根据趋势正向和负向演绎的可能性，思考者描绘出未来可能的情境。它们要包括在熟悉环境下意想不到的情境。例如，华为的2012实验室和方舟计划的重点在分析意想不到情境背景下的生存之路。情境分析的行动策略是"先行者联盟"。通过与代表性的利益相关者沟通，思考先行者之间达成共识。它为先行者之间的生态联盟奠定思想基础。由此，人们可以影响甚至形成有利于先行者的小环境。

如果我们选择"复杂环境"观看待人与环境的关系，我们会像壳牌石油公司那样用生动情境去影响业务伙伴，结成产业联盟，为自己在动荡大环境中营造稳定的小气候。从这个原理出发，当前中国企业一个既重要又急迫的任务是与国际市场的利益相关者探讨疫情之后的商业生态情境，形成思想统一战线。

第四种类别是"创变环境"，亦称"寒武纪环境"。它取义于"寒武纪大爆炸"（Cambrian explosion）。5.4亿年前，地球突然出现物种爆炸性大发展。各类复杂结构的物种纷纷出现。寒武纪物种大爆炸现象显示，物种进化有突变繁荣的可能性。大量新物种突然出现，有稍纵即逝的发展机会。能否存活下来，就要看新物种与环境之间互动，看能否形成自组织的动态平衡。能，系统的自组织活动（self-organizing）便稳定成为秩序；不能，系统能量耗散，被其他系统利用吸收，这便是所谓"化作红泥更护花"。

如果我们以"创变环境"观看待人与环境的关系，我们会把危机当作创造新物种的号角，会认为过往的思维方式和行动策略皆为低级活动。低级，是指没有能力善用环境蕴含的机会，甚至自我设限，以至于从一个危机走向下一个危机。寒武纪物种大爆炸意味着全新秩序的种子勃发。如果套用循证思维，看不到实相就拒绝，那么勃发的种子也将萎靡枯寂。这个环境下的不确定性根植于我们对无限可能的未来无知无识（unknown unknowns）。突破无知无识的不确定性，合适的方法是文学想象！

"教导过的想象力"（educated imagination），是文学批评泰斗弗莱（Northrop Frye）推崇的思想力。我们生活在一个客观世界中，还是生活在一个主观想象的世界中？弗莱把这个问题颠倒过来：我们愿意选择一个必须服从的客观世界，还是愿意选择一个可以想象的创变世界？无论答案是什么，只要观察一下千年以前的神话、传说、经文仍然左右今天的社会言行，我们就能看到文学想象的实际功效。文学允许奇思妙想，可以不拘于世俗传统，鼓励天马行空。我们说，行吟诗人是有执照的说谎者（"Poet is a licensed liar."）。它形容社会允许文学想象在思维空间恣意妄为。身处寒武纪式的创变环境，我们需要文学为想象力注入能量。文学想象是这个环境下最有效的思想认知工具。

数字虚拟技术大爆发也给创变环境中的企业送来强大的行动工具。在与上海五角场双创学院合作过程中，我们尝试推出"预体验虚拟真"的行动策略。创新创业者可以在虚拟空间自组织协同合作，并感知协同的功效。对网络一代，他们的思维已经可以同时接受"现实真"（actual truthfulness）和"虚拟真"（virtual truthfulness）。这样的认知方法和策略可以嫁接到危机后秩序重建活动中。当数字虚拟技术和文学想象力结合时，"预体验虚拟真"策略为危机后新秩序建造一个个"平行宇宙"，以至于我们可以身临其境，感受新模式的生命力，做出对未来的选择。新冠疫情之后，通过文学想象和预体验虚拟真，教育、医疗、旅游、会务等行业也许可以找到解放的道路。

上述四种环境原型也可以看作组织对外部环境的四种解释，四种叙事风格。运用哲学家戴维森的互动观，危机环境既不是完全主观的，也不是完全客观的，而是主事者在解释和行动的过程中共同形成的。因此，选择怎样描述环境会直接影响后续作为和行动效果。例如，在2015年出版的《新技术的胜算》一书中，我曾经解释，特斯拉电动车与其他传统厂商制造的电动车功能相同，但代表的价值不一样。特斯拉被当作一种信物。它传递着创始人马斯克"创变环境"的叙事。相比较而言,传统汽车厂商也打造一系列电动车。但那只代表"复合环境"观指导下的多项选择之一。特斯拉包含着马斯克的创变环境叙事,那才是它市场价值疯涨的社会心理根源。

总之,策略管理可以简化为两条:①解释和选择环境;②打造组织能力。危机发生后,可供解释和选项的环境原型就是上述四种。当前的环境是哪一种?那要看谁问。需要强调的是,如果危机管控能力很强,却选错环境原型,那么,后果严重!

第二节 "哈肯信号"是危机熵减的"圣杯"

随着信息理论的普及,熵值(entropy)已经成为常识。我们用这个概念去衡量一个系统的无序度。熵值越高,系统无序度越高。通常情况下,危机与系统无序被视为一个问题的两个方面。因此,危机管理也被简约为从熵增到熵减的过程。常识的优点在于方便沟通,缺点则包括似是而非的宽泛解释。熵值与信息量之间的关系就有明显缺陷。熵值增大确实与信息量上升有关系。但是,熵减不能简单地用减少信息量来理解。在这一节,危机熵减要依靠哈肯的协同信号。

得益于布朗(Dan Brown)的小说《达·芬奇的密码》,圣杯(holy grail)成为一个流行词,它生动地表达了一件事物在解决一系列纷乱复杂矛盾中关键地位。在社会活动中,没有比危机沟通更加分裂、纷乱和充满斗争。假如我们选择危机沟通中最关键的元素,"哈肯信号"(Haken informator)就是圣杯。

2019年7月,作者专程飞德国斯图加特,访谈协同论(synergetics)和激光理论的创始人哈肯教授。哈肯解释,人们对信息的理解已经有突飞猛进的成就,已经认识到过量信息带来混乱,即所谓的"熵增"。但是,人们对"熵减"的认识,即如何提高系统的秩序性,还存在误解。简单减少信息量肯定不会制造"熵减",甚至可能导致愚昧。

类似的悖论也存在于危机管理中。危机中的混乱可以用过量的、相互矛盾的信息来描述。依据协同论,从混乱转化到秩序,它绝对不是简单的信息量减少。它指的是有行动和思维指导意义的信号出现。而且,人们愿意按照这个信号调整自己的思维和行动。一个常见的例子是交通信号灯。红灯停,绿灯行,这个信号规则让车水马龙的城市通勤产生协同效果,于是有了交通秩序。可是,在许多城乡接合部,我们还需要一些交通执法人员,交通信号才可能有效。交通信号背后是规则教化、城市文化和法规执行,它是巨大信息量的浓缩和概括。浓缩的依据是它能代表有思维指导意义的秩序模式,能引发无数个体自我引导的遵守行为(自组织活动)。当信号灯的引导性还不够强的时候,"交通执法人"则有辅助效果。于是,城乡接合部也可以有交通秩序。因此,从混乱走向秩序,引导思考和行动的绝不是信息量减少,而是信号强度提高。这有助于高效理解新秩序的模式,能够帮助个体自我引导行为的信号就是"哈肯信号"。提炼和传播"哈肯信号"是有效危机沟通的核心原则。

1929—1930 年,工农革命遭遇一连串的挫折,中国社会处于危机情境中。关于社会革命未来前途,思潮和思绪满天飞。1930 年 1 月 5 日,毛泽东写下《星星之火,可以燎原》,清晰地发出新秩序的信号。文章虽短,但它不是压制、限制和减少信息,而是高屋建瓴地发出有思维和行动指导意义的信号!作为一个危机沟通典范,文章背后的信号思想仍值得当代人借鉴。

大部分人对危机沟通还是比较陌生的。让我们换到大家熟悉的品牌沟通的主题上,来理解哈肯信号的意思和意义。剑桥大学嘉治商学院教授尹一丁是商业品牌专家。他对品牌的四个阶段做过精要的解析(见图 1-1)。从物质世界、认知世界到思想世界和精神世界,品牌的影响力越来越高,品牌传播的信号性也越来越强。处于物质世界的产品谈不上什么品牌,能提供的是一系列产品说明书(信息)。认知世界阶段的商品已经试图突出差异化价值的信号,它来自对大量市场需求信息的提炼,而不是简单选择将信息量减少。思想世界的强势品牌已经将提炼出来的信号组建成一套自圆其说的话语体系。话语体系越严密,客户越可能不需要等到完成消费体验就有价值认同,即先验地接受了品牌信号系统的价值传播。至于达到精神世界阶段的品牌,它对商业"信徒"有强烈的思维和行动的引导属性。客户/消费者在思想和心理过程中自动引导对品牌价值的认同(自组织的协同)。有形的商品已经成为传播价值信号的媒介,起到强化已经建立的感性

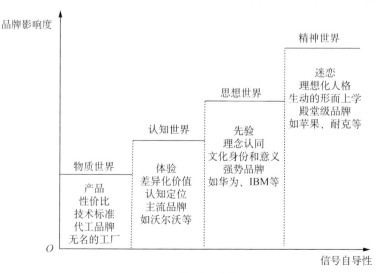

图 1-1 品牌的四个阶段

迷恋，并有自我说服效果。借助尹一丁的品牌理论，我们可以生动地理解信号在秩序形成过程中扮演的关键角色。高效的信号（如精神世界的品牌）不是简单减少信息量，而是从大量信息中提炼出能够引导思维和行动的语义表达。

回到危机沟通领域，我们对信息量和熵减的误解与香农信息论的局限有关。"烽火连三月，家书抵万金。""烽火"和"家书"这样高度浓缩并有丰富社会意义的信号，如果放到香农的信息系统中，不过是用数位（bits）计算的信息。它反映香农信息和哈肯信号的重要区别。不厘清这个区别，就很容易对危机发生过程中熵值变化产生误解。

1865 年，德国物理学家克劳修斯（Rudolf Clausius）借用古希腊语的"entrepein"（转变）解释热力学中分子运动过程特征。克劳修斯认为，"能"有"量"的概念（能量），但为描述一个封闭容器中的热分子运动，还需要一个过程转变的概念。更确切地说，克劳修斯需要定性一个不可逆转的改变过程。借用熵值（entropy）对应能量（energy），他用两个 E 描述热力学的两大规律（能量守恒和熵值趋向无穷大）。在他的理论中，熵是热分子相互随机组合变化的信息。随机组合数趋向无穷（混乱），熵值趋向无穷，直至寂灭。

1948 年，香农借用"熵"来描述信息传播过程中符号组合的可能性。简单地说，香农熵值是解码沟通过程中符号内容的信息量。符号组合的随机性越高，解码需要的信息量越大。

哈肯对香农熵（Shannon entropy）和香农信息（Shannon information）提出建设性的异议，认为香农信息有历史局限性，主要有四个方面：①它描述一个封闭系统；②不包含任何语义，例如，我们见面问候："吃过了吗？"初期信息编程只描述"是否完成进食"，不包含社交问候的语意；③它是香农受电话公司委托，为电话公司交换机设计的技术概念；④香农信息适用于计算机编程和机器之间解码。

香农信息被应用到社会沟通情境后，人们发现它有重大局限。哈肯指出，在人的沟通中，信息不是中立无意义的，而是有意向和行动示意效果的。他认为，"信号"（informator）的概念更能表达信息在人与人协同过程中的功能效果。

借用哈肯信号的概念，我们就容易理解品牌传播效果的差别。苹果和耐克这样的企业，通过品牌营销，引导消费者在心里和头脑中组织起价值认同。品牌的信号自导性起到企业与消费者之间思想和行动的协同效果。信号引导性越高，产生自我组织的效果越好。品牌企业通过提炼价值信号达到熵减（价值认同的秩序提高）。它不是简单地减少信息量。同样的原理，在危机沟通中就更加突出。因为危机沟通只有极短的窗口时间，它比品牌传播更苛刻，更要求精致、准确、生动地提炼和传播（新）秩序信号。

通过尹一丁的品牌理论，我们比较直观地看到，高信号质量能够产生不同凡响的引导效果。苹果和耐克的粉丝下意识地自我解释为何会反复消费同一品牌商品。通过哈肯信号，我们可以抽象地理解，高质量信号可以引导自组织思考和行为，提高系统的秩序性（即熵减）。危机管理是为了疏导混乱的系统走向有序，其突出表现就在于是否能提炼和传播高质量的哈肯信号。如何做到？图1-2既解释信息和信号的区别，也显示熵值与秩序之间变化关系，是提高危机沟通效果的一个指导框架。

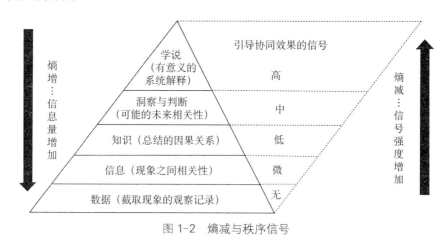

图 1-2　熵减与秩序信号

首先，信息与信号有下面的联系和区别：①数据是人们观察现象的记录，它本身没有任何意义，更没有行动指向；②信息呈现数据之间的相关性，它也没有意义和行动指向。

其次，通过对数据和信息的处理，利用科学假设、实证，甚至想象和猜测，知识从大量的现象相关性中总结出理论上的因果关系，并通过实践检验。因果关系的规律有信号特征，因为它有意义内涵和行动指向。知识总结的因果关系规律不再只是信息和数据，而是提炼后的信息，更确切地讲，是信号。例如，所有的广告都隐含着因果关系宣传：如果……那么……

最后，信号有强弱。比一般因果关系知识更强的信号是对未来趋势的预测。它超越了公共知识范畴，属于个别专家的洞察和判断层次。洞察和判断是更强的信号，因为它们对行为的指导意义超过知识。不过，信号强度最高的是系统学说。在政治学和社会学中，也被称为意识形态；在文化和哲学范畴，则为宗教；在市场营销中，它代表品牌影响力。高强度的信号能对人的行为产生重大影响。一套自洽的学说可以重新组织物质世界里的秩序安排，可以让无序的资源分布变成有序的安排，可以打破一个现有秩序，并建立一个新秩序。这种情况不断在商业领域发生，并越来越盛行。例如，在商业生态的名义下，苹果、脸谱网、亚马逊、谷歌等都是强大的信号企业。它们传播的商业价值信号过去并不存在。一经创造，信号开始重新组合市场资源，建立有垄断地位的新市场秩序。因此，已经建立的商业生态背后往往是一套学说，它围绕着一个精练的价值信号开展所有的业务。

把握了哈肯信号，我们就拽住了危机沟通的"牛鼻子"。我们常常用熵增和熵减来表明一个系统混乱或有秩序的程度。危机沟通也是为了梳理混乱状态，过渡到有秩序状态。利用品牌理论和哈肯信号，我们认识到，熵减的过程是信号活动，熵减的效果与信息量没有直接关系。信号强，秩序沟通效果高，不需要大量的信息也可以降低混乱程度。大多数看似混乱的运动其实有规律的形态。个体企业和个人的信号能力代表对规律形态掌握程度。对有信号能力的管理者，危机的混乱状态不一定是无规律的表现。它可能是尚未被理解的规律形态，是一种"待确定"的被认识状态。那些有信号能力的组织与个人擅长利用危机，创造新秩序！艾森豪威尔总统有句名言："如果解决不了问题，我就把问题搞大！"问题小，信号弱；问题大，信号可能变强。

越是复杂敏感的危机，越考验领导者把握信号的能力。大众传媒泰斗麦克卢汉（Marshall McLuhan）曾言：传递信号的媒介也是信号的一部分（the medium is the message）。危机沟通，全部为信号！

我们也可以从"少就是多"（less is more）的角度理解信息量和信号之间的关系。信息量多并不等于更丰富的信号，而精准的信号则可以包含一个系统丰富和生动的秩序。建筑学家范德罗（Ludwig Mies van der Rohe）用"少就是多"来表达建筑设计简洁与包容性之间的关系。危机管理的核心也在于理解新旧秩序转换中的信号和信号传递过程。

第三节　危机协同论，合作的科学

从大系统动态变化看，危机管理要回答两个基本问题：①无序到有序的根本原理是什么？②无序向有序过渡的临界转换阶段有什么样的规律？

为了回答第一个问题，哈肯举了一个非生物现象的例子——激光。激光和台灯都发光，都消耗能量。那么，区别在哪里？我们知道，光是由电磁波组合成的。台灯发出的光是不同光波的混合，而激光则是一束高强度、极其有序的光波。人们不禁要问，没有外界主导，激光怎能从无序的光波转化为有序的光束？换言之，个体电磁波的集体运动怎样从无序变成为有序？

哈肯描绘一个想象中的试验，想象一群人站在平静的水渠中（代表光波），每个人都拿着根棍子插入水中，这犹如光放射出的单个原子运动。开始，每个人插入水中的速度各不相同，就像原子放射的频率各异。每个人的单个行动制造出不规则的、动荡的水流。然后，个体的人尝试不同的速度，并通过手中的棍子感知到水流的变化。不久，他们认识到，通过协同的运动，能制造出单一频率的水波。由此，每个人小小的共振举动可以协同放大许多倍。在这个过程中，首先有竞争，不同频率之间的竞争，直到一种合作共振的频率主导全系统的个体行为。事实上，在激光现象中，刚开始，多种频率的竞争与合作同时存在。胜出者胜出，因为它的合作方法更有力，即合作（同步共振的光波）意味着更高效率，意味着资源利用更优。

哈肯用激光的例子说明协同现象的一个根本原理：**自然界万事万物通过"自组织"（self-organizing）合作，产生协同秩序效果**。在长时序的互动过程中，开始，既有竞争，也有合作。随着时间推移，合作的自组织引发子系统之间的共鸣共振效果，直至系统全部。哈肯和他的合作者发现，同样的自组织合作的协同规律也体现在人类活动中，例如音乐和绘画风格的流行和普及。

进化生物学家考夫曼（Stuart Kauffman）验证自组织在生物进化过程中的作用。在他获奖的《秩序的起源》（*The Origins of Order*）中，考夫曼详细描述细胞、蛋白质和其他简单生命体怎样通过自组织的协同生长、繁衍和进化的。

与其他人类活动现象相比，没有比危机管理更突出代表无序向有序的临界过程。危机永远涉及一系列利益相关者互动过程中的竞争和合作。危机管理就是通过促进自组织合作，从无序到达有序。自组织不是放任自流、无组织，而是依靠协同规律，用最少的能量投入带动最大的自发自愿的合作行为。

在一次人声鼎沸的会议中，哈肯用双手拍出有音乐节奏的掌声。接着，好奇的同桌也呼应鼓掌。再接下来，越来越多好奇的人加入鼓掌阵容。经过一段拉拉杂杂的集体鼓掌，终于，全场响起共鸣共振的和谐节拍。人们一边鼓掌，一边好奇询问：这是什么意思？此时，哈肯做了他的报告总结：从无序到有序，你们用掌声演绎了什么是合作自组织的协同！

那么，依照危机协同论，无序向有序过渡的临界转换阶段有什么样的规律？它们包括下面十条：

(1) 分辨大关系，宏观层面理解自组织现象（patterns of self-organizing）。

(2) 降低复杂性（complexity reduction）。

(3) 作为待确定状态的临界条件（critical conditions towards ascertainment）

(4) 秩序参数（order parameter）。

(5) 役使原则（slaving principles）。

(6) 哈肯信号（Haken informator）。

(7) 循环因果（circular causality）。

(8) 双元模糊（bi-ambiguity）。

(9) 系统双引力点（dual attractors）。

(10) 集体合作的协同效果（synergetic effects）。

分辨大关系，理解宏观自组织现象

协同论侧重研究宏观层面的集体自组织现象。个人行为和个体作用在某一点上也许表现突出。不过，放到协同过程中，集体自组织的形态将带动个体。表面上看，个体仍然有显著角色。深入观察，他们一般是身不由己地跟随有明显节奏和形态的自组织活动。研究萤火虫发光现象和社会组织中"群体行为"等，科学家也发现类似的同态自组织（synchronicity）的规律。

重视宏观集体自组织形态的协同效果与尊重个人意志之间似乎存在哲学立场上的冲突。哈肯强调，协同论试图为非生物、生物和人类社会秩序现象提供一个有普遍意义的理论解释。在不同历史时期和社会情境中，协同论也许需要容纳一些新的条件和理念，以求与时俱进。我们有足够的智慧兼顾"应该如此"和"就是这样"。我们应该尊重个人意志，推崇个人自由的价值。我们也认识到，从无序到有序的过程中，宏观自组织形态"就是这样"主导和左右个体的行为和意志的。

协同论重视系统的总体行为态势。它强调，理解危机"成、住、坏、空"的变化过程，宏观总体形态才是合适的观察对象。只有掌握这一点，我们才能更好地理解许多政策举措。例如，2017—2020年，对于P2P市场的金融乱象，监管部门发动了一系列"清理整顿运动"。在P2P市场中，有些企业认真按照金融规范在推动业务，但他们也受到冲击和负面影响。根据监管部门规划，当下需要管理的是市场的总体特征和趋势。而甄别每一个企业的具体情况和不对称的影响，这只能留到政策反思阶段去处理。类似的逻辑也适用于"去全球化"思潮影响下的国际市场。2018—2020年，受到中美贸易摩擦的牵连，许多中国企业在国际市场中受到不公正对待，它反映的是国际经济大系统总体形态的"场效应"，个体企业都会不由自主地受到地缘政策层面的宏观形势变化的影响。

画家吴纲曾传授我欣赏印象派作品的要诀：眯着眼看大关系！他认为，画作的神韵寄寓在宏观布局中。眯着眼，过滤掉细节，才能看到宏观结构的精妙之处。协同论关注无序到有序临界转换过程中的大关系，也是基于类似的道理。

降低复杂性

在无序或脱序状态中，子系统各行其道，各有各的行为形态；它们之间还有相关干扰的关系，这是系统复杂性的基本表现。如果要全面描述所有子系统运动的形态，我们需要大量的信息。不过，协同论选择不一样的方法来理解复杂系统。采集大量个体信息是一种方法。另外一种则是发现协同过程中越来越有主导地位和影响力的集体自组织形态。我们用下面一个生活中的例子来解释，发现集体自组织形态，以此理解和指导我们的行动。

大约 10 年前，我的朋友布莱特去印度新德里学术访问。进入市区后，布莱特被眼前的景象惊呆了。在一个大转盘交汇点，行人、马车、散步的牛、轿车、公交车、流动摊贩，大家以自己的意愿，朝着四面八方涌动。布莱特问陪同的萨伊教授，你怎样在这个混乱的交通中行走呢？萨伊教授回答：不复杂，顺着人流大方向挪动就可以了！

"顺大溜"就是这个貌似混乱交通中的集体自组织形态。在自行其是的交通状况下，采集个体信息，分析可循的行走路线，这是一种方法。但是，它太复杂。另外一种方法是观察和理解无序状态中集体自组织的主导形态。在这个例子中，它是"顺大溜"。依据这个主导形态采取行动即可。这是利用协同论，降低（理解）系统复杂性的方法。复杂性可以减低，那是因为，我们不需要详细描述大量的系统部分细节特征，我们只要关注主导形态，它们也被称为秩序参数和役使原则。

最近 3 年非常红火的 IT 中台战略背后的逻辑就是降低系统复杂性。现实中，前台面对客户定制要求越来越多，以至于当 IT 系统越来越复杂时，设计中台就是为了减低灵活反应过程中的复杂性。这样，后台仍然可以集中精力处理标准化的要求，中台可以把前台千变万化的要求模块化，并过滤出后台可以处理的标准化要求。如此，后台不需要过度关心频繁变化的前台要求，只需要专注于几项基本的、标准化的参数。中台的逻辑也一样，忽略过于个性化的要求，专注于可以合并同类项的特征，然后在此之上做一些个性化的装饰。前台营销的任务就在于说服客户企业接受标准化 + 定制 + 个性化的组合产品。我们的研究还发现，凡是违背这个逻辑的中台战略都失败了。

在危机管理中，协同自组织过程是怎样的活动？按照哈肯研究公共舆论和艺术中的审美，原生的自组织活动有四种：整体构造（configuring）、竞争除错（error elimination by competition）、节奏同步（rhythm synchronization）、记忆联想（memory association）。

（1）"整体构造"是指在自组织协同过程中，个体有能力从片段细节中"辨别"出整体性。以生活中的例子来说明，我们看到天上的浮云，可以在头脑中构成一幅动物或植物的整体画面。后面的章节还会具体讨论，尊重整体构造的能力，危机沟通怎样用片言只语传递系统秩序的整体信号。

（2）"竞争除错"指自组织协同开始阶段会包含多个有竞争关系的运动形态。例如，社交媒体软件刚刚出现的时候，它们有许多独特功能。随着协同过程演变，不能够获得增强反馈的功能和有缺陷的功能会被自然而然地淘汰。集体自组织运动的形态越来越趋同，直至有一种被所有个体接受。这时，共鸣共振的协同效果制造出主导性的形态，秩序形成。

我们现在都比较熟悉的三种会议软件：Zoom，Skype 和 WebEx 就是一组案例。瞩目（Zoom）在竞争激烈的市场后来居上，成为主导软件，主要因为它比较擅长竞争除错。它简化界面，只保留最频繁使用的功能，删除没有广泛使用效应的功能。

（3）"节奏同步"是协同自组织中最显著的一种活动，协同效果也比其他三种更强。世界上每一种运动都有自己内在节奏。节奏最明显的同步效果表现在音乐中。在交响乐中，第一小提琴手定下的声调节奏可以左右整个乐队的演奏秩序；在爵士乐中，演奏者最出彩的表演在衔接前后节奏上。

许多运动员通过音乐来带动身体各部分运动协同。游泳健将"菲鱼"（Michael Phelps）比赛前会选择节奏感强烈的音乐来带出身体节奏。运动心理学家普夫利（Lois Butcher Poffley）用音乐节奏训练提高足球运动员带球稳定性和射门爆发力。她请运动员带球射门之前，想象自己最爱的一段音乐。训练后，运动员身体协同能力大大提高。

神经科学家莱维汀（Daniel Levitin）解释道，节奏是一种运动长短频率组成的形态。人脑生来就有神经系统放电的节奏。有感染力的节奏能引发人脑模仿倾向，产生同步共鸣的效果。后来的科学研究都佐证了节奏同步的协同规律。

（4）"记忆联想"指人脑受到外部刺激时会比较接收到的信号与记忆中的信息。人脑还会调取记忆中的信息对新信号做判断筛选。依据相关性或差异性，人脑将新旧信息串联在一起。例如，成语中的"望梅止渴"和诗词中的"举头望明月，低头思故乡"说的也是记忆联想的协同效果。

心理学研究领域的格式塔（Gestalt）学派也发现记忆联想是人内生的能力。不同的语言、动作或其他感官提升能调动对应的记忆，形成看问题的视角。非生物和生物也都有"记忆"功能，例如塑料有弹性，花草能有规律地舒展。不过，它们不在本书讨论范围。在后面章节中，我们会讨论，记忆联想的协同效果是危机管理中迹象管理的基本原理。

临界条件：待确定状态

从无序到有序的过程，是运用协同论的临界条件。协同论是用来解释旧系统已经开始溃散，新系统结构尚未形成，新旧系统临界转换过程的规律特征。

危机协同关注从无序到有序这个区间，从不确定到确定的临界过程。危机协同论视这个区间过程为"待确定状态"。待确定状态之前，它是混乱状态。混乱状态下，个体运动形态没有稳定性，个体之间的自组织形态尚未萌发。待确定状态是混沌未央的阶段。混乱还没有结束，但已经有一些自组织运动形态。其中，少数自组织形态获得增强反馈，并能带动越来越多的跟随模仿。不过，还没有哪个形态完全确立主导地位。待确定之后是动态平衡系统。此时，系统内部正负反馈力量已经获得均衡。已经出现有主导影响力的自组织形态。至此，一个动态均衡的秩序确定了。想象一下，在社会关系中，未曾恋爱—恋爱—确定关系结婚，它们类似于上面的三个阶段。

危机协同关注待确定状态，因为这个临界条件是协同运动形态变化的重要背景。以2021年美国第46届国会的参议员人数为例，因为两党参议员比例是50：50，它形成公共政策中高度敏感的待确定状态。在这个状态下，公共政策能否通过往往取决于两党中关键少数。在这个背景下，分析关键少数的行为态度比分析其他变量更重要，更有分析的边际效果。

从不确定性到待确定性，也是一个认知态度的改变。不确定性思维指向"没有规律"。待确定性思维体现一种积极的行动态度：不是没有规律，而是存在尚未被理解的规律。较之于视危机为混乱熵增的态度，危机协同论强调"降低复杂性"是可能的，并肯定在开放系统条件下，无序可以演变为有序。

秩序参数

秩序参数（简称"序参数"）是浓缩的规律信号，序参数是协同论的一个核心概念。诺贝尔医学奖获得者莫诺（Jacques Monod）对哈肯的序参数数学公式做出下面的评论：一个简单公式综合了从无序到有序的必然性和随机性。

经过哈肯教授的首肯，我们把序参数高度抽象的数学表达转化为符合危机管理需要的通俗概念。用社会科学熟悉的词汇解释序参数，它可以被称为"元规则""统御一切的规律""第一性原则""有普遍影响力的因素""能再生的整体性""系统的根本属性"。

在危机管理实践中，对一个高度抽象的数学符号作语义解释总会遇到词不达意的问题，因为应用情境变化，对同一数学符号（参数）的语义解释也要跟着修改。最好的方法就是罗列序参数在不同应用情境下的属性。除了上面罗列的属性外，序参数也可被当作"行为律法"（law of behavior），因为系统中的个体，无论是否愿意，都受到序参数代表的秩序力量的影响，都在行动中不得不遵守这个律法。一旦自组织过程中的序参数出现（运动过程有了结构性的规律），它便不以个体意志为转移，规范个体的行动。所以，我们也说序参数有"役使"（slaving）效果，尽管有许多人对"奴役"的"役"有情感上的保留意见。一个妥协的说法是称之为"控制参数"。

透视大系统的宏观规律，序参数是一个有用的概念。总结发现序参数，我们就理解统领系统运动从无序到有序的整体规律。协同论已经在自然科学领域围绕序参数建立起理论系统。在社会科学方面，已经运用到美学、认知科学和公共舆论。但是，衍生到管理学领域，还需要建立更多的应用实例和情境化的解释。这也是本书的一个目的。

哈肯认为，协同论可以运用到所有的层次，包括非生物的（如激光），生物的（如群舞的夏日萤火虫）和人类社会的（如城市化活动）。同时，我们必须识别在不同层次的显著特征。非生物层次的一个显著特征是没有记忆，无法学习，每次自组织都从头来过。生物层次的自组织，例如植物和动物，有记忆，能适应环境。而人类社会层次的自组织最显著的特征是：伦理、长周期规划、主动试错和对未来的预见性。

在多次交流中，哈肯接受本书作者对协同论在危机管理情境下的修订。它包括认识到自然科学和社会科学领域中的自组织过程有一个重要区别：有学习和反思能力的人（个体）不仅遵守序参数，还会在未来利用甚至操纵序参数。它还包括，掌握规律后，人还想改造规律为自己所用。这就要求我们分辨有为的自组织（人试图改造规律）和无为的自组织（人只是顺从已经发现的规律）。

役使原则

我们一般将序参数和役使原则结合在一起讨论。序参数代表正在形成中的系统结构整体属性，它不仅是浓缩的规律，还体现在系统所有分支、分化、分解的局部细节里。当组织处于新旧系统临界转换过程中时，旧系统的序参数已经开始失效，新系统的序参数正通过自组织活动逐渐呈现。人的组织有学习能力，可以逐步领悟呈现中的新系统的序参数。在操作层面，系统包括一系列对应序参数的规范，来规定个体行为的纪律，个体不得不服从它们的约束。所以，哈肯称之为役使原则。在危机协同中，我们通俗地称之为"控制参数"（control parameters）。

以 20 世纪 90 年代全球供应链管理为例，全球一体化是序参数。零库存管理（just-in-time，JIT）是一个控制参数。90 年代，JIT 从日本走向全球。当 JIT 被采用后，企业与供应商之间的结构关系改变了，企业内部生产流程也改变了。这个参数影响企业的全球一体化优势策略许多年。"9·11"恐怖袭击后，全球供应链的序参数发生变化。商业再续（business continuity）成为新的序参数。对应变化，取代 JIT，关键零件库存和必要的备货成为控制参数。

另一个序参数和控制参数之间变化关系的例子是新冠疫情对商业策略的改变。疫情之前，商业组织的序参数是"核心竞争力"。与之相对应，目标、效率、效益是三个控制参数，统领一切活动。疫情发生后，商业组织竞争力的序参数更新为可持续的竞争力。这时，效率的控制参数也得到修正，它让位于坚韧力（resilience）这个新的控制参数。

哈肯信号

在协同过程中，对序参数和控制参数的精确表达就是哈肯信号。关于香农信息和哈肯信号之间的联系和区别，关于为什么哈肯信号是从无序到有序过程中熵减的最有效方法，本章第二节已经有详细分析。这里，我们要着重解释，危机管理者的积极作为仍然属于有为自组织范围。

如果我们接受"哈肯信号"的概念，前面提到的一个人类社会层次自组织的困境就可以解决。前面我们说，非生物和生物层次的集体行动有自组织特征。但在人类社会层面，人有学习、反思、主动利用规律的能力，这样似乎就违反了自组织的"无为"❶前提。以公共政策指导经济活动为例，政策可以被视为刻意加载的秩序，以影响市场自组织行为，以至于市场自组织的无为前提被违反了。但是，如果我们考虑到政策体现的是人的主观能动性，是整个系统中的一个子系统因素，那么公共政策则是大系统包容下的一个变量，是大系统自组织演化过程必须尊重的一个控制参数。即大系统自组织的一个现象之一就是人的积极、主观、能动行为。这样，人类社会层次也遵守自组织协同规律的论断仍然是成立的。

哈肯教授也同意笔者的解释。它等于把管理活动当作系统自组织过程的一部分，而不是凌驾在一个自组织过程之上的命令。这样一来，关于自组织的协同理论在三个不同层次（非生物、生物、人类社会）获得统一。下面图 1-3 协同管理示意图的第一部分（哈肯原版）说明：①个体组织成员（A）受集体层面（C）的序参数影响。②管理者（M）把对环境和组织关系的理解转化成为组织的控制参数。③管理者是环境和组织的信息界面。④因为管理者的指导行动，自组织过程仅限于个体成员的集体活动层次。管理活动凌驾于自组织活动之上，有操纵的成分。

图 1-3 修改版把管理者的角色定义为序参数和控制参数的信号媒介。这样修改，不仅使逻辑一致，也让协同论在管理上的运用有了一个贴切的理论框架。同时，它也突出管理者的角色：①理解大系统整体特征；②总结大系统规律为序参数；③转换序参数为管理活动的信号；④沟通序参数信号。它清晰地说明管理者是序参数的信号媒介。同时，来自环境的限制，即控制参数，也是通过管理者的转译，体现在组织管理的序参数信号中。如此，关于管理的自组织系统就与协同论的概念体系完全吻合。修改版则把管理者当作整个系统的一部分。这样一来，关于组织和管理者之间关系的想象空间也变大了。例如，能否有无管理者的组织，所有决策由集体决定等。我们可以用交响乐队指挥和乐队之间的关系看管理者的协同角色，指挥不能游离在乐队之外，指挥也要顺应不同的乐队风格和水平。

原版和修改版的样图均由哈肯教授亲手绘制。哈肯教授幽默地称他绘制的修改版为"鲍版"。

---

❶ 无为指没有外界刻意加载的秩序。

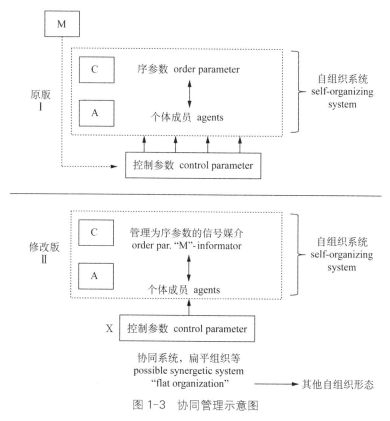

图 1-3 协同管理示意图

循环因果

循环因果是协同论中的一个重要的概念。对习惯线性因果关系思维的人,循环因果的概念有些反常识。循环因果强调持续的相关作用。在自组织过程中,子系统之间互动关系具有双向性,互为因果。一个较为稳定的运动状态不是一次互动就形成的。在循环往复的互动中,自组织稳定的结构才逐渐形成。

对于循环因果是否会被误解为同义反复,哈肯回答:简单地讲,所有用数学公式表达的关系都是同义反复,协同论也不例外。重要的问题是,这个关系是怎么引发的,又得出什么结论。循环因果关系帮我们观察动态运动过程中稳定的形态和变化的形态。从不变和变化的两种关系中,我们总结出序参数。在危机过程中,我们常观察到恶性循环或良性循环的发展轨迹,它们往往取决于利益相关者之间的循环互动关系,它们不是一个单方向的系列因果活动。

在商业实践中,类似的循环因果的自组织现象很多。例如,瓶装水与解渴之间没有必然的因果关系。但习惯饮用瓶装水之后,"方便获得"的价值与解渴价值并行不悖,甚至成为显著价值,以至于商业会议桌上必备瓶装水。循环因果的逻辑帮助瓶装水建立起消费的合法性与价值显著性。这时候，自组织形态稳定下来。瓶装水成为理所当然的解渴消费。

当塑料污染成为全球关注的问题后，瓶装水的商业秩序开始动摇。突发事件可能引发新秩序。如果塑料被禁止或替代，瓶装水的商业秩序就会出现危机。

任何人造的价值产品和消费都有循环因果关系在其中。即使是偶然出现的价值、产品和消费之间的联系，经过循环往复的自组织，它也可能获得市场认可，形成稳定的供需关系，如"盲盒"。

"双元模糊"

"双元模糊"改写了管理的问题意识，它挑战习惯上非此即彼的解决问题意识。许多问题不是只有一个解决方案，可能同时有两个同等价位的解。以一个简单的数学公式为例，$X^2=1$ 的方程式有两个同等的解：$x=1$ 和 $x=-1$。遇到这样的问题，它的解是双元模糊的。

出现一对选择的问题情境时，怎样二选一，这是管理决策选择的大问题。化学现象中，有成双成对的分子现象；工程上，左旋纹路和右旋纹路的螺丝螺母是一对选择，没有工程上的优劣之分。交通规定左行右行也是一对没有优劣的选择。如果我们陷入必须存在唯一优选的决策思维，它会带来一系列的问题。选择更多是一个社会过程，一个集体自组织的合作选择过程。危机总是涉及模糊现象。理解危机的问题情境，协同论是合适的理论。

如果在一定时间范围内，没有优选，这对协同论是可以接受的状态。同时，协同论也接受随机过程带来的选择结果。有上面的概念，我们对下面这个视觉效果图可以有不一样的理解。

我们的视觉先看到"花瓶"，再看到"人脸"，再看到"花瓶"……视觉中的来回摇摆现象在决策过程中也常见。结论是，接受这样的决策摇摆，理解它属于"双元模糊"现象。

假如我们一定要把视觉固定在一个选择上，那是不可能的。它的另一个启发是：有些问题不可能有解方，那么如何决策？对于没有解方的问题，回到问题的前提条件和假设，你会发现，改变一些假设和前提条件后，问题就有方向了！

图 1-4　花瓶还是人脸？

系统双引力点

协同论与混沌理论和耗散结构理论的一个共同认识是：系统内部同时包含两种运动形态。一个是维持动态稳定的形态，另外一个是替代动态稳定的形态。在洛伦兹（Edward Lorenz）的混沌图形中，它们就像蝴蝶的两个"眼睛"，也被称为系统的双引力点（dual attractors）。通俗地讲，在无序到有序的待确定过程中，系统包含一个显秩序和一个潜秩序。危机，往往是当前占主导地位的显秩序失控。协同自组织，往往是潜秩序不断稳定和加强，最后取代处于危机中的显秩序，成为新的显秩序。

系统双引力点特征出现在各种自然和社会现象中。例如，当前全球化的危机是战后以美国为主导的国际经济显秩序出现危机。而以中国为主的新兴力量的潜秩序正处于曲线诞生过程中。又如，国内软件行业以西方大的软件公司主导市场的显秩序已经进入耗散衰退过程。同时，强调安全可靠的国产软件有成为潜秩序的种子，并进而改变进口软件独大的局面。再如，互联网企业竞争过程中，B2B，B2C，C2C，B2C2C，各种模式都有。没有哪一个模式天生就是赢家。在一个环境中是赢家的，例如 eBay，换个环境便沦为输家。这些模式都代表着一种引力点。在某个阶段，它们成功的概率都差不多。后来的协同发展过程让一个引力点胜出（例如百度），另一个引力点式微（例如搜狐）。

历史学家周振鹤先生曾在《随无涯之旅》中想象，假如齐国而非秦国统一了中国，那会怎样？历史记载，七国之中，唯有齐国未曾实行郡县制，采取了五都之制。按理每国只应有一都，齐国在国都之外又与国都平行的其他四都。掌握系统双引力点的概念，我们就知道，齐国是不可能统一中国的，因为同时存在的四个潜秩序最终会对冲显秩序的力量。

有了系统双引力点的概念，在危机管理过程中，我们会一方面看到发生危机的显秩序，另一方面感知到有替代可能的潜秩序。

集体合作的协同效果

对从无序到有序状态合适的描述是协同场效应。它与危机协同论的第一条原理（系统大关系原理）相呼应。场效应是集体自组织产生的形态，是形态稳定时的特征和效果。它无法通过微观子系统效果的简单累计来理解。犹如一块石头落入池塘后，水波涟漪层层叠叠、荡漾覆盖整个池塘，它的荡漾效果是一种场效应。集体自组织产生的协同效果也类似。

危机的发生一般从个别因素或简单系统关系开始。但是，问题深处涉及系统各个层面，否则它不是危机，只是运营偏差。系统自身有纠正偏差的能力。危机管理建立的有序状态也不是简单地解决问题，而是营造出共鸣共振的场效应。

笔者和袁文龙教授给危机的定义是：**危机是遭受极端干扰事件时的关键决策状态，有划分未来方向的意义。**危机的影响一般只有在事后效果显现时才能充分被常人理解。面对极端干扰，管理者往往被动反应，着力恢复旧时常态，有创见的领导者则把危机当燃点，为谋划已久的变革服务。

从大系统的场效应去理解危机和危机管理，才是正解！

本章要义

1. 危机管理要先理顺与环境之间的关系。
2. 无论环境多么复杂，它大致有四种原生形态：简单环境、复合环境、复杂环境、创变环境。
3. 于一个组织，环境是相对组织能力和视角的存在；选择不同的环境形态会引发不同的危机管理策略。
4. 危机协同论是研究从无序到有序过程的理论。
5. 危机协同论包括十条原理：分辨宏观大关系，降低复杂性，待确定临界状态，序参数，控制参数，哈肯信号，循环因果，双元模糊，系统双引力点，协同场效应。

第一章 意愿现象　变态管理

本章阐述危机协同论的两个重要序参数：意愿现象和变态管理。变态指的是系统状态发生质的转变。

在第三世界国家的城市化进程中，危机频发。犯罪率高、贫民窟、贫富分化、交通堵塞、环境污染，它们被视为城市化过程伴生危机。尼日利亚的拉各斯（Lagos）和印度孟买（Mumbai）是经常被提到的城市。同一时期，巴西的库里蒂巴市（Curitiba）却走了一条非常成功的道路。从20世纪60年代的牛仔城发展到今天巴西第四大城市，库里蒂巴被誉为城市化发展的楷模，2010年获得了全球可持续发展城市奖。

回顾过去50年的发展，已经退休的勒纳市长总结出三大系统设计规划的原则：①以包括穷人和富人在内的公民为本；②一切发展以提升"公共生活"为中心；③所有的设计必须尊重自然天性，包括人性动机。

一个生机勃勃的城市必须包括适合穷人和富人共同居住的中心区。从改造市中心最繁忙的"鲜花大道"开始，市政规划团队建设方便工薪族通勤的公交单行线。在建设初期，沿交通道路两边的住宅密度就有了统一的规划：从靠近公共交通道的高密度住宅到级次递减的低密度社区。新市区中，穷人和富人混居。这不仅尊重发展的公平原则，而且让新社区充满了丰富多样的服务设施和就业机会。对于居住在城区中的低收入家庭，市政府鼓励他们就近设摊设点，开办各种各样的店面；对于流动的商贩，市政府提供规划一致的摊点车辆；并以低税或免税的方式鼓励城市居民自行解决就业的问题。"没有富人，没有工作；没有穷人，没有人工作。"一句话概括了勒纳市长的共生规划思想。

便捷的公共交通是城市生命的动脉。库里蒂巴市重新设计公交体系。首先在步行区两侧的街道中央设计单行公交车道，专道专用，提高速度。然后，重新设计了公交车，让它成为能够载270名乘客的长体客车。为了保证乘客在极短的时间内上下车，车门和上下站分别设计在两边。美观、便捷、经济的公交系统鼓励了3/4的市民使用公共交通。它每周工作日运送190万名乘客，超过了纽约。市内长达100英里（约161千米）的自行车道与汽车道相隔离，为骑车人提供安全的路径。尽管库里蒂巴市人均小汽车拥有量居巴西之首，但上下班高峰期间并没有拥挤现象，往返通勤时间保持在40分钟左右。

多元文化提供丰富多彩的公共生活。库里蒂巴市是一个多种族、多文化的城市。市政府从一开始就严格保护历史遗迹和传统文化设施，因为它们是这个多种族、多文化城市的心理身份的物质象征。多元的文化心理身份让公共生活更加丰富多彩。在库里蒂巴市，无论是本地人还是外地游客都不会感到各个区域的雷同，因为每个区域都保持各自的特征和活力。

在公共生活新设施方面，库里蒂巴市最突出的是她散布在街头巷尾的"知识灯塔"。这些是兼有社区中心、网吧、图书馆、白天小学和夜间成人培训中心功能的设施。它昼夜灯火通明，周边装饰了文化和历史的图片资料。所有穷人的孩子都可以有个座位，只要你帮助回收一定数量的生活垃圾。任何成人都能注册参加职业培训，为更理想的工作而学习。一门课只要2枚公车币，不到1美元。重要的是，它不仅帮助年轻人摆脱街头帮派和暴力的影响，还为慕名而来的500家无烟工业企业提供了受过训练的劳动力。

库里蒂巴市规划的第三个基本原则是充分尊重自然天性，包括人性动机。过去，遇到大雨，城区经常洪水泛滥。在设计地下水道时，规划团队特意预留自然泄洪水路，根据环境特征，让大面积水洼变成城市公园内的小湖泊，让过去阻挡水势的街区为自然让路（当然有所补偿）。城市内所有的绿化和花卉的秧苗种子由政府免费提供，由住户保养。居民有种树的补贴，但没有砍伐的权利。如今，公园内行人路径和公共交通路线融为一体，既方便穿梭行走，也鼓励人们徒步锻炼。中国人常念叨的"道法自然"在这个城市有着生动的体现。

库里蒂巴市的经验显示：城市化危机不能"头痛医头，脚痛医脚"。长治久安最好的方法是实现系统的整体转型。危机管理不能只是通过应急响应，消除威胁和干扰就完事。它需要从有潜在危机的旧状态变化转型到一个动态稳定的新状态。**与强调生产效率的常态管理相比，危机管理的战略目标始终瞄准系统状态的变化转型。因此，危机管理也是一种特殊的变态管理。**

危机变态管理的另外一个例子是挪威的未来图书馆。

2014年，挪威一个小城诺德马克（Nordmarka）市议会讨论城市的危机。小城经济一向依赖伐木和造纸行业。可是，随着数字化社会发展和不断减少的森林面积，小城开始出现衰退的迹象。机缘巧合，苏格兰的概念艺术家帕特森（Katie Paterson）向市议会提出一个创意：建立未来图书馆，建设一个吸引全球仰慕者的文化城市。

从2014年开始，项目每年邀请一位作家创作他们自己选择的题材作品，文学或非文学皆可。作家承诺不向任何人透露作品的内容。在诺德马克森林被砍伐的土地上，全球志愿者一起种下一千棵针叶松。到2114年，这一千棵树长大成林。用它们做的纸浆，未来图书馆印刷一百年以来一百位作家托管的一百本著作。

未来图书馆的创意受到全球热烈响应。著名的加拿大小说家阿特伍德（Margaret Atwood）接受邀请，创作第一本小说《文心月梦》（*Scribbler Moon*）。今天，连同另外6位世界著名作家的作品，这7本书静静地躺在奥斯陆比约维卡（Bjorvika）"未来图书馆"的"默屋"（silent room）里，等待它们另外93位同伴。

慕名来访的世界各国游客川流不息。但是，他们只能在未来图书馆看到书的封面，读不到书的内容。拥趸们必须要等一百年，等他们的孙子朗读，穿越时空，再回响萦绕到耳边。看不到，但可以拥有。未来图书馆发行1 000份证书。凭此证书，到2114年，你的孙辈可以获得限量版的全套100本合集。证书用当地纸浆做的手工纸裁剪而成。证书正面是象征未来图书馆100年项目的100圈年轮。当它在爱丁堡、纽约和伦敦的三家艺术画廊推出时，标价625英镑。2017年，在二级市场上，它已经涨到800英镑。

有人认为，未来图书馆项目是成功的市场营销，这是见木不见林。以协同的大系统和序参数观点看，未来图书馆的设计汇聚了不同利益相关者零散的意愿，产生激光般的聚集效果。一个异想天开的设计，因为当地人的意愿，著名作家的意愿，希冀未来的意愿，子孙传承的意愿，视之为艺术品的意愿，环保的意愿，当下和未来合体为一的意愿，所有微小的意愿借此媒介汇聚在一起，不可能的想法成为可能，成为现实。在此，意愿是序参数。异想天开的设计、著名作家加持、人类文化传承动机是三大控制参数。通过各方相互作用，一个失去林业资源的边陲小城协同自组织成为一个新颖的文化中心。

意愿现象是危机管理的系统序参数和第一原则。没有人，天下没有危机。危机一定关系到人，人的意愿，意愿之间的矛盾和冲突。因此，**危机可以视为意愿冲突走向不可共存。危机管理则是梳理意愿到和谐共存的状态。成功的危机管理都必然是一个传导新希望和汇聚微意愿的过程。**

本章包括四节。第一节解释意愿与人的记忆、认知视角和感知活动之间的关系。第二节继续讨论代表人的意愿的主观情绪在危机沟通过程中的作用。第三节说明意愿现象带来多种多样的危机解方。第四节则告诫危机管理者审慎运用意愿现象，避免过犹不及的后果。

第一节　迈入意愿法门，危机管理豁然开朗

宗教用语"法门"，指的是修行者入道的途径，也泛指治学和行事的大道正途。危机管理的法门为意愿（intentionality）。长期以来，危机管理着力于防范和改变破坏性的行为和后果。它越来越艰难，因为逆转的代价越来越高。与依赖

强力的危机管理思维不同，随着对意愿的科学研究取得长足进展，人们发现，通过调度意愿来影响行为，它才是撬动地球的那个支点。环顾当前一些令人担心的困境，理解和梳理各方的意愿，它是长治久安的不二法门。

1994 年，英特尔奔腾 5（Pentium 5）芯片问世。它本是一个英特尔创造百亿销售的神器。可是，数学家奈斯利（Thomas Nicely）在素数运算时发现，精确到小数点后 9 位数，芯片就会出错。不过，英特尔方面认为没有必要回收。理由是普通人要运算 27 000 年才会遇到类似的误差。新闻传播开来，引起轩然大波。英特尔被迫召回百万芯片，许诺无偿更换，以无条件更换消除许多人的焦虑情绪。事实上，很多用户选择接受 27 000 年一遇的运算误差。

英特尔芯片危机说明一个重要道理：大公司没有简单的技术问题。在社会负面意愿带动下，它可能衍生为危机。

相反，社会正向意愿可以解救危机。例如，2017 年海底捞的成功危机公关。在公司上市这个节骨眼上，海底捞发生了一起严重的卫生健康公共事件。一封勇于担责的高管承诺信却化险为夷。为什么过去也有更加大包大揽的担责承诺却无效？那是因为长期以来，海底捞超常规的服务积累了丰厚的友好社会意愿。在成功危机公关背后，海底捞高管一把兑现了长期积累的社会意愿资源。

因此，社会意愿可以是负面的，也可以是正面的。其实，意愿的正负还可以选择。最近 14 年，全国商学院组织重走玄奘之路的戈壁挑战。在风沙弥漫的荒凉戈壁上行走百里，没有任何现实的功利目的，纯粹就是为了共同走过一起遭罪的路。戈壁跋涉的价值完全是参与者的意愿选择！

人的意愿甚至可以超越地球，影响火星。本来，离地球超过 1 亿公里的火星不可能有危机。亿万年来，火星地质地貌经历它所经历的，无所谓秩序或危机。随着火星之旅越来越现实，关于火星探索伦理，网上的讨论条目已经达到 4 600 万。怎样防范微生物随飞行器往返地球和火星？怎样有道德地探索火星？它们已经是非常严肃的话题！火星已经是地球人的意愿可以企及的地方。违背地球人的社会意愿，火星危机现象便也是可以想象的。

如此冗长的罗列，只为凸显一个问题：危机深层是意愿紊乱。没有人，便没有危机！人的意愿左右危机演变方向。武侯祠的对联写道："能攻心，则反侧自消，从古知兵非好战"。能攻心指的是影响和改变人们意愿，也是化解危机的高效途径。

可是，现实中的危机管理为何屡屡偏离这个路径呢？现实中，观察到的更多是交易和强权劫持。俗语说，手里拿着锤子的人，满眼看到的都是钉子。拥有强大物质力量的一方，往往习惯于用金钱交易或强力压制的方法解决危机。物质是能量。习惯在能量系统范围内解决危机，它既代表了一种认知习惯，也显示缺乏意愿调度能力。一方面，人们偏好快速解决，因为无视危机长周期特征。能量解决方法如"回旋镖",危机去而复返。但主事者往往仅重视暂时脱身。基辛格（Henry Alfred Kissinger）在《世界秩序》（World Order）中提到：官僚总是把问题定义在自己可以解决的范围内。危机主事者的问题视野越短，越容易囿于简单粗暴的定势。另一方面，调度意愿需要智慧格局。意愿，一种捉摸不透的心绪，长久以来被当作不可析辨的昙象。无论是理解还是调度意愿，我们还缺乏系统策略。以至于，只有少数人士能够娴熟运用意愿策略。诸葛亮"七擒孟获"，目的在于建立顺从的意愿。颇受争议的自行车赛手阿姆斯特朗（Lance Armstrong）具备调度意愿的天分，他发明的黄色手环串联全球亿万挑战癌症人士的爱心。女性化妆品营销大师玫琳凯（Mary Kay Ash）知道，价值1美元的奖品，如果放在看似10美元的包装盒子里，再加上关爱的眼神，会产生超过100美元的激励效果。

这些调度意愿的天才启发我们，危机管理涉及两个系统的活动——能量和意愿。成功的危机管理者擅长用最少的能量调度最大的意愿。

从宗教哲学到神经科学和人脑认知研究，意愿已经进入一个可以观察、识别、测试、衡量和分析的科学阶段。我们已经认识到，人的思维和行动既是理性的（rational），也是意愿的（intentional）。需要强调的是，在危机情境中，人首先是意愿的。只有建立意愿共识之后，才会选择讲道理。之前，各方都拥有自己认为正确的道理，无法融通。

对于意愿现象，人类早有直观认识。"一念一世界""即心即佛"和"境随心移"等，都是东方智慧的总结。在西方，中世纪哲学家阿奎纳（Thomas Aquinas）解释人的意识活动经过两个阶段。起始是幻影想象，然后是有行动方向的意愿。19世纪，理性主义开始把世界划分为主观和客观二元时，哲学家布伦塔诺（Franz Brentano）仍坚持为看不见的"意愿"辩护，并称之为"有指向的思维活动"。

解铃还须系铃人。一个世纪后，被理性主义否认的意愿现象还是经由科学理性研究返回智慧的舞台。在《神经元人》（Neuronal Man）一书中，法国分子生物和神经科学家皮埃尔（Jean-Pierre Changeux）用神经元网络和神经突触结构解释意愿活动的科学规律。在《意向和意愿》（Intention and Intentionality）一书中，马勒（Bertram Malle）和努伯（Joshua Knobe）对意愿的形成和作用作心理学的解释。神经科学和心理学研究帮助我们了解下图显示的意愿活动过程。从神经突触放电和化学反应形态看，意愿是飘忽不定的大脑生理活动，但确实存在。从心理学的角度看，意愿是有指向的决策前传和行动序曲。我们已经了解人的行为受到记忆、想象、视角和感知过程的影响。当我们改变这四个因素时，人的行为也会随之变化。我们现在更加清楚的是，人的信念（belief）、知晓程度（awareness）、行事能力（skill）和欲望（desire）对意愿都有影响效果。在我们观察到人的行为舞蹈之前，意愿已经大致定下了舞蹈的主题和旋律。

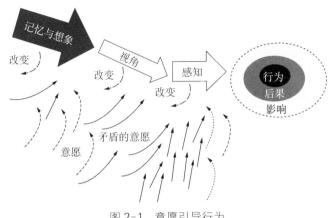

图 2-1 意愿引导行为

危机管理可能是意愿最理性的表演舞台。

首先,危机可以视为多方意愿狼奔豕突,互不相让。几乎所有的危机都可以简化为意愿紊乱和冲突,大到国际危机,小到家庭危机。

其次,危机管理不是也不可能让所有利益相关者的视角、感知和行为都如出一辙,但需要它们相互契合,愿意共存。而意愿则是躲在木偶剧幕后的牵线,牵引着视角、感知和行为。

再次,我们现在知道,意愿是可以管理的。当我们影响信念、知晓程度、能力高低和欲望属性时,意愿就会随之改变。

最后,与一切管理活动相比,危机管理具有敏感的时效性。待看到行为后果和影响,管理介入为时已晚,且物质投入成本巨大。理解和牵引利益相关者的意愿是耗费最小、效果最佳的危机管理。

梳理意愿有四种形态:抓住首要问题;串联间断思绪;展示洞见;选择表达语言。

意愿有时是多头、矛盾和拥堵成一团的。例如,2016 年,当问题疫苗流入市场后,监管机构、家长和社会各界都义愤填膺。这时,各种意愿千头万绪。主事者就必须要清楚,此时最重要的问题是如何展示没有问题的疫苗,维护家长继续为孩子接种疫苗的意愿。

意愿有时是散乱和不连贯的思绪。例如,2008 年,微软在中国推行黑屏行动,即未经许可的软件会暂时黑屏。怎样对待来自各个方面的抱怨?抱怨情绪实际上强化了人们的正版软件意识。如果抱怨有利于串接不连贯的意愿,管控即可。

意愿有时陷于迷惑的现象中,找不到走出迷宫的线索。例如,现在到底是去全球化,还是再全球化?是不是从全球化 1.0 向 2.0 版本的过渡?中国企业如何执行下一个阶段的国际化战略?研究欧洲近现代商业文明动荡发展的历史,我们可以得出一个战略方向：和光同尘，走与当地文化融合的道路，走与当代企业融合的道路。迷惑现象中，具有感性的洞见最能牵引意愿。两融战略不仅丰富大家的钱包，也打动对方的心。而通往钱包的捷径是被感动的心。

意愿有时如此前卫，以至于追随者一时半刻难以理解。20 世纪初，对于当时处于半殖民地半封建社会的中国人民，"楼上、楼下、电灯、电话"则是可以想象和值得追求的生活美景。因此，用熟悉的语言概念转换诠释陌生的愿景，它是梳理意愿的第四种形态。

风物长宜放眼量！与喧哗的危机公关相比，梳理意愿更需要言行一致，久久为功。反思海底捞，如果再有类似事件，危机公关还能调度人们善良的意愿吗？我不知道。有意愿调度天分的领导者，往往利用一个触发事例来引导大家认识什么是值得追求的事业和组织。不仅如此，他们擅长将无形的意愿浓缩到经典的事例和制度规范中，让飘忽不定的意愿有值得凝视和遐想的媒介。

许多英特尔的参访者都希望获得一个小礼物。一个镶嵌着奔腾 5 回收芯片的钥匙扣。它的反面印着传奇总裁格罗夫（Andy Grove）对 1994 年芯片危机的总结：危机摧毁坏公司，好公司得以生存，伟大的公司因应危机而成长！小小的钥匙扣，牵动着千万人精进的意愿！

面对当前复杂交织在一起的诸多危机，我们必须牢记，看见的早已经发生，难有回天之力！我们迫切需要理解、牵引、梳理和凝聚人们的意愿！

第二节　危机沟通首先不讲道理

危机沟通首先不讲道理，讲主观感受！如果还有道理可讲，那就没有危机。当双方都认定自己是受害者时，各自表述大道理只能增加竞争烈度，甚至导致敌对的心理定势，让误解积聚成执念。相反，从主观感受入手，双方才能找到同频共振的理性依据。危机管理，主观感受为先。如何触发它，却需要一个比讲道理更智慧的策略。

两位诺贝尔奖获得者，卡内曼（Daniel Kahneman）和特沃斯基（Amos Tversky），用展望理论（Prospect Theory）解释这个不讲道理的道理：在不确定条件下，人们选择不同的心理框架看风险得失。在面临损失时，人们喜好冒险（赌徒心理）；在面临获益时，规避风险（农夫心态）。例如：选择一，疫苗可能救活 100 个人中的 50 人；选择二，疫苗可能导致 100 个人中一半人死亡。许多人会做第一个选择，因为它的表述框架是正面的、获益的、引导避险心理的。实际上，两个选择的概率结果是一样的。

危机情形下，人们的选择更加复杂，但理论上还是遵守一样的心理"框架和框景"（frame and framing）的作用。我们简称"框选"作用。在危机思绪影响下,人们思考和沟通往往不是理性的,更可能首先是感性的,波动的。学者格瑞(Barbara Gray)曾研究宾州埃顿社区(Alton Park)居民在环保中令人费解的现象:居民反对清理河流底部的工业污染淤泥。调查后发现,居民担心淤泥堆放可能产生更大的空气污染。同一件事情,因为框选事件过程的不同阶段的风险,居民做出外人难以理解的反应。类似因为"框选"而激发的冲突有很多实例。框选学说也成为跨大众传媒、政治学、组织行为、心理学、语言学,社会运动甚至人工智能的热门理论。

简言之,框选有影响人们思考、决策和沟通的作用,因为它突出了千头万绪的线索中最值得关注的属性。"弱水三千,只取一瓢饮"。这"一瓢饮"却决定了人们认知的参照系和情绪方向。危机沟通中的主观感受也具有同样的效果。

汇总各个领域的研究,框选有两个重要结论。

(1) **它是人们的认知结构选择**。冲突中,人们可能在内心认定自己是"施害者"或"受害者"。框选的心理身份将左右后续互动过程。人们也可能从"情感框"去看待问题,例如情侣之间的冲突往往不是利益,而是对情感的心理认识。研究还发现,框选各方的关系(圈里圈外或上下尊卑),任务冲突(关于分工和完成任务的责任),价值观上的对与错,风险得失,或理智高深或浅薄,它们组成一般的六种认知结构选择。换言之,讲道理只是其中一个认知选择。框选的认知出发点不一样,人们组织信息方式和对沟通效果的评估标准也不同。例如学者观点冲突时,他们一般框选理智高下的认知出发点,因此对冒犯性语言也不特别在意。极端情况下,即使自伤八百,也要杀敌三千。

(2) **它是在沟通过程中不断谈判、影响、修改和互动形成的**。如图2-2所示,框选不是一方的认知活动。它是在双方冲突互动中"谈判"出来的(Co-

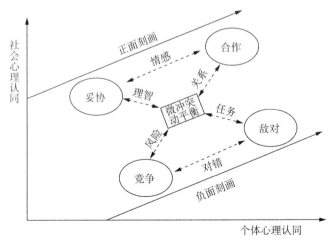

图2-2 影响框选的因素

construction)。因此,我们选择正面刻画一件事还是负面刻画?它取决于互动过程。冲突发生后,我们选择合作态势还是敌对态势?它也是互动变化的。通过互动,我们也可能选择竞争,去赢过对方,或妥协,和平共存。对于框选的动态过程特征,研究感知的学者有句名言:我的表达没有呈现之前,我的思考就尚未结论。(How can I know what I think until I see what I say?)

图 2-2 的总结为危机沟通提供了一个路线图,它表明:

(1) 立场、态度和谈判要价都是可以改变的;

(2) 通过影响认知框选的结构选择,人们实现改变;

(3) 通过互动冲突的过程谈判,人们始终在调试双方能够理解和接受的框选;

(4) 没有预先固定的路线图。

由此,我们可以发挥主观能动性,把握框选的方向和内容。这个总结也改变了我们对冲突和斗争的负面看法。危机沟通的一个根本策略就是"微冲突、动平衡",在互动过程中框选双方认知基本面。

江苏有一个建筑工程队曾经在利比亚承包业务。利比亚发生战乱时,总经理果断做出迅速撤退决策。为了急行军到等待在港口的撤退军舰,总经理要求每位劳务人员只能携带简单的随身用品。成功撤离时,员工赞扬总经理的决策(正面刻画),认为他救了下属(关系框选)。作为成功的逃难者(积极的自我心理认知),员工感激他(框选欣赏情感和合作认识)。回到和平安定的环境后 6 个月,有少数人开始抱怨丢失的个人财产(框选负面的受害者心理身份),并认为总经理没有对保护财产尽职(框选任务责任)。在少数人鼓励下,一些员工开始考虑启动法律诉讼(框选敌对立场)。人心惟危,如烛光摇曳,稍有启动的因头,框选的心理认识便发生改变。这个实例算是对上面抽象路线图的一个生动注脚。

一位学生曾问合气道创始人植芝盛平:您怎样做到长久屹立,岿然不动?植芝盛平回答:我一直在动,只是恢复太快,你看不出而已!"微冲突,动平衡"的危机沟通策略也秉承同样精神。在框选结构和过程原理支持下,危机主事者要敢于表达,善于倾听,不惧冲突,要懂得设计"主观感受在先,理性验证随后"的行为艺术。**实践"微冲突,动平衡"策略,下面的三条原则可供参考:**

(1) **真话只能讲一半。**"格式塔"(Gestalt)心理学补充解释如何运用框选进行危机沟通。"格式塔"心理学说明,人有"补全"的思维功能和填充未完成部分的欲望。通俗的说法是,对未能表达的部分"自行脑补"。了解框选谈判过程论后,我们知道,全盘灌输一整套理性解释效果相反。它剥夺了沟通另外一方参与的欲望和机会;它无视对方的认知框选;它刺激对方选择负面刻画和敌对立场的认知框架。真话只能讲一半,你讲一半,我讲一半。这才能形成我们愿意共同维护的真话!

(2) **大道理，小声讲；抽象的理，行动讲；复杂的理，生动讲**。心理学家斯诺维奇（Paul Slovic）建议，越是嘈杂的环境，越要学会小声说话。当学生大吵大嚷的时候，他会细声细语地说：期末考试包括几个章节……课堂噪声便像潮水一般退去。参观古田会议第九展馆，人们立即被八角帽、红五星、大刀片和绑腿吸引。那时，这些设计生动凸显红军是一支焕然一新的人民军队。

(3) **重复不变的善举、善意、善行**。2011年5月，加拿大曼尼托巴省发生百年未遇的大洪水。在胡帕地区（Hoop Holler Ben），省长面临一个艰难的临界决策：依据"必要性法则"（the doctrine of necessity），他要破坝泄洪，淹没150户人家和周围的农作物，这样，其他850户人家才能保全下来。虽然有2亿加元的补偿款和法律依据，当地政府和民众没有把它看作理所应当的决策。人们一次次举行社区会议，讨论如何减少损失，如何帮助受害家庭。行政部门时刻监控气候条件，不断推迟破坝泄洪时间。周边的居民自发聚集起来，围绕尚可挽救的家庭，用沙包建筑成环形堤坝，保护房屋。这样一个重复的善意过程着实在心理上给受害家庭带来些许安慰，也强化了社区关系和善意的社会资本。有时，危机主事者要像西西弗斯那样周而复始地行善。不要忘记，失败的结果是强化善意信号的一种方式。

在危机沟通中，主事者容易走两个极端：要么强权劫持，全能覆盖，单声道灌输一种道理；要么低眉顺眼，放低身段，委曲求全。这两种风格都违背框选心理原则，也不能够实现希望达到的和解目标。掌握框选心理认知理论后，我们可以尝试"微冲突、动平衡"的策略，它是有效危机沟通的必由之路。

1945年9月10日，处于重庆谈判的关键时期，我晋冀鲁豫军区部队在山西上党发动对国民党军的自卫反击。后来，毛泽东在《关于重庆谈判》一文中，对上党战役作了高度评价，指出：人家打来了，我们就打，打是为了争取和平。不给敢于进攻解放区的反动派很大的打击，和平是不会来的。这种"微冲突，动平衡"的规律，在今天也特别重要！

第三节　危机不是无解，而是五解

只有想不透的问题，没有找不到的答案。没有什么危机是无解的。不过，如果主事人总是想着解决危机，必然也会失望。解决的方法功效有限，法国就有过一次历史教训。经历普法战争和第一次世界大战后，法国军队下定决心要解决德国人从东北边境入侵的威胁。为此，法军建了庞大的马其诺防线（Maginot Line）。这个历时10年，耗资30亿法郎（1930年代币值）的建筑内部有发电站、医院和四通八达的战壕，甚至还包括有轨电车。1940年5月，马其诺防线完工后不久，德国军队从它的背后，法国和比利时边境的阿登高地发动突然进攻。然后就是英法联军的敦刻尔克大溃败。后来，马其诺防线不仅成为"解决了一个错误问题"的代名词，它还代表了一个更糟糕的组织现象：以为力量强大而助长了思想僵化。

有一类危机是可以因循"解决"策略而行动的。那就是对付封闭系统内受到的干扰。例如，电脑软件系统有程序问题（bug）。通过分析和试验，工程师可以解决程序问题。对于一个封闭系统，干扰可能来自内外两个方面。在系统内部，子系统数量增加，互动频繁，而且可能共时，那么系统的复杂性增加。复杂系统常常有无法事先预知的灰色互动部分。这些陌生的互动活动可能造成系统波动。系统工程师可以用隔离的方法，诊断出现问题区域，找出制造偏差和波动的因素，并解决问题。在系统外部，意想不到的干扰因素，例如电源不稳定会引起系统波动，甚至宕机。解决的思维也类似。先隔离干扰源，然后找到稳定的方法。总之，只要有能力和资源隔离干扰源，维持系统相对封闭状态，危机就可以解决（见图 2-3）。

这个原理适用于其他系统问题。

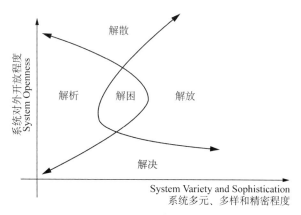

图 2-3 危机五解

但是，如果系统处于开放状态，或者无法达到需要的隔离程度，危机主事人就得明白，解决是假象，必须寻求其他方法。关于虚假的解决方案，社会学家克拉克（Lee Clark）有过生动的描述。苏联和美国冷战期间，两国举行大规模的核军备竞赛。它带来"核冬天"的恐慌情绪。为应对这个弥漫在全社会的恐慌情绪，美国国防部联合专家制定了一系列的文件，目的是告诉民众如何辨别、躲藏和求生。克拉克教授称之为"虚幻文件"（fantasy documents），因为如果真的发生"核冬天"，文件中编制的一切方法都是无效的。

不过，克拉克教授的批评也过于绝对，如果没有别的选择，可以通过"虚幻文件"暂时缓解人们的恐慌心态，它仍然有解困功效。研究风险决策的心理学家斯洛维奇（Paul Slovic）指出：极度恐慌心理（dread psychology）会加重危机处境。当人们缺乏判断能力，没有直接信息来源，又遭受不平均的危机后果时，人们会在想象中无限扩大危机带来的致命影响。在极度恐慌心理的影响下，人们的行为通常高度集中在单一活动上。高度集中的后果是屏蔽周边活动，以至于做出激进和过度的反应。2014年某地火车站恐怖袭击之后，城市地铁内稍有反常情况，甚至只是贫血晕倒的乘客，也会引发连锁反应，其根源在于人们的极度恐慌心理。

针对极度恐慌心理的解困往往是危机五解的第一步，就像医生对有综合症状的高危病人首先降温退烧一样。2005年3月，检验机构发现多家快餐连锁店使用的辣椒酱内含有"苏丹红一号"色素添加剂。一位就职连锁店公关部的朋友问：是否马上请专家说明解释？我的回答："立即下架所有红色辣椒酱！"如此，只要不是色盲，不需要专业能力，消费者就可以判断"苏丹红一号"被暂时阻截了！危机发生后，解困是立即要做的事情。它的目的是为主事人创造思考判断的时间，并整合下一步行动的资源。它越简洁，越直观，越有效。

解困之后，下一步是什么？它取决于危机的性质和社会文化。在《风险和文化》（Risk and Culture）一书中，道格拉斯（Mary Douglas）和维尔达夫斯基（Aaron Wildavsky）解释，社会文化影响人们对风险的认识和接受程度。他们的理论很适合解释新冠疫情发生后美国一些政治人物反对戴口罩的行为。如果对一些社会现象没有办法获得共同的定义，也不能决定哪一种方法最适合对付危机，那么，问题属于既缺乏知识，又没有共识的范畴。对付在这个范畴内的危机，我们需要解析的策略，通俗地说，就是"让子弹飞一会儿"。2008年，微软"黑屏"事件就是属于这个范畴。公司不需要立即解除危机源（黑屏），因为这个有张力的痛苦认知过程有助于解析危机的本质是使用了盗版软件。2018年，滴滴顺风车遭遇一系列危机。关于共享经济性质的顺风车，涉及的安全问题是公共交通安全的一部分，还是企业要全权保障的服务责任？人们对它没有共识。如果危机话题有讨论的机会，社会共识也会逐步建立起来。涉事企业选择解决的角度去开发安保措施。其实，解析才是合适的策略。系统越开放，利益相关者越多，获得全面知识和方法共识就越困难，相关危机也就越要采取解析策略。

美军入侵阿富汗多年后，一位军事理论学者感慨地说：在阿富汗问题上，我们最大的失误是认为可以带去解决方案。在近现代历史上，那个地区的社会、宗教、文化、部落和经济情况形成特殊的危机问题情境。它不是任何一股力量可以彻底解决的，它始终处于聚散的周期过程中。因此，"解散"才是合适的策略。

解散策略适合于许多"刁怪问题"（wicked problem）。宿命中注定要不断发生的问题，最好选择解散策略，例如家庭矛盾不宜上纲上线，定论绝对责任。无论什么结论都可能打开另一个"潘多拉盒子"，解散为上策；如果对问题的解释权和解决方案都远远超出危机主事人的能力，解散才是良方，例如最近一家外资银行从网上撤下两个声明，应该是意识到声明涉及的问题超过自己能处理的能力范围。

危机五解中，"解放"策略时效性最长久，但很少看到成功的案例，因为它对主事人的认知水平和长期行动承诺要求很高。葡萄牙最大的软木塞生产商阿莫林（Corticeira Amorim）长达数十年的危机管理是实施解放策略的典范。

葡萄酒封瓶的软木塞已经有400年历史。软木原料来自地中海地区的老栎树的外层树皮。栎树木栓做的软木瓶塞优势明显。软木塞有上百万个小气孔，能让红酒氧化过程非常细缓，提高陈年老酒的品质。它还有高压缩性，能紧缩，可以复原，是密封的好材料。不过，这种能做软木塞的天然良品却来之不易，一棵栎树要到43年树龄时才能有适合做软木塞的老树皮。栎树生长不易，制作工艺流程也复杂。

因此，葡萄酒软木塞形成独特的竞争优势组合：地区性的稀有材料；与教会弥撒有关的独特历史；复杂的生产工艺。人们相信软木塞对葡萄酒保存和享用的价值，大家都普遍使用软木塞，这样的价值观和行为持续了400年。20世纪末，全球200亿瓶葡萄酒年产量中，80%用的是软木塞。它们基本上来自地中海地区国家，葡萄牙、西班牙、摩纳哥、法国。这一地区有大约670万公顷的专用栎树林，年产值为20亿美元。其中，葡萄牙是最大的出口基地，年出口价值10亿美元的软木塞，有600多家企业，雇佣10万产业工人。对一个GDP 2 000亿美元左右的国家，它是葡萄牙举足轻重的产业经济活动。

20世纪80年代，化学家发现，葡萄酒开瓶后的霉味是一种叫"246 Trichloronanisole"的化学物质造成的，简称为TCA。科学家还指出，低度TCA对人体健康没有影响。麻烦的是，人的鼻子对TCA特别敏感，一汤勺TCA倒入一个标准游泳池中，人都能闻出。与此同时，为了降低成本，澳大利亚和新西兰地区的葡萄酒生产商首先使用替代的封口技术。他们用铝制的螺旋瓶盖替代传统的软木塞。1993年，一家叫"Supreme Corq"的美国企业发明生产出接近完美的软木塞替代产品：合成软塞（Thermoplastic Elastomer）。它不仅成本低，能满足弹性和压缩性，而且没有TCA的问题。一经问世，合成软塞迅速进入新大陆葡萄酒生产市场。同时，环保人士开始质疑软木塞生产对地中海地区森林面积的影响。他们指出，栎树林地区有多种植物和动物资源。开采栎树影响到碳排放，干扰当地的动植物生态环境。

替代产品、市场认知、产业能力、环保攻击、被标签化的TCA问题，当这些负面因素汇聚到一起后，地中海地区的软木塞产业遭遇到400年来从未有过的完美风暴！其中，占全球产量和出口量一半的葡萄牙厂商受到的打击最大！

20多年前，葡萄牙最大的软木塞生产商阿莫林在其总裁阿莫林（Antonio

Rios de Amorim）带领下开始了长达数十年的危机管理。花了将近 10 年的时间，阿莫林在葡萄牙南部建设一个有 11 个足球场大的生产基地。这个新厂采取全新的生产工艺和标准，力求解决 TCA 的问题。然后，阿莫林把积累的知识技能向整个行业传播，成为共同遵守的标准。解决 TCA 只是第一步。生产厂商开始游说葡萄牙政府，共同发动市场营销运动。

他们首先瞄准环保偏见，用数据说明铝制瓶盖和塑料合成软塞对环境污染更大。替代产品生产过程中的碳排放和能源消耗是看不见的社会成本。其次，他们向社会普及对栎树皮生产的软木塞的正确认识，说明老树皮可以再生，将近 700 万公顷的栎树林每年能够消除 2 000 万吨二氧化碳。因此，软木塞产业不仅零排放，还帮助消减二氧化碳。这场大规模的市场营销，还出版了 126 页的环保与经济可持续发展说明书，解释软木塞产业对当地就业和脱贫的正面影响。

通过持续的社会营销，人们对软木塞的质量和环境影响有了正确的认知。但这只是对已经形成的偏见"中性化"，还没有能够造成新的正面消费偏好。在功能性解释取得成效后，软木塞行业的营销走向情感维度和社会维度。他们率先在重要的葡萄酒消费市场开展消费情感偏好的广告营销，宣传："好葡萄还需要天然软木来配！"另外一个创新营销是在全球调查："让人类怦然心动的幸福声音是什么？"调查显示，5 种让人感到幸福的声音中，就有葡萄酒被打开时的"砰"的一声。

营销明显有效。2011—2013 年，葡萄酒软木塞的全球市场份额从滑落的 40% 回升到 70% 的高位。与此同时，地中海地区的软木企业也开始思考多元化经营和系统的风险管理。一方面，他们持续坚持维护葡萄酒软木塞市场的份额；另一方面，他们开始将软木原料与汽车、飞机、时装、家具、装饰品行业结合起来，以避免对单一市场产品的过度依赖。

在阿莫林公司带领下，葡萄牙软木行业走过了解困、解决、解析三个阶段，并最终实现解放策略，即在问题的上一次层次上找到长效脱困方法。它也验证了爱因斯坦的一个抽象表述：问题只能在理解的上一个层次得到解决！

第四节　危机管理的现实境界是"无咎"

直至 1453 年君士坦丁堡沦陷，拜占庭王朝延续大约 1 000 年。在这千年统治过程中，帝国被强大的外族环绕，并遭受不断的攻击。拜占庭王朝历尽危机而不倒的秘籍有三个：①给对手留条活路；②能和则不战；③无底线激发对手内斗。拜占庭文武官员深谙危机统治之道。他们明白，今天的对手可能是明天的盟友。战争绵延不断，幸存者为王。能够用美人计和金钱收买去离间对手，是性价比最高的斗争。商朝 500 年，周朝 800 年。拜占庭 1 000 年。能够存活这么久，是因为拜占庭王朝认识到危机的问题本质：危机是一个不可能彻底解决的社会现象。

作为一种社会现象，危机与自然科学问题有质的区别。1973年，里特尔（Horst Rittel）和韦伯（Melvin Webber）写了一篇传播至今的小文章。文章中，他们对自然科学和社会科学问题的性质作了区分。物理和化学问题一般是"可控问题"（tame problem），因为问题的边界、结构、研究目的可以事先设定。因此，目的、手段、结果表现之间比较容易找到一一对应关系。而公共政策相关的问题多是"刁怪问题"，因为问题本身难以定义，牵扯到的利益相关者很多，测量标准主观性强，而且经常变化。因此，用自然科学定义和解决问题的思维套用社会问题，那只会摁下葫芦起了瓢！

涉及危机问题，米特洛夫（Ian Mitroff）强调一个较普遍现象：精致地解决错判的问题。在他看来，为何美国医疗和卫生健康支出持续上升却问题不断？因为大家各自埋头苦干，围绕错判的问题，寻找精确的解决方案。作为危机管理领域的泰斗，米特洛夫和他的前辈阿科夫（Russell Ackoff）都有一个共识：危机管理不是解决问题，而是管控问题的状态（Managers don't solve problems; they manage messes.）。

危机是怎样的一个问题状态？危机管理能够止于至善的境界是什么？如果清楚地认识危机的问题状态性质，我们便自然了解危机管理的现实境界是什么。

综合上述专家的研究，我们形成一个"问题情境观"的认知模式。它说明，危机问题与自然科学的"可控问题"不同。如图2-4所示，它是一个"八难"的问题状态。

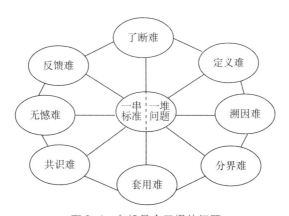

图2-4　危机是个刁怪的问题

第一是"定义难"。1999年，比利时发生240人对可口可乐有异常反应，而且大部分为儿童。公司发现，因为生产流程工艺不稳定，汽水开瓶时有异味，但无害。于是，高管定义危机为儿童之间社会心理暗示的问题，而非质量问题。科学地讲，高管没有错。从危机管理角度看，这个工程技术化的定义引发强烈社会反弹。结果是大规模回收和1亿美元的损失（1999年的价值）。"横看成岭侧成峰"。危机问题从来不止一个定义，也很难作一个清晰的定义。

第二是"溯因难"。没有任何一个危机是单一因素造成，没有任何一个危机是一系列因素线性作用的结果。它像弹子球一样，是经过多重因素碰碰撞撞后，掉入洞中。各国医疗与公共卫生健康系统的危机就是一例。它与人口特征、生活习惯、公共政策、新型设备和药物的成本、社会对医疗健康的观念和期望值等一系列因素有关。

第三是"分界难"。危机问题往往涉及多层社会组织和多种知识范畴。它可以分步骤讨论，但不能任由一个领域的专家去垄断对它的解释。例如，备受争议的"互联网中立性"（Internet neutrality）。我们至少必须从网络技术效率、社会公平和公共政策价值取向去看待它。新冠病毒相关的危机也如此，它不仅涉及病毒学、防疫、公共卫生健康，还事关社会心理和国际关系。

第四是"套用难"。所有的危机都具备凶险特征。没有两个危机具备完全一样的凶险特征。我们的行话是：凡是可以从书架上找到答案的，就不是危机。每个危机都有自己的特别属性，有未曾遭遇过的经历。套用过去的策略，往往事倍功半。因为电池爆炸，三星的N8在美国遭遇危机。模仿丰田刹车危机的策略，三星迅速打广告，主动召回。可是，美国电信行业有自己的产品召回规矩。三星模仿丰田成功策略，却与美国联邦通信委员会（FCC）的规定发生矛盾。过去几年，我们也观察到许多中国企业辛苦模仿前人的危机管理策略。但是，效果差强人意。

第五是"共识难"。危机一般关系到众多利益相关者的利益，他们的策略目标往往相左。合作型的冲突管理不在他们考虑范畴，他们更关心历史形成的敌对冲突关系。在这样一群利益相关者中建立共识，非常困难。中东地区的长期危机局势就是一个典型。宗教的、国家的、国际地缘政治的利益相关者之间，基本上无法达成策略目标上的共识。类似拜占庭王朝时期，对手和盟友转头就变化。《易经》描述事物的五个状态为：吉、无咎、悔、吝、凶。我们看到的中东局势一直在吝凶状态中。

第六是"无憾难"。危机没有完美的、毫无遗憾的解决方案。社会问题，解决一桩，通常留下伴生问题，隐含另一桩危机。拔了萝卜，起了泥。这是危机管理的常态。在中国一些城市，强制拆迁的问题解决了。随着拆迁补贴上升，小区内赌博现象却增多了。各国城市化过程中，提升城市档次，房地产价格上升，原住民失去返回故乡的机会。作为一种特别社会现象，危机解决了一部分问题，另一部分又悄悄滋生。现在的解决方案往往引发下一个问题。在马奇（James March）和维克讲述的一个案例中，新来的农场主不适宜地选择栽种一种经济作物。结果，土地板结。第一年，农场主用2吨位拖拉机去松土；第二年，更严重，只能换 3 吨位；第三年，5 吨位……解决方案成为问题的一部分。

第七是"反馈难"。许多危机的反馈周期很长，有的甚至要经历几代人。长周期反馈现象让人们产生认知的盲点，忽视问题的严重性。例如，人工智能对社会心理、文化的影响，对人的认知习惯和习性的影响。它的反馈周期是生物进化的时刻单位。待到看见反馈的效果时，行动已经难以奏效。又如，英国脱欧对欧洲地缘政治的影响。我们至少要等 10 年才能看到明显的冲击。但是，政治人物以 4—5 年一次的选举周期为单位计算自己的政治得失。长周期反馈难是危机被刻意忽视的一个重要因素。

第八是"了断难"。如果危机管理的目标是彻底解决问题，那是无法实现的追求。洛杉矶、旧金山等大城市都有无家可归的流浪汉。他们成为各方面关心的社会问题。几十年来，各种各样的政策和措施都试验过。但是，没有任何一个城市管理者可以说彻底解决了这个问题。造成流浪汉多的因素有很多，有些是经济问题，有些是个人心理因素，甚至有个人选择的成分。一个城市的解决方案也是一圈稀疏的篱笆，无法与其他地区完全隔离。由此，城市流浪人士问题始终会存在。

不是每一个危机都同时具备上面分析的八种状态特征。但即便是具备几种，它们也已经让危机现象足够"刁怪"。从社会复杂系统的角度看待危机，我们就要做好思想准备，要认识到它往往是一堆问题交织在一起。对于它的解决成效，评判的标准不止一条，可能是一串。

因此，管理者要有下面的"问题情境观"：作为一个社会动态复杂现象，没有问题是不可能的，怎样避免凶险的问题是我们起始的动机。彻底隔离、断绝问题，也是不可能的，我们能够做的，是让凶险的问题向平衡的问题转移。如果我们能够将平衡的问题保持在一定范围内，那么，我们也就达到"过由自取，无所怨咎"的境界了。在事物的五种状态中，"吉"是理想状态，是常态管理的优化目标。不过，对于危机管理，"无咎"才是可以达到的现实境界。

因为对危机问题的新认识，丹麦政府推动不一样的公共政策。2017 年，我访问丹麦的一个公共政策智库"思维实验室"（MindLab），发现他们重新审视一系列针对社会危机的公共政策。其中，他们修改了评判社会危机管理的标准。他们发现，大多数社会问题不是市场机制可以解决的。或者说，大多数能够让顾客满意的产品和服务都已经市场化了。政府往往要面对有上述特征的"刁怪问题"。因此，公共政策的目标不应该是持续提高市民的满意度，那是适合市场机制的标准。许多公共政策的目标应该是"持续降低市民的不满意程度"。当认知改变后，他们发现，危机管理大有可为！

按照《周易·系辞下传》解释，"惧以终始，其要无咎，此之谓易之道也。"参照第 23 卦，剥卦，危机状态处于五阴一阳的系统剥离耗散阶段。危机管理的首要目标不是保证不出事,也不能保证出事之后完全逃脱无损,而是处于系统耗散境遇中能躲过灭顶之灾。因此,无咎不是没有凶险,或不犯任何过错,而是有过失和危险遭遇时还能保留元气、维护生机;同时,不受表面机会诱惑,耐受不利环境转良。这才叫作无咎。

本 章 要 义

1. 危机的序参数之一是意愿。危机的本质是人和社会的意愿矛盾和冲突。危机管理的序参数是梳理冲突的意愿。危机管理通过传导新希望来汇聚微意愿。
2. 危机管理另一个序参数是变态管理。它涉及系统状态的维持、刷新和升华。变态指系统状态的变化。危机管理不可能只是维持之后再恢复到过去的状态。其间,许多系统因素都发生变化。
3. 利益相关者的意愿受记忆、认知视角和感知过程影响。在人们的立场、态度和行为背后,意愿起着左右方向的作用。
4. 人们怎样框选认知的视角会直接影响到意愿性质、强度和方向。
5. 因为主观感受的影响,危机沟通过程先从感知开始,再到理性验证的阶段。
6. 一般危机管理首先考虑危机解困。解困是为后续变化管理创造条件。完全解决危机不现实,维持一个良性的问题情境是可以达到的目标。
7. 危机的"问题情境观"提醒我们,危机问题往往是"刁怪问题"。怎样定义危机问题直接影响后续的策略选择。
8. 危机管理首先求无咎,忌讳见猎心喜,在环境尚恶劣时追逐表面机会。

第三章 意愿场有论 行为艺术观

危机从无序到有序,是一个历程。在这个历程中,危机管理者采取各种各样的行动,制造出能够改变利益相关者意愿的作用效果。有些作用是隐含暗示的,有些作用是具体明显的。通过这些制造作用的行为,危机管理者希望能够与利益相关者产生共鸣共振的协同效果。而无论危机管理者个体有多大的能量和意志,他们必须审时度势,依靠危机情境中的各种力量和资源,引发协同作用。这个蕴含能量与意愿的危机情境就是我们要重点讨论的"场"。危机问题一定不是独立存在的,它依据当前各种活动交织而成的场而存在。危机管理的秩序效果也不可能独立存在,它依据新的各种活动交织而成的场而存在。对当事人,危机可以被看作一种有破坏性的当前场效应。危机管理的历程可以被看作从有破坏性的场效应转化到能共存共荣的场效应。第二章谈到的"恶性问题情境"向"良性问题情境"转化。恶性问题是危机管理情境,良性问题是常态管理情境。是用不同方式谈论同样的危机和危机管理概念。

本章谈论的"场有论"概念源自哲学家唐力权教授,唐教授是现代国际哲学领域贯通中西方哲学第一人。唐力权的场有论与哈肯协同论相得益彰。本书的危机协同论也是结合两位大师理论精要而产生。表3-1是对本章要点的一个概括,在此权当一个引子。本章结尾处,我们将再次对核心概念做一个综述。

表3-1 危机协同论核心概念

哈肯协同论	唐力权场有论	危机协同:意愿、场有、信号
自组织过程	造化历程	从无序到有序的变化过程
分辨宏观系统大关系	场有	危机的问题情境观
降低复杂性	行依体验,宜其宜	意愿、场有、信号是核心因素
待确定状态	蕴微作用	从丰富的可能性中渐确定一种
秩序参数	活动场效应	交汇的力量涌现出系统秩序
役使原则	权能作用,潜能格局	微冲突,动平衡

(续表)

哈肯协同论	唐力权场有论	危机协同：意愿、场有、信号
哈肯信号	力息交汇	传导新希望，汇聚微意愿
循环因果	相互摄受	秩序的曲线诞生过程
双元模糊	氤氲势用	作为行为艺术的危机沟通
系统双引力点	虚机了断	危机潜优势
整体协同效果	境界开显的场效应	协同场效应

本章先用三个事例解释场有论，然后说明意愿场有论最适合解释系统大结构溃散的危机（崖断危机）。之后，我们再将意愿场有论放到一般商业环境中，解释商业组织兴衰现象。本章结尾处，我们对源自哈肯协同论和唐氏场有论的危机协同论做一个综述。

第一节 三个事例解释场有论

为了介绍抽象的场有论，我们选择三个事例开启对概念的理解。这些事例读起来跳跃，但无妨。它们的唯一功效就是为场有论提供赋比兴的材料。

阿布拉莫维奇的行为艺术表演

阿布拉莫维奇（Marina Abramovic）是国际艺术家。她的成名之作"原初节奏"（Rhythm 0）是她1974年在意大利那不勒斯的一次行为艺术表演。在六小时的表演中，赤裸的阿布拉莫维奇一动不动站在那儿。在她面前的长桌上，陈列着72种物件，从玫瑰花、香水、鞭子到上了膛的手枪。观众被允许用任何物件对她施加作用。开始，观众小心翼翼触动一下。逐渐地，越来越大胆的观众用利器戳她的身体。阿布拉莫维奇说，她想知道观众会走多远，自己会从他们施加的伤害中获得什么感受？

阿布拉莫维奇的行为艺术可以被解释为艺术家和观众之间的互动行动。我们对公共事物的理解也是通过相互之间的作用和对作用的理解和认识而形成的。离开相互作用，公共事物将不存在。相互作用形成一个环状的封闭回路。而一系列的相互作用就像下面一串环状回路（见图3-1）一样联系在一起。这个串联在一起的相互作用回路帮我们切实感知到公共事物的存在。换言之，没有相互作用，事物不存在。如果相互作用的串联断了，事物也从我们显意识中暂时消失。我们会关注另外一串相互作用。因为我们的连续关注，因为它们持续的相关作用，我们认识到事物的存在。

图 3-1　环状回路

阿布拉莫维奇的行为艺术帮助我们理解危机场有论的几个根本概念：

(1) 离开行为艺术设计的相互作用，"原初节奏"的艺术表演就不存在。同理，危机和危机管理只存在于利益相关者之间相互作用的行动中。离开行动，离开相互作用，危机现象不存在。

(2) 通过与大家日常思维迥然不同，甚至特别怪诞的行为要求，艺术家想刺激出人们对习以为常的意识的反思。习以为常的意识代表常态秩序。离经叛道的艺术行为代表制造出来的意识危机。强烈的反差下，人们看到习以为常意识背后麻木的假设。艺术制造的危机帮助人们感知，公共性存在于人们的互动过程中。同理，危机发生，那是因为维持既有秩序的一连串相互作用受到冲击，被打破。断裂的活动切断了过去延续的能量交流形式，干扰了过去延续活动中包含的权力等级关系。

(3) 通过重要的行动效果，主事者建立与各方新的循环互动。就像上面的连环图形比喻的那样，只要新的循环互动环环相扣，自组织协同就走向动态均衡。这时，危机管理建立了新秩序，并告一段落。

(4) 在相互作用的行动中，作用越大，产生的影响力越高，权力效果也越高。作用共鸣共振的幅度越广，被带入协同过程的能量越多，能效也越大。以名人代言的市场营销为例，影响力越大，名人效应代表的权力越高。影响力越广，模仿消费的人越多，被带入消费的协同过程的消费金额（能量）也越多，能性越大。这就是场有论中的权能作用概念。

(5) 相互作用不是凭空产生，而是依据所处的场，所处的境遇条件而生。例如，没有在行为艺术展览现场放置的72种物件，观众就缺乏施加特别作用的条件。没有行为艺术本身的约定，用物件伤害他人就是犯罪。而在那个现场，它是艺术活动。简言之，一切相互作用都因场而生，依场而立，随场而逝。没有独立于特定境遇的存在。一切存在都是场有存在。

(6) 作为行动背景的社会情境（场）包含多种多样的可能性。它们代表场有的潜能。例如，行为艺术表演长桌上有各种物件。观众也许选择玫瑰花表达善意，也可能选择鞭子，表达恶意。没有选择之前，现场条件可恶也可善。

（7）没有选择行动之前，观众既有表达善意，也有表达恶意的机会。这时就是虚机（可能性）状态。一旦选择，虚机中的一个可能性就彰显出来了。随着后续的一系列行动，这个可能性就在具体行动过程中转化为现实。行动的作用和效果消失时，事态情境又回到蕴含多种可能性的状态（蕴）。再采取行动时，一种可能性又明显地展示出来。它立即有自己的特征和区别于其他的地方（缴）。场有论用蕴微作用描写这个循环往复的历程。

（8）那个最显著的可能性也最有潜力调动全场协同效果。它一般有势态上的高度优势。高低等级差赋予这个可能性更大的影响力，也即权力（power）。例如，艺术家允许观众向她身体实施作用（献花或鞭挞），这就是给了观众合法的权力。观众利用长桌上的物件，这是利用现场的能量。依据场有论，危机管理的历程总是包含权和能的结合。危机管理就是要利用权与能，梳理各方的意愿，走向共鸣共振的协同效果。

（9）阿布拉莫维奇设计行为表演艺术的一个场。她想传递的一个信号是：公共事物不是静态的、独立的存在，而是动态权能互动效果。这就是她对"原初节奏"的艺术理解。想象危机管理的历程为一个行为表演艺术过程，主事者应该有准备传递的新秩序信号。从无序到有序的一个明显标志就是新秩序信号成功地树立起来。

历史常有六扇门

从无序到有序，第二次世界大战后欧洲复兴是一个经典历史事例。现在回顾看到的是一个线性发展的必然道路。事实上，1945年的欧洲就是一个待确定的状态。各种各样的可能性同时存在。后来的现实不过是其中一个可能性走过了意愿场有的历程。概述如下。

欧洲完全可能不是今天这个样子，假如马歇尔计划选择了不同的执行策略。回顾马歇尔计划，后视镜中看似必然的历史轨迹，竟然有六个敏感的起始点。每个起始点都可能开启一套独特的历史演义。相比之下，那五个没有讲述的历史故事暗含着更多的冲突。历史上征战连绵的欧洲经历了半个世纪的和平。倒看回去，庆幸他们推开了一扇和平之门。

第二次世界大战基本上摧毁了欧洲各国的国民经济，工业生产能力倒退至少30年。欧洲重建取决于美国的意愿和财力支持。1947年，美国驻苏联大使乔治·凯南的一份电报标志东西方冷战开始。为了阻遏苏联势力向西蔓延，美国决定支持欧洲的重建，筑起对抗苏联的壁垒。1948年，以美国国务卿马歇尔命名的支持欧洲重建计划正式执行。美国第一年拿出53亿美元（约为当时美国国民生产总值的5%），又分四年向西欧各国提供了130亿美元的援助。1953年，西欧各国的工业水平和国民经济恢复到战前的一半。可以这样说，没有马歇尔计划就没有欧洲后来的强势发展，就没有欧洲今天的共同市场。

通过西蒙教授（Herbert Simon）的历史分析，我们才了解到，当时的马歇尔计划有六种不同的组织安排和执行策略。每一种代表一套对欧洲未来的设计思想，各派设计人物也各有充足的理由支持自己的策略。在待确定的起点，这六种可能性都各有优劣，都有大致相同的选择价值。

第一种是大宗商品购买和交易策略。西欧各国提出购买需求单，美国审查后，按单提供购买资金援助；第二种是贸易平衡的策略。先审计各国与美国贸易收支平衡中的美元缺口，然后授权援助基金弥补缺口；第三种策略是欧洲合作方法。先用基金帮助各国建立合作机制，然后让欧洲人自己制定和执行重建计划，深化合作关系；第四种为双边承诺策略。美国分别与西欧各国签订双边条约，按单个条约决定如何使用基金；第五种为投资银行的策略。每个援助计划都是类似投资银行的项目，到期还钱；第六种是行政控制策略。通过设立中央集权的经济与合作机构替各国决定项目，并执行具体计划。在六项选择中，除了第三项，其他的计划都给予美国极大的控制权。

马歇尔计划最后采纳了第三种策略。其中一个重要理由是它能调动多方共同的意愿。它从培养欧洲国家之间的合作机制开始，进而促进了北约、欧共体、欧盟、欧洲共同市场等后续合作体制建设。最近的欧元危机也从反面说明欧洲各国相互依赖的深度。只有了解欧洲战争百年历史，人们才能体会马歇尔计划开启的"合作欧洲"的和平价值。

打开刚刚从冰箱里取出的果冻，浇上热水，原本平滑的果冻表层便沟壑纵横。再浇冷水，它们也只能顺着已经形成的沟渠流淌。历史也类似。一旦推开一扇门，尚未发生的事件就已经有了未来发展的方向。每一代人推开每一扇门之时，已经被赋予命定的历史责任。

欧洲的复兴历程为我们理解意愿场有论提供了下面的启迪：

(1) 二战后欧洲的危机是一种待确定状态，有多种可能性同时存在，是一个蕴含虚机的格局。

(2) 马歇尔计划的六个选择都是依据当时欧洲政治、经济和文化势态而规划的。当时的势态就是后来选择的场有条件。无论是哪一个可能性，它必然应场而立，依场而生，随场而逝。

(3) 选择第三条道路，因为它有顺应各国利益相关者意愿的优势。其他选择各有优势。意愿似乎在此起了左右选择的作用。

(4) "合作的欧洲"成为新秩序的最强音。它扮演了秩序参数的角色，代表着能带动协同效果的哈肯信号。

(5) "合作的欧洲"秩序通过一系列自组织的协同建立起来。当它具有动态稳定特征时，战后欧洲新秩序建立了。

（6）我们最近看到英国脱欧行动。它代表着一个大系统中始终存在"统一"和"独立"的两个引力点。当场有条件具备时，作为显秩序的欧洲共同体受到挑战，作为潜秩序的脱欧现象就萌发了。

（7）未来的欧洲又回到一种新的场有状态。哪一种新秩序能利用场有中蕴含的权力和能量，能抓住众多可能性（虚机）中的一个，能通过一系列行动到达"境界开显"的顶峰？我们拭目以待。

（8）欧洲再合作，欧洲分裂，中欧合作，欧洲俄国再均衡，欧美合作，欧美渐行渐远……这些都是未来场有中的多种可能性。无论哪一种可能性走上渐确定的道路，实现它一定离不开意愿、场有和信号。

第二节　解救"崖断危机"的场效应策略

牛顿定律、爱因斯坦相对论和量子力学各有自己的适用范围，并互为补充。危机管理的理论也有类似特征。意愿场有论最明显的应用范围在"崖断危机"上。

说文解字的"危"，寓意人处悬崖边。1972年，法国数学家托姆（Rene Thom）创立的"突变理论"（Catastrophe Theory）用数学语言解释突然发生的溃变犹如坠落悬崖：当非线性、不连续运动到达一个临界值后，运动形态突然崩溃。对于崖断式的突变，学者戴蒙德（Jared Diamond）和坦特（Joseph Tainter）都有过历史研究，远至周朝，近到18世纪太平洋诸岛。

一般人很少关注崖断式的突变，因为它通常是历史长周期现象，很少发生在个人生命历史中。可是，进入"长态危机"社会后，危机的性质产生变化。牛津大学"人类未来研究所"的研究员奥德（Toby Ord）直接将他的新书起名为《崖断》（*The Precipice*）。

与我们通常熟悉的危机不同，崖断式危机有至少三个特征：

（1）系统资源获取能力受到根本性破坏，维系日常运行越来越困难；

（2）利益相关者和系统成员过去熟悉的思维和行为模式失效；

（3）系统进入溃败的耗散模式。

奥德罗列的地质灾难、外来天体、基因变异和人工智能失败而导致的崖断危机，是概率极低的罕见情形。不过，崖断式危机的特征片段出现在不同的事件中。远如2008年发生的三鹿奶粉危机和2010年英国石油公司油井爆炸事件，近如乐视和瑞幸，它们都直接威胁到公司的生存，属于崖断式突变的大危机。

应对崖断危机，通常讨论的危机管理方法难以奏效。它既不遵守线性因果关系逻辑，即控制起因，便能影响后果。它也不能用战略规划思维去解救危机，因为"一团乱麻"的危机处境让主事者如无头苍蝇一般,没有策略目标。从崖断危机中再生,我们要理解萨拉斯瓦西(Saras Sarasvathy)提倡的"积缘逻辑"(effectual logic)和哲学家唐力权主张的"场有效应"。主事者要明白,崖断后的新秩序只能是一个曲折的、逐渐显现的过程。在这个过程中,行动产生的积极效果比策略目标重要。成功危机管理必须通过整个系统共鸣共振的场效应显示出来。

30年前,上海温州商会的杨会长告诉我:我们温州人,没有钱,借钱也要请吃饭。只要有饭局,就有生意。杨会长天生懂得"积缘逻辑"。明白自己是谁,积累与利益相关者之间不断增强的承诺,做好这两条,好事自然来!恋爱心理学家给初恋男孩的建议是:如果钟情一位女孩,先向她的闺蜜们示好,网罗编织情感的场效应。有参照系的场,下一幕表白容易见效。积缘逻辑和场效应也是解救崖断危机的基本规律!

越来越多的企业重视危机管理。不过,它们熟悉的方法很难解救崖断危机。经济学家奈特(Frank Knight)著名的"未知的未知"(unknown unknowns)的不确定性说明,许多情况下,外部环境不可预测。例如,在全球新冠疫情大流行、大国地缘政治和去全球化叠加在一起的环境中,我们没有过去的经验,不知道对企业冲击的概率分布。它给中国企业带来不可预测的外部环境。又如,2020年处于瑞幸咖啡董事局里的成员,没有什么清晰的策略目标,只能走一步算一步。如图3-2所示,以这两个维度划分,我们看到崖断危机与其他三类危机管理的区别。

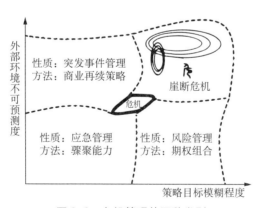

图3-2 危机管理的四种类别

应急管理的前提条件是环境有可预测性(类似事故发生过,也还会发生),策略目标清晰(隔离和控制事故)。为此,组织提前准备好骤聚能力,即压倒性的快速动员和部署能力。突发事件的前提是环境有意想不到的干扰,清晰的策略目标就是商业再续(business continuity)。风险管理的前提条件是环境不可预测但可以预想。影响业务的大致情境是能够预想的。因此,我们按照风险事件的概率分布和对业务冲击程度制定组合、期权和对冲策略。富士胶卷现在的重要市场和收入来源于护肤用品。尽管与过去的策略目标大相径庭，押宝在护肤技术上的实物期权（real option）还是救了它。

崖断危机不一样。尽管应急、突发和风险管理都能在隔离危机源上起到一定的作用，但崖断危机是全系统、多方位的危机。解救它，我们需要遵守"积缘逻辑"和实施"场效应"策略。对此，BP 提供了一个经典案例。

2010 年 4 月 20 日，英国石油公司（BP）在墨西哥湾的油井爆炸。之后 87 天，堵不上的 319 万桶漏油沿着密西西比河向美国内陆蔓延。一旦进入飓风季节，那时的 BP 市值恐怕也无法抵偿损失。为堵上油井，海底小型核爆破的设想都被讨论过。即使堵上油井，对环境的破坏也已经上升到全美国的社会和政治层面。这个世界级石油公司离财务破产似乎只有半步，离社会信用破产只有一步之遥。因此，BP 的未来环境条件很难预测，它的策略目标似乎也难以清晰。当时的总裁面对媒体一通错乱发言，结果不得不离职。平心而论，当时任何人都难预测未来和制定清晰的策略目标。BP 的处境还有一个特征。那就是，从哪个方向看过去，环境都很糟糕。萨拉斯瓦西形容它是第三种不确定性，即一个四面均质的（坏）环境（isotropy）。它也是一个无可奈何的境地，因为任何环境方向都没有值得选择的条件，都一样糟糕。

外部环境不可预计，策略目标模糊，四面看去，没有好选择。这三者组成令人无可奈何的不确定性。BP 当年的处境与今天疫情背景下的许多公司非常类似。

1989 年，埃克森公司的"瓦尔迪兹"号（Exxon Valdez）油轮在阿拉斯加发生大面积漏油，造成骇人的环境污染。它也把这家石油公司钉在危机案例的排行榜上。BP 漏油的规模和影响远超过它。不过，接受了上次埃克森的危机公关灾难教训，BP 这次接纳所有愿意参与到拯救海湾生态行动的各方利益相关者，从当地渔民到外州义工。对受损的当地居民和商业，BP 请负责"9·11"善后工作的律师快速处理赔偿申请。当共和党议员站出来反对奥巴马要求 BP 质押 200 亿美元保证金时，BP 高管亲自赶往白宫，积极表示可以质押。对于一系列过分，甚至离奇的诉讼赔偿案，例如要求支付宠物狗和补偿在北欧滑雪受的伤，BP 都高度容忍，避免锱铢必较。

长故事短说，面对崖断危机，BP 成功地执行了危机管理。复苏后，BP 仍然是世界排名前列的石油公司。从它们一系列不同以往的做法中，我们看到下面的规律：

(1) 先积极行动起来；

(2) 让行动产生对各种利益相关者的感染效果；

(3) 无论立场，只有利益相关者愿意参与到善后行动，BP 就愿意合作；

(4) 对当地居民、渔民、外地义工、媒体和各级政府，BP 保持积极的互动；

(5) 让互动行为从各个方面表达 BP 的善后承诺；

(6) 经过不断累积的因缘关系（愿意互动即为缘），社会慢慢把关注点从肇事者 BP 转移到善后者 BP。

幸运的是，油井最后堵上了。

BP 也得到意想不到的结果：因为全球更加关注钻井风险，有财力和有失败经验的 BP 被股市投资者更加看好。这是 BP 在崖断危机中根本难以想象的策略结果！

BP 事件是验证"积缘逻辑"和"场有效应"的众多案例之一。萨拉斯瓦西研究创新创业者怎样白手起家，凭空为自己创造市场机会。她得出颠覆性的结论。创变者往往不是发现机会，而是自己制造机会。他们的积缘逻辑是：只要我能影响环境，为自己制造机会，我根本不必在意环境的不可预测性，也不需要有预定的策略目标。

在这个过程中，创变者很在意自我认识，在意内心对自己文化心理身份的理解。其次，创变者从当下有什么资源，认识谁（利益相关者）开始，着意创造与利益相关者互动活动。每一次活动带来新的关系，新的互动。通过滚动式的互动，创变者理解什么是可以实现的目标，如何维护稳定的互动关系。新的市场机会就是这样自己制造出来的。西装定制行业有一个从犹太师傅那儿传下来的传统，争取量身机会，就送上定制西装。只要对方愿意被量身，终身客户就基本定了。

如图 3-3 所示，在互动中加强的相互承诺代表着不断积累的因缘关系。积缘活动通过不同的利益相关者而在社会环境中广泛传播，就像扔到池塘中的石头激起的水波一样荡漾开来。BP 的策略成功了，因为他们激活与各个社会阶层的利益相关者互动关系。积缘活动因为大小、生动程度和代表性递增而得到升华，从而获得广泛的价值认同，成为奠定新秩序的基础。

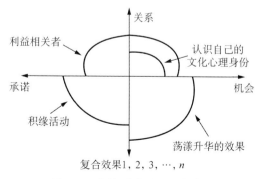

图 3-3　积缘活动引导场有效应

与积缘逻辑相匹配的是"场有效应"理论。一切因场而生，一切随场而逝，场有而实相生。唐力权教授认为，我们看到的实相不过为"时间空间化和空间时间化"的表现。这个过程中，在利益相关者之间，你中有我，我中有你，互相表达。一方面，表达的信号共鸣共振；另一方面，能量形式聚集交汇。当这两个方面增长到一定程度，我们就看到实体表现。当它们消散时，实体从我们关注时空消散。其实，它们是退而消散到信号和能量场的背景中去了。萨拉斯瓦西理论中的创变者就是一群理解场有效应的人。在紊乱离散的能量和信号场中，通过互动活动和增长的承诺，创变者积聚能量和信号，从而无中生有地为自己创造机会。

如果你要找现实的例子，打开储藏间。你看到到处散落的寻呼机（BP机），大哥大，诺基亚，老式路由器，我们可以想象当年它们怎样借助网络效应，获取人们关注，通过价值信号营销，成为一代走红产品，因场而生。后来，随着消费者关注新的价值信号，社会能量转移到新的产品中，它们沦为电子垃圾，随场而逝。网络社交媒体也一样，因场而生，随场而逝。

许多类似BP危机的案例显示，积缘逻辑和场效应策略是解救崖断危机的必然规律。和创变者一样，危机管理者必须制造全系统的共鸣共振，必须汇聚各个方面的能量，才可能从悬崖底部走向一马平川。如果寄希望于应急和突发事件管理，它们只有短期的抗干扰效果，不可能帮助重建秩序。当我们身体出现极端异常并伴有高烧时，我们吃泰诺退烧。它为进一步对症下药创造较为稳定的条件。但没有任何一位医生会把退烧当作治疗恶疾的全部。道理是一样的。

怎样让微小的意愿汇聚成流？怎样让千万人的行动产生协同共振的场效应？2014年的全球"冰桶挑战"生动展现"意愿场有"的协同场效应。不仅如此，我们还从中获得设计场效应的原则。

这样协同场效应的故事是这样开始的：波士顿学院棒球队的运动员福瑞特（Peter Frates）因为ALS（amyotrophic lateral sclerosis）渐冻症离开了自己心爱的球场。但他从来没有从公益事业的广场退役。2012年，福瑞特因长期促进医疗，帮助病患而获得"海伍德病患援助奖"（Stephen Heywood Patients Today Award）。不过，让福瑞特一个夏天红遍全球的还是他2014年6月发动的"冰桶挑战"。从他在社交媒体上发起到2014年9月，短短3个月的时间，有200多万人上传自己接受挑战的视频，全球ALS慈善组织获得超过1亿美元的捐赠，包括许多来自中国的善款。

冰桶挑战有两个强烈的美国文化背景。美式橄榄球比赛结束时，胜利一方的板凳球员都会把装饮料的冰桶兜头浇到自己教练的头上，为了友好"报复"，为了清醒头脑，为了庆祝胜利？没有人考证它的起始，但这已经成为在电视机前观看球赛的最后一个节目。通过电视传播，它成为一项竞技比赛的胜利仪式。后来，美国女子高尔夫球赛也接力了这个传统。

另一个传统和慈善公益活动直接相关。大型户外慈善活动通常设计一个游戏，有人坐在一块木板上，下面是冰冷的水桶，上面连着一个机关。往来的人可以投球触动连接的机关，让坐在木板上的"丑角"坠入水桶，狼狈不堪。"丑角"往往是总裁、总经理等平时有威望的角色，现在被当作友善戏谑的对象。此时，大家享受友善的社会平等，共同为公益出力。

文化背景是冰桶挑战的一个重要场有条件。福瑞特将这个文化场有中的娱乐和慈善意愿提炼成"冰桶挑战"的信号。它激发人们的效仿行为。在人们一传十、十传百的历程中，一个协同自组织而产生的"场效应"（field effects）就轰轰烈烈地形成了。整个2014年夏天，这个场效应传递到全球每个角落。它如夏花一般境界开显，依场而生。随着气候转凉，它慢慢淡出人们视野，随场而逝。

冰桶挑战给我们留下许多关于意愿场有和行为艺术的启发。

像磁场里的铁粉和水塘里荡漾开来的水波一样，公共沟通的效果包含传递能量和信号共振共鸣两个部分。如果只能依赖能量去传递信号，一颗小石子引起的水波振荡不会传递至水塘岸边。只有水波信号引发的共振共鸣，会让一波又一波的运动接次传导下去。通俗地讲，公共沟通就是要追求这种场效应的"荡漾"，让起始信号消耗最少的传递能量，但引发最大的共鸣共振效果。这个特征在危机沟通中更明显，因为人们的意念、观点和看法都是碎片状态。没有协同共振，很难串联碎片意见，很难形成共识。

传导的能量是个技术活，不难。设计提炼广泛传播的共振共鸣信号，这既是技术也要艺术。冰桶挑战让我们看到提炼和传播秩序信号的五个规律。

第一，奇思妙想（fantastic）。主意和行动要出乎一般人的意料，让人感到异想天开，并且激动不已。冰桶挑战是"自虐"，还要捐款，并且邀请好友"自虐"。这不是正常人的逻辑，但它的顽皮和搞笑让习惯一本正经的成年人激动起来。

第二，包容性强（inclusive）。冰桶挑战是人人都可以做的一个简单仪式。上到卸任总统，下到退休老人。只要愿意，任何人都能够上传被兜头泼水的生动录像，成为这个特殊慈善活动的一员，感受到归属于全球、临时、虚拟、网上的组织。

第三，声情并茂（emotional）。无论是要帮助的渐冻病患，还是自浇冰水的活动参与者，顺带在现场或在线看录像的助阵朋友，活动触及每个人的情感。

第四，杠杆因素（leveraging）。活动的放大效果是通过各种杠杆因素撬动起来的。要不是福瑞特的运动员经历，他不会认识第一批参与的名流。要不是脸谱网创始人扎克伯格（Mark Zuckerberg）、微软创始人盖茨、著名歌手廷伯利克（Justin Timberlake）、小布什总统也参与，活动不会被撬动起来，达到新高潮。如果没有提名下个参与者的设计，人们也没有合适的借口邀请自己圈里的亲朋好友参加。谁能邀请谁，这已经成为活动的亮点，也像池塘里的水波一样，不断荡漾开去。

第五，公益奉献（dedicating）。如果只是一个产品的市场营销，它不可能获得全世界各界人士的响应。为 ALS 患者捐款的公益目的召唤出人心中的爱和关怀之情。有公益奉献的缘由最能跨界、跨文化感召各路人士，最有可能唤起人们心中的共鸣和共振。

冰桶挑战背后的五项规律的英文单词第一个字母刚好形成 FIELD（场）。任何面临崖断危机的主事者都可以尝试一下这 5 个场效应的设计规律。

第三节　主导企业兴衰的意愿、场有、信号

企业和产品都是场有活动作用产生的信号与能量凝聚现象。以"场有论"观，一些因果律无法涵盖的管理现象也能够得到系统一致的解释。

受实体论世界观影响，西方学者注重研究管理现象背后自变量和因变量之间的因果关系。即使后来引入非线性因果关系和多变量研究，因果关系模式的局限性还是非常明显。学者指出，管理现象离不开丰富的社会互动，除了因果关系，管理现象中还有：①否定之否定的"辩证关系"；②看似矛盾对立却共存的"悖论关系"；③没有强关联性，却在同一时空发生的"共现"关系；④有闭环反馈效果的、互为因果的"学习关系"；⑤无法事先预想的、极端不确定的随机关系。

这些关系在有强烈的意愿特征的危机管理历程中普遍存在。但是，没有引入一个新的世界观之前，对因果范式的诸多批判仍停留在修补性解释层次。我们还发现，商业组织不同于机械系统和有机系统，更加具有"意愿系统"特征。当我们引入"场有论"后，意愿系统的概念和方法帮助我们更好地解释从亚马逊到乐视等一系列商业兴衰现象。在下文中，我们以"场有论"世界观替代"实体论"，说明"意愿场有论"能更好解释企业兴衰现象。最后，我们总结意愿场有论对危机管理的意义。

商业组织是意愿系统

邱吉曼（C. West Churchman）和阿科夫（Russell Ackoff）用意愿系统（purposeful system）解释能动的社会组织。当管理复杂的意愿系统时，因果律的局限性就特别明显。

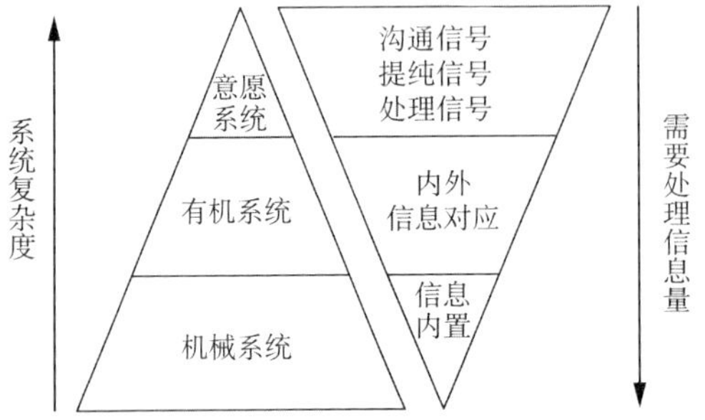

如图 3-4 所示，辨别机械、有机和意愿系统的方式有下面三项：

（1）系统目的（objective）和目标（goal）的特征。对机械系统，如手表，它没有目的，只有"准时运

图 3-4　意愿系统和信号能力

行"的目标，而且在设计制造完成后，就已经内置。手表没有目的，它可以是计时装置，也可以是礼品，随主人而定。有机系统有目的，也有目标。不过，目的单一，例如花草动物的目的就是"活下去"。为了单一目的，有机系统的目标可以调整改变。例如，为求生存，熊可以找野果，或捕食小动物，甚至冬眠。意愿系统是人的社会组织系统。社会组织的人可以随着意愿变化而改变系统的目标和目的。例如，走戈壁是威胁生命的活动。如今，它成为 EMBA 学生宣扬生命力的活动。

（2）手段和目的/目标之间的关系特征。机械系统实现目标的手段单一，一旦设定，不能改变。有机系统实现目标/目的的手段多样，但在进化中被固化，不会在系统生命期内创造新手段。意愿系统有学习和创造的能力，可以不断制造新手段，改造旧方法，甚至改变目的和手段之间的关系。例如，有人用自我牺牲的方式表达信仰和信念。对生命而言，本来生存是目的。现在为了一个新目的（表达信念），不生存（自我牺牲）成为手段。

（3）信息的来源和使用特征。对机械系统，如手表计时方法，信息是外部输入并内置不变的。对有机系统，信息是内外对应的。例如，动物与食物源之间刺激和反应关系。对意愿系统，一切信息加工（处理，提纯，沟通）的过程也就是信号生产和消费过程。信号是包含意图的信息。例如，狼烟烽火是敌人进犯的信号。情人节玫瑰是爱的信号。对于社会组织，"信号能力"集中体现了意愿系统实现目的/目标的能力、创造手段方法的能力和资源管理能力。它代表一种利用信息沟通意愿的能力。它能改变资源的性质和数量。

强调信号能力的意愿系统不能只用因果关系去解析，因为：①目的和目标不仅多元，而且变化；②实现手段在不断创新；③手段与目的之间可以互换；④资源/能量形式都不是单独存在，都附有表达意愿信号的功能。而且，资源形式既是信号的媒介，也是信号的一部分，不适合做自变量和因变量的分离；⑤信号可以是悖论的、辩证的、共时的、学习的，甚至随机的。

美联储前主席格林斯潘在国会作证时说道："假如您认为您完全理解了我（关于市场）的讲话，您一定是听错了。"在有限的资源条件下，格林斯潘必须通过发送微妙的信号来调动市场意愿。微妙在于允许"仁者见仁，智者见智"。

意愿系统和"信号能力"理论没有得到有效传播，因为"范式更替需要配套的世界观"（库恩）。尽管布迪厄（Pierre Bourdieu）、勒温（Kurt Lewin）、弗里格斯坦（Neil Fligstein）和麦克亚当（Doug McAdam）提出的"场"概念比较适合解释意愿系统的能动性，但他们没有讲透。其中，西方实体论的世界观是重大障碍。在前人"场"概念基础上，我们引入哲学家唐力权的"场有论"。它为意愿系统管理提供了配套的东方世界观。

场有论、信号能力、空间时间化

场有论不仅认同"信号能力"的重要性，而且认为任何空间存在（企业和产品）都是发送信号的媒介。糟糕的是，在西方主客观实体论思想下，具体空间形式占据商业理论的中心地位。企业的精力花费在产品定位和市场份额等空间概念上，而不能接受商业作为一种时间历程的存在。倒是那些搞产品版本化和迭代创新的企业更加能接受商业存在的时间历程规律。例如小米，他们强调产品的迭代创新。他们的实践是一种朴素的场有论。版本化和迭代与场有论的"空间时间化"（历程化）概念完全一致。

朴素有时候也是片面的代名词。场有论同时强调"空间时间化"和"时间空间化"二种场的活动作用。而先行的企业缺乏理论总结指导，片面执行一个方面，忽视另外一个方面。下文先概述场有论的世界观，然后说明它对商业管理相关影响，并总结意愿场有论的要义。

作为"场的活动作用"的场有世界观

首先，场有论没有实体的概念。在唐力权对它的总结之前，许多学者做过类似的阐述："一切现实都是关系"（布迪厄）；"一切均衡只是准均衡"（勒温）；"一切事物都在成、住、坏、空的流转历程中"（怀特海）。所以，场有论的世界观是一元的：一切都是活动作用和历程。实体是"实相"。资源/能量（以下简称能量）在形式上叠加，信号在特定时空汇聚，于是产生实相效果。它不久就被替代。

现代电子产品和网络产品是场有实相最直白的例子。从BP机到智能手机，从雅虎到谷歌，一切依场而生，因场而灭。

能量叠加为凝，信号汇合为聚。到了下一个时空，因为活动作用，信号和能量的凝聚又产生不同的实相。所以，实相存在于活动作用中。活动作用的综合形成场效应。存在（有）也就是场效应的实相表现，是场有（唐力权）。

像光的波粒二相性一样，没有遇到信号和能量凝聚机会之前，"场有"处于活动作用中。当机会出现时，凝聚效果就以实相表现出来。以人的感知习惯，凝聚效果往往先表现为"震颤事件"。马斯克就是制造商业"震颤事件"的高手。

唐力权认为，在场有的活动作用过程中，信号和能量不断有机会凝聚，不断以不同实相的形式展现。如果信号内容越来越深刻，与能量结合的形式越来越生动，信号的影响力就越来越大。有影响力的信号代表"权"。如果能量叠加的累积效果越来越大，它的"能"级别越高，它与信号之间就有加权效果。二者组成不可分割的"权与能"。它只能在活动作用的历程中不断展示。"权能"既可以升华，也可能走向寂灭，这就是它的造化（去创造或被化解）。

如此，场有的"权能"活动作用世界观和意愿系统强调的信号能力达成一致的解释。"实相"的企业和产品其实是权能(信号和能量)在场的活动过程中的凝聚效果。企业要不断自我否定(体现辩证关系)才能提升价值信号的深刻程度和调动资源的能力。作为时间空间化的具体产品要兼顾空间时间化(历程化)的要求(形成悖论关系)。以产品为媒介的信号能力同时体现在具体化和历程化两个方面(保持共时关系)。

概而言之,企业是场的权能活动作用现象。产品是场活动的信号和能量凝聚的暂时实相。二者都是场效应,不是实体存在。另外,商业活动中,人的意愿依场活动中的信号变化而改变。那些有高超信号能力的企业家善于把企业和产品化为传达信号的媒介。他们的高超信号能力直接有助于企业组织调用资源。这些企业家成功地收获意愿场有中的权能效益。马斯克就是这类企业家中的佼佼者。

马斯克是意愿场有的管理大师。无论产业链的场中,还是社会舆论的场,或者政商关系的场中,马斯克都游刃有余地利用他的信号能力,调动别人无法事先想象的资源。图3-5仅显示他的特斯拉产品走过的"空间时间化"历程。从实体论的角度看,特斯拉是失败的产品,因为每个阶段的价值承诺(数量、设计、质量)都没有兑现。从意愿场有的角度看,特斯拉、SpaceX和太阳城是利用场效应的典范。马斯克管理的重心在于保持一个权能不断凝聚的意愿场有。每个时期的产品不过为企业权能开显的实相。它们不断被替代,持续升华到下一个权能境界,以另一种实相出现。特别值得一提的是,当一种产品的权能开始衰竭的时候,马斯克善于用另一类产品的轰动表现(震颤事件)再次唤起社会意愿,保持在场有之中信

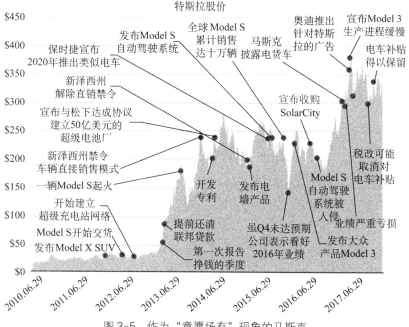

图3-5 作为"意愿场有"现象的马斯克

号和能量的凝聚能力。2017年，在发射超重型航天火箭之前，他认真地表示，要么这是一个失败的大烟花，要么是向星际移民迈出的第一步。无论成败，他都是英雄，都能发射令人心荡神摇的强烈信号。

在人们普遍诟病乐视的时候，我们看到其中的先进因素。从"意愿场有"的角度看，乐视把产品当作发送商业模式信号的媒介（见图3-6）。每过一段时间，乐视就推出具有轰动效果的计划，从影视、超级电视、体育到超级手机和超级电动车。它的系列计划确实有梳理意愿的效果，否则就不会有那么多资深企业家参与其中。在"空间时间化"的维度，乐视策略暗合意愿场有的规律，有极高的先进性。但是，在"时间空间化"的维度，乐视从计划到计划。每一代产品都是未完成时态。这就极大地削弱了乐视在商业和社会"场"之中的权能地位，使之无法获得实相凝聚效果。最终走向溃散和寂灭。失败的乐视从反面说明意愿场有的效应。

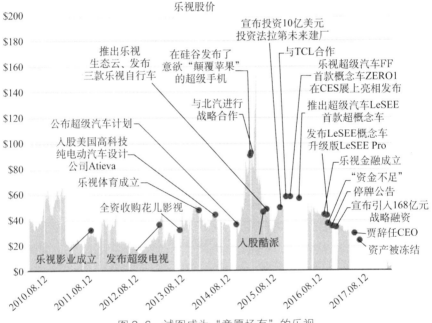

图3-6 试图成为"意愿场有"的乐视

成立20年没有过利润，隔三岔五搞个轰动收购计划。亚马逊看似为美国的乐视，却有着境界的区别。二者区别首先在于"时间空间化"的产品上。亚马逊每一次推出的新计划都有具体的、完成的、实相的产品形式。其次在于信号的一致性和精湛水平。亚马逊的每一个商业"震颤事件"（网店，线下，娱乐，医疗，超市）都围绕着"基于大数据的网络平台经济"（见图3-7、图3-8）。所以，它每一次权能开显都是去捕捉升华的商业境界中新机遇。尽管它至今未创造利润，投资人买的是它强烈的信号能力和新境界中的实相开显能力。与之相比，沃尔玛仍然停留在"实体论"的范式阶段。这就是两种世界观，两种理论范式能够产生的差别。

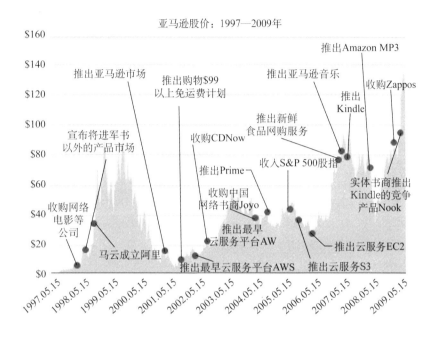

图 3-7 "意愿场有"中境界升华的亚马逊

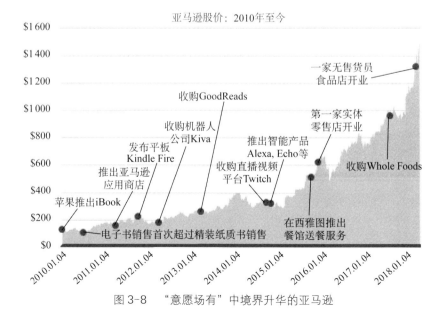

图 3-8 "意愿场有"中境界升华的亚马逊

空间时间化（历程化）、时间空间化（具体化）、信号能力，这三个维度描绘出作为信号媒介的企业在意愿场有中的分布。图 3-9 中，苹果在这三个方面都表现突出。不过，囿于移动手机实相已经很久的苹果会不会像沃尔玛一样走向寂灭？值得观察。意愿场有理论不仅可以比较大公司的权能差别，例如淘宝和京东是不一样的企业，它也能折射出中小企业的潜能。例如，备受质疑的斐讯路由器零价格购买模式。斐讯的策略包含意愿场有的种子。它已经显示具体化和历程化的能力。它的瓶颈在如何提升信号能力，如何像亚马逊那样不断升华到新的商业境界。

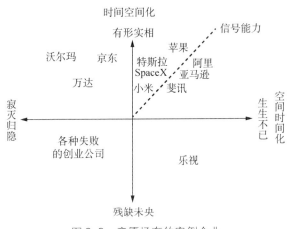

图 3-9　意愿场有的案例企业

意愿场有论要义：作为信号媒介的企业和产品

理论是一套概念体系。联系商业管理，意愿场有理论包括五个方面的概念关系（见图 3-10）。

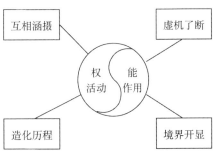

图 3-10　意愿场有论要义

（1）商业管理的本质是场有。它体现为生生不息的活动作用，以及代表信号能量凝聚现象的"权能"。企业和产品都是表达权能的媒介。

（2）企业与利益相关者之间相互制约、相互定义、相互成就。"你中有我，我中有你"的关系谓之"涵"。"我表达你，你表达我"的关系谓之"摄"（唐力权的定义）。相互涵摄关系包含在企业的权能中。

（3）一个具体化的产品是权能活动的"时间空间化"。它发生在信号能量凝聚的机会点上。犹如光的波粒二相性，各方关注和参与集中在一个机会点上，产品的实相便呈现出来。虚机是数不清的潜在机会。抓住其中一个，便是具体化的了断。它代表权能在一个特定机会点凝聚。因此，企业不必挂念一个过气的产品，不必懊悔一个消逝的机会。

（4）单个产品实相是权能活动"时间空间化"的表现。重要的是，系列产品才体现"空间时间化"的历程属性。产品必须系列推出，生生不已，否则它所代表的权能就走向寂灭。它可以升华，也能够走向寂灭。这就是企业和产品的造化历程。

（5）作为一种场有生命现象，企业不可能维持在同一个场有层次上。它要么走向寂灭，要么升华。管理活动就是不断推动企业向更高的境界升华。境界首先体现在企业的信号能力上。有精湛信号能力的企业也必然有调动资源的尖端能力。所以，境界也是企业的权能层次。企业通过产品开显的基本境界包括产业的、社会的和政治的。境界开显如杜甫的诗言："江城含变态，一上一回新。"

意愿场有论对危机管理的意义

勒温说:没有什么学说比一个好理论更有实践意义的了（"Nothing is as practical as a good theory."）。意愿场有论是一个有实践意义的好理论。

第一，我们把意愿系统中复杂的六种现象关系简化到二个维度上：信号能力和资源调动能力。与传统的资源理论相比，我们更强调信号能力的优先性，说明二者之间是相互依附但主次分明的"权能"。权能是一切管理的核心。

第二，我们说明没有主客观分割的实体，只有权能活动作用在"空间时间化"和"时间空间化"二个维度上的场有实相。因此，我们把一个具体产品和一系列产品之间的关系讲清楚了。有时是辩证，即用新的否定旧的。有时是悖论，即新旧同时空存在。有时为共时，即互不干扰的存在。有时是学习，即相互影响并提高的存在。有时是随机，即偶然因素促成新产品。

第三，意愿场有论的信号能力比核心竞争能力更有解放思想的效果。当我们把企业和产品简化到信号媒介层次后，企业创新需要关注的问题更加集中。即：我们的价值信号是什么？我们的活动作用是否有利于信号的生成和传播？我们的信号质量阶段性提升和增益的策略是什么？它在资源调动上面显示出应该有的"权能效益"了吗？

第四，"境界开显"的概念比企业成长和管理变革的概念更生动和精准。它提示,权能活动不能仅仅限于时间空间化和空间时间化。它必须思考下一个实相开显的境界是什么。每上一个境界,企业都将会收获更高层次的意愿资源。

爱因斯坦说:解决问题的方案只可能在发现问题的上一个层次上实现。危机管理学说在实体论层次上发现的问题也只可能在意愿场有的层次上找到解决方案。本文仅仅是寻找解决方案的一块路标石。

第四节 再访危机协同核心概念

徐光启说:欲求超胜,必须会通。危机协同论会通多个学科的经典研究和最新发现。同时,它的主要理论来源是哈肯的协同论和唐力权的场有论。温故而知新,下面的概要是对已经提及的哈肯协同论和唐力权场有论的提炼和总结。

表 3-2 危机协同论核心概念

哈肯协同论	唐力权场有论	危机协同:意愿、场有、信号
自组织过程	造化历程	从无序到有序的变化过程
分辨宏观系统大关系	场有	危机的问题情境观
降低复杂性	行依体验,宜其宜	意愿、场有、信号是核心因素
待确定状态	蕴微作用	从丰富的可能性中渐确定一种
秩序参数	活动场效应	交汇的力量涌现出系统秩序
役使原则	权能作用,潜能格局	微冲突,动平衡
哈肯信号	力息交汇	传导新希望,汇聚微意愿
循环因果	相互摄受	秩序的曲线诞生过程
双元模糊	氤氲势用	作为行为艺术的危机沟通
系统双引力点	虚机了断	危机潜优势
整体协同效果	境界开显的场效应	协同场效应

哈肯协同论是研究事物从无序到有序这个特别阶段的规律。从非生物、生物和人类社会这三个层次研究,协同论发现,事物通过自组织的互动过程,合作完成从无序到有序的转变。协同论选择关注宏观系统层面的特征,通过对大关系分析,理解和把握自组织的变化规律。分辨大关系的一个直接优点是不断降低复杂性,不断提纯有普遍意义的解释。

哈肯协同论换了一个积极认知的角度看待不确定性。那就是待确定性。从无序到有序的过程就是一个混沌待确定阶段。为不断降低不确定性,协同论集中寻找能够左右宏观大势的关键因素。这个关键因素一般会在自组织过程的某个阶段出现。当自组织运动的宏观态势被越来越多的成分、子系统、追随者模仿和重复的时候，宏观态势就包含了这个定义秩序的关键因素。这个定义秩序的关键因素就是秩序参数，简称序参数。在序参数显现的同时，自组织的宏观态势还包含鼓励、限制、规范、促进和排斥的因素。这些因素附属于序参数，并推动宏观态势不断衍生、扩张和壮大。它们表现出来的规范作用就是役使原则，即不以个体意志为转移，无法逃逸它们的作用。通俗地讲，我们也称之为控制参数。

协同论实现不断降低复杂性、不断熵减的重要方法就是用凝练的陈述表达序参数和控制参数。与其用大量的信息去描述细节，协同论选择概括表述序参数和控制参数。这个概括表述就是哈肯信号。它有别于香农信息。哈肯信号强调，增加信息量确实引起熵值增大，复杂性提高。但是，减少信息量不一定能熵减。正确的选择是提炼和传播哈肯信号。

无序状态下，谈不上因果关系。（相对）有序状态下，我们能指认线性因果关系。在无序向有序转变的过程中，因果关系没有单向线性特征，而是相互影响的循环因果。依靠循环往复的相互作用，宏观态势中的序参数和控制参数才逐渐显现，才慢慢稳定，才有一个动态均衡的系统秩序。

从无序到有序，在相当长的一个自组织过程中，它的序参数不止一个，更有可能是两个。系统在两个同时存在的宏观态势之间反复。这就是双元模糊的状态。两个序参数不分伯仲，同时有主导宏观态势的吸引力。这个阶段的系统秩序的双引力点比较明显。等到其中一个引力点取得主导地位，有更加强大的控制参数辅助，协同自组织完成从无序到有序的过渡。值得强调的是，系统仍然包含潜在的引力点。当受到干扰和冲击时，显秩序式微，潜秩序发酵。新的一轮无序和有序又开始了。

唐力权的场有论会通了周易、怀海德的历程哲学和海德格尔的创变（becoming）哲学。唐力权认为，万事万物都处于一个不断演变的历程中。存在就是历程。历程中，如同海平面不断掀起的浪花，海平面就是包容所有历程的场，掀起的浪花就是不同情境中我们感知到的事物运动和存在。类似浪花和海平面的关系，事物依场而生，应场而立，随场而逝，无始无终。把握这旷然无垠的存在，有效的方式是依靠我们在自我行动中获得的体验，即行依体验。自我行动和自我体验是认识的来源。怎样知道认知是合适的？怎样分辨行动是合适的？宜其宜，即在合适的时空条件下做顺应所处情境的事情。

万事万物都经历"成、住、坏、空"的历程。具体的事物消散到广袤的大系统、大背景和大环境中时，就像浪花回归大海。此时，场有处于蕴涵状态。事物没有消失，只是回归到可能性状态。当我们采取行动，制造行动作用和效果时，万有的可能性状态就在那个时空情境下转化为一个具体的存在。这个具体的"浪花"虽然来自"大海"，却有自己特别独有的属性。它因为个别属性而与大海蕴含的其他可能性区别开来。这就是"微"的作用和过程。微指的是区分，差别，边界。蕴与微，相互存在。蕴是一个模糊暧昧的总体状态，包含所有可能性。微是行动抉择造成的分别、差别和具体特征。

在蕴与微的关系中，个人行为制造了微，微的作用产生差别，落差，势力高下。势力的作用就是权（power）。权力通过信号表达出来，影响同一情境（场）中其他行为者和行为效果。此外，情境中永远包含可以调度和利用的能量（潜能格局）。权力通过行为传递信号。信号调度能量。因此，我们观察和体验到的具体行动和行动产生的效果（海面掀起的浪花）其实是权与能相结合的作用。代表势态高下的权力，表达权力的信号，情境中潜含的能量，它们是这个造化历程中显著的因素。

理解它们在"蕴"的状态下的可能性（好像是理解海风、海平面、海潮、海底地势），我们就能把握各种秩序的可能性（好像是可能掀起怎样的浪花）。各种秩序的可能性就是"虚机"它们代表尚未演绎成现实的秩序的种子。当我们有所抉择，有所行动，有所作为时，行动的作用推动多种可能性中的一种，走向实体的秩序。这就是"虚机了断"。当它成功建立起循环反复的稳定周期的时候，我们可以依靠经验，认识到它存在的重要性和价值。就好像电影胶片一帧帧播放，我们感知到一个连续体一样。这时候，我们看到的是一个成功的虚机了断，一个依据场的潜能而展示出来的个体特征。这就是境界开显的场效应。平时，我们在受到表扬的时候，喜欢说：我的成功离不开组织的帮助和支持。这不是我一个人的成功。它只是借我的个人行动成绩代表集体的智慧。现在我们看到，这段老生常谈的客套话背后有哲学的道理。

在境界开显之前和境界开显之后，我们个体的行动与场的潜能又合二为一。当我们的行动暂时消退，不再体现效果时，我们回到情境的场中。这时，个体与场处于模糊和暧昧的状态，分不清哪个部分是个体作用，哪个部分是场的潜能。唐力权用"氤氲"形容含糊，"势用"形容又回到可能性状态。在这个状态下，各方行动者又进入你影响我，我影响你的相互摄受过程。摄，投射意图、意志和权力影响力。受，承受、消化、内卷来自外界的作用。

"文胜质则史，质胜文则野。"唐力权的场有论用词文雅，文质彬彬。如果总部在杭州的那家著名平台公司能够理解唐力权的哲学思想，也许就不会错过人类历史上那次最大的上市机会。

哈肯协同论和唐力权场有论一脉相承，各有侧重。危机协同论会通两位大师的思想，并将之总结为一个适合危机管理的系统理论。

危机协同论指出，我们可以选择各种各样的视角去框选危机问题。不同的定义带来不同的思路和危机管理方法。我们不能把问题彻底消灭掉。但是，我们可以让恶性问题向良性问题转移，并力争把问题保持在良性的范围内。这就是"问题情境观"。

　　没有无解的危机,因为危机的根源在涉事各方的意愿冲突之中。而人的意愿是可以梳理改变的。梳理意愿成功与否,一要看所处情境的综合条件,即场有潜能。二要看主事者的信号能力。擅长提取信号和传播信号的主事者往往能够获得事半功倍的效果。这个能力直接与理解序参数和发挥权能作用有关系。

　　危机协同论强调以积极的态度看待不确定性。通过实践行动,不确定性都能转换为渐确定性。这与哈肯协同论中的待确定原则和场有论中的蕴徽作用原则是一致的。

　　在无序到有序的转化阶段,我们不能用单向线性的因果关系看待各种力量之间的相互作用。它们更多是相互交汇在一起,交叉发生作用,来回影响。因此,我们选择观察交汇力量逐步呈现的形态。这个宏观形态不是一次就显现完成,而是曲线诞生,阶段性表现出来的。它与自组织原理和场效应原则是一致的。

　　既然秩序不是一次成型,既然这是一个动态历程,那么各利益相关者就会在此过程中不断谈判,不断调整立场,不断修正认知的角度,不断自我梳理意愿。因此,危机管理的动态历程充满一系列小矛盾,一系列微冲突。没有微冲突,各方就缺少相互认识和自我认识的机会。重要的是,一个良性的危机管理过程总是能够让冲突各方再回到共同关心的问题上。这就是"微冲突,动平衡"。

　　艺术家热衷于行为表演艺术,因为他们试图用它来打破人们习以为常的成见,打开一个看待问题的全新视角。如果危机管理的活动要能够在极短的窗口时间,用极少量的资源,撬动人们转折性的看法,扭转意识流方向,那么,我们就要用行为表演艺术的态度和立场去设计管理行动。这就是我们强调,危机管理是行为表演艺术的原因。

　　无论是哪一种危机,从家庭矛盾到国际斗争,当各方利益相关者之间形成动态均衡格局的时候,危机管理暂时告一段落。而这个格局一定是协同自组织产生的共鸣共振的场效应。

本 章 要 义

1. 危机管理从无序到有序的特征在崖断危机现象中表现明显。理解崖断危机和对它的危机管理必须超越机械系统的因果律。
2. 哈肯协同论和唐氏场有论是危机协同论的基础。场有论解释从无序到有序的丰富的动态系统活动。它是适合危机管理实践的理论。
3. 危机管理总是发生在人与社会中。这就决定了它受人的意愿影响。场有论也发展成为意愿场有论。

4. 哈肯协同论和唐氏场有论互为补充，系统地解释危机历程中意愿、场有、信号三大要素。
5. 调动意愿和传播信号的有序方法是具有表演特征的行为艺术。行为艺术表演凸显危机与成见之间的关系，展示新意愿观念与新秩序之间的关系。
6. 危机可以深究为人和社会中意愿的矛盾和冲突。危机管理在于梳理意愿。梳理意愿的有效方法是运用场有、信号和行为艺术。

第四章 危机决策 设计思维

危机决策至少在四个方面区别于常态决策：①它面对的是小概率事件；②它处于一种待确定状态，在事物变化临界点上，有两可之间的特征；③涉事各方陷入恐慌心理，容易出现非理性行为；④它需要在严重缺乏决策信息的弱信号前提下判断、选择和行动。关于前面三点，我们会在后续章节讨论。本章中，我们将着重分析弱信号下的危机决策。

危机发生时，代表旧秩序的社会见解（成见）溃散。涉事各方对未来新秩序各持看法，异见纷纷。危机管理的一个重要任务是提出新见解，树立定见共识，然后将定见转化为大家能接受的集体看法（新成见）。针对这个过程特征，危机决策不能重复旧方法和旧概念，需要设计能开启新见解的沟通策略。因此，本章还将为危机决策建议一个设计思维的框架。

第一节 弱信号下的危机决策

为何信号枪会哑火？何时应该拉响警报？为防止灾难发生，我们要完整理解危机弱信号的特征，厘清危机决策规律。未来十年，中国企业将面临一系列危机决策的窘境。从逆全球化到人工智能替代，动荡环境的各类弱信号频频出现。因此，建立一个基于危机决策的管理模型刻不容缓。

我们将说明危机决策与常态决策的根本区别在于识别策略弱信号。然后，为提高识别能力，我们提出阈值信号为必须关注的一种策略弱信号。它尚未变成危机强信号，但是已经达到有专业定见的门槛（阈值）。"阈值信号"的概念和感知原则为危机决策提供了更好的实践方法。

为什么忽视弱信号是常态？

信号弱还是强？它取决于我们的识别能力和信号特点。2008年6月，美国国家安全委员会的全球气候变化报告中已经提出，大约2030年澳大利亚将遭受大规模高温和干旱的气候。那时，对专家来说，气候变化已经有策略弱信号；对普通人而言，还是难以感知的弱信号。到 2019 年澳大利亚大火，对所有人，气候灾难都已经是强信号。不幸的是，我们能够反应的手段和效果阶次下降。

对于断断续续的干扰信号，忽略是正常反应。随意拉响警报既不现实，也很危险。关注强信号，忽略弱信号，这是生物进化的通例，也因此留下陷阱。进化经济学家温特（Sidney G. Winter）有两个生动例证。

自然界中，一种飞蛾的天敌是蝙蝠。飞蛾没有对一般声音的识别能力。但是，它能够在蝙蝠接近时，突然自由落体，本能地逃生。这是因为蝙蝠飞行的声波与飞蛾的下坠之间通过长期的进化已形成特别的互锁关系。另外一个信号与感应互锁的例子是小白花和蜜蜂。蜜蜂对颜色波长识别能力较窄，但能感知紫外线。春天，一种小白花上有紫外线图案。它吸引了蜜蜂来采花播粉。通过进化形成的信号互锁，对飞蛾而言，蝙蝠飞行的声波是强信号；对蜜蜂而言，小白花的紫外线图案是强信号。温特发现，互锁进化留下了一个信号感知陷阱。它强化特定的互锁感知机制，但要为无视危机弱信号做出牺牲。生物与环境妥协的方式是牺牲个体，维持基因和物种的繁衍。例如，田纳西州的蝉以 13 年为一周期，突然大量繁殖。它依靠庞大的数量来对冲危机信号识别能力低的缺陷。这样，无论天敌怎么吃，基因仍可保留下去。

类似逻辑也发生在社会组织中。组织成员信号识别能力和组织环境中主导信号建立互锁关系。当这样的互锁关系建立后，组织就会下意识地无视或屏蔽弱信号。以人为中心的社会组织当然不能依靠牺牲个体的简单方法维持组织文化基因。我们必须同时掌握常态决策和危机决策的能力。

危机决策与常态决策有何不同

根据复杂性、紧迫性、变化性和多样性四个维度，我们可以把项目决策、规划决策、风险决策和危机决策分别放入四个象限（见图 4-1）。

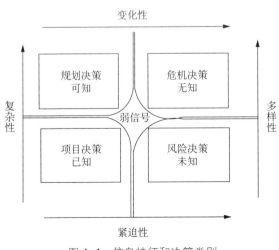

图 4-1 信息特征和决策类别

其中，项目决策、规划决策和风险决策都属于**常态决策**，它们一般不会同时处理复杂性、紧迫性、变化性和多样性。

比如，**项目决策**中，关于任务的技术知识都是事先确定的，执行时间顺序和长短都属于已知范围，可按标准化流程操作，复杂性低。**规划决策**中，因为诸多项目串联在一起，复杂性和多样性提高，但时间要求可以从过去经验中推演，有可靠的知识体系支撑，紧迫性和变化性都相对较低。**风险决策**中，已知因果关系模型有波动变化，执行时间紧迫，但有方法推导未知结果的概率分布，一般会将造成波动的子系统隔离出来管理，所以复杂性和多样性低于全系统的规划决策。

危机决策集中了四个维度的压力，它比风险决策更艰难。风险决策假设我们已经有可靠的概念和方法，依据现有知识体系，我们能够解决未知的问题。对于危机决策，一切能在书本中找到问题定义和答案的不是危机，它假设我们首先处于无知状态。危机通常涉及跨领域多个系统频繁、模糊的互动。因为缺乏反应时间和反应任务艰巨，我们无法等待事态变化的信号都完全清晰和明了之后再做决定，而只能从模模糊糊的弱信号开始，边想边做，边做边想。

关于想与做同步，有一条偈语：未曾生我谁是我？生我之时我是谁？假如"我"指的是危机问题的现象，"生"是定义问题和解决问题的过程，危机决策问题和它的解决也是相互作用和逐渐涌现的现象。决策必须从隐隐约约的弱信号开始。待到信号无比强烈，我们也失去化解危机的机会，只能靠承受和牺牲。所以，识别危机弱信号是危机决策的首要任务。

策略弱信号的五项特征

不是所有现象都能冠以策略。对组织有深远影响，并且涉及关键资源配置，这样的现象才配称为"策略性"。赋予弱信号策略地位，安索夫做出显著贡献。安索夫指出，早识别、早回应弱信号才能避免组织大动荡。怎样才能识别？戴（George S. Day）和休梅克（Paul J. H. Schoemaker）建议开发"边缘视野"（peripheral visioning）。如何将弱信号带入决策过程？韦克（Karl E. Weick）的感知理论为串接弱信号提供了方法。概括大家之言，策略弱信号是一个有用的概念。它虽然雪泥鸿爪，草蛇灰线，但已经暗示未来，隐喻深远变化。为方便实践，我们总结了它的五项特征（见表4-1）。

表4-1 策略弱信号的五项特征

特征 \ 例证	无知 Unknown	变化无常 Capricious	不透明 Opaque	活跃性 Dynamic	涌现 Emergent
Un-CODE	没有先验的知识概念，没有过去的证据	表现形式和特征处于变化过程中	很难观察，很难直接取样，需要多重推测	容易与多种因素互动，发生反应	阶段性发生系统整体特征的改变
新冠病毒传播的相关例子	新型病毒，过去没有	已经产生迭代变异	解剖后才了解肺部病理变化	传染渠道多，传染性强	影响面从区域、城市到全球社会，从医疗系统到社会政治文化和心理

特征＼例证	无知 Unknown	变化无常 Capricious	不透明 Opaque	活跃性 Dynamic	涌现 Emergent
商业管理的例子	数码技术对胶卷企业是全新的概念	人工智能技术的全面冲击仍处于变化无常中	逆向全球化对中国企业的意义非常不明朗	互联网技术可以与所有商业现象发生关系	互联网技术，互联网模式，互联网+，物联网，工业4.0

控制论有句俗语：如果能够编程，就可以控制。策略弱信号刚好相反，难理解和不好控制。我们把策略弱信号的五项特征缩写为 Un-CODE（unknown, capricious, opaque, dynamic, emergent），既取其寓意 uncodified，也便于记忆。需要指出的是，商业例子往往是从后视镜中看去的。当时的弱信号事后已经为策略强信号了。

（1）**无知**（unknown）。在成为系统强信号之前，策略弱信号总是保持一定的模糊未知成分。从无知、未知到已知，这个认知过程是它的第一项特征。例如，COVID-19 开始被称为"新型"，因为医学界没有既定的概念和认知。柯达胶卷曾经内部研发出光学数码技术，它没有试图去理解新技术延伸出去的知识树谱，生产胶卷的化学知识和能力成为主导的单一商业逻辑。受单一逻辑影响，弱信号容易被屏蔽。

（2）**变化无常**（capricious）。策略弱信号的第二项特征是闪烁不定，变化无常。例如，新冠病毒的表现已经出现变异，已经有 L 型和 S 型。两者传染强度也不一样。再如，人工智能对生产和消费方式的影响也是处于弱信号状态。它对商业的正面价值和负面价值仍在跳跃变化中。

（3）**不透明**（opaque）。从认知效果看，如果现象很难观察，不容易直接取得研究样本，要多方面去猜测属性，那么这个现象是不透明的。例如，只有在解剖病患遗体之后，医生对 COVID-19 破坏人体器官功能的程度和性质才有更清晰的了解。再如，逆全球化（de-globalization）对中国企业影响深远，但仍然难以透视。因为它涉及其他国家和企业，关系到跨国政治和文化，中国企业很难直接理解逆全球化现象的未来冲击。

（4）**活跃性**（dynamic）。它指的是自身不稳定，容易与其他因素相互作用，并产生新的因素，或者容易催化其他因素之间的相互作用。以新冠病毒传染性为例，它既可能接触传染，也可能以气溶胶形式传染，或通过宿主的排泄物传染。商业上，互联网技术具有典型的活跃性。互联网技术进入商业市场后，它既能成为信息产品的一部分，也能改造商业模式，还可以独立成为服务业务。它同样体现新现象弱信号的活跃性。

（5）**涌现**（emergent）。它指的是策略弱信号有阶段性系统属性。例如疫情危机，从隐患、触发到延烧和爆发，它的形成过程不仅是曲线型的，而且在每个阶段，危机现象的系统特征也不一样。以新冠病毒传播阶段性为例，开始是医学领域的问题，之后成为社会和政治问题，现在则朝着全球经济和社会心理问题演变。管理领域，越是涉及多元和跨系统现象，"涌现"的特征越明显。如果管理者只是定格在上一个认知框架中，看不到宏观形态变化特征，他们的努力往往带来事与愿违的反效果。涌现特征的另一个经典表现是互联网技术从工具变化为模式，进而成为工业生产的新本质。到了互联网+和物联网阶段，技术的互联网已经深植社会内部，成为社会和政治现象的一部分。

上述五项特征的前三项解释它为何表现是"弱信号"，因为变化、不透明和暂时缺乏对应知识。后两项说明它为何具有策略性，因为它活跃地与其他因素结合，并汇集成阶段性系统特征。

"若待上林花似锦，出门俱是看花人。"策略弱信号的五项特征给危机决策者提出无法规避的挑战。一方面，等到弱信号转变为危机强信号才决策，贩夫走卒都能做！要专家何用？另一方面，并不是所有弱信号都具有策略性质。误判弱信号，轻易拉警报，那也非专业作为。

经过长期研究，我们发现，介于策略弱信号和危机强信号之间有六种指标性的信号。它们显示现象和趋势的势头和动能方向已经达到足以重视的门槛。对它们的信号强度，专家已经有定见，但外部人仍然将信将疑。这类达到专业门槛的策略弱信号，我们称之为"阈值信号"（threshold signal）。即使是非专业人士，通过识别阈值信号，也能提高危机决策效果。因此，阈值信号有更普遍的实用价值。

实用的阈值信号

危机决策者必须高度关注六种阈值信号，凭借初显的势头做出决策反应，这是高级判断能力的体现。棒球运动就是一个典型。投球手投出的球既快又变化多端。优秀的击球手一定是根据刹那间的势头做出反应。看到球出手，已经没有反应时间。优秀棒球手贝拉（Yogi Berra）的平均击中率为0.285。大部分没有击中的结果并不会改变按势头反应的判断规律。危机决策也一样，有阈值信号，就应该做出反应了（见表4-2）！

表4-2　六类阈值信号

阈值信号	阈值信号的现象特征
预兆	• 生动的、鲜活的、扰人心思的迹象。容易让不同的人，根据各自的经验，得出大致相同的附会理解。牵扯关注。想久成真。例如，西方股市对"圣诞高潮"的迷信
因头	• 能够让一个新事件成为讨价还价的正当理由。启动合法正当性 • 稍纵即逝的契机，阴差阳错的机遇，没有合法保证的巧合关系，华为中兴事件之后，RISC-V产业协会总部准备迁往瑞士

(续表)

阈值信号	阈值信号的现象特征
枢纽	• 有网络效应的新连接形态,一带一路 • 改变市场交易通道的潜力,标识一种新的资源获取和使用的技术工具,它能成全产业中新的利益相关者和激发他们的积极参与。例如,支付宝
视角	• 从潜在的角度,变成显然的新评价标准和行为目标。美国对库尔德人 • 代表一种全新的看法,凸显过去被忽视的价值维度,容易引发出乎意料的感性回应,刺激人们重新整理已经了解的事实。例如,无痕网上搜索
触媒	• 催化新的过程反应。以别的系统的旧元素,开始全新的活动。区块链 • 扮演催生因素、自身不参加反应,但改变其他参与因素之间互动的性质。例如,Uber、AirBnB
拐点	• 标准性的,系统属性的变化。对柯达,数码技术出现 • 显示趋势的逆转,旧结构断裂,新过程的起点,相反现象的分水岭。对劳务市场,人工智能替代技术出现

(1) **有"预兆"特征的阈值信号**。例如,西方股市迷信圣诞前高潮。一旦没有出现,它就被当作危机预兆。预兆信号有社会心理的科学性,即人们广泛猜想的情绪有可能形成社会氛围,为行动提供社会心理的场效应。因此,当弱信号被当作一种预兆信号时,决策者要予以高度关注。此类弱信号有下面的表现特征:①它们的表达语言和方式生动、鲜活、有感染性;②通常与扰人心思的迹象有关;③附和不同人群的记忆和经验。除了挑动人们异常的心理活动,相关的迹象还有调动记忆中不同经验的功能。即使人们的社会背景不一样,受被调动的记忆影响,人们得出大致相同的附会理解。因此,预兆弱信号可以牵引社会关注,激发同一类型的大众反应行为。

(2) **发挥"因头"效果的阈值信号**。通俗地讲,因头好比是个借口,它本身与后来的事件没有直接因果关系,但可以开启一桩孕育很久的事件。例如,此次疫情为一些反对中国企业国际化的人士制造了一个因头,必须重视。又如,华为和中兴事件后,计算机行业的RISC-V协会总部准备迁往欧洲。它可以是宣传芯片产业中立化的好因头。这类弱信号很重要,因为它能够开启一桩新事情的合法性,让本来难以启动的事情突然有了机会。经济学家弗里德曼(Milton Friedman)有句名言:准备好理论,等待危机。借危机的因头,人们推动新政策。不过,因头不容易把握,它属于稍纵即逝的契机,阴差阳错的机遇,没有合法保证的巧合关系。

(3) **内含"枢纽"性质的阈值信号**。如果弱信号暗示枢纽性质的传播或联系,必须高度重视,因为:①枢纽联系能促生网络效应,制造指数级增长;②枢纽特征的传播代表着改变市场交易通道的潜力,一旦形成,难以撼动;③它标识着一种获取资源的新工具,能够改变利益相关者之间政治力量的比例;④它能激发被边缘化的人参与建设新秩序。历史上的新教运动是一个典型事例。1517年，马丁·路德给红衣大主教写信，反对天主教对《圣经》的解释。利用刚出现的印刷技术，马丁·路德打印他的95篇文章，并张贴在当地各个教堂的门上。这是火车和互联网技术出现之前，"网络效应"最显著的一个历史事件。教堂成为他传播思想的枢纽。现代现象，如支付宝、"一带一路"等，均内含枢纽性质的秩序信号。

（4）**插播"新视角"的阈值信号**。"横看成岭侧成峰"，一旦人们接受一个新视角，他们的兴奋点会随之转移。接着，他们会选择感兴趣的认知材料，组合对环境的理解。"一念一世界"，新视角裁剪新的观念世界，影响人们后续的行为。动荡的危机环境下，视角极其容易带来观念改变，因为：①危机能大量释放形形色色的意见、看法、观点，它们代表着解释新现象不同的视角；②对于纷乱的新现象，人们本能地选择一个视角去感知和理解，然后才是理性总结和概括；③视角即事实，一个能够将碎片化的事件持续串联起来的视角非常有吸引力，人们会顺着新视角重新整理自己偏好的事实证据，并据此判断对错；④过去被忽视的人物、事件和价值维度，也因为新视角而突然清晰起来，对错标准变化后，人们的行为方式会改变。例如，斯诺登事件后，美国人对个人网上搜索的记录突然敏感起来。网上搜索不留痕迹，成为看待个人隐私的新视角。于是，像"鸭鸭GO"（duckduckgo.com）这样的搜索引擎突然爆红。又如，美国政府对库尔德人放弃保护的政策引发他们在中东盟友战略恐慌。沙特阿拉伯对与美国的联盟关系出现新认知。

（5）**体现"催化反应"的阈值信号**。有着催化剂特征的事件可能导致新秩序。催化剂本身不参加反应，但能改变其他元素的排列组合。例如，手电筒光和激光，煤炭和钻石，它们之间成分一样，但因为排列组合不同，形成质的差异。出现新催化反应的信号，旧系统可能产生新的排列组合，引发秩序性质变化。例如，区块链技术带来新催化反应效果。以它为底层设计的合约形式可以改变现有市场契约缔结形式，促生新商业交易形式。我们已经发现，因为疫情，人们对非接触形式的交易陡然增加。区块链技术在促进非接触合约过程上的催化效果将更明显。

（6）**标志"拐点"的阈值信号**。拐点表明，社会活动的趋势有逆转的可能。它代表一个新历程的起点，一个转向相反方向的分水岭。标志拐点的信号比较容易理解。我们熟悉的约瑟夫·熊彼特（Joseph A. Schumpeter）和克莱顿·克里斯滕森（Clayton M. Christensen）表述的"颠覆性破坏技术"就是经典的拐点信号。它代表以技术为核心的商业模式的更替。例如，人工智能在逻辑推理能力、数理分析能力和预测能力方面进入一个指数增长的过程，它对传统劳动力全面颠覆尚未实现，但拐点已过，新的趋势已经形成。又如，这次疫情将是逆全球化的一次拐点。跨国企业在全球研发、生产、营销方面的模式将会出现结构性改变。反（传统）方向设计全球战略的思维已经成为定见。它会引发新兴国际化模式。

危机决策中,能够表达的总是片面的,因为编程语言无法概括策略弱信号;而看到的早已经发生,等到我们看到弱信号转化为人人能够识别的强信号的时候,事态已经定型,改变的成本不可同日而语。因此,识别有未来冲击力的策略弱信号就有重大意义。在信号由弱转强的过程中,那些已经达到趋势变化门槛的阈值信号显示足够的势头和动能方向。像优秀的棒球手一样,我们必须在势头出现的当口就挥棒,否则棒棒落空。

识别策略弱信号,感知边缘视野

管理学家乔治·戴和保罗·休梅克借用眼睛结构说明,识别弱信号的能力在于感知边缘视野。经过进化的选择、适应和学习,人眼可以兼顾视觉聚焦和边缘视野两项功能。视网膜上,圆锥形晶状体通过聚焦,它可以分辨颜色和产生清晰的视觉。环绕的杆形玻璃体则发挥边缘视野的功能。边缘视野不能辨别颜色,也不能获得清晰的图像。但是,它可以广角摄入环境中的弱信号。根据环境信号属性(危险或有利),人的眼睛可以在聚焦和边缘视野之间灵活切换。负责边缘视野的玻璃体有1.2亿个细胞,而负责聚焦的晶状体有600万个细胞。两者资源分配比例是20∶1的关系。

现代企业鲜有以同样的比例分配组织认知资源。管理大师普拉哈拉德(C. K. Prahalad)曾批评管理领域过分强调单一商业逻辑,过分灌输"专注、专注、专注"的说教,以至于组织丧失自然人进化中已经有的边缘视野。当组织陷入险峻的环境中,因为缺乏边缘视野的感知能力,组织无法识别策略弱信号,屡屡陷入危机。

我们应当如何向自然进化形成的奇妙眼睛结构学习,提升我们感知边缘视野和识别策略弱信号的能力?综合各项研究,我们建议下列六项措施(见图4-2)。

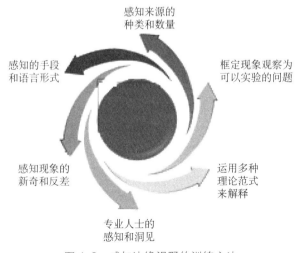

图 4-2 感知边缘视野的训练方法

(1) **增加感知来源的种类和数量**。自然界中有大数法则,即在大数据的基础上,平均值接近真实数值。在成本条件允许下,我们尽可能收集数据。大数据分析能显示隐藏在偏差和长尾现象中的规律。假如是小概率事件,那么我们在收集的种类下功夫。种类丰富,我们就有机会多维度感知小概率事件的细腻特征。例如,空难是小概率事件。飞机制造企业有内部事故宝典,记载不同种类的飞行安全临界事件,增强对问题细节的理解。

(2) **感知手段和语言形式多样化**。除了理性分析和数理语言之外,组织可以用感性的故事语言生动描绘危机临界事件。对枯燥问题,舞台剧能带来全身心的体验。加拿大第一民族(the First Nations)的原住民用拟人的叙事表达部落与环境之间的关系,一草一木总关情。另外,行为艺术和访问博物馆也是感知边缘视野的好方法。

(3) **刻意关注现象的新奇之处、反差和反常的地方**。"反者道之动也!"发现和洞见首先来自心理认知的不一致。心理落差产生动能,推动人们去寻找解释。我所服务的一家企业强调"找不足"的文化,因为企业的化工流程高度重复,容易产生狭隘的隧道思维。在循环往复的正常流程中,人们特别容易对弱信号丧失敏感性。为对冲这种职业惯性的盲点,企业反其道而为之,刻意推行"找不足"文化,让扫描弱信号成为日常工作的另一种习惯。

(4) **聆听专业人士的洞见,模仿他们感知现象的方法**。专业画家欣赏印象派画作的方法是"眯着眼看大关系",因为这样才能同时欣赏颜色和构思的布局。美国范·海伦(Van Halen)乐队在巡回演出的合同中放进1~2个稀奇古怪的要求,例如休息室要放一盘特别的糖豆。到达演出现场,如果没有那盘糖豆,乐队马上知道当地演出商没有仔细看合同,舞台搭建的安全指标自然就值得怀疑。浸淫在专业领域多年的高手一定有他们无法用标准语言来表达的隐性知识和深刻洞见。模仿他们感知现象的方法,我们往往可以提高识别弱信号的能力。

(5) **运用多种理论范式来解释现象**。现象越复杂、动态、社会化,越不可能只有一种理论解释。系统学家杰克逊(Michael C. Jackson)汇集10种系统分析的理论,并建议用多元理论模型去理解系统现象。多准备几套理论模型,调换着看问题,这样的综合理解更有指导实践的力道。

(6) **把观察到的现象转换为能够动手实验的问题**。许多新现象,如新冠病毒,不在我们已经有的认知体系内。第一次遭遇时,它们属于"未知的未知"。怎样从"未知的未知"转化到"已知的未知"(known unknowns)?动手做实验是开启感知最好的方法。只要能够设立实验假设,就能收集证据,让可知变成已知。为此,框定问题就很重要。所以,阿尔伯特·爱因斯坦(Albert Einstein)说:"如果给我1小时拯救地球,我要用59分钟思考,这是一个什么问题。"只要能框定现象为能动手的问题,我们就能想中做,做中想。这是渐确定的方法论。问题想透了,方法一定有。

感知边缘视野的训练方法一定超过上面的六种。从这里开始,我们各自建立一套自我适用的新认知体系,到达"各美其美,美美与共"的境界。

危机的本质是人的问题,特别是人的认知习性和局限性的问题。无知不可怕,可怕的是自以为知道。有认知的盲点不可怕,可怕的是要求被管理者屏蔽边缘视野,以至于盲点错误得到完美复制。危机决策永远不完美。但是,通过培养边缘视野,识别策略弱信号,我们可以提高生存概率,避免灭顶之灾。

第二节 大危机解困,启动设计思维

如果给你一个七巧板拼图,你只有一个解决方案。如果允许你编织一件僧人的"百衲衣",你可以有无数拼图选择。有别于决策思维,设计思维视问题状态为万花筒,鼓励用"溯因逻辑"(abductive reasoning)拼装言之成理的解释,然后调动人们的意愿去化解问题。对于难以切割和不可预测的大危机,设计思维是必要的选择。

小危机解决,大危机解困

小危机解决,大危机解困。所谓解决,指的是排除干扰,恢复到习惯的系统平衡状态。例如,在洛杉矶华人社区,理发师上门为常客理发,甚至用微信预约排期,让理发业务变成可以统筹规划的稳定项目。理发师隔离切割疫情干扰因素,让业务变成可以预测和规划的活动。有序的活动如同教堂的钟摆(见图4-3)。

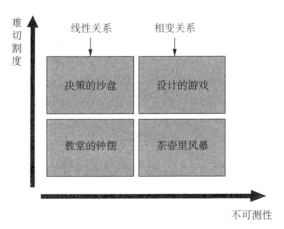

图4-3 设计解困大危机

只要能够切割和预测,危机再大都能变小,再难都能解决。但是,如果不能切割和预测,对当事人而言,它就是大危机。难切割,事主就可能从一种危机走向另一种危机。如果事件变化的波动性高，事主缺乏必要的反应时间，那么不可预测性随之增高。危机主事者首先要思考如何解困，即缓和梳理对立、对抗的互动关系。否则，一个看似完美的解决方案会导致下一个危机难题。例如，2020年，一家社交媒体积极寻求在美国市场的危机解决方案，却从一个困境走向下一个困境。梳理大危机，先要想透解困的问题。

流程繁杂的危机可以运用决策思维，复杂的社会危机却不能。即便是难以切割，联动关系复杂，只要能够有足够的反应时间，只要问题和方法之间的波动性不高，我们就可以采取决策的思维。决策的思维重视问题和方法之间的因果关系，对选项作理性的成本和收益分析，用"决策树"的逻辑（也是归纳和演绎的逻辑）推演联动的后果和影响，描绘出环环相扣的线性因果关系。如此，理解后的复杂危机现象就能够被转换为繁杂却可以控制的项目流程。

有些问题，如果社会文化、宗教、政治选举等因素涉及其中，就成为复杂的社会危机问题。犹如水有气态、液态和固态的"相变"，复杂社会问题在不同形态下的特征也不一样。相变的形态之间不再是线性的因果关系，无法套用决策思维。

危机大小是个相对的概念。危机繁杂或复杂也取决于主事人的认知能力。为说明大小问题作简单化举例类比，对于当代美国，几乎所有的国外冲突都是小危机，因为：

（1）有军事和金融能力隔离或切割问题；
（2）可以把责任算在上一任政府头上；
（3）冲突另一方不想选择终极对抗。

因此，国外冲突都能化为"茶壶里的风暴"，即无论多么复杂，都可以切割至可控范围内。20世纪70—90年代，美国政府在中美洲和中东遭遇的问题就是例证。另一方面，美国任何国内小矛盾都可能引发大危机，因为它们牵扯到各个方面的因素，不可能用线性因果关系的决策思维去解决，只能暂时解困。过去50年，貌似简单的个案往往连环引发全社会的大问题，例如种族对立和女性堕胎权利等。那是因为社会冲突的深层条件一直存在，个案牵动社会情绪，发生相变，结果就难预测。

总之，对于社会危机，我们可以依据难以切割的程度和不可预测性质来判断它是否为大危机。

设计解困大危机

决策的假设是，方法和结果之间一定有因果关系。遇到曲折相变的大危机，决策思维失效。设计的假设是，意愿左右问题性质，方向大致正确，结果错不到哪儿去。但凡落入社会系统的危机，设计思维是必要的选项。与自然科学现象不同，社会一定是人工的（artificial）。人工的科学依赖设计思维。对设计思维，大学者西蒙（Herbert Simon）给出精辟的定义：呈现更好的未来状态，为从现在到未来状态的转型提供一系列的体验步骤。

更好的未来状态不可能完全依据过去经验推导出来，而是需要重新想象，重新讨论。所以，决策思维用归纳和演绎的逻辑，设计思维用溯因逻辑。前者依据过去经验事实，后者想象言之成理的虚拟真实。先有虚拟真，然后大胆试验，常理不可解的危机也有希望。据《经济学人》报道，一些欧洲国家同时面临老龄化和年轻人无法负担住房的危机。荷兰人用设计思维，想象全新的解方。荷兰"18 - 108俱乐部"专门为老龄人和年轻人服务，帮助有房老龄人找到年轻租户。年轻人获得低房租，条件是愿意帮助老龄房东分担一些日常琐事。

设计思维从试验雏形（prototype）开始。许多人评论建筑学家格里（Frank Gehry）的设计如随意揉成一团的报纸。对格里而言，把想法快速雏形化是沟通设计的关键一步。有了形象的维度，雏形激发各个方面的对话。不同的雏形代表不同的问题理解和定义。至于最终模型，大部分情况下，它与雏形相差甚远。这恰恰代表设计思维对结果开放的态度。设计试验是一个反复定义问题的过程。与决策选择不同，设计没有既定的问题。所有的问题都可以重新定义，重新理解。

朱子讲他治学的方法为：虚心涵泳，切己体察。这也是设计思维的"共情"方法。沉浸到具体现象情境之中去，不先验施加概念判断，让秋毫纤细的人事物件触摸我们的感触器官，这是共情方法强调的设身处地和代入感知过程。社会复杂系统的一个重要特征是人的意愿作用。我们对危机问题的定义往往与选取的意愿有关。共情方法适合发掘头绪众多的意愿，适合理解不同意愿之间的优先和劣后排序。意愿重新组合后，许多不可能的现象就成为言之成理的方案。

马尔岑（Michael Maltzan）是洛杉矶的一位建筑设计师。他要在流浪汉聚集的市区建14层楼的收养中心（Alvidrez Project）。怎样让繁华市区的其他利益相关者接受？这本是不可能的计划。马尔岑结合新型木结构和源自日本的"新陈代谢"建筑流派，为市区流浪人士危机解困。新设计兼顾各个方面的意愿，找到共集，让不可能变成期待。采访他时，马尔岑告诉我：越是冲突严重的社会矛盾，越蕴含巨大的能量。设计师的任务是用美好的形态，让能量汇聚喷薄。

除了呈现更好的未来状态，设计还要安排从现在过渡到未来的体验步骤。道理太抽象，实物才方便感知。

大约20年前，挪威首都奥斯陆郊外的一个小城市面临经济转型危机：周边森林资源都砍伐殆尽，社区再生需要汇聚社会各界的意愿。2004年，艺术家帕特森（Katie Paterson）构思了"未来图书馆"的设计。在伐木留下的空地上，当地委员会组织大家种植 1 000 棵小树苗。委员会邀请全球著名作家为图书馆写下留给未来的著作。著作完成后，当代人只能看到封面。因为，图书馆将在一百年后，用成长的大树做纸浆，印刷这 100 本流芳百年的著作。与环保公益和社会代际传承等抽象的概念相比，未来图书馆设计既包含了这些美好概念，又让有心人可以种树、捐赠、参观和触摸有形实相，感知每一个能够体验的活动背后的价值。

设计师对体验有着辩证的理解。一方面，"有形终不大，无相乃为真"，抽象概念的价值信号浓缩度最高；另一方面，"四大皆空示现有，五蕴和合亦非真"，"示现有"的实物具象是传播价值的必要媒介，尽管它们表达价值时，会挂一漏万。实物体验是渡往更好状态的必要媒介。

设计思维包括试验、共情、体验和升华这一系列四个阶段（见图 4-4）。它们有机联系在一起，并可以循环排演。升华的设计强调更高一层的价值和行为，否则无法体会"更好的未来状态"。

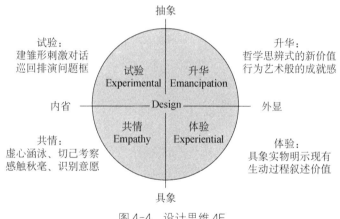

图 4-4　设计思维 4E

巴西南部的库里蒂巴（Curitiba）就是一个好样本。它过去是一个畜牧交易中心城市。与许多南美城市一样，库里蒂巴也曾遭遇城市转型危机。20 世纪 70 年代，市长（Jaime Lerner）勒纳把设计思维带入城市规划中。不被多种矛盾对立的现象困扰，勒纳用"城市点穴"设计（urban acupuncture）去改变城市布局的关键敏感点，实现人性化共居的目标。

公共交通、市区低价公寓、城市流动图书馆、城市绿地和环保水系是他找到的"穴位"。勒纳一方面设计了两边可以上下的快速公交道，另一方面把许多小汽车道路改为步行街。他强调，没有富人，没有工作机会，没有穷人，没有人服务。因此，在市区建立低价公寓，让工作机会与服务有机结合。通过街区流动图书馆和城市绿地建设，库里蒂巴市提升了社会人文和社区共居的质量。

今天，我们看到的一些城市规划设计也都来自库里蒂巴市的原创。库里蒂巴也被联合国评为人居品质一流城市。勒纳在库里蒂巴的许多试验都散发着行为艺术气息。他着眼于以功能改变促进审美体验。无论是快速公交道、城市低价公寓，还是城市水系，每个设计背后都有更高尚的人文价值和社区生活理念。城市问题变成他设计升华体验的支点。

理解自然现象，我们遵循自然科学的方法。改善人造的社会，我们采用设计思维。运用设计思维，我们坚信，只有想不透的问题，没有找不到的方案。无论是想还是做，上述的4E步骤是一个实用的框架。

关于危机解困，我的朋友兰博士（Charlie Lane）有直接经验。他接任南加大助理校长时，前任留给他两个信封，帮他渡过危机。遇到第一个危机，兰博士打开第一个信封。上面留有前任的建言："怪我"，把责任推到我头上。过了很久，又遇到不能解决的危机时，兰博士打开第二个信封。前任的留言是："准备两个信封。"这难道不是一种智慧的设计吗？

第三节　设计思维的正反案例

在一般人眼里，行政部门比较官僚，遇到危机往往缺乏创新设计。商业组织决策灵活，更可能在危机决策中运用设计思维。下面的两个例子正好相反。

社会危机管理要突破"解决思维"

社会学家默顿（Robert Merton）的"意外后果"（unintended consequences）概念影响了至少二代人。从我的导师到我这一辈学者都恪守一个信念：社会科学不能做试验，因为试验可能导致无法挽救的意外后果。可是，过去12年，丹麦的"思维实验室"（MindLab）却一直在尝试各种各样的公共政策的试验。它的试验模式从英国、欧盟传播到乌拉圭、加拿大。实验室主任普仁（Thomas Prehn）告诉我，对于公共问题，"解决思维"是最大的误区，"经济效率"是偏颇的指标，"政务权威"成功在让对方使用。复杂的公共问题没有简单的解决方法，但可以顺势而为。思维实验室展现的复杂系统思维和不惧失败的行动主义值得中国借鉴。

解决公共事务危机没有捷径

2002年，一位学者问丹麦商务部（Ministry of Economic Business Affairs）的部长：政府号召企业创新，你们自己内部有什么创新的举措？部长自我反思的结果就是"思维实验室"。丹麦的商务部、劳工部和税务部共同设立跨部门横向创新的思维试验室，旨在探索公共政策与执行的新方法。12年过去，从一个出新点子的临时项目，实验室推出一整套政务创新的思维框架，并引发多国政务实验的运动。

在我的调查访谈中，丹麦"思维试验室"的专家喜欢引用美国哲学家杜威(John Dewey)的名言和丹麦腓特烈西亚(Fredericia)模式。

对于现代社会利益和势力交错的现实，杜威在《公众及其问题》中指出：凡涉及公共问题，事实模糊，缺乏对应的先例，各方认识错乱，新异状况不断……决策者面临的问题往往是社会其他组织无法解决的难事。延续杜威的看法，思维实验室给出"公共问题"的定义：连带现象层出不穷的"刁钻问题"。

腓特烈西亚为丹麦的一个市政区（以下简称腓市）。腓市面临着普遍的老龄化人口和社会福利服务等一系列社会问题。其中一个典型案例是：对一些老人，福利工作人员一天要造访二次，帮他们穿袜子、脱袜子。后来，腓市推出6～8个星期的健体活动项目。体能训练师一周二次，帮助老人恢复和维持体能。菲市的方法不仅减少了15%的支出，还极大提升了老人的生活质量。现在，丹麦超过60%的市政区开始推广腓市模式。

思维实验室研究腓市模式，提出一系列的问题：两个模式前后的区别在哪？为何过去没想到？新模式是如何产生的？有没有对政务创新的普遍启发？

结合类似案例研究，思维实验室发现：①旧模式以为有对老龄问题的清晰理解，以为有解决问题的方法，以为执行到位就是成功；②新模式认识到，老龄现象可以在不同社区、不同生活形态、不同人群中有不同的表现；③模拟老人的生活状态，跟踪描述老人每天的活动，邀请各方专家从行为学和健康学的角度分析，与老人共同讨论多种方式让他们体验更好生活，这些人类文化学的研究方法激发出意想不到的改造过程。

旧模式不成功，因为它直接套用商业公司管理的线性决策思维：决策者定义问题，制定解决方案，按既有的策略贯彻执行。商业公司的方法较少考虑多重利益相关者复杂交错影响的过程。而公共问题的执行过程就是一个变幻的万花筒。

把设计思维引入社会危机管理

经过12年的不断摸索和修正，"思维实验室"帮助丹麦政府机构建立一套不同的政务创新模式。运营设计思维的"通感（empathy）—定义问题（define）—激发主意（ideate）—做模型（prototype）—再试验（test）"流程，它修改"解决公共问题"的概念。他们发现：

公共问题往往是一个连续不断的社会现象，例如老龄化、同性恋、青少年期反社会行为。它永远无法解决，但可以一直在处理中。政务创新要寻找更好的处理过程（address the problem），而非更有效的问题解决方案（solve the problem）。

与情境中的当事人产生共鸣和共振，激发感同身受的理解，这是讨论公共现象的第一步。像孕妇产子一样，通感过程是定义公共问题的必要步骤。他们与欧丹斯（Odense）市政区合作，组织当地居民、企业和社团之间对话。对话从冲突开始，暴露矛盾，到理解各方的难处和意愿，启动简单的合作行动。实验室的专家扮演协调和主持的角色，勾勒出隐含的社会连带关系，引导渐进改良的方案。

复杂公共环境下，完美的结局不存在，但利益各方认为较好于过去的结果是可能的。例如，在丹麦议会大楼前，防范恐怖袭击的拒马不是通常看到的水泥桩，而是巨大的自然山石。它既处理了问题，又兼顾市民的感受。

市民经历政务服务的心理感受和体验与政府活动的生产效率同样重要。实验室帮助丹麦的税务部设计缴纳税金的流程，公布纳税人所在地区交税数据，图像显示税收对所在地区生活环境的正面影响。这些间接影响交税心理的做法产生鼓励效果，准时纳税比率提高30%。采访中，普仁强调，以市民体验为中心的设计绝不能简单等同于市民对公共服务的满意度。例如，涉及住宅和商业区规划，参与者需要体会到没有绝对的满意，只有相互接受，友好共存。

丹麦思维实验室的做法颠覆了传统的政府权威概念。政务权威不再是政策单位的地位决定的，而是政策形成与执行的过程来决定。通过自己的体验，基层民众开始相信政府部门授权的讨论过程和专家建议。妥协、共存、合作、渐进改良成为公共问题管理的主旋律。

政务创新设计的未来在哪？实验室主任普仁说，他们正在试验"政务创业"，公务员可以探索怎样设计关系网络来充分利用社会资源提供公共服务产品。像商业创业一样，政务创业允许失败，鼓励尝试。失败并不会损害政府权威，反而会凸显已经验证过的公共服务值得信任。

当代法国社会学家拉图尔（Bruno Latour）嘲笑那些担心社会实践有"意外后果"的旧思维：一切计划都有意想不到的后果。它与计划的质量无关，它是行动的本质。你不可能想好了再行动。你只能试验，然后知道一点，再继续尝试。面对复杂性和不确定性，丹麦思维实验室就是拉图尔行动主义最经典的展示。

D&G 的设计思维去哪儿了？

"横向思维"（lateral thinking）大师德·波诺（Edward de Bono）曾说：设计思维中，没有无解的危机。对一个优秀的设计师，没有问题障碍，只有新的设计条件。问题越大，设计难度越高，出品更亮丽。波诺列举过的就有大水淹没秀场的危机。当一场突如其来的飓风暴雨淹没秀场后，组织者安排刚朵拉（摇橹小艇）来回摆渡接送参会者。它成为人们最难忘的一次会展活动。

D&G 创始人之一加巴纳（Stefano Gabbana）在社交媒体 Instagram 上与阿特拉诺瓦（Michael Atranova）的争论被截图公布。加巴纳粗俗的语言与另一个颇有争议的 D&G 广告片"起筷吃饭"并列在一起。2019 年 11 月 21 日，六个小时内，社交媒体上潮水般的批评颠覆当日 D&G 在上海最大的秀（The Great Show）。此时，人们在问，以设计能力为看家本领的 D&G，你的刚朵拉在哪儿？

作为一个特立独行的时尚品牌，D&G 有无惧争议的历史。2017 年，陷入对特朗普二派意见争执中，设计师甚至让模特穿上"抵制 D&G"的 T 恤摆拍。但这一次社交媒体上暴露出来的粗俗令所有人不齿。危机热点 72 小时过去，危机仍然在延续燃烧：中国主要电商已经下架 D&G 产品。它在国内的 20 多家专营店未来命运难测。

在我的研究教学中，危机有四种过程特征：连锁反应的突变危机，动摇秩序的基础危机，影响心理的长久阴影危机，暂无摧毁性后果但正走向耗散的渐变危机。如果 D&G 以为两个危机声明就能结束这场危机，那他们没有看到公司在中国市场将经历长久的心理阴影和耗散的渐变危机。

面对危机，10 个设计师可能有 100 个富有想象力的反应策略。下面是我与一位欧洲著名设计师电话讨论的节选。一些是我的意见，一些是 Tim 的看法。接受采访的丹麦设计师延森（Timothy Janssen）去年被中国设计杂志评为年度设计师。

（1）别忘了一句行业中的至理名言：千万不要浪费一场好危机。如果我是 Stefano Gabbana，我将利用一切临场资源，表达一个设计师对中国的艺术真诚，甚至以出乎意料的风格。为什么要取消上海大秀？为什么不可以亲赴上海，在那个已经布置完成的舞台上，做一场"歉意和敬意"的对话？

（2）假如是一场真诚的歉意和敬意之对话，360 位模特和 40 位明星，他们也会离而复归。D&G 可以主动联系密集报道这一事件的中国媒体，开展多场"艺术的真诚和真诚的艺术"的讨论。

（3）艺术有瑕疵，设计师有偏见，会犯错。多场对话不妨集中在设计师文化反思的主题上。勇敢直面意外，它本来就是一个艺术家应该有的品行。设计师比普通人更懂如何调动行为艺术，让矛盾和冲突成为阶段性和谐的背景看板。

（4）道歉得是实诚的，彻底的、毫无保留的。设计师的"有胆"不仅表现在艺术创造中，也应该体现在待人接物的态度上。

（5）用行动传递，语言总是苍白。除了声明中的遗憾，不妨给受到影响的合作企业、艺术家、模特和会场保安以及清洁工写一封签名信，送一份感恩节的礼品。

（6）也许应该思考设计一场向中国文化致敬的专场秀。也许花一年的时间，邀请中国艺术家参与，在明年的感恩节奉献。参与设计的过程和最后呈现的时刻同样重要。它能让时装界关注一整年。

（7）千万别忘了我们是设计师。搞怪，搞笑，搞鬼，搞事，是我们的本性。

我们的艺术真诚包括对标新立异和特立独行的追求。D&G 品牌信号之一就是大大咧咧的淘气小孩。出事后,别把自己变成听写读念公文的办事员。在真诚送达后,如果气氛合适,找个意大利餐馆,用筷子吃意面吧,本来面条就来自中国。能让大家一起乐,这才体现设计师的本领。

(8) 事后,也许主事者会对温暾水一样的危机公关后悔。多么汹涌澎湃的社会关注啊!多少广告也买不到啊!它直接考验设计师大破大立的思维和勇气。小气、躲闪、支支吾吾,它们不是 D&G 的品牌风格。看到他们危机公关的调性,忍不住要问,过去的产品到底是谁设计的?

(9) 支持敬意的是我们欧洲人逐渐对中国的认知:美国人用了 200 多年,欧洲人花了上千年,中国人在 40 年中让 4 亿人脱离贫困。仅凭这一点,它能激发各种标新立异的设计。

(10) 中国企业比任何时候都需要设计思维和能力。误解是理解的开始。当歉意直达心扉,与来自欧洲的设计师相互拥抱吧!

对于已经发生的危机,大胆引入持续的反思和艺术对话。其中会有失败的活动吗?回答是肯定的,所以要反复尝试,巡回对话。失败是艺术的宿命。曾比肩毕加索的雕塑家阿尔伯特·贾克梅蒂说:对我所有的启发来自失败,凝视失败便成为我艺术创作的目标。时装商人不应该害怕并避免失败。以大胆绚丽为语言风格的时装设计师必须凝视失败。

第四节 "迹象管理"的设计原则

英国捕鱼业只占 GDP 的 0.1%。它却是这次脱欧协议三大条款之一。事到如今,英国脱欧已经成为季节性肥皂剧。如此纵横交错的问题,断然的解决方案是不可能的。政治家只能付诸"迹象管理"(clue management),希望通过象征性的政治行为艺术营造改良的条件。看似没有什么分量的捕捞条款就是这样一种"迹象管理"的政治行为艺术。

泼水难收,有些危机一旦发生,就是马拉松式的拉锯战。2016 年 6 月 23 日,英国举行公投,决定是否要离开欧盟。结果,52% 的投票人支持"脱欧"(Brexit)。从此,英国和欧盟进入长达 4 年的马拉松谈判。历经三任首相,三次延期,2020 年 12 月 24 日,英国与欧盟双方达成脱欧后的贸易协议。12 月 31 日,脱欧过渡期结束。

这次签署的脱欧后贸易协议有三个要点:①维持公平竞争的制度环境。②减少欧盟渔民在英国水域的捕捞份额 25%。维持当前捞捕协议 5 年不变。③建立货物贸易纠纷的仲裁方法。而英国与欧盟之间更重要的服务经济(占英国与欧盟经济交易的 80%)并没有包括在协议中。

协议的三大要点，两个是务虚。剩下的捕捞条款的主要目的，则是向各自的利益相关者传递政治谈判成功的迹象。英国首相约翰逊需要以捕鱼协议为象征迹象，显示英国维护对欧盟的主权地位。欧盟主席冯德莱恩要用仲裁条款为象征迹象，宣示欧盟坚持原则的立场。法国总统马克龙利用基本维持原状的捞捕协议为象征迹象，表达对法国渔民利益的倾力保护，因为他需要渔民在2022年大选中的选票。

涉及一时难解的危机，政治人物的"迹象管理"策略有许多可以借鉴之处。事实上，做得最好的不是斗争的政治势力，而是关爱的医疗机构。

始于梅约医院的"迹象管理"

以草蛇灰线的布局诱导情绪，这是许多人都有的天生能力。但是，把情感线索上升到迹象管理，梅约医院（Mayo Clinic）做到了科学与系统的程度。下面的小故事反映了迹象管理已经成为它组织文化的一部分。

玛丽·莫里斯（Mary Ann Morris）的办公室里保留着一双旧鞋带。每次新人入职，玛丽都会讲"一双鞋带"的往事。

年轻时，玛丽在梅约医院实验室工作。按照医院规定，实验员与护士一样，上班要穿白大褂和白鞋子。一次，玛丽因为安顿两个孩子迟到，匆忙赶到医院，却被主管拦在门外，并要求她先清洗因为赶路而沾满泥土的鞋带。玛丽非常不以为然，认为是小题大做。主管解释道，来梅约医院的病人和家属都有一双像侦探一样的眼睛。他们下意识地收罗各自各样的迹象，对医院和医生的服务表现做出判断。即使没有医学知识，来访者都会做判断。他们判断的依据就是现场捕捉到的各种迹象线索。鞋带虽小，传播的信号却强烈。

玛丽的故事只是梅约医院全面系统的"迹象管理"策略一部分。著名学者白瑞（Leonard Berry）曾经在梅约医院做了一年的访问研究。除了收集上述实例，他还总结出梅约医院"迹象管理"三个重要维度。

第一个是"专业功能"的迹象。它主要体现一个组织和它的专业成员应该有的专业核心能力。医生受过的训练和教育，从医经历，专业组织对他/她的表彰与认可，专家地位等。凡是关系到上面专业水平的迹象都能够强化人们对服务质量的信心和信任。

第二是"硬件环境"的迹象。它主要体现在人性化空间设计和工作流程安排的有形细节方面。硬件环境迹象往往反映出一个组织卓越服务的思想态度和工艺水平。服务表现需要物理背景和载体。硬件环境是承载专业功能的有形系统。它表现出来的细腻迹象帮助强化服务对象的看法。

第三是"人文关怀"的迹象。它主要体现在专业人士与服务对象之间的互动关系过程中。专业人士是否热爱自己的专业，是否对服务对象充满关心和爱护，是否能够周到体贴地考虑到服务对象的个人特征与偏好。凡是涉及上述互动活动的迹象，可以给服务对象带来额外惊喜。

梅约医院把迹象管理贯穿到多种医疗服务中，特别是绝症治疗过程。以癌症医疗为例，梅约医院认识到，引发癌症因素很多，治疗癌症的过程远远不只是消灭癌细胞。它还涉及病患对生活的看法、后期恢复的条件、家庭成员介入治理的程度，等等。癌症疗程中，患者情绪高度紧张，治疗结果不确定，恢复期有长久心理阴影。它属于有长久负面影响的个人健康危机。疗伤止痛，梅约医院不是单方面强调医疗技术的力量，而是从技术功能、硬件环境和人文关怀多方面设计积极正面的迹象，帮助病人自我发现生活的意义。

迹象管理让偶遇成为精心设计的必然。病人自我解脱的心理瞬间往往是诸多线索提前铺陈和引导的结果。

许多危机都类似癌症治疗。它们往往没有清晰的结束节点，有长期后遗症，甚至不可能有医学上的彻底治疗。对应有"长久心理阴影"的危机，较好的方法是"迹象管理"，即通过潜移默化地疏导，帮助利益相关者自我认识和自我解脱。下面，我们介绍一个可以指导具体实践的设计方法。

迹象管理的 FARM 设计原则

情感迹象有意想不到的破冰效果。美国前国务卿舒尔茨回忆他 1973 年去苏联谈判。在此期间，他与苏联外贸部长帕托利切夫（Nikolai Patolichev）参加一场纪念第二次世界大战阵亡将士的活动。谈及苏联红军经历的残酷斗争和巨大牺牲，帕托利切夫这个硬汉老人止不住泪水涟涟。离开墓地之前，舒尔茨请求允许向阵亡将士行军礼，因为他自己也参加过第二次世界大战，失去许多战友。舒尔茨面向墓地，庄严肃穆地行了一个标准的海军陆战队军礼。当双方再次回到谈判室，舒尔茨发现，谈判气氛出现微妙的友好变化。

因为感性和理性同时影响决策，情感迹象常常设置了理性算计的调门。舒尔茨的动作和语言帮助设定了一种友好的情感意向。它潜移默化地影响了后来与谈判对手的互动。过去，我们把这种迹象管理归为个人的情商范围，并依赖个人天生的性格去发挥他/她的情商效果。而迹象管理把全景的感性沟通上升到组织能力和策略层次。无须受制于个人的天生性格，按照系统的迹象管理方法，我们都能够创造出有利于危机沟通的场效应。

关于迹象管理在医院环境的作用，白瑞教授总结出上述的三原则。针对危机现象的复杂性，我们进一步开发出下面的迹象管理指导框架。它在功能（functional）、本能（animal）、人文互动（relational）和物体设置（mechanical）四个方面，提供迹象管理的具体设计内容。取其英文首个字母缩写，我们称之为 FARM 的设计原则（见图 4-5）。

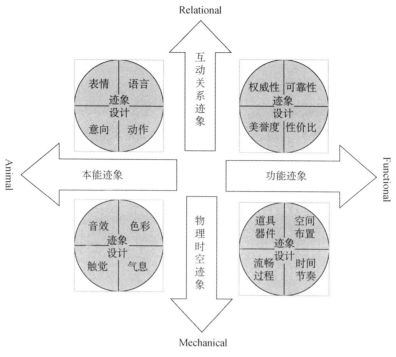

图 4-5　FARM 的设计原则

迹象管理策略有 16 个设计维度。如果我们选择一个小而精的案例来说明迹象管理的四个基本面，那么新加坡米其林二星餐馆 André 就是一个经典案例。

André 餐馆被评为全球 50 最佳。通过主厨江振诚（André Chiang）的精心设计，客人随时随地与美的迹象偶然相遇。江振诚的每道菜有 8 个元素。它们提供专业的"功能迹"（functional clues），塑造客人对质量的立体认知。André 餐馆有自己的一套待客之道。开馆后，他们站在门外迎接来宾，把客人带进家门。这是他们与客人互动关系迹象的一部分（relational clue）。江振诚自己设计和定制餐具，他视餐具为道具。他要求伙伴关注客人用餐过程，把一道道菜当作一幕幕演出上演。产品的质量是控制出来的。服务的质量是表演出来的。André 关注物体时空流程的迹象（mechanical clue），因为那是表演的实体舞台。新加坡 André 餐馆内部布置的每个细节，都重在体现大自然与人之间静谧的关系。甚至，它的厨房被喻为亚洲最安静的厨房。江振诚说：我们准备 99 个细节，假如客人（潜意识）感到一个，那就已经成功。为客人的潜意识感知准备 99 个细节，它代表着"本能迹象"设计（animal clues）。我们用 5% 的显意识去认知。同时，95% 的潜意识也时刻处于积极感知状态。

在 André 餐馆，与美的偶然相遇都是精心设计的必然。如果你也想造访，已经太晚了。2018 年 2 月 14 日，餐馆为老客户做了最后一场盛宴。10 年打造一个美食艺术品，完成后就结束。这是迹象管理中的时间节奏设计。节奏，定义一切秩序的美好。

他山之石，可以攻玉。迹象管理看似复杂，但 André 餐馆帮我们看到它系统设计的方方面面。

长尾危机需要迹象管理

2020 年 11 月 24 日，我有幸与白瑞教授网上相见。他以癌症治疗为例，说明人文思想对医疗健康的重要性。对于晚期的癌症病患，在能活多久和怎样活得有意义之间，后者更重要。这个阶段，迹象管理的价值也更加明显。医生和护士的语言与态度，医院病房的空间布局，医疗环境中的色彩与噪声控制，家属和病人参与决策过程，所有这一切编织在一起，成为一种影响病人心理康复的场效应。

医疗癌症与危机管理有极大的相似性。许多危机现象不仅有长久的心理阴影，还有肇事因素很分散，治疗条件多元和过程漫长的特征。我们称之为"长尾危机"，因为在危机的生成因素和消除条件的数据统计分布图上，它是一个扁平状的正态分布。负区和正区两边都是长长的尾巴。通俗地讲，长尾危机不是少数因素造成，也不会随着少数条件的改变而消失。要准备打持久战。

英国脱欧便是一例长尾危机。它的起因不仅是经济贸易因素，还有社会、政治、文化和心理因素。它也不会随着一个贸易协议而消失。对于长尾危机，管理者切忌快刀斩乱麻，否则隐患无穷。此时，最好的方法就是迹象管理。12 月 24 日，英国与欧盟达成的协议没有涉及 80% 英国对欧洲的服务贸易。但是，它传递一系列积极正面的迹象。这也是双方政治人物力所能及之举了。

谚语形容粗放式的危机管理为：手里拿着锤子的人，眼中看见的都是钉子。这一年，全球各地，我们看到太多粗放式危机管理。当前形势下，考虑到大多数危机都有"长尾"特征，纵使手握强大物质资源，主事者都需要演练迹象管理。

第五节　设计思维的奇点

设计思维的奇点在原创，在深入到事物现象的元概念和根关系。锤炼危机管理的设计思维，我们要学会"求诸野"，即向不同学科和领域学习。本节选择一位建筑设计师和一位商业创客，讨论他们的设计思维对危机管理的启发。

筱原一男的原创策略

现代国际建筑界为欧美设计师主导，但日本是个例外。如果以普利兹克建筑奖为参照，自 1979 年始，日本有 7 位建筑师获奖。他们中许多人都会追溯来自另一位日本建筑师筱原一男的影响。即使在他逝世后多年，2010 年威尼斯建筑双年展还是把金狮奖颁发给筱原一男,向他创立的"筱原流派"致敬!"筱原流派"的生命力在于它的原创性。其中蕴含的规律同样适用于危机管理决策中的原创活动。

元概念,根关系

一元复始,万象更新。每个商业秩序都应该有自己的元概念。对建筑,筱原牢牢抓住"空间"这个元概念。他还延伸对三原空间(功能原空间、装饰原空间、象征原空间)的理解,总结出西方的"坚实空间"与日本的"虚无空间"之间的区别特征和建筑质材相关。代表日本建筑的桂离宫所使用的纤细材料不可能有西方的玻璃和混凝土材料同样的表现效果。基于"虚无空间"的理解,筱原又在后来的"建筑样式"发展中提出"空的空间"和"无用的空间"的设计理念。筱原流派的每一次创作变化都不离"空间的元概念",因此可以做到"形散而神不散"。此乃原创的第一原则。

像各种商业模式一样,建筑模式充满复杂的结构关系,找不到最深层的关系,模式只能有一次生命绽放,没有办法层层精进,蜕变更生。筱原流派几经50年仍旧精健,在于它根植于最基本的设计关系:平面分割与连续。50年间,筱原的设计风格有至少四次大的蝶变,从第一样式到第四样式。但是,纵观变化样式中的不变关系,筱原的设计从来没有离开对"空间分割与连续"的思考。从第一样式的"白之家"到第四样式的赫尔辛基当代美术馆,筱原总是在尝试如何运用"分割轴线",来让"空间连续"要么有确定的意义,要么有不确定的随机可能。"分割与连续",它们组成一对悖论却相互依存的根本关系。深挖剥离出事物的"根关系",这是原创策略的第二原则。

野性的活力

"让性格相反的主题在一个空间中共存",筱原创作的活力都来源于这个设计原则。在以柯布西耶(Le Corbusier)为代表的西方功能极简主义流行的时代,筱原用日本传统的"非合理性"来包裹西方的"功能合理性"。当他为居家设计小空间的时候,筱原思考如何将城市大空间的片段碎片"侵入"家庭住宅的小空间。为二名艺术家设计的"上原的住宅"中,他硬生生在房屋的中间安插W形状、裸露的混凝土支撑柱,创造出一个"杀意的空间"。即使在他承接西方现代立方体的设计理念的时候,筱原也强调"横穿过去",而非亦步亦趋。他的这种"冲突与斗争"态度自然带来原创的活力。

即便在探索"对称的力量"的设计中,筱原也试图用平行呈现二种性格相反的关系来凸显空间的张力,让活力无法沉寂。他用"无机、有机、随机"空间的叠加来制造有张力的空间,用"让佛像乘上F14战斗机"来表达"意义的空间"

和"技术的空间"之间的可能组合，用光和立方体的结合来彰显确定与不确定空间的互补。自然光的不确定与立方体的确定也组成"单点透视"和"动点透视"之间的变动和流转，给建筑带来活力。

野性与活力，离开它们，原创便没有生命。这是第三原则。

不离不弃的文化身份

筱原流派，它首先是日本的，然后才是筱原的。世界建筑界对筱原流派的认同，首先来自对他建筑中表现的本土文化精神的敬仰。筱原也极力从日本传统中挖掘与世界对话的概念和元素。

除了研究日本民居的"聚落"形式，总结日本传统建筑的"非合理性"外，筱原还从歌舞伎表演中开发出"对活力的静态表现"的原创流派风格。对歌舞伎演员而言，演出动作的停顿瞬间才是戏眼，那之前的动作皆为这一瞬间做准备。歌舞伎的演技本质在"静止的形式上"。

比较欧洲的巴洛克庭院和日本庭院，筱原得出西方的时间元素和日本的"无时间"。日本庭院洄游式的景观"设置在人们因为脚下的危险而自然会驻足的地方，没有时间概念"。

在对空间透视的理解上，筱原以京都的西本愿寺书院为例，说明社会关系在建筑结构中的反映："每个独立的墙面都是对应来自正面的视线构成"，因为它代表"正面"至上的权威和与来朝拜的封建领主（大名）之间的等级关系，"强烈的正面性一旦呈现，（各方）情绪立即高涨起来。"

"活力的静态表现""无时间""正面性"，这些具有文化身份的设计概念加持了筱原流派的原创价值。原创者要永远忠实于自己的文化身份，这是第四原则。

语言即权力

一切社会权力关系最终在语言上体现。维特根斯坦的语言权力观在筱原一男的建筑设计中有经典的体现。通俗地讲，能做的不如会总结的。筱原把自己50年的创作历程总结为5种设计的样式，并系统地阐述了它们前后的关系与差别。

日本的传统激发出"非合理性"的第一样式，但"传统是出发点，而非回归点"。学习西方现代立方体的设计是"无机空间"的第二样式，但要"横穿立方体"，得到对传统的"反空间"，体现确定性。第三样式是让"机器代表的无机秩序"与社会混沌（有机）秩序交叉、重叠，让都市之力的公共空间"入侵"住宅的个人小空间。第四样式则体现在"用单纯的构成创作随机和混沌之美"，就像用一条单纯的直线，通过曲折，制造非线性的混乱美。重要的是，给人留下肆意穿插的自由，创造出新空间和根本没有刻意准备的意义。未完成的第五样式，筱原希望建立一个建筑的公理系统和概念装置，它们综合汇聚"极简美"和"混沌美"。就像万花筒一样，你永远不知道会出现什么图案，但你可以相信"万花筒"这个可靠的技术装置。

如果没有上述五个极其有传播效果的建筑语言样式，就没有筱原流派的思想影响力。人是沟通的动物，筱原的语言样式总结比具体设计图还重要，它们产生经久不息的荡漾效果。建立与原创活动相配套的语言传播系统，这是第五原则。

筱原的原创策略可以被借鉴到下面几条危机决策的设计思维中：①联系危机的问题情境观，每次危机决策时，我们要思考危机的元问题。我们还要问谁是最关键的利益相关者。我们与他们的关系是根关系。②危机的一个根本特征是悖论状态。两种对立的关系同时存在，它们激发出解决问题的活力，即所谓野性的力量。③延展"不离不弃的文化身份"，危机主事者要充分理解本地特征和寻找本地化的解决方案。④受"语言即权力"启发，危机决策中，避免套用危机管理的陈词滥调。危机主事者应该力求以简朴、新鲜和贴切的语言描述危机现象，沟通危机问题。

马斯克的思维模式

特斯拉汽车优秀的不仅是电动环保设计，更是它的创始人马斯克（Elon Musk）独特的思维模式。马斯克的"本源、元问题、通道、根技术"的思维模式值得中国企业家效仿。它比简单模仿特斯拉汽车的商业模式更重要。

特斯拉的跨越模式

就像丰田汽车背后是"丰田生产系统"一样，特斯拉汽车代表着一种新型的"交通移动系统"，从生产流程设计到消费模式。经过10～20年时间，它将替换现在的油动车的产业结构。

在北加州，为特斯拉提供配件的锂电池生产厂即将成为全球最大的电动汽车电池生产基地。到2020年，它要为年生产量大约50万的电动车提供配件。50万不是大数字，但是，考虑到特斯拉已经在为宝马、奔驰、克莱斯勒、丰田等企业提供动力零件和电池，我们看到马斯克的目标不仅仅为特斯拉电动车，还在于尽快促生电动车产业全面兴盛。在他看来，20年后，至少美国的新轿车都将为全电动或油电混合车。特斯拉要扮演产业的"触媒"和成全者的角色。

特斯拉的另一个悄悄的策略在于推动供应链透明化和本土化。它包括：①不买战乱地区的"血矿"。例如，它舍弃刚果，而从菲律宾采购钴矿原料；②做本土化、环保、爱国的好企业。例如，它的电池大量使用低污染的人造石墨，或者爱达荷州的石墨矿材。这些"政治正确"的做法让它获得美国政府的政策和贷款支持（4.5亿美金），并建构起较高的进入门槛。

颠覆消费模式，这是另一个制胜关键。它用直销的方式卖车，在美国已经建立 34 家直销点。它的电动汽车不需要日常维修，只要做年检和保养。特斯拉还保证二手车的价值，提供回购选择。在已经建立的充电站，驾驶者可以选择免费充电，或付费调换电池。车内 17 英寸的互联网可触屏上能显示导航，以及充电站的分布。对目前的车型，特斯拉提供免费上门调换"问题"汽车。它细腻地消除购买者对一个新产品的各种风险疑虑，降低购买决策的门槛。

看过摩尔（Geoffrey Moore）《跨越大裂谷》（Cross the Chasm）一书的都明白，特斯拉正在用高科技产品的跨越策略营销电动汽车。

"本源、元问题、通道、根技术"

特斯拉电动车只代表马斯克独特思维模式的冰山一角。从金融创新的"网银"到航天火箭项目"SpaceX"，看似"隔行如隔山"的创业，它们背后的思维方式却完全一样。通过档案研究，我把马斯克的思维模式简介如下：

（1）本源思维，用"第一原则"的方法找创业的领域。马斯克创业的种子早在大学时期就播下了。"哪个领域是人类社会活动最频繁的？""哪种技术人类有最长久的使用历史，却有最缓慢的进化速度？""什么样的生产模式和消费模式会让经济和社会走向生存危机？"它们代表马斯克的"第一原则"思维方式。他认为，任何事物现象都有第一原则，抓住了，一切迎刃而解。在上述问题的引导下，他很早就关注金融、交通、能源三大领域。现在的创业，都是从"第一原则"的问题衍生出来的。

（2）元问题思维，问对问题，随后一切释然。它是马斯克从大学就开始养成的习惯。商业成功是不是创业的目的？不是！用实践弄明白一个重要的可能性是创业的目的！因此，特斯拉电动汽车是以失败为其中一个目的。那时，他刚刚把"网银"卖了个好价钱，便拿出一半做特斯拉项目。在他看来，有资源承受失败的条件下，商业成功并不比搞明白一个可能性更重要。

（3）找出产品内含的"根"技术，然后做优化设计。受应用物理的训练影响，马斯克习惯思考产品内在的基础技术的"根"。例如，特斯拉早期模仿油动力车的技术框架。后来发现，许多机械技术的刚性要求在电动汽车框架下可以柔性改变。这样，汽车变速箱完全可以简化。其间，马斯克还借鉴核试验中的光子技术原理，应到锂电池的设计中。跨界嫁接基础技术原理，往往对产品设计产生"核聚变"的效果。又如，对火箭发射技术，马斯克采取同样的刨根问底的思维方法。他发现，火箭的材料成本低于 20%，贵在使用的思维。在组合和使用的技术上下功夫，10 年内，SpaceX 的火箭发射成本将能做到美国太空总署的 1%。

（4）"迈入理想未来的通道"思维。马斯克相信，技术应该让未来更值得梦想。一旦筑就通往"商业乌托邦"的渠道，市场的洪流会滚滚而来。他的"网银"、电动汽车、太阳城、第五交通工具（hyperloop）、垂直起降、可回收火箭发射，每个生意都代表那个产业的新通道。辅助"通道"思维的还有马斯克的"令人心动"的价值营销能力。他总是找一个通俗比喻来体现他的"通道"产品所代表的"令人心动"的价值。例如，为克服消费者对充电过程的陌生和顾虑，他让一辆特斯拉电动车和一辆奥迪平行展示"充电"和"加油"的过程。在充电站"换电池"需要 92 秒，二辆车的电池都换好了，奥迪车才刚加满油。又如，马斯克用加州的平均房产（50 万美元）来比喻，解释 20 年后，去火星定居的成本也不过如此，卖了房子就可以去火星生活了。

"如果能够让大众激动起来，生意已经成功了一半，"马斯克告诉年轻的追随者。这也许才是他真正的成功秘密。

危机决策也不能只局限于解决手头上的突发问题。跨越思维（transformation）是长治久安的危机管理必备的原则。危机五解中的"解放"与马斯克的跨越思维是相通的。支持跨越设计的思维方式还包括深究问题的本源，然后定义元问题。它们是原力觉醒的源泉。

本 章 要 义

1. 危机决策有别于常态决策。它的决策前提不一样。它是在恐慌心态、小概率事件、待确定状态和弱信号前提下的决策。
2. 弱信号下的危机决策依据不同的判断和选择标准。尽管弱信号状况随具体情境而变化，掌握阈值信号的概念，用弱信号的六种特征，危机主事者还是可以提升危机决策的质量。
3. 危机决策的成败受设计思维影响。危机管理很难重复旧方法和老套路。它需要按照设计思维的 4E 方法论定义危机问题，提供从混乱状态转移到有序状态的行动历程。
4. 危机决策具有行动主义的实践特征。它总是在想中做，做中想，边想边做，边做边想。危机的行动主义与马克思的实践论是一脉相承的。
5. 提高危机决策设计思维的一个有效方法是跨行业学习和模仿。建筑设计和商业创新创业的实践都可以提供许多有用的养料。

第五章 大系统陷阱　大关系思维

老子曰："有物混成……可以为天下母……吾不知其名……强为之名曰大。"危机管理也是一个大系统，一个从混沌走向秩序的历程。在这个历程中，危机大系统像亚马孙河流域一样充满陷阱。

亚马孙河有 6 868 英里（约 11 053 千米）长，长过从纽约到柏林的距离。亚马孙的热带雨林比印度的面积还大，大到可以容纳 40 000 种植物、3 000 种鱼、1 300 种鸟、1 200 多种哺乳和爬行动物。它保有地球上最丰富和多元的生态环境。它值得关注，因为那儿的生物繁衍原则包含着所有生命系统的规律，包括危机管理。

亚马孙的环境充满了通俗意义上的负能量和陷阱。那儿的毒蜘蛛体长 16 厘米，喷出的毒液，沾上死，碰上亡。比房子还大的蚂蚁巢穴一窝就有 5 000 万只。森林里的坚果差不多都有毒性，许多植物含有类似氰化钾一样的成分。潜伏在浑浊的水底的"杀手鳖"看似丑陋无比，行动笨拙，可一张嘴，就能以迅雷不及掩耳之势吞噬路过的红肚子鱼，尽管后者已经让探险的人谈鱼色变。这些还都没有上"亚马孙最可怕动物排行榜"呢！

生态环境不遵守数学公式，所以没有负负得正这一说。那儿，生物之间相互适应，不和谐却合作相处。例如，在亚马孙河流域的超级毒蜘蛛活动范围，其他动物照样有生存的空间。其中，微型青蛙就是一个典型。微型青蛙吞噬大蚂蚁，大蚂蚁会吃掉超级蜘蛛的幼崽。百万年的进化教会超级蜘蛛，为了自己的下一代，不要伤害微型青蛙。其他的例子还有很多。南美的地鼠有着坚硬的牙齿，只有它能够咬穿巴西榛子的厚厚外壳。南美地鼠有把吃不完的榛子埋藏在地下的习惯。这样，榛子变成种子，来年发芽，茁壮成长为大树。亚马孙巨大无比的蚂蚁能够将树叶切割下来运回巢穴。巢穴中的小蚂蚁再把它咀嚼成营养液，培养真菌。那些令人讨厌的真菌却是蚂蚁的美食。亚马孙鹦鹉品种最多，色彩斑斓。每年的干旱季节，鹦鹉不得不靠有毒性的植物维生。但它们却可以在因为干旱而裸露的河岸岩壁上找到解毒的黏土。侵略者无法接近的岩壁刚好成为鹦鹉寻偶交配的和平处所。它们从一而终，以至于那儿庆祝金婚的鹦鹉比比皆是。

斗转星移，亚马孙雨林滋养着无穷的生命，从未凋敝。人类是它最大的受益者。目前，治疗癌症的四分之一药素来自那儿，而大部分有治病功能的植物还隐藏在那儿，等待发现呢。亚马孙能茂盛不殆，因为它遵守阴柔的生命原则：它不论对错和好坏，而是允许繁杂的生物按照自己内在的规律自由生长，相互合作与适应。环境容忍独特、多元、自然生长的物种。物种向环境贡献丰富与深厚。相比较而言，地球的另一端，撒哈拉大沙漠缺乏丰富的生命现象，因为它只有"水"这一个刚性的生长条件。符合它，生；缺少它，死。刚性而单调的环境原则扼杀生命。

设想一下，假如亚马孙雨林中只剩下一种鸟，无论是学舌的鹦鹉还是残酷的秃鹫，结果恐怕不只是"鸟飞绝"，还会连"林子"都没了。什么鸟都能容纳，林子才越长越大，越来越茂盛。

透过亚马孙雨林，我们获得对危机大系统的启发：①万事万物相生相克，无所谓好坏。②危机大系统的好坏判断取决于利益相关者和他们选择的视角。③摆脱僵化的方法和狭隘的视角，我们才能识别大系统陷阱，学会创造性地解决危机。

识别大系统陷阱，我们不能依靠机械分析的方法，而要用有机整体论的方法。否则，只见树木，不见森林。机械分析方法假设，我们可以分解系统到多个子系统。通过对子系统的解剖，获得部分知识。然后，我们叠加子系统的部分知识以获得对整个系统的理解。机械分析方法在常态管理中有用。到危机的变态管理层次，它的效果有限。危机协同论强调理解熵减、哈肯信号、秩序参数和控制参数。它们都是有机整体论的思维。

前面章节中，我们曾提及画家吴纲对把握印象派画作整体魅力的建议：眯起眼，看大关系。跨越大系统陷阱，我们也要学会把脉大关系。"眯眼看大关系"也是哈肯信号和协同序参数遵循的认知方法。怎样以简练的信号丰富表达系统秩序？关注整体和宏观变化的形态是必备的方法。通俗地讲，哈肯信号注重表达的序参数就是大系统的大关系。

本章先通过危机事例解释大系统的陷阱，然后建议一组识别系统大关系的另类方法。

第一节 大系统决策的陷阱

大系统的一个表现形式是跨系统运营。商业组织中，一个流程可能涉及多个属性各异的系统。对于个别系统的属性，我们需要区别对待。不过，从提高效率的角度出发，我们往往又用一套标准的常态化流程去串接各个系统。危机是系统失控。此时，管理者要对系统属性变化和系统控制的边界高度敏感。如果我们还是以常态化流程对待开始掉链子的跨系统活动，我们就可能落入大系统决策的陷阱。

周而复始、常态化、流程标准化控制，这些都是现代化效率管理不可缺少的特征。离开它们，大企业无法运营。可是，当大企业进入跨系统经营时，周而复始的常态深处一定酝酿着"盲点危机"。盲点串接在一起，便围成大系统的陷阱。跨系统经营的盲点来自下面几个方面：

(1) 互动过程灰色，无法完全透明和事先预测；
(2) 知识和专长超过运用边界，却不知；
(3) 相关者隐藏信息，信息不对称；
(4) 知情能力和控制能力有差距，知道的时候已经无法控制；
(5) 对其他系统受到干扰的理解不足，也缺少判断的经验；
(6) 过分相信自己能调动的影响力；
(7) 对连锁反应能造成的灭绝危机缺乏合适的认识。

2014年葡萄牙圣灵银行危机经典地折射出上面的七项盲点危机的来源。它在系统外为行事方便设计影子金融机构；它与高盛合作经营跨国家、跨文化的业务；它涉足不熟悉的石油项目；它与政治体制高风险的拉美国家打交道；它无法预想中石油受到的中国国内反腐风暴的冲击；它已经处在极其复杂的欧盟金融系统中。以上的每个情境都构成一个它不熟悉，没有过往经验的交叉系统。当它们各自都受到干扰，出现偏差时，叠加的放大效果形成无法逃脱的涡流，吞噬了这家百年老店。

包括葡萄牙圣灵银行在内的七个系统交叉互动的复杂性不是不可以学习和学错的。这是我们在看待它的失败时必须要保持的乐观态度。前雷曼兄弟的风控专家爱普伽（David Apgar）指出，认识可学的风险（learnable risks），它不仅可能，也是经营这类业务必须有的新能力。

百年老店葡萄牙圣灵银行危机中的跨国风暴

现代金融业的全球化给许多企业提供了更广泛的机会，也使系统更加复杂化。金融领域因形形色色作假而引发的危机时有发生，投资者稍有疏忽，就可能卷入各种复杂的漩涡之中，2008年席卷全球的金融海啸最初就根源于美国几家银行发售房贷时的普遍作假。但是，全球金融危机后不到5年时间，缺乏有效监管机制导致的作假事件又一次造成多国投资者的极大损失，而危机发生后对潜在危害的分析、隔离控制不足更扩大了受害者的圈子，这是2014年葡萄牙圣灵银行事件留下的沉痛教训。

百年家族商业王国的倒塌

圣灵银行（Banco Espírito Santo）由葡萄牙圣灵家族集团持有控制权，是这个家族集团的主要资产,曾是葡萄牙第二大上市银行,占有葡萄牙银行市场份额的20%左右。圣灵家族集团曾对葡萄牙国民经济具有举足轻重的影响力,它的发迹起始于1869年里斯本一个进行彩票和外币交易的业务,1932—1955年,圣灵银行总裁是葡萄牙独裁者安东尼奥的主要金融顾问。1974年的葡萄牙康乃馨革命期间,圣灵被国有化,家族的许多人逃亡到国外,但在众多包括像洛克菲勒这样强人的帮助下,圣灵家族得以在巴西、瑞士、美国、法国、卢森堡重建银行业务,并在1989年政府开始实施公司私有化时重新获得对葡萄牙圣灵银行的控制权。1991年开始,圣灵集团由创始人的曾孙李卡多(Ricardo Espírito Santo Silva Salgado)掌管。此后20年间,圣灵集团向各行业、各地区大幅扩张,到2014年,它旗下的商业王朝涉足金融、能源、建筑、旅游、保险、医疗、电力、农场、矿业等主要行业,其金融分支网络横跨四大洲、25个国家,李卡多甚至被封了个绰号,号称"所有这一切的拥有人"。

圣灵集团在向银行之外的各商业领域的快速扩张过程中,因为家族控股人不愿多稀释控制权,因此一般都通过借债方式来筹集扩张所需资金,在这些众多的债务中,有许多是通过复杂的公司结构向集团属下的子公司特别是圣灵银行借来的。1999年,圣灵集团里的一名高管在瑞士成立了一个名为Eurofin的小金融公司,根据《华尔街日报》的报道,15年来,Eurofin的主要业务就是作为圣灵家族集团与其子公司之间账务往来的中间人,使得子公司筹资后借贷给母公司在不同管辖区开展业务的举动不容易被外人发现。2008年全球金融危机发生后,为了应付全球金融危机后飙升的市场利率和债务成本,圣灵集团变本加厉地通过筹集高成本的短期债务来试图解决问题,反而使这个家族集团陷入更深的债务危机。

2013年12月,《华尔街日报》率先报道了圣灵家族集团的财务问题,葡萄牙央行于是告诫圣灵银行削减与母公司圣灵集团的财务关联,2014年5月圣灵银行披露,该银行被发现有财务违规行为,7月14日李卡多辞去首席执行官职务(他后来被警方扣查,被控税务欺诈和洗钱等不法行为),圣灵集团及其多个其他子公司随即先后宣布破产并开始清算。7月30日,因为给母公司集团发放的巨额贷款无法收回,圣灵银行宣布了36亿欧元的巨额损失,致使其一下子资不抵债,并且失去得到欧洲央行救助的资格。眼看圣灵银行的危机愈演愈烈,整个刚刚从欧债危机缓过神来的欧洲市场又陷入恐慌之中,生怕危机蔓延。这迫使刚刚才在欧盟救援下走出国家债务危机的葡萄牙政府不得不在8月初宣布投下49亿欧元的巨款紧急挽救圣灵银行,并将圣灵银行一分为二,资产负债表良好的一部分被放进新组成的Novo Banco银行,剩余的不良资产则进行了资产减记。圣灵危机给葡萄牙及全球各地投资人造成了高达100亿欧元的损失。

高盛对危机的失察

在圣灵银行事件中由于对危机认识的疏忽而成为大受害者的是世界投行老大高盛及盲目进入高盛融资项目的十几家投资基金。而事件的起源或许还可以联系到中国反腐风暴引起的蝴蝶效应（蝴蝶效应理论指的是复杂系统对微小事件的敏感性：想象一只墨西哥蝴蝶在扇动双翼时在大气层引起的极其细微的震动有可能最终导致美国中西部飓风路径或强度的突然改变）！

葡萄牙在委内瑞拉有大量侨民，圣灵银行于2012年进入委内瑞拉市场，到2014年在此市场业务规模已很大，曾为委内瑞拉政府及PdVSA多个项目提供过银行服务。同时，PdVSA也认购了圣灵家族集团的3.5亿美元债务，是圣灵家族集团最大的债权人之一。

2013年10月中旬，委内瑞拉国有石油公司（PdVSA）将一个规模8.34亿美元的炼油厂项目合同给了惠生工程，这是中资企业在拉美拿到的金额最大的此类合同。成立于1997年的惠生工程（Wison Engineering Services Co）是中国最大的私营化工EPC（设计、采购及施工管理）服务商，与中石油关系密切，来自中石油的业务曾占该公司业务的相当大比重。惠生于2012年在中国香港上市。

但就在惠生赢得PdVSA这份合同的前不久，该公司创始人兼控股股东、董事会主席华邦嵩因卷入中石油窝案而失联。与此同时，因为来自中石油的业务几乎断绝，惠生公司开始盈利不佳，公司财务状况出现严重问题，并与多家银行发生贷款纠纷。华邦嵩在2014年3月10日被正式逮捕，惠生公司履行PdVSA合同的财务能力和经营能力成为大问题。PdVSA寻求圣灵银行的帮助时，圣灵银行答应PdVSA为惠生公司承建的炼油厂项目融到所需的8.34亿美元资金。

为了赚到这笔巨额融资可能带来的丰厚利润，并发展与委内瑞拉政府的关系，高盛积极活动。葡萄牙政府里的一名前任部长、新被任命为高盛国际顾问委员会成员的阿尔瑙（Jose Luis Arnaut）亲自联络圣灵银行主席李卡多，向他承诺高盛可以帮助圣灵银行融到这笔资金。根据高盛与圣灵银行之间的协议，圣灵银行将向PdVSA提供炼油厂的项目融资，而高盛则负责安排让圣灵银行向终极债券投资者发行优先无抵押债券来融得所需资金。高盛专门成立了一个项目融资团队，设计了一个极其复杂的融资结构，并通过在卢森堡专门成立的特殊目的公司"橡树金融"来进行融资。

早在2014年3月。圣灵集团的审计公司KPMG已经向葡萄牙央行监管机构报告了集团存在的严重财务违规，2014年5月圣灵银行更公开披露了银行被发现有违规行为，6月26日，债务评级机构穆迪宣布正在对已经是垃圾股评级（Ba3）的圣灵银行债券重新审查，以进一步降级。危机正在快速加深，圣灵已经很难通过普通渠道融到新的资金，一个靠不断举债、备受高成本债务重压的虚大商业王国正处在轰然倒塌的崩溃边缘。

但此时高盛追求利润的轮子业已开动，对这些预警信号不以为然。神通广大的高盛在两个月之内说服了 12 家资深国际机构投资者（包括德意志银行、纽约美仑银行下面的分支机构、新西兰国家养老基金及荷兰的几家投资机构）进入融资圈。受到债券高利率的诱惑和高盛的说服，这些投资者完全忽略正在吞噬圣灵银行的财务危机，与高盛一起总共投入了 8.35 亿美元。这笔巨款在 2014 年 7 月 3 日正式发放到圣灵银行账上，给了圣灵银行一个重要的最后支撑。

与此同时，高盛还大力买进圣灵银行股票，截至 7 月 15 日，高盛在短时间里累积了圣灵银行 2.27% 的股份。7 月 18 日，圣灵银行的母公司圣灵集团宣布破产，8 月初，葡萄牙政府出手急救圣灵银行时，高盛还自信满满地告诉投资人：通过橡树金融公司借给圣灵银行的贷款会划分到新的好银行 "Novo Banco" 里，所以大体上是安全的。然而，葡萄牙政府在对圣灵银行施以援手时通过一项有追溯效应的新法案，规定凡是被政府援救的银行，其拥有 2% 以上股份的股东所持有的债务还款优先权将往后移，这导致此时持有 2.3% 圣灵银行股份的高盛及其客户经由橡树金融公司发出的贷款变成次级债务，收回贷款的希望变得渺茫。但高盛此时并没有注意到此项新法案后果的严重性。直到 2014 年 12 月 23 日，高盛的高管从新闻里得知葡萄牙央行的宣布：由于高盛拥有股份过了新法案 2% 的门槛，高盛的那笔贷款将不被转移至新成立的银行，这意味着高盛经由橡树金融公司发出的巨额贷款将血本无归。高盛在 2014 年第四季度被迫减记了它投入的资产（高盛自己投进的具体数字没有公布）。

高盛向圣灵银行发放的这笔贷款经过了至少三个高盛内部委员会的审批。其中，信用委员会由高盛财务总监施瓦兹及风险管理主任布拉德里克等高管成员组成，旨在严格评估每笔交易的信用风险和任何可能损害银行声誉的潜在危险，高盛的此项复杂融资结构设计（橡树金融公司）也得到了高盛国际部两个联合总裁的亲自首肯。但这些审批评估程序在圣灵事件上似乎都只是走过场而已。高盛各个团队对日益明显的危机信号置之不理，是导致高盛及各国投资者遭受这项巨额损失的主要原因。

另一家遭受重创的国际银行是法国农业信贷银行（Crédit Agricole）。该银行与圣灵家族有三十几年的密切关系，曾对圣灵家族在 80 年代末重返葡萄牙起了重大作用，它持有圣灵银行 15% 的股份，占有 2 个董事会席位。圣灵银行的倒闭使法国农业信贷银行遭受了高达 7 亿欧元的损失。银行的高管说，他们一心要借与圣灵银行的关系成为葡萄牙银行业的大玩家，从来没有怀疑圣灵银行会有任何不当行为，深感上当受骗。

但另一家法国银行则因为它的警觉，免于受灾。法国兴业银行（Société Générale）曾经得到圣灵银行与 Eurofin 之间的金融中介业务。但早在 2012 年，兴业银行的规则审查部门（compliance department）就发现圣灵银行与 Eurofin 之间交易的许多含糊可疑之处，在反复要求交易双方提供更多详细信息和说明没有得到答复后，兴业银行果断中止了它向双方提供的中介服务，从而没有卷入两年后的危机。然而，兴业银行并没有将发现的问题向政府监管机构报告。

怎样识别跨系统运营的风险？

这桩案子至少横跨四个不同的系统：欧洲金融市场、南美金融市场、美国投资银行、国际石油市场。每个市场有自己的运营规律。当我们把一个市场的经营自动延展到另外一个市场时，业务假设和控制边界条件都需要再审视。否则，跨系统的风险便演变为大系统的陷阱。

对于复杂系统的盲点，大系统的管理者必须有足够的认识。在此基础上，我们需要着力于爱普伽（David Apgar）所说的"可学的风险（learnable risks）"。遇到有复杂大系统特征的事件，我们需要问：

(1) 对此我们有过怎样的经验？
(2) 他人有过怎样的经验？
(3) 出乎意料的经验有哪些？
(4) 谁能提供对这些经验最专业的解释？
(5) 我们有内部档案系统来记录这些经验吗？
(6) 我们有管理手段来动态监控和汇集专家的意见吗？
(7) 对无法解释的部分，我们有没有一个调查和研究计划？
(8) 在哪个节点，矛盾和冲突的解释必须要送达最高决策者？

危机补记

(1) 2014 年 12 月，中国海通证券宣布将以 3.79 亿欧元收购圣灵银行旗下的投资银行业务。

(2) 2015 年 3 月，高盛及参与橡树金融公司融资的 12 家国际投资机构到法院对葡萄牙中央银行提出诉讼，不服葡央行的决定，要求 Novo Banco 归还至少 6.13 亿美元。

第二节 骑士集团的灭顶危机

大系统决策陷阱的后果隐含着灭绝成本。一般情况下，对风险，企业可能用买保险的方法来对冲。危机情境下，我们要区别风险和不确定性。风险是我们已经知道事件的概率分布和对业务的冲击影响。不确定性指我们缺乏事件的概率分布知识，更没有它的破坏性历史记录。把控环境大变化的企业高管还要看到所谓客观风险也只存在于我们的认知假设中。我们要对可能从风险演变为不确定性的事件保持高度警觉。有时，专业化和条块责任细分会遮掩我们对危机的全景认识。当一切危机征兆全部显现时，组织已经难以跳脱灭绝成本的绞杀。骑士集团就是一例。

商业大环境变化可能造成企业的灭顶危机，例如 2008 年的房贷金融危机。对来自外部的大危机，人们警醒有加。但是，内部常态管理中的"掉链子"脱节事件也可能引发企业的灭顶之灾。后者的特殊性让规律总结更难，以至于"秦人无暇自哀而后人哀之，后人哀之而不鉴之，亦使后人复哀后人也"。在金融行业，交易系统故障为常态事故，中外企业都有，2013 年 "8·16 光大证券乌龙指" 就是一例。光大的套利系统出错，发出巨量订单，后被证监会处罚。而美国"骑士集团"则没有光大那么幸运。类似的系统问题却"灭"了这家新兴的交易平台企业。

即使对非金融企业，骑士集团的兴灭也包含诸多的启示。我们将先介绍案例，然后总结它显示的组织能力的挑战。

骑士资本集团的 4.5 亿美元噩梦（Knight-mare）

现代的高速证券电子交易系统是个技术极其复杂、系统环环相扣、情景瞬息万变的大生态圈，先进的电子交易技术是现代金融业不可缺少的组成部分，然而，巨量的电子交易、频繁的电脑系统升级、高度复杂的程序化交易更增加了潜在风险的爆发点。稍有不慎，小事故或小故障就有可能在瞬间造成大危机，给金融公司或投资人造成不可弥补的损失。即使在技术先进、管理良好的美国和日本市场，这类危机事件近年来还是不断发生，下面介绍几个较大宗的事件。

2010 年 5 月 6 日下午，由于交易大单、高频交易等的复杂相互作用，促使多个交易系统在察觉系统有异常时停止购买行为，导致市场出现闪电式崩盘，道琼斯指数一度在数分钟之内创造跌幅超过 1 000 点（9%）的单日纪录，所幸交易在 20 分钟内恢复正常。

2012 年 5 月 18 日，多个电脑程序失误导致纳斯达克证券交易所在脸谱网上市之日交易当机，纳斯达克后来被美国证券交易委员会罚款 500 万美元，并向受影响的几家金融公司支付了 6 200 万美元以赔偿他们因不能交易造成的损失。

2012 年初东京证券交易所因电脑程序问题遭遇了大规模的交易中断事件，造成了约 6.4 亿美元的损失，导致证交所 CEO 及其领导团队成员被罚薪。

华尔街老大高盛也曾中招。2013 年 8 月 20 日，由于用于定价的电脑系统在升级中编程出错，作为做市商（market maker）的高盛向各交易所发出了几千个报价全部错误的期权交易单，致使众多期权价格在短时间里大幅震荡。虽然各交易所在仔细审议每单交易后将许多交易取消，宣布无效，降低了对高盛的伤害程度，高盛还是因此损失了好几千万美元。

然而，最毁灭性的金融平台技术危机是 2012 年导致了"骑士资本集团"（Knight Capital Group）消亡的交易事故。

总部设于新泽西州的骑士资本集团曾是美国股市最大的交易商之一，它提供做市、电子交易执行、资产管理、机构销售及交易等金融服务。做市服务是骑士最大的业务，高频交易是其专长。骑士的高频交易技术平台的一个主要部分是一个简称"SMARS"的高速、自动、程序化的交易单执行路线发送系统（router），它的一个主要功能是将在交易平台其他环节收到的交易订单（"母订单"）根据当时流动性情况自动高速分成小块订单（"子订单"）发配到不同的交易所执行。因为高频交易的日益盛行，骑士成为交易界的重要成员，其执行的交易量最高时曾高达纽约证交所的 17.3%、纳斯达克的 16.9%，2012 年 1—5 月期间，其执行的累计交易量占全美国所有交易所总交易量的 11%。作为上市公司，2011 年骑士集团市场价值达 15 亿美元，在全世界 20 个城市设有分公司，雇有 1 400 多名员工。

2012 年脸谱网上市当日纳斯达克电脑系统出错导致的交易中断事件中，因为不能及时执行交易，骑士遭受了 3 540 万美元的损失，因此，骑士的 CEO 托马斯·乔伊斯曾是纳斯达克最尖锐的批评者之一，令人感到讽刺的是，不到 3 个月后，骑士却因为电脑交易问题断送了公司的命运。

2003 年，骑士的 SMARS 系统停止使用其中一个叫"power peg"的功能。在正常情况下，这一功能会在"母订单"里总交易量全部执行后指令系统停止执行任何相关的"子订单"。2005 年，骑士的编程人员把"power peg"功能中追踪计算已执行过的交易量的有关代码前移，导致"power peg"功能出现故障。然而，因为此功能已被摈弃不用，因而，并没有人再来测试这一功能是否能正常工作，而这一有故障的功能也没有被及时清理掉，而是被默默地埋藏在 SMARS 的几百万行主程序中，成为无人注意的"死码"。

2012 年 7 月 26 日起，为了参加纽约证交所定于 8 月 1 日实施的新"零售流动性计划"（RLP），骑士集团进行了内部交易平台的电脑系统升级，以进一步提高其已快如闪电的订单处理和交易速度。升级时，新的 RLP 代码将被植入执行 SMARS 主程序的 8 台服务器中，意在取代已经不用的"power peg"功能。原本用来调取执行"power peg"代码的指令标志被重新定义，成为用来调取新的 RLP 程序的指令标志。然而，升级时，技术人员只将新的 RLP 代码植入 7 台服务器，遗忘了其中一台，并在未测试的情况下投入实时使用。8 月 1 日开市后，这台未正确升级的服务器在执行某些订单时，指令标志无意中激活了有缺陷的死码，导致骑士的 router 在订单已执行后没有确认能力，继续不断地发出更多的交易订单。

结果是致命的。8月1日开市后,虽然只是要执行212个客户交易订单,骑士的交易系统却在开市后的45分钟之内向交易所快速地发出了四百多万个错误的交易单,涉及纽交所的154只股票,交易量达3.97亿股,这些错误的交易单引起股票价格的巨大起伏,有只股票甚至从\$3.50飙到\$14.76。当骑士的交易系统以错误的天价买进无数不需要的股票后,它需要立即以低很多的市场价卖掉,交易日结束时,骑士集团因此遭受了4.5亿美元的巨额损失,即刻到了崩溃边缘,公司的市值在两日之内雪崩75%。

多重因素导致了这一致命的交易技术危机。

首先是缺乏规范的评审监察和测试程序来预防风险。专家指出,大部分IT应用程序中都或多或少地有些死码,如果缺乏结构性的监察,那么安装新程序的人也许并不知道新的程序可以不经意地调出死码。系统升级植入新RLP代码时,骑士也没有明确的书面程序要求第二个技术人员来验查升级任务是否正确完成,否则,简单的重复查验便有可能及时发现第8台服务器未正确植入新代码。

第二是骑士集团对风险识别程序的缺失以致无法及时发现预警。8月1日清晨,骑士收到的交易单中包括符合RLP条件、但要在开市之前(纽约时间早上9:30以前)完成交易的交易单。在执行这些开市前交易单时,骑士的一个内部系统自动生成众多的"拒绝执行"电子邮件信息,明确指出系统触犯了"power peg"功能禁用的错误。美国证券交易委员会的调查显示,骑士的电脑系统在开市之前一共向骑士的一群相关人员发出了97封这样的电子邮件。但是,骑士的监管制度没有把这样的电子信息列为系统警示,其工作人员也没有立即查看这种信息的习惯。

第三是缺乏对危机做出及时反应的适当监管程序来隔离控制危机,致使重大失误触发危机后工作人员无所依从。8月1日开市后问题开始发生时,骑士仍然主要停留在依靠电脑技术人员解决问题的初级认识阶段。电脑人员试图在现场交易环境中找出SMARS系统中问题的根源,同时,骑士的交易系统继续向外发送数以百万计的子订单。在慌张的努力之中,骑士的电脑人员将新RLP代码从被正确部署了的7台服务器之一卸载,导致更多的RLP母订单被送到错误的第8台服务器上,不断激活"power peg"功能,使问题大大恶化。

2013年10月16日,经过1年多的调查,美国证券交易委员会公布了对骑士交易事件的调查结果,认定其监管程序和风险控制系统的巨大漏洞是此次事件的罪魁祸首。"证券公司必须审视他们每一个系统的各个组成部分,问自己如果其中组件出现故障,有什么安全网可以限制它可能导致的危害",美国证券交易委员会执法部负责人员在对骑士处以1 200万美元的罚款时这样说。

骑士集团事故发生后三天内紧急融资了4亿美元以弥补资本亏空,免于倒闭。2012年12月被收购。

常态管理中最频繁使用的策略为"核心竞争力"。它强调专业化、精细化，集中发展自己最擅长的技能。类似的思维也贯穿于组织中各个部门。由此派生，组织内外专业化成为主流。专业化让各个环节的技术日臻完美，也为系统组合这些"完美"的技术环节创造了条件。它的直接效益就是效率和规模。与此同时，系统的复杂性也上升到一个前所未有的程度。目前的常态管理思维和方法却没有对应此现象的策略。

专业化和系统复杂性带来组织无知。专业人员对自己的领域了如指掌，却对相邻的系统环节无知。系统各个部分管理者对常态生产流程要求的配合得心应手，但对非标准流程的意外却束手无策。如西蒙"有限理性"所分析，常态管理人员不会投入资源去应对这种意外情况下的无知和无能。组织往往用"危机"来偿还对无知和无能拖欠的"债务"。

这样的"危机债务"经常无法偿还，因为它超过了组织现有能力的极限，并且会"灭"了涉事企业。为生存，企业必须修炼变态管理的能力，在意外情况下至少能免除灭绝的风险。为此，下面的思维和方法是起点：

(1) 认识和建立灭绝成本的概念；
(2) 保持对系统变化的"全景知识"；
(3) 建立专业交叉的团队；
(4) 对 IT 和 HR 等容易出现危机的环节建立"必检清单"。

第三节　两个历史经典案例

就像讨论成功，一定会提到"泰诺"胶囊回收案例；论及失败，博帕尔和"挑战者"号同样是必须检验的经典危机。它们凸显了潜伏于产业危机内的系统共性，值得每一个企业研究。

印度博帕尔大灾难

印度博帕尔（Bhopal）灾难是史上最严重的工业化学品外泄灾难。1984 年 12 月 3 日晚上，联合碳化公司（Union Carbide）设在印度 Madhya Pradesh 博帕尔的化工厂发生 40 吨甲基异氰酸酯毒气（MIC）泄漏。事故发生三天后，死亡人数预估在 3 500~7 500。之后几天，死亡人数更高达 1.6 万人。另外，有 50 万名居民的健康受到不同程度的影响，他们除了肺部功能受到损害，神经、肠胃、生殖及免疫系统亦受到伤害。经过五年法庭诉讼的争论，联合碳化公司最终在 1989 年与印度政府达成协议，并付出了 4.7 亿美元，以解决民事追讨费用。由于对后续赔偿的不满，印度政府在 1992 年发出通缉令，通缉当年联合碳化公司的行政总监安德森（Warren Anderson），追究他对数十万人伤亡所应负的刑事责任。但安德森没有出席审讯，一直潜逃，至今仍未受到法律制裁。1999年8月跨国集团陶氏化学公司（Dow Chemical）宣布与联合碳化公司达成合并协议，以93亿美元收购联合碳化公司。合并令陶氏化学公司成为全球第二大化工厂，而联合碳化公司也想借此摆脱博帕尔灾难带来的恶名。

如果在发达国家，这样大的危害程度和范围不仅难以想象，也难以发生，因为政府规划部门不会允许化工厂建在人口稠密的居住区。但是，于缺少财政收入和就业机会的印度中央邦而言，联合碳化公司所带来的地区经济效益足以让政府修改调整限制性条款。

作为化工产业中成熟的经营者，联合碳化公司也未曾经历过这样的事故，因为发生事故的条件不具备。历史上，原料生产和杀虫剂生产一般分开设置，不会同时设计在一个共同的厂区里。但是，80年代的激烈竞争导致产品价格下降。为了缓解成本压力，联合碳化公司在印度的合资厂购并了上游的原料供应厂，并在同一厂址生产原料和杀虫剂。

化工行业一向对安全生产有严格的要求。在联合碳化公司印度的合资厂就有6道防漏保险装置。关于安检，企业也有明确的程序要求及专业训练，并有专人负责。对可能发生的事故，工厂有警报装置。在发达国家，工厂还会与当地的消防和社会安全机构举办联合演习。

由于竞争的关系，联合碳化公司在印度的合资厂效益不断下降。总部已有关、停、并、转的打算，并开始将工厂的管理职能转交给当地的管理阶层。一些外国专家和技术人员正陆续离开，当地的一些技工也开始流失到其他企业。

1984年12月3日，一批刚刚被雇佣的临时员工被指派做一年一次的清洗。按照习以为常的操作程序，他们应该先检查并清空MIC的储存罐。但是，新员工并不知道。他们将成吨的自来水倒入仍然有存量的MIC罐子，二者立即发生化学反应。

工厂此前对这种事故已有安全防范设计。一般在出现漏气时，会有喷雾中和装置自动开始工作。但是，因为长期没有检验和维修，喷雾中和装置无法启动。

在标准的厂房设计中，它还有第三道防卫。泄漏的毒气将经过一个燃烧塔，通过燃烧来消除毒性。不幸的是，这个燃烧塔也因为长期没有检修而无法工作。

在正常情况下，当毒气由于无法控制而外泄时，工厂会拉响警报。这时，第二个问题出现了：警报时好时坏，断断续续，人们不知道如何反应。厂区外的居民从来没有经历过这样的警报。更要命的是，工厂周围的居民长期嗅到空气中的臭味。经过多次抱怨，政府和企业并没有采取措施，只解释说对人体没有多大伤害。因此，当毒气蔓延时，人们并没有马上采取行动。

12月4日凌晨，当警察开始沿街叫喊的时候，许多居民已经出现抽搐现象并摔倒在路边。人们唯一的反应是向城外跑去。没有人教他们甚至是最简单的自我保护：堵上门窗，用湿毛巾捂住鼻子和眼睛。8 000 遇难者是由于呼吸困难窒息致死。

博帕尔大灾难既有跨系统的盲点，也有大系统的设计陷阱。化工厂运营横跨工业和社区系统。仅仅从工厂运营效率的角度选建设厂址，它本身就埋下祸根。化工厂本身有一系列防范设计，每一道防范措施应该有常规测试，应该有一组具备整个流程知识的人员集中管理。任务细化和分工后，防范措施之间就要设置检查要点。表面上，单个环节的团队独立完成任务。串联在一起，漏洞打穿，铸成大祸。

"挑战者"号航天飞机爆炸

如果有人告诉你："挑战者"号航天飞机发射时的意外爆炸，是由固体火箭助推器上一个○形橡胶密封垫圈（简称○圈）老化失效造成的。他（她）要么是危机管理的外行，要么是别有用心。

1986 年 1 月 28 日，"挑战者"号航天飞机爆炸成为造成死亡事故的载人航天第一例。"挑战者"号航天飞机在 1983 年 4 月投入使用，爆炸的那次是它的第 10 次飞行。在此期间，4 架航天飞机共飞行 20 次，其中"挑战者"号就占 10 次。这次发射还有特别引人注目的地方，那就是女教师克·麦考利夫作为平民代表首次参加太空飞行。11 时 38 分，"挑战者"号点火升空，看台上一片欢呼。截至升空后 72 秒，一切正常。73 秒时，空中传来一声巨响，"挑战者"号航天飞机瞬间变成一团橘红色的火球，机身碎片拖着火焰和白烟定格在晴朗的蓝天。地面的看台上，麦考利夫的双亲相拥而泣。

如果不是出于政治的考量，○圈甚至不会成为助推器的一部分。过去，航天飞机助推器的箭体是整体设计的，防护的○圈不是关键部件。但是，为了让处于不同政治选区的航空企业都能参与，都有经济利益，助推器的箭体被设计由几段连接而成，在连接部位用橡皮垫圈密封，以防止火箭工作时火焰喷出。NASA 的行政官员非常清楚他们的预算掌握在来自不同政治选区的国会议员手中。

事后的技术分析表明，由于当时气温较低，助推器又紧靠低温外贮箱，箭体上结有冰块。火箭工作时，高温使箭体上的冰块融化，冰水从失效的橡胶垫圈内浸，火焰则趁机从内向外喷出。外喷的火焰使外贮箱内成百吨的液氢液氧膨胀，使箱体爆裂，氢氧相遇急剧燃烧，导致了大爆炸的发生。

"挑战者"号航天飞机爆炸 15 年后，两名飞船设计高级工程师终于打破沉默，披露了当天的决策过程。

在"挑战者"号没有发射之前的一段时间，NASA 的行政官员已经非常紧张了。他们的紧张不是技术的，而是政治的。国会多次质询为什么花费这么多钱在航天飞行上。为了回应国会的意见，降低研发成本，NASA 除了表示要让航天飞机像民航飞机那样做常规的、重复的飞行外,还承诺 5 年飞行 24 次的日程计划。在国会复会后,让"挑战者"号展示"常规化"的航天飞行尤其重要。对此,NASA 的行政官员心知肚明。

○圈过去也出过问题,那是在低温条件下发生的磨损和漏油。负责设计和生产○圈的莫索科公司(Morton Thiokol)很快攻克了其中的技术问题,并做了新的产品设计。但是,考虑到成本问题,新设计并没有马上被采用。莫索科公司对旧设计的风险评估是,它从 1973 年开始就发生过磨损导致的漏油现象。历史经验数据表明,相关的风险是可以预防和控制的。在此,莫索科公司没有说明那时的设计是连体,而不是现在的模块分装式。NASA 的行政官员也没有相关的技术背景来质询两者的系统区别。

但是,博伊斯乔利(Roger Boisjoly)和他的同伴知道低温对○圈性能的致命影响。按照他的观察计算:"那些钢圈看上去很结实、很牢固,但点火后,各个部分由于受到巨大压力,都会像气球一样被'吹'起来。这样,就需要在各部分的接合处采用松紧带来防止热气跑出火箭。"这份工作由两条名为"○圈"的橡胶带完成,它们可以随着钢圈一起扩张,并能弥合缝隙。如果这两条橡胶带与钢圈脱离哪怕 0.2 秒,助推器的燃料就会发生泄露,固态火箭助推器就会发生爆炸。气温降低后,这些○圈会变得非常坚硬,伸缩更加困难。坚硬的○圈一旦伸缩速度变慢,密封效果就会大打折扣。虽然那可能只是零点几秒的时间,但已足以使一次本应成功的发射变成一场灾难。

发射的前一天,当他们被告知佛罗里达的气温已降至 0 ℃ 以下后,博伊斯乔利和同事通过电视会议,足足花了 6 个小时,力劝美国宇航局推迟"挑战者"号的发射。他们知道,那样的天气条件对火箭助推器的性能将产生重大影响!

在发射基地,工作人员希望这次发射成功。因为天气原因,原定的发射日期 1 月 25 日已经被更改过两次了。而且近期的气象数据显示,28 日的天气看起来是较好的。

1 月 27 日,双方再次电话会议。NASA 方面由一名负责项目的行政官员主持。莫索科方面由一位负责市场营销的副总裁主持。会议中,工程师们仍然坚持对低温发射的意见。莫索科的副总裁在休会期间与自己的工程师闭门开了一次 5 分钟的短会。会议期间,他强调了争取更多航天业务对公司的重要性,并表示同时会尊重工程师的专业意见。待回到电话会议时,工程师就低温的历史数据提出解释,并说明绝对不能发射的气温条件是零下 12 度。会后,莫索科的管理层继续讨论并投票赞成发射。其间,工程师们并没有被要求参与投票表决。

在随后的几小时中,宇航局行政官员一直与莫索科公司保持联络,但却一直没有询问其公司高层突然改变主意的原因,他们只是请莫索科公司把他们改变主意的原因写成文字。当载着新建议的传真在午夜时分传到佛州发射基地时,宇航局已经下定决心在第二天上午发射"挑战者"号。悲剧于是发生了……

"挑战者"号大系统陷阱是技术系统、行政系统和政治系统串接在一起造成的。三个系统各有自己的运营规律。当政治系统的规则强加到技术和行政系统时,它掩盖了问题,导致最终失败。另外一个教训是,大项目难以避免涉及社会其他系统。项目工程师也要了解社会系统的逻辑和规则。

第四节　敬畏危机从大系统思考开始

对于跨系统事件,敬畏比效率更重要。敬畏要从培养大系统思维开始。

2003年非典之后,经过西安杨森和礼来中国的安排,我在全国18个城市给超过1 000名医院管理者做过危机管理的培训。开课伊始,我的第一张课件永远是危机瑞士奶酪图(见图5-1)。这张来自温哥华总院的用药医疗事故图生动地说明:①危机发生之前,我们一般经历了一系列的误差、失误和事故。②没有任何一场危机是一个环节单独造成的。③有漏洞的一片片"奶酪"(子系统)被打穿后,平时循环自洽、周而复始的秩序突然无法维持。这时,危机发生了!④所谓的突发性危机实际上早已经发生,管理者往往选择性忽视子系统的漏洞,因为我们偏好单向反馈的效率系统。因此,"扁鹊见蔡桓公"的故事重复上演。

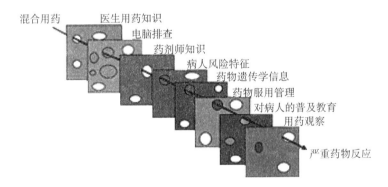

图5-1　用药事故形成过程模拟图

敬畏,从层层反思系统决策的失误开始!

我在课程中的最后一句建言是"警惕不要把应急系统变成马其诺防线"!第二次世界大战前,法国人建筑强大的马其诺防线。它给指挥官带来盲目自信,直至德军从意想不到的另一侧入侵。强大的应急系统也容易造成认知懈怠,忽视深度反思的必要性。应急系统一般以提高组织韧性为目标。可是,建立组织韧力(Resiliency)、提高组织鲁棒(Robustness)和组织抗脆变能力(Antifragile)有着本质区别。如特莱布(Nassim N. Taleb)所言,"韧力"强调"系统失衡后再回到过去的平衡"。"鲁棒"是在系统中设计对偏差的容忍度,让系统不容易失衡(失败)。"抗脆"则把每次系统失衡当作学习的机会,培养全面深究(deep probing)的认知能力。举例来说,非典过后,野味市场复活,这代表着那个市场系统的韧力。经过 2008 年金融危机,银行增加备用资金。这是让组织更加鲁棒。而这次危机中,疾控中心的信息系统没有发挥应有的效果。它成为致使一些专家盲目自信的马其诺防线。

因为行业不同,组织千变万化。那么,我们怎样才能辨别不同组织的一片片瑞士奶酪,提高抗脆变能力呢?我们可以从维尔伯(Ken Wilber)的四维整体论模型开始。每个系统秩序基本的四维包括内、外、个体、集体。在外部,它们的表现是集体的基础设施和个体的行为。在内部,它们表现为个体的心理和集体的文化。基础设施(infrastructure)、个人行为(behavior)、心理建设(psychology)、集体文化(culture),它们组成任何一个系统秩序的必要子系统,缺一不可。当系统发生问题时,一般也是这四个方面都有漏洞,并被打穿而造成的。

在过去的经典危机事件中,我们不难从这四个维度发现它们的肇因。换言之,没有任何一场危机是单个维度的问题造成的。

航空史上,特内里费空难是必须研究的经典。1977 年 3 月 27 日,荷兰皇家航空与泛美航空两架满载乘客的 747 客机在特内里费海岛机场迎面相撞,造成航空史上最大的空难死亡,583 人丧生。表面上看,荷航机长没有得到起飞指令就上跑道。可是,事后深究发现,海岛机场单跑道和欧洲航空法对飞行时数限制(有形和无形的基础设施)是影响因素。荷航机长一直担任培训导师的经历助长了他自作主张决策的习惯(个人行为),西班牙裔航管员的有限英文语言能力和语言习惯(个人行为)是不可排除的肇事因素之一。机组人员急于赶路和焦虑的精神状态(个人心理)导致他们选择性忽略问题信号。而 80 年代,在飞机座舱内,机长主导一切,机组成员顺从机长。这是基本工作氛围(集体文化)。当上述的子系统(瑞士奶酪)都发生问题,有漏洞,并且被打穿后,意想不到的大危机就发生了。

敬畏,从层层反思系统决策的失误开始!特内里费空难后,航空界和管理学界开始抽丝剥茧的深度探究。他们没有简单停留在一个层面的系统漏洞上,而是全面改革提升航空安全。例如,语言层次,"起飞"(Take off)只专门留给最后一个指令。文化层次,座舱内开始"机组资源管理",机长接受权威的边界。事关安全,机组成员有平等发言权。

没有例外,类似的四维系统的失误在各个经典危机中都有体现。1984 年,美国联合碳化公司设立在印度博帕尔的化工厂发生 40 吨甲基异氰酸酯(MIC)毒气泄漏,造成 50 万人死伤。深究其原因,它们涉及设施、行为、心理、文化。

1986年,"挑战者"号航天飞机爆炸事件中行政文化和政治资源分配的现实早就预埋下危机的种子。一次又一次的案例分析得出同样的结论:没有任何危机是单个子系统的事故独自制造的。每一场危机都是系统中诸多子系统发生问题并串联而形成。反思危机,我们起码可以从基础设施、行为、心理和集体文化四个维度去理解和防范。

建立全面深究的学错文化

比下一场危机更令人担心的是蔓延开来的急切心理,急切地想迅速翻过疫情这一页。"千万不要浪费一场好危机"已经被消费成为一句口头禅。没有对危机敬畏的态度,"危中找机"就变成集体无感的化石概念。

事实上,大部分的企业无法从灾难性事件中发掘新的商机。我们的研究表明,是否能"危中找机"受到企业高管三种认知特征的影响:①对事件感受到的集体紧迫感。②对事件产生的战略性破坏的认识。③对事件未来发展的把握能力。太高的紧迫感导致焦虑。心理紧张的管理团队首先想到的是避祸,而不是找机会创新。只能看到技术层面的影响,也不利于危中找机,因为它往往引导管理层集中关注解决眼下的问题。当高管缺乏把握事件未来发展的信心和能力的时候,他们不敢尝试新主意。在后视镜中懊丧追悔,这是危机后企业高管的通常反应。

什么样的企业可能成为例外,更加具备危中找机的能力?它一般属于那些在系统反思基础上建立学错文化的企业。

学习有两种模式。一曰学对,一曰学错。学对,它是重复已经被证明有效的过去做法,并不断消除变差。我们熟悉最佳表现管理,KPI,六西格玛等。它们同属于学对范畴。"学而时习之,不亦乐乎。"学对能给学习者带来自然而然的心理满足。它成为学习的主要和强势模式。

学错,它是从失误和失败中寻找回避的方法。这是第一层次的反馈。它还包括发现新的活动规律,找到新的关系特征,进而培养适应新规律和关系的方法。这是第二个层次的反思。学错是痛苦的,既有生理又有心理上的痛苦。痛苦则是自然进化过程设立的一种直接反馈信号。错误-痛苦-回避,这样的反馈机制简单有效,帮助动物避险求生。动物和人都有第一层次的反馈。但只有人可以做第二层次的反思。反思不仅要有思考认知能力,还要能够批判和否定自己。因为痛苦和自我否定这两个原因,人们往往愿意学对,而不愿意学错。建立学错的组织习性,它是企业高管需要有的自觉行为。

一个有学错组织习性或文化的企业表现在下面几个方面:

(1) 对变差敏感。与其消灭变差,他们更多思考的是变差带来什么样意想不到的信号。例如,一个外国公司因为非技术原因拒绝我们的产品,它发送的是怎样的市场变化信号?

(2) 对错误不匆忙下结论。匆忙的结论难免受限于业已熟悉的思维逻辑。因为缺乏对应的概念去解释新现象，匆忙之中，人们容易用旧概念去套用新事物。2003年，非典开始时期，一些专家用熟悉的"衣原体"去解释新的冠状病毒就是一例。

(3) 对小概率事件，有针对性的理解方法。危机学习不容易，因为样本少，而且发生的概率小。对于小样本和小概率的危机事件，我们可以多角度去理解，换角色来解释，用生动的叙事方法把握其中细腻的线索。

(4) 对无知，始终询问下面的问题：我们类似的经历是什么？其他人有过同样的经历吗？谁可能知道？最让我们大吃一惊的现象有哪些？锁定和汇集专家经验，可以用怎样的方法？如果上面的回答都是否定的，如何设计一个探索的方法和方案？

(5) 对有战略价值的无知，设计成功的失败。在组织可以承担的预算和人员前提下，创造性地设计试验，找出各种各样的失败类型。例如，假如新技术试验发生事故，我们怎样及时知道？假如知道的时候失败已经发生，我们怎样控制？假如控制失败，怎样救济，把影响降低？

(6) 对因果关系，持权宜方便的认知态度。在复杂动态的社会系统中，任何因果关系的见解都是机械的、简单化的甚至幼稚的。为沟通说服方便，我们仍然使用因果关系的逻辑。事实上，社会大系统只有反馈关系。因果可以倒置，目标和手段也随着社会参与者价值偏好和认知能力的改变而转化。我们在每个阶段看到的现象不过为系统综合反馈关系的总体表现。

(7) 对失败人物，组织文化要给悲剧英雄一席之地。失败者往往是一些自愿或不自愿踩地雷的角色。在文化叙事之中，为悲剧人物保留一个有另类人生价值的英雄故事。否则，他们交的个人学费，组织要十倍、百倍付出。

只有通过全面深究的学错文化，企业决策者才能真正获得透视危机现象的洞察力。有自我深切体会的洞察力是危机决策的关键。1187年，萨拉丁（Saladin）派他的兄弟阿迪尔（Al-Adil I）攻打耶路撒冷。临行时，萨拉丁叮嘱道：一定要听取（军事）专家的建议。阿迪尔得令。走到了中军帐门口，又被叫了回来。萨拉丁再次叮嘱：听专家建议……但要自己决策！

凡是书本上有答案的，都不是危机。所以，企业领导人要听专家建议，但必须自己决策。敬畏危机和学错文化是危机决策的不二法门。

第五节　大系统是个怪东西

只要涉及系统，好东西可能变成坏东西。环保的新能源车就是一例。绿色环保的电动车流行后，它不仅有利于空气质量的改善，还为驾驶人节省了许多开支。假如你开特斯拉电动车横穿美国，规划的高速公路上，每过200英里（约

322 千米）就有一个超级充电站。使用这 141 个超级充电站，车主无须支付分文汽油费就可以从洛杉矶开到纽约。这样一来，高速公路管理和维修机构不高兴了。因为，美国的汽油税和修路直接联系在一起。不用油或少用油的直接后果是掐断了公路维修保养的经费来源。更有甚者，开汽油车的纳税人不高兴了，因为他们交的税补贴着电动车主的环保情怀。这不，一进入交通这个系统，单方面的好事情对系统可能有负面影响。

　　只要涉及系统，坏东西可以变成好东西。美国投机界最有名的莫过于伊坎（Carl Icahn）。这位年高 80 的老人有 260 亿美金的资本，专门做一件事：做上市公司的麻烦制造者。他专门打管理表现不好的上市企业的主意。通过收购公司足够的股票，获得有影响的董事会席位和投票权，他逼迫现有的管理层改组或改变策略。待市场对改革充满期待，股价上升后，他就抛售股票，卷款走人，寻找下一个目标。人称他为专门"打劫"上市公司的大侠。像伊坎这样的"麻烦制造者"在华尔街越来越多。上市公司 500 家中，一半都有这样的机构或投资人涉及，每七家就有一家曾遭遇过"麻烦制造者"发动的法律诉讼。但是，人们越来越认识到这帮积极的投资人从私利出发，却对社会做出有益贡献。因为有他们，上市公司的管理层才会战战兢兢，小心做事，否则一般的投资人要么太懒惰，要么没有能力去监控内部的管理阶层。没有这些专门找麻烦的投机人，华尔街的生态便失衡了。

　　只要涉及系统，短期有利的事情，长期未必有益。美国也有国有企业，例如，美国进出口银行。它直接从国家获得信贷额度，并且以半市场的形式放贷，目的是为促进美国企业的进出口服务。有人称它为"波音银行"，因为它的 70% 的长期信贷都和波音公司有关。通过美国进出口银行，外国航空公司可以贷款购买波音公司的产品。短期内，看上去它有利于创造就业机会，有利于波音在与空客竞争中获得优势。但是，长期看来，它间接地帮助外国航空公司与美国航空公司竞争，让美国的民航业处于不利的地位。美国政府对大宗货物，如糖和小麦等生产都有补贴和支持的政策。短期内，它保护了这些生产者，长期下去，它损害的是大多数消费者的利益。对少数厂商的慈善变成对市场大多数消费者的抢劫。这样的政策不利于建设一个有竞争性的长期发展的市场。

　　为了让电动车和汽油车都还有路可以跑，从俄勒冈州开始，美国有 10 个州开始试验"以里程收税"的方法。不跑不要钱，上路就收费。他们开始试验多种形式的收费模式，在公平和效率之间寻找一个平衡点。而对于国家的补贴政策，它涉及政治，没有绝对的正确或错误，更加复杂。因此，实施一个新政策，与其一刀切，还不如让政治的各方相互争吵和辩论，让问题充分暴露，让政策在来回摇摆中找到动态平衡点。摇摆的政策不一定是坏事，电动车讲能耗，电动车的政策讲左右逢源。

除了商业活动，其他社会现象也有大系统特征，例如社会贫穷问题。

贫穷往往是人造的，丰富的自然资源有可能成为社会诅咒，西非就是典型。象牙海岸富有可可，塞拉利昂以钻石闻名，尼日利亚的石油蕴藏丰富。可是，经过半个世纪的掠夺性开采，那里的人与自然关系已经濒于崩溃。以森林资源为例，塞拉利昂的森林覆盖率大约从60年前的60%下降到现在不足6%。包括森林、水、可耕地在内，自然环境既有一个自我恢复点，也有一个循环衰退点。当自然环境被破坏败落至循环衰退点时，它已经丧失短期内的自我恢复能力。恶性循环，过去富裕的资源国注定沦为贫民窟。

如果不严防滥权，政治强权也许成为社会衰败的助推器。这方面，南美的阿根廷有许多历史教训。一百年前，阿根廷是全球最富有的国家之一，国民生产总值超过那时的法国、德国、意大利，社会富裕程度可以与美国、英国相比肩。第一次世界大战以前，阿根廷是欧洲大陆人的梦想之地，到处麦浪翻滚，牛羊遍地。可是经过几代强人军政权的折腾，阿根廷已经没有全球经济竞争能力。蛮横的制度、短期政策行为、倒退的教育造成阿根廷百年的衰落。

地球上的资源分布严重不均衡。如果以经济条件为幸福生活的唯一标准，像尼泊尔、巴西的库里蒂巴（Curitiba）、印度孟买的达拉维（Dharavi）的居民就可能被定义为永久贫民了。实际上，不丹成为许多国家的榜样，因为不丹政府早就用"国民幸福指标"代替"国民生产总值"。凡是去过这个山地小国的人，都能感受到那儿经济欠发达，但人们生活很安详。库里蒂巴市政府没有让城管到处追撵小贩，而是用市政规划帮助穷人让富人的生活更方便，鼓励富人让穷人的工作更稳定。在世界上最大的"贫民区"，达拉维聚集了60万到孟买讨生活的"乡下人"。在那儿，你能找到各种各样的原始条件的工厂，看到男女老少都以自己认为靠谱的方式努力奋斗着。印度的宗教、种姓文化、对贫民区的政治容忍等因素促成达拉维这个充满奋斗精神的贫民区。有希望就不觉得穷和苦，包括我在内的许多中国人都有类似的心路历程。

因此，"贫穷"是个立体的概念。它包含经济生存条件、自我心理感受和社会文化精神这三个维度。在一定的生存条件之上，不同的社会制度设计与运行制造截然相反的个人感受和发展机会。在《国家为何失败》（*Why Nations Fail*）一书中，阿赛莫格鲁（Daron Acemoglu）和罗宾逊（James Robinson）把制度设计简化为两种：掠夺性制度和包容性制度。西非的例子就代表掠夺性社会制度，即便它们有丰富的自然资源，社会往往定向坠入贫穷的深渊。而包容性制度则具有政治清明、经济自由、教育发达、注重创新的特点。最重要的是，包容性的制度给不同阶层的每个人公平发展的机会。当穷人能为希望而奋斗的时候，贫穷永远是过去时，富裕的梦想永远是现在进行时。

社会大系统是个意愿大系统。它不仅涉及有形物质资源，还包括社会关系的性质和社会成员的集体意愿。从这个角度看，没有穷人，只有穷社会。

处理系统的复杂性，没有比中国农民更智慧的了。四川武胜县就是一个好例子。当地一位基层干部曾经告诉我，从良种猪苗、养殖户到猪饲料供应和猪粪沼气化，武胜县有过一个适度规模养殖的生态体系。武胜县不仅看到养猪的商业系统关系，还注意培养它与社会系统和自然生态系统之间的和谐。调节好了三级系统，武胜县帮助创造了"川猪走天下"的市场盛况。

发展电动车和养猪生态系统的正反两个例子告诉我们，大系统是个怪东西，既包含因果生成关系，也有因缘连带关系。当遇到一味鼓吹好东西的绝对性时，我们要牢记，"试玉要烧三日满，辨材须待七年期"，别过早下最后的结论。对于举世皆毁的坏东西，我们不妨放到一个更大的系统范围内，观察由它触发的连锁反应。毛主席说，不破不立。如果一个系统以短期的动荡盘整长期发展的机会，你就大胆地去拥抱它。孔子曰：君子不立于危墙之下。如果它的动荡毁坏了系统的命脉，你就要做艰难的选择了。

第六节　"川猪走天下"的大关系思维

2019 年夏天，猪肉供应和价格成为社会新闻关注重点。猪，养还是不养？这已经不是问题。

怎么养？产业化？个体户？还是走个体、集体、产业三结合的道路？这是需要平行思考的问题。决策者不是神仙，无法提前穷尽未来各种状况。但是，如果始终随涨落的供需关系简单开关农民兄弟的猪圈门，那犹如被同一块石头绊倒二次。那就不是学习能力的问题，而是对待农民兄弟的态度问题。

关于养猪的策略，群众的实践是智慧的来源。多年前，我有机会请教四川的一位基层干部。他不仅做过县领导，还专门写下自己在当地的养猪宝典。这位基层干部把自己的养猪宝典命名为"川猪走天下"，一是顺延历史上"川猪安天下"的质量美誉，二是凸显市场营销和物流供应链时代流通管控的策略要点。在"危机和变革"的课堂上，我们共同把他们过去的养猪实践概括总结为"川猪走天下"的大系统观。以下是我们当时讨论的概要。

开始，先有与杜洛克交配生产 DLY 良种崽猪。它是生猪换种和良种繁殖系统的重点。那时，他们以养猪大户卿德明为首，推广 DLY 良种猪系列。第一波是选择 3～5 农户，他们养殖卿德明生产的良种猪崽。成功后，第二波延伸推广到 200 多养殖户，帮助他们养殖 DLY 崽猪，直至养肥出栏。第三波，这些农户建立起一个猪业合作社，在内部实现生猪换种和规模养殖相结合。这时，一个新的生产组织单元产生了。其中，高度的协同意识和合作活动都是围绕着良种猪从崽猪到出栏而开展起来。

猪是人养的。生猪养殖活动的背后是人的组织。先是有养猪的组织,然后是养猪的经济组织。上了规模,他们就可以组织统一的技术培训,统一的疫病防控,统一的批量资料购买合约,统一的渠道价格销售系统。在自发组织的生产合作基础之上,这些现代农业经济和商业的策略便有了落地的实在应用之处。猪业养殖合作社自然演变到猪业养殖合作经济组织。

要保持生猪养殖活动的长期成功,组织系统就得延展建立质量保障机制,而不能波动失控。保障质量,生猪养殖需要另外两个方面的条件:没有疾病,生长健壮。为此,合作社精心构建"防疫、检疫和兽药供给"辅助系统和"青绿与工业饲料相结合的饲料生产"辅助系统。它们成为川猪养殖本系统之外的上下保障系统,共同维护长期生产质量。它们形成川猪质量的因果条件,保障川猪的存活率和瘦肉率。

营销大师莱维特(T. Levitt)说,客户买的是打洞效果,而不是打洞机。同理,消费者要的是猪肉,而不是生猪。生猪养殖是本体,成功还需要衍生体,即能够行销四方的质量高、价格优的猪肉。因此,"肉食品加工系统"和"网上生猪供销信息系统"就是从养殖本体派生出来的衍生体。生猪养殖是"本体",营销四方是"外用",两者构成系统的体用关系。

作为社会管理者,县委领导看到的系统比农户要更广泛一些。农户看到生猪和猪肉,管理者还看到围绕着生猪的钱、物、人等衍生系统。因此,建立以生猪担保贷款和生猪养殖保险为核心的"配套服务系统"成为在养殖生猪的本体系统之下的保障系统。与饲料和防疫组成的"上系统"相比,"下系统"没有直接因果关系,但却对养殖本体系统的长期发展和稳定起到滋养和支持的作用,为本体系统的茁壮成长提供维护条件。

继续大系统的思维,生猪养殖必然与人和自然环境循环互动。为料理好与自然环境的接口,猪粪沼气化,干稀排泄物处理、传输成为种植业的肥料等,它们都是生猪养殖系统与环境之间的"接口活动",构成生猪养殖环保系统。当时,四川这个县的这些做法加强了大地环境的承受能力。它们也为适度规模经营提供了有利的条件。对于他们这样的贫困县,养猪就是最大的政治。县委重点抓猪业经济联合社,各个乡镇党委重点抓本乡镇的猪业合作社,村党支部重点抓猪业协会。因此,它们形成县、乡、村三级抓生猪生产的"适度规模养殖的管理体制"。

经过对养猪实践的细致梳理和反思,我们获得一个共同的认识:竞争对手要模仿某个特定的营销做法很容易,模仿一项制造技术也不难,复制一个产品也是时间问题。但是,模仿一套环环相扣的活动非常难!经过生态有机系统进化演变而建立起来的竞争优势远比单一体系的竞争能力更能持久。养猪是这样,其他的商业活动何尝不是如此呢?

更让人感慨的是四川农户自发的养猪实践暗自契合了大系统理论。

课堂中，我们讨论了朱邦复老先生的"四维生机系统"思想。在他的《智慧九论》一书中，朱邦复超越简单的因果关系分析，提出"上下前后"的四维生机系统的思想。它的要点包括：

（1）每个商业生产活动都自我构成一个"本体系统"，它包括子系统以及它们之间的相互联系，例如卿德明与200养殖户构成的生猪养殖本体系统。

（2）本体系统有自己的上系统，例如防疫和饲料供应系统，它直接影响到本体系统当下的生存。

（3）本体系统还有自己的下系统，例如围绕生猪养殖的贷款和保险系统。

（4）本体系统有前系统，它是本体的种或DNA，例如卿德明和3~5农户试验养殖的良种猪仔活动。

（5）本体系统有让它生机勃发、繁荣昌盛的下系统、衍生系统，例如生猪加工、物流和市场营销体系。

（6）围绕着本体系统，上下前后系统组成一个四维生机系统，并坐落在一个更大的环境之中，例如县、乡、村建立的适度养殖机制。

朱邦复的四维生机系统论比亚里士多德平面的因果分析更立体，更能反映合适的关系条件和边界状况。在四维生机系统中，上系统为因，下系统为果，前系统为体，后系统为用。因果体用描绘出子系统之间关系的性质。例如，"重赏之下必有勇夫"，它夸大了因果关系。再如，"贼的儿子一定是贼"，它错误描述了体用关系。过去，我们知道上面的说法有逻辑问题。现在，有"因果体用"的生机系统概念，我们立即可以辨别它们的问题所在。同时，生机的奥妙在管理好系统之间的接口。子系统之间"起、承、转、合"连续一致，系统才可以生机勃勃。例如，让以金融逻辑运营的企业去规定饲料供应，那是搞错了上下系统之间的接口关系，猪非饿死不可（雏鹰农牧的困境就是一例）。再如，让各个系统的主要利益相关者主导建设对应的系统活动，它是最有效的系统之间协同的方法。在具体养猪合作社系统，不要指导农户如何养猪，他们最有配套的知识、能力和动机。在更高一级的全县养殖控制协调层次，不要指望农户自己去贯彻"适度养殖体制"，那是县、乡、村三级管理者的专长。按系统活动的特征，让最有知识能力和动机的相关者去组织系统活动的形式和内容，这才能因地制宜，有序发展。上述的大系统思想无疑契合了四川一个县过去成功的养猪实践。

理论是实践的思考，行动是思考的实践。书房里的读书人和基层工作者经常有高度的思想耦合。川猪养殖的实践就是四维生机系统理论最生动的注释。

我们关于川猪如何走天下的讨论已经过去12年。当时得出一个结论：生猪养殖事关国计民生，它超过管理策略，是个政治经济学的课题。今天，问题再次摆在我们面前。让我们用大系统的观点规划生猪养殖，不要在同一问题上被绊倒两次。

（注：县委书记调任后，已经非常成功的"川猪走天下"的策略也未能坚持推广下去。取而代之的是颇有争议的房地产项目。）

第七节　识别四种历史大关系

工业革命为何首先发生在英国？1618—1648年，欧洲每个国家都卷入三十年战争，为何只有战后英国出现经济大发展？英国的护国公克伦威尔和法国大革命时期的雅各宾派都是推翻国王的急先锋，相隔百年，为何他们带来完全不同的制度影响？印度有29个邦、7个联盟、22种正式语言，它们注定了印度怎样的命运？美国与伊朗要签署的和平协议能改变中东吗？翻阅各国历史，类似的问题我们可以问百遍，答案却只有四选一。

历史显示，抽象到社会互动关系，无论远古或近代，不管是欧洲人还是亚洲人，体制只有四个选择：

（1）冲突体制，体制的结构和规则纵容和鼓励冲突。

（2）妥协体制，体制允许强势方无原则地瓜分利用资源，直至恐怖平衡点。

（3）"囚徒困境"的体制，为私利抢先行动的赢，落单在后的输。

（4）互保体制，体制中各方确立符合共同和长远利益的至高无上的原则，并配有捍卫原则的工具防范任何一方的破坏。上下五千年，横亘数万里，只有"互保体制"能够刺激和维持长久的繁荣。它也是创造18、19世纪欧洲200年繁荣的密码。

1618年之前的欧洲代表了典型的冲突体制。英、法、德意志、荷兰、西班牙、葡萄牙……每个王国或者大公国都为战争而磨刀霍霍。雇佣军制度更进一步鼓励了各国之间相互厮杀，谋求军事上的优势。国王把主要的社会资源都投入到军事力量上，全力提升军事装备的技术含量。冲突体制的现代典型是约旦河西岸的以色列和巴勒斯坦。这个体制的特征是，冲突为政治利益集团带来合法性和权力。越冲突，对执政的势力集团越有利。冲突和战争成为最好的政治生意，所以掌权的集团双方都不愿意放弃冲突的游戏。

妥协体制出现，因为没有一个利益集团能够统领大多数，各方也不愿陷入互损的搏斗。从最现实的眼前利益出发，各方通过谈判避免互相毁灭的战争。当下的安宁和利益是这个体制最高指导原则。印度近现代制度就是典型。那儿，每一个行政邦也是文化和语言为边界的自治体。当地的政治人物用民主程序为工具维护地方利益。联邦政府只能做无原则的妥协。民国时期代表另一个典型的妥协体制。各地军阀在南京政府的名义统治下寻找利益妥协。妥协的体制缺乏稳定性。一旦有一方掌握强大的政治和军事力量，它就要打破妥协的局面。妥协无原则，也无稳定性。

"囚徒困境"体制的出现有三个主要原因：①信息不对称。各方不知道其他人葫芦里卖什么药。②相互没有信任的基础。即使统一行动（囚徒约定都不招供）能带来最大化的集体利益，因为相互之间没有信任基础，每一方都担心另一方会主动出卖自己。③因为没有信任，抢先一步行动者赢。目前的中东各国就自我锁定在这样一个囚徒困境中。在暴力与和平的两个选项之间，宗教派别选择暴力不合作，因为不信任和信息不对称的境况下，谁先选择暴力，谁有更高的生存概率。因此，美国和伊朗之间的协议可能会加剧地区内核能力的竞争。

妥协、冲突和囚徒困境这三种体制选择，中世纪的英国都经历了。13世纪初，约翰国王（John King Lackland）横征暴敛，任意向贵族的遗孀收税，代表贵族的国会奋起反抗。妥协的结果凝聚在1215年的《大宪章》中。它允许贵族保持一些特权。但妥协体制很难长久，查理国王（Charles Ⅰ）大权在握后立即打破妥协，建立君主独裁。从此，国会和国王之间冲突不断，陷入内战，生灵涂炭。查理暴政后是护国公克伦威尔的暴政。双方进入"囚徒困境"的体制，比赛谁能更快掌握政权，谁能更凶残。

直到1688年，来自荷兰的姻亲威廉三世（William of Orange）打进伦敦，完成"光荣革命"，英国才改变了过去在冲突和妥协体制之间的轮回。下议院（House of Commons）率先接受威廉三世，条件是他必须接受"权利法案"（Bill of Rights）规定的"君主立宪"制度。政治博弈的双方都认可至高无上的共同原则，并以此作为合作双赢的根本保证。

英国从冲突到合作共赢的体制选择历史历程值得深思。《权利法案》让合作的行为远比冲突的选择更加有回报，更加有确定的保障。因此为工业革命奠定了社会制度的基础。其后，欧洲其他国家也逐渐选择君主立宪或者共和立宪的互保体制。接下来200年，欧洲出现从未有过的社会发展奇迹。

大系统思维要求宏观的视野。危机管理中，上述四种制度的历史选择规律有助于我们建立宏观大视野。

第八节 借交响乐神通大关系

音乐有神通，因为节奏协同所有生命秩序。比如心跳，那是婴儿与母体协同最初的节奏。任何有机整体的秩序一定有自己独有的节奏。它也是宇宙万物生命的密码。音乐，特别是交响乐，为人们同构共情提供一种跨种族和跨文化的调节媒介。同构共情与解剖分析方法迥异，它假设人们可以忽略细枝末节，在整体上达到无法拆解描述的共鸣。下面，我用个人的经历"同构共情"交响乐传递的大关系。

对交响乐，我七窍通六窍，但突然充满了兴趣。那是因为小女儿用一只单簧管吹开了一扇神奇的门：交响乐里有神通，它是理解系统论的终南捷径。这个认识要从艾米莉参加荣誉乐队说起。

阿省组织荣誉乐队的方式比较特别。每个学校初中乐队的成员自愿报名加老师推荐，你就马上成为荣誉乐队的成员了。条件是，2天半排练后，来自20个学校的95名成员要登台演出。一帮素昧平生的中学生，业余乐队爱好者，要在3天内把乐队的三大乐器群（木管乐器，铜管乐器，打击乐器）的15种乐器发出的声音复合集成在一起，演奏9首陌生的乐曲，而且要有和谐和音，这怎么可能？

不需要音乐想象力，我就可以预见第一次排练的开场混乱。95个人，15种乐器，你争我抢，乱成一锅粥。可是，到排练尾声，混乱已经降格为杂乱。在指挥瑞白卡老师的协调下，每个乐器群被分为第一、第二、第三演奏小组。每一个演奏小组先排练乐谱上属于自己的乐章，然后汇合排练属于每个乐器群的乐章。等到每个乐器群对属于自己的乐章有充分理解后，指挥开始让三大乐器群练习复合混成。虽然乐章的过渡交替之间杂音不断，大概的秩序已经有了眉目。孩子们各守其位，对衔接部分的走调也处之泰然。有着平时在学校乐队练习的经验，他们已经习惯了从混乱演变到有序的过程。

第二天的排练轻松中有聚精会神。他们必须学会倾听双簧管定音起调的和音。这不是一个容易的过程。指挥要反复尝试不同的音调，因为不是所有的成员都可以跟得上去。成员要反复练习如何形成和谐的合奏，因为对定调的理解有差异，配合有快慢，稍稍不同，整体演奏就呕哑嘲哳难为听。最不容易的要数定音鼓手和铜镲手。他们要在非介入不可的当口，振聋发聩一击。任何小失误，全场都能感受到。开始，我还以为这二位的任务最简单，只要时不时敲一下。观察排练才发现，简单的往往最不容易。

第一天的排练走过了"分类完善"的过程，第二天是"复合集成"，第三天听似务虚，但讲的是作品的灵魂，即如何通灵表现作者的创作精神。"就像森林里的小松鼠蹑手蹑脚地跟着林中漫步的人，因为他手里有花生米儿。"指挥解释着演奏《城市之舞》时应该有的乐感。"呈现部"的正主题和副主题就像两个好朋友斗嘴一样，有冲突，也有一来一去的回应。演奏"再现部"时，副主题的G大调要回到正主题的C大调上，就像二人又和好如初一样。孩子们被形象的比喻逗得哈哈笑，平时佶屈聱牙的哲学道理却也自然转化到演奏之中，没有问题。奏鸣曲中正副主题"阴阳相激，八卦相荡"，在回旋曲式中不断升华。

舞台上最精彩的一刻是一曲刻意失败的演奏。演奏《画笔下的梦境》时，瑞白卡老师要求每位乐手刻意按错一个键——若是在音乐课考试里按错一个键，这学生至少还能得89分。可是在95人的乐队里每位各出一个小错误，汇集在一起就是一个难以为听的大杂烩。在哄堂大笑声中，指挥让大家明白一个道理：音乐的及格分是100%。对单个人可以忽略的失误，系统积聚在一起就是灾难。

"分类完善，复合集成，层峦叠嶂，和谐灵现"。在讲授组织的系统策略课程中，我起码要用整个学期才能传达这16个字代表的系统原理，听者还可能仍在雾里云端。可是，一群普通的初中生，经历三天的交响乐排练，就用他们的手指、五官和心灵去感受抽象的原理而不知。这样的音乐训练不仅陶冶心性，而且提升大脑的复合认知能力。

知道做双簧管手，懂得倾听而后击鼓，集体协作中能快会慢。有这些准备，待到他们走向工作岗位，交响乐化的思维能力就可以迅速转换为领导能力和被领导能力。

芝加哥大学的心理学家森特米哈伊（Mihaly Csikszentmihalyi）认为，生理进化需要千百年，但心理认知能力的进化就发生在有生之年。进化的标准就在于思维的复合能力（complex）。可以差异化思考，能够集成汇总，这样的复合能力越高，人的思维能力越高。交响乐的"和音和谐"从各个乐器的差异化表现开始，到乐手合奏共鸣的高潮，每次演奏都是一场思维复合能力的训练。

受女儿参加荣誉乐队整个过程的启发，代替阅读书目，我要求音乐家朋友给选修"组织策略"的同学开张"交响乐曲单"：①理解商业周期的起伏蝶变，请听贝多芬的《英雄》《命运》《合唱》；②体会人事管理的内心复杂性，请听马勒的《第八交响曲》；③搞本土化创新的，请听西贝柳斯的《芬兰颂》和格什温的《蓝色狂想曲》。写听后感的时候，每个人按照"奏鸣曲、行板、谐谑曲、回旋奏鸣曲"的四个乐章的结构联系业务，表达感受。

第九节　大关系的奥妙：美丽的复杂性

关于复杂性，我们长期以来受到两个误导。一个是来自美国海军的名言：保持简单，笨蛋！（KISS原则）。另一个是混淆"复杂"（complexity）和"繁杂"（complication）。复杂，多个变量，相互作用，并同时进行，例如孟买街头交通。繁杂，可控范围内，子系统耦合在一起，有效协作，如大型化工企业。

未经复杂的简单最不靠谱。"图文话媒"（Snapchat）被《商业周刊》评为下一个流行社交媒体。但它很快就会过时，因为它简单到一出生就和模仿者不相伯仲。相反，亚马逊推出"云服务"已经10年。它占全球市场28%，营收60亿美金，是第二名微软的10倍。亚马逊花了10年时间把基础结构、价格成本结构、扩容策略和客户关系等子系统搞清楚，摆弄顺当。然后，它才能为大小各种客户提供简洁的服务。爱因斯坦说：简练而非简化！不经过驯服复杂性的过程，简单的创新不堪一击。

什么样的复杂性值得创新者去打磨？创新诗人（experimental poet）波克

(Christian Bok）用行动回答：为隽永，越复杂，越值得做。

假如人类社会毁灭了，怎样向亿万年后的外星人传递人类文明的信号？波克不满意现在的三个答案：核废料、地质化石、人造的气候变化遗迹。为了更浪漫地传输文明信号，他要把诗歌留下。

波克找到了耐辐射奇球菌（deinococcus radio durans）。它是一种能存活亿万年的细菌。它能够抗拒任何破坏，包括核辐射。奇球菌还能自我修复蛋白质，不会变种异化。如果地球毁灭，它将是最后一个物种。以奇球菌做人类文明记忆的媒介，波克要做的是把自己的诗歌转换为电子信号，再转换为蛋白质基因能够接收的信号，然后传输到奇球菌中去。同时，细菌中的蛋白质会有生物信号反应，与波克的诗一唱一和。经过14年的努力，波克已经可以在埃博拉细菌中留下诗歌了。到奇球菌还有很长的一段路。这14年中，波克自学遗传学、生物工程、电子和电脑工程，因为没有任何现存的技术和知识能够借用。现在，波克编写的基因程序简练到可以让高中生来操作。至此，复杂已经被驯服为繁杂，其子系统任务可以分割为简单的程序。

地球终将毁灭。但是，未来的外星人可以通过波克和他的诗歌回忆人类文明。波克了不起，他为人类创造"永恒"的媒介，也把我们蝼蚁般的存在延伸到亿万年之后。波克的经历显示，今天的技术潜力远远超过人文思想。因此，先找到令人心旌摇荡的意义目标，然后驯服实现它的复杂性。

令人类神往的目标，也是亿万富翁创业者奋力开垦的商业新园地。维京（Virgin）的创始人布兰森（R. Branson）要把太空旅行变成旅游。马斯克（E. Musk）致力于星际移民。Paypal的泰尔（P. Thiel）和甲骨文的埃利森（L. Ellison）投资探索返老还童。技术上，他们追求的创新目标尚不可能。不过，一旦可以想象，剩下的任务就明确了：怎样驯服复杂性，使之成为繁杂可控的系统。

热衷驯服复杂性是这些创新巨人的共性。马斯克正在实验的"超环"就是一例。

2015年6月，"超环技术"（hyperloop technologies）在美国内华达沙漠做第一次实验，达到每小时400英里（约644千米）。从马斯克58页的蓝图到实际实验，超环技术迈出从理论到模型的关键一步。未来，它需要解决太阳能磁动力加速、气动牵引、网络交换点、进出匝道、缓冲设置等一系列子系统的问题。任何一个环节有误，超环交通管道的安全就会出问题。超环不仅有技术方面的系统耦合的挑战，它还有与社会文化环境系统耦合的新问题。但这些皆是走向繁杂的具体任务而已。一旦驯服复杂性，超环技术必然享有垄断优势。先行垄断优势永远是创新者的商业算计。

创新者热爱复杂性的另一个原因是驯服的过程能带来难以模仿的专业能力。

福特（Henry Ford）说：如果你想做得好，那就自己做。早期福特汽车直接拥有供应链的每个环节，从铁矿开采冶炼到售后服务。福特的理念与"核心竞争能力"不矛盾。任何新产业，创业者必须亲自过问每个环节，亲力亲为每个子系统，然后，他们才有 IDEO 设计室所推崇的 T 型创新领导力，即深入的专业领域见解和广泛的跨界嫁接敏感性。

为获得行业垄断优势，驯服复杂性是必要的修炼。生产芯片的英特尔就是一例。1971 年，英特尔的 4004 芯片有 2 300 个晶体管。而它在 2014 年推出的 Xeon E-5 芯片有 50 亿个晶体管。芯片是未来物联网的脑神经系统。以英特尔和 IBM 为代表，芯片企业寻求突破"摩尔定律"。它们试图通过结构设计、硅晶体材料、能耗、量子计算、生物计算等多个途径找出路。每一个途径都是全新的复杂性。但是，一旦它被驯服，企业又将在龙头控制整个产业链，享有超额利润。

英特尔的"丝毫不差地复制"（copy exactly）策略是在驯服复杂性之后。人们常称颂其简单明了，却不知它有复杂的来源。未经复杂锤炼过程的商业模式不可持续。驯服复杂性是核心竞争能力的前传。

波克的新诗集《美丽的思想》（*Eunoia*）刚一出版，便成为绝响。亚里士多德创字的 EUNOIA 是包含 5 个元音的最短英文单词。诗集共五章，每一章纯用一个元音单词作诗，旷世才情，空前绝后。一本诗集，波克写了 4 年，通阅 4 次韦伯大辞典。先有驯服复杂性，后有简练优美的诗。商业也是如此。

学会欣赏美丽的复杂性，我们还要运用下面三种认知方法：

(1) 衍生学习（derivative learning）。它不只是举一反三的老生常谈，更强调从变差中看到过去知识体系的假设条件，看到假设条件成立的前提，看到前提和假设不成立的时候，知识体系向外开放的缺口，看到从缺口衍生出去的道路。例如，危机公关的套路在较稳定的、传统媒体的社会环境中有效。当这两个条件或缺时，危机沟通就必须从单向的议题设定转向动态的主题信号。后者衍生出对危机新的理解和方法。

(2) 指数学习（index learning）。"吾生也有涯而知也无涯，以有涯随无涯，殆已。"网络时代，任何人试图看见目标知识的"全牛"，一定失败。因此，庄子笔下的庖丁"三年之后，未尝见全牛也"。现代庖丁需要关注的是标识目标知识的启发性线索。它们类似于超文本传输协议（HTTP）。只有在需要的时候，我们才会顺着知识指数掌握相关细节。之后，一切又回到指数状态。

(3) 认识语法（grammarized cognition）。语法是丰富的语言背后精练的规则。因此，语言才有系统性。每一次重大危机必然与知识系统的结构性盲点有关。每一次学错都是支撑知识体系的规则扩容和自洽的机会。例如，马克思经济理论知识背后的认知语法是辩证的、唯物的、普遍联系的。它们是支持马克思丰富论述的精练的认知规则。它们也是马克思经历了多次对哲学和经济学知识结构性反思后形成的。

建筑设计师最喜欢唠叨:"少就是多!"他们提倡的"少",是对复杂性提纯后的简练信号,越少,越丰富。享受美丽的复杂性,驾驭大关系,我们的认知方法也要由多变少。

本章要义

让我们用图(图5-2)来概括大系统、复杂系统和大关系思维的要点。

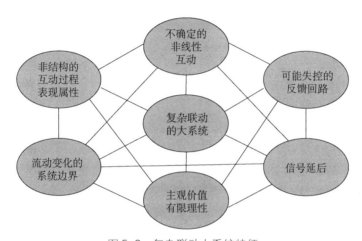

图5-2 复杂联动大系统特征

如图5-2所示,大系统一般也被称为复杂联动系统。具体而言,它有下面的特征。

1. 子系统之间往往不是直接的线性互动关系,而可能有多次元的非线性互动,我们无法提前预知多次元互动后的具体情况,所以有不确定性。

2. 互动过程中,反馈回路可能失灵或失控,我们看到的反馈信号不能反映系统运行的真实状况。

3. 还有一种复杂情况是信号反馈滞后,看到的早已经发生过了,干预已经来不及。

4. 如果涉及社会系统,人的主观价值和有限理性将放大复杂联动关系。

5. 大系统中,各个子系统的边界不是固定不变的。它往往呈现流动变化性。

6. 我们观察到的大系统特征一般是经过几个层次,多轮回路,无固定结构变化后的属性。

对抽象的大系统特征作通俗化解释,我们看到下面的特征(见图5-3)。

1. 涉事行动者之间没有固定的、单维度方向的因果关系。

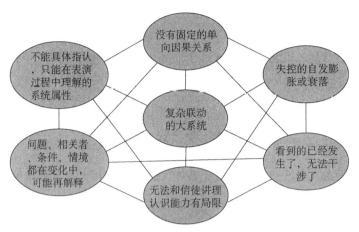

图 5-3 复杂联动大系统的过程现象

2. 大系统反馈回路失控后，部分区域能看到失控的膨胀或衰落。因为信号反馈机制失灵，它们超过大系统控制能力。

3. 待问题现象有明显表现时，问题已经深入，危机已经发生，干预效果极低。

4. 如果涉事者的认知有宗教信仰的特征，他们总能找到自圆其说的解释。外人很难与他们理论。

5. 任何问题情境都可以再解释，再定义。核心利益相关者随问题边界变化而变化。

6. 一些大关系属性很难逐条剖析和定量解释。它们往往只能意会。而这种意会只有通过表演历程来传递。

第六章 临时应急组织　协同骤聚能力

第一次世界大战后，法国立誓改变被德军碾压的厄运，建立一条抵御德军入侵的"马其诺防线"。第二次世界大战爆发时，德军改变进攻策略，绕道打进法国。法国军队似乎除了这个单一的防守策略外，别无其他准备。"马其诺防线"成为后来人形容以刻板的正式组织对付危机的代名词。

2003 年，针对非典（非典型肺炎的简称，正式名称为严重急性呼吸综合征），中国研发出疫苗。国家疾控中心建立传染病直报系统。气候炎热起来后，非典病毒暂时销声匿迹。疫苗没有派上用场。刚刚建立的骤聚组织能力也从集体记忆中消退。2020 年，新冠病毒出现的初期，地方卫生健康系统仍然套用平时工作习性对付前所未有的新冠病毒。类似的情形在不同国家反复上演。它说明，适应了日常生产的惯性系统很难迅速切换到危机应急协同的轨道上。

为什么常态管理中的正式组织应对危机无效？怎样在极短的时间内迅速调动资源，聚集能力？如何避免叠床架屋式地构建各种各样的应急响应组织？什么样的组织协同能提升快速反应的骤聚能力？这些是本章要回答的问题！

变态情况下的危机要求不同于常态管理的正式组织形式。半个世纪前，管理学的两位泰斗就关注这个问题，并提出"临时组织"和"临场应变"的概念。

1968 年，本尼斯（Warren Bennis）在《临时社会》（*The Temporary Society*）中制造了"临时主义"（adhocracy）这个词。他本意是针对稳久的"官僚主义"（bureaucracy）组织形态，说明临时主义的组织结构更灵活，但后来成为敷衍了事的代名词。就像"官僚主义"在韦伯笔下曾经是理性、效率、稳定和唯贤的组织形态而后来异化成为反义词一样，"临时主义"也逐渐和"短命组合"（ephemeral organization）或"一次性组织"（disposable organization）联系在了一起。它们共同指向企业的一个普遍问题：过去时态的问题思维。它包括：①问题都是坏东西。②过去就可以了。③曾经有用的方法重复运用。④内部不讨论了，问题就过去了。

另一位管理学家马奇在讨论"一次性组织"的临时主义现象时指出：组织容易落入两种陷阱。一种是"失败的陷阱"，人们对创新不耐烦，认为没有机会成功，不给新生事物一个试验完善的机会；另外一种是"成功的陷阱"，人们对运用已知的管理手段获得的效果很满意，没有动机去探寻其他一样或更有效果的选择。前面的三例首先显示"成功的陷阱"，即成功的危机公关已经让问题过去了。同时，它们还暗含"失败的陷阱"，即没有给真诚想象力一个试验完善的机会。

危机在三个方面放大临时组织现象：

(1) 用常态管理中形成的正式组织程序对付危机，只能让事情更糟糕。

(2) 临时组织有自己内在的特征。危机管理需要"对症下药"。

(3) 临时组织对应临场应变。临场应变却不能临时起意，胡乱急就章。它应该有配套的组织策略。

为揭示临时组织的内在特征，1995年，伦丁（Rolf Lundin）提出"临时组织"理论（theory of temporary organization）。理论先于实践。直至极限竞争的社交媒体时代，我们才认识到日常商业活动充满了"临时性"。首先是任务临时，每个订单都有加进来的新要求；其次是时态临时，长短节奏不一；再次是团队临时，成员组合和角色分配经常变化；最后是届时转换，转向下一个"临时"状态。伦丁提出了4T，即任务、时间、团队、转换（task, time, team, transit）。

关于临时组织的组织策略，"9·11"恐怖袭击之后，许多组织开始推广"事件指挥系统"（incident command system, ICS）。它看似为传统组织的垂直等级结构，其实不然。ICS的团队文化、思维训练和语言体系是它成功的潜在因素。

针对临时组织与骤聚能力之间的悖论，本章先用两个事例说明临时组织是怎样放大危机的。然后，我们介绍两种临场应变的组织策略。它们可以提升应对危机需要的骤聚能力。

第一节　从美联航看临时组织的悲剧

2017年4月9日，美国联合航空公司发生的一起强行让一名乘客下机让位的视频传遍全球。为这个座位，联航付出7亿美金的股市波动价格。这又是一起不能识别临时组织现象，无法临场应变的案例。

事件从一项看似日常流程的工作升级为社会舆论和监管危机。发生过程概要如下。

2017年4月9日，美联航一架飞往肯塔基州路易斯维尔的航班上，所有乘客都已落座，在飞机起飞之前，美联航临时安排了四名执行公务的机务人员强行加塞，并要求已经落座的四名乘客为机务人员腾出座位。

超卖机票是航空公司的常规做法，根据相关统计数据，美国每年有将近50万乘客遭遇过超卖，针对超卖的乘客，航空公司通常会鼓励自愿退出，并给予一定的补偿。如果没有足够志愿者乘客自愿下机，可以根据"非自愿放弃登机"条例强行带离。

根据美联航新闻发言人霍巴特（Charlie Hobart）事后的解释，因为超卖，在将补偿金从 400 美金增加到 800 美金以请求乘客自愿离开航班仍然无果后，航空公司根据交通部的规定，执行了"非自愿放弃登机"条例，寻求了警察的帮助，强行要求被选中的乘客下机。

其中一位乘客是 69 岁的华裔医生，这位医生乘客在执法人员进行劝说之后，仍然不愿下机，随后被执法人员用暴力手段拖拽带走。

由其他乘客拍摄的视频显示，在整个暴力拖拽过程中，69 岁的华裔医生摔倒撞上周围座椅，脸上、口腔都是鲜血，眼镜脱落，两颗牙齿被撞掉，鼻梁骨折，衣服被掀开，场面甚是凄惨。

这段惊悚视频一经发布到网上，立即引起了全世界媒体和大众的关注。推特等社交媒体和视频网站上"抵制美联航""拒绝乘坐美联航"等相关标签迅速被顶上热搜。

事件发生的次日，4 月 10 日，美联航的 CEO 穆尼奥斯发布了内部公开信，穆尼奥斯表达了自己对涉事一线人员的支持，并宣称一线员工仅仅是"按照既定程序应对类似状况"，并认为这一事件是乘客的不配合才引起的暴力事件，向所有乘客道歉，但丝毫没有对受伤乘客表达出任何的关心。

这一内部公开信进一步激发了媒体和大众的愤怒。2017 年 4 月 11 日，美联航股价大幅下跌，当天市值蒸发掉超过 7 亿美元。之后两日股价继续下跌。

随着事件的不断升级，在 4 月 13 日的芝加哥市政厅听证会上，美联航重新进行了道歉，穆尼奥斯对这名购买了机票并已经落座而被暴力拖拽出飞机的乘客道歉，并承诺再也不会让这样的事件发生。

4 月 27 日，美联航正式对外发布了改进措施，不仅强调要提高对自愿放弃座位的乘客的补偿标准，而且承诺"除非涉及安全问题"，公权力再也不会介入，以及未经乘客同意，美联航不能强行要求乘客下机，同时承诺减少超卖等。

最后，美联航与受伤害的乘客达成和解，具体内容对外保密。

21 世纪的组织都是临时组织，没有例外。同时，现在比任何时候都需要临场应变能力。前面谈到，本尼斯（Warren Bennis）用"临时系统"（temporary system）、伦丁（Rolf Lundin）用"临时组织"理论（theory of temporary organization）概括管理新现象。他们的开拓性研究直到最近才被重视，因为我们认识到日常商业活动充满了"临时性"，临时组织已经是新常态。首先，任务临时。日常订单经常要加入新要求。其次，时态临时，长短节奏不一。项目的起始结束有心理时态，不是只有机械时间。再次，团队临时。成员来源、组合和角色分配经常变化。最后，届时转换临时。从一个状态转向下一个状态很难提前定时定量，需用双方像接力选手一样带跑和送跑一段。结合我们的研究，临时组织可以概括为 4T，即任务、时间、团队、转换。

通过美联航事件，我们了解到航空业内部怎样用大数据分析和刚性的政策管理预定。航空公司的员工一丝不苟地像瑞士钟表一样执行公司的商业策略和政策。可是，问题就出在严格执行公司政策上。它把活生生的商业场景变成冷冰冰的数字。

现代组织运营模式像周而复始的瑞士钟表还是布满漏洞的瑞士奶酪？传统组织结构像瑞士钟表一样。现实中，组织经常受到内外突发事件的打搅，组织成员不得不承担临时性的任务，执行不熟悉的临时角色。因此，组织过程更像有漏洞的瑞士奶酪。我们研究发现，对临时任务的误解已经不是个案。临时组织特征穿插在企业大大小小的活动之中。为适应急剧变化、高度不确定和社交媒体盛行的环境，企业必须要适应"临时性"。为此，组织思维要从"瑞士钟表"向"瑞士奶酪"模式演变，而临场应变是管控奶酪漏洞的必备能力。

临场应变源于现场舞台艺术的即席发挥。其他艺术形式，例如电影，是修修补补的幻术，生产过程中的瑕疵可以技术处理掩盖，然后是"完美无缺"的复制，而舞台表演每场都是现时生产。即席发挥的效果只能是昙花一现，可遇不可求。一边是能够修补的重复再生产，一边是灵光乍现的现场生产。复制（再生产）与生产，只有后者有令人如痴如醉的即席发挥，也因此引发管理者的关注。

舞台现场表演艺术，特别是爵士乐，与危机管理具有极大的相似性。它们有许多生产过程的共性：①现场不确定因素；②紧迫的任务时态；③决策与执行同时发生；④活动旁观者可能成为事件参与者；⑤当场表现效果不一定能下次重复，只能不断排演。从这个意义上讲，管理也是巡回排演！稍稍不同之处在于，艺术家称之为"即兴发挥"，管理者应该视之为"临场应变"。美联航员工显然缺乏临场应变的能力，而"罪"在高层的策略缺失。

类似美联航危机的临场应变在医院、救火现场、工业事故和公共事件现场经常出现。除了用奖励或赔偿方式做一些情感上的安慰之外，我们极少看到事后管理总结。它有下面的原因：①人们视临场应变为非正式的、偶然发生的，而管理的重点在维持正式组织的日常运作上。②没有方法去应对触发临场应变的不确定性，部分接受命定的不可知。③没有理解"表演就是不断排演，即席发挥不过是一场不许中断的排演"，以至于临场应变以粗糙的、下意识的形式重复，没有不断进化为组织能力。

在临时组织状态下，管理者必须边想边做，边做边想。它要"现场、即时、创造性解决紧迫的挑战"。临场应变的一个经典例子是"阿波罗13号"的失败和安全返回。它扩大对关键未知之处的认知。1970年4月11日，美国宇航局第七次载人登月火箭"阿波罗13号"发射升空。三天后，在靠近月球时，登月舱动力系统发生故障，配用氧气罐也爆炸破裂。位于休斯敦的指挥中心被迫放弃登月。在寒冷、缺氧、动力不足的条件下，三位宇航员凭借胶布等简单材料，维系火箭按地球惯性运行。在地面人员的全面协作下，4月17日，"阿波罗13号"安全降落南太平洋。她的安全返航体现了人类最大限度的临场应变能力。这次临场应变被认为是航天历史上最成功的失败！它全面展现了我们过去无法知晓的盲区和难以想象的临场应变能力。

强渡英吉利海峡发起二战总攻之前，美军后勤规划细致到埋锅造饭的器具数量。当时，艾森豪威尔将军强调：战前，规划，规划；一旦开战，忘记规划。所谓忘记规划，是为了强调临场应变的必要性。

20世纪，圣吉（Peter Senge）发动过一场对稳定的农夫组织的反动，创造出"学习组织"。现在，轮到临时组织用临场应变发动另一场组织革命，避免临时组织的危机。这就是美联航危机给每个企业的启示。

第二节　恒天然 WPC80 危机公案

新西兰恒天然集团疑似肉毒杆菌乌龙案很快就被遗忘。整个过程有许多值得反思之处。其中，临时组织现象表现明显。通过访谈了解案件经过的管理人员和梳理公司披露的信息，我们看到，假如公司能够从临时组织4T角度反思危机，它不仅可以避免未来类似危机，也能够提升组织的核心竞争力。遗憾的是，除非公司有学错文化，一般情况下，公司高管都不愿复盘危机过程，找出提升管理能力的机会。

我们先概要描述整个事件，然后给出危机蔓延的时间线。沿着时间线细节，我们将发现许多有用的教训。

2012年2月，有电筒镜片碎片进入豪塔普工厂（Hautapu，简称H工厂）的机器。按工厂的政策规定，碎片找不到，受影响的37.8吨产品要么做饲料要么重新加工。一个月后，因为原厂在检修，重新加工的任务交到邻厂（临时转接的任务）。2012年4—5月，新工人（临时团队）上岗，使用过去标准流程中没有的软管，并且在清洗程序中未使用规定的酸剂，未能消除所有的污染。2012年7月—2013年2月，13.5吨再加工浓缩乳清蛋白（WPC80）被送往恒天然在澳大利亚的达润（Darnum）工厂，用于为食品公司达能（Danone）生产营养粉。2013年3月，因新西兰其他产品出现食品安全问题，达润工厂自查，检测出亚硫酸盐还原梭状芽孢杆菌（sulphite reducing clostridia，SRC）超标。为自证清白，达润工厂首先要求恒天然研发中心（Fonterra Research and Development Centre，FRDC）加急检验来自H工厂的WPC80。"加急任务"和"检验SRC"都不是研发部的常规任务，但却被当作常规任务认真执行了。2013年8月，恒天然全球召回疑含肉毒杆菌的WPC80，引发140多个国家对恒天然和新西兰奶制品的不信任危机。三周后，195次检验显示召回是场误判大乌龙。

下面是事件延展的时间线和活动。

2004年7月

恒天然的新产品浓缩乳清蛋白，由H工厂主要负责生产WPC80。

2012年2月

有电筒镜片碎片进入H工厂的机器，小组负责人认为碎片太大，不影响产品生产，故未作处理。第二天，两片碎片找不到，安全员申请对影响范围内的37.8吨产品做饲料或转档。

2012年3月

申请被拒，监管部门要求重新加工。H工厂递交"再加工"报告。由于原厂在检修中，故要求使用邻厂进行再加工。

2012年4—5月

新工人（"临时组织"）上岗，再加工作业中原料从原厂输送到邻厂使用了过去标准流程中没有的软管，并且在清洗程序中未使用规定的酸剂，未能消除所有的污染。

评语

以WPC80的原料地位，它的问题能影响到下游各种产品质量。非常规的"再加工"本应该当作新任务并匹配有能力的任务团队。这个"临时组织"活动被当作常规标准活动。危机的种子在此种下！

2012年7月

2012年7月—2013年2月，13.5吨再加工WPC80被送往恒天然在澳大利亚的达润工厂，用于为食品公司达能（Danone）生产营养粉。

2013年3月

因新西兰其他产品出现食品安全问题，达润工厂自查，检测出SRC超标，为自证清白，达润工厂首先要求恒天然研发中心加急检验来自H工厂的WPC80。

评语

微生物菌类测试具有不确定性。200种菌类存在于生活空间各处，大多数无害。WPC80过去没有出现过菌类污染，加工中用的添加剂更可能出现菌类。统计中，变量输入的前后对结果有不同影响。达润工厂自求清白的紧急请求已经不符合标准程序，技术团队和FRDC也不应该把它当作常规检验对待。两个部门都没有临时任务的概念。

2013年4—5月

FRDC初检结果显示H工厂的原料有菌类污染，且属于无害菌类，但客户要求继续检验是否有对一周岁以下婴儿有致命危害的肉毒杆菌。此时，FRDC及总部管理层（Fonterra management team，FMT）完全没有意识到"检验过去没有在 WPC80 中出现过的 SRC"是非常规的质量检验活动,而采用了常规测试手段。

2013 年 6 月

6 月—7 月 27 日,卖给婴儿食品客户的 WPC80 被控制,达润要求补偿。而 FRDC 仍然在追踪 SRC 超标问题。

2013 年 7 月 28 日

7 月 28 日,动物实验中出现一例死亡,被当作有肉毒杆菌的证实证据,新西兰政府成立危机管理小组。

评语

为本部门的利益,达润工厂开始主导整个检验过程,而他们没有微生物菌类的专家指导,不了解各种菌类之间变异或相似性特征。FRDC 按章办事,忽视"检验过去没有在 WPC80 中出现过的 SRC"已经不是常规动作,而是涉及质量体系的策略问题。双方都忽视临时任务的高度策略敏感性,忽视了执行任务需要的新专家团队。答应客户对肉毒杆菌的检验要求,达润已经严重地超越了质量管理的权限,根本改变了检验要求的任务性质,也没有配套的专家团队监督和沟通这个新任务。但涉及此活动的内部各方仍然把它当作常规的质量检验活动来执行。

2013 年 8 月

8 月 1—3 日,新西兰恒天然公司全球召回使用 WPC80 原料生产的产品。5 日,总裁与中国食品药物监察机关见面,并在中国举办新闻见面会。11 日,董事会成立独立调查委员会。25 日,新西兰政府发布消息,确认所有疑受污染产品都追查到。

2013 年 8 月 28 日

8 月 28 日,新西兰政府发布正式消息,政府委托各方的 195 次检验的各项指标显示,恒天然产品检验出的菌类不是肉毒杆菌。

2013 年 8 月 31 日

8 月 31 日,恒天然发布正式消息,表明 WPC80 危机事件是乌龙事件。

恒天然案例显示,企业内部 5 个正式组织严格按照标准流程执行自己的任务。但是,他们没有"4T 临时"概念。他们忠于职守的合力扭曲了问题信息源,自陷于合法理却不合情境的任务,最终导致这场企业历史上最大的危机。因为没有认识到"问题原料再加工"是一个"临时组织"现象,正式部门中规中矩的"有效"行动制造了危机。

新西兰恒天然集团奶粉原料污染危机是研究高危企业和高可靠性组织的宝藏,事后有太多人穷尽各种角度去解剖它,各有所得。在我看来,无论何种反思,倘若没有意识到正是恒天然正式组织的竞争力造成了这场大乌龙,没有认识到"临时组织"现象,未来类似的危机还会发生。

这次恒天然全球召回疑含肉毒杆菌的WPC80，引发140多个国家对恒天然和新西兰奶制品的不信任危机。三周后，195次检验显示召回是场误判大乌龙。要避免危机重复，恒天然必须认识到"临时组织"现象，并开发与之相配的坚韧力（resilience），否则正式组织的竞争力还会成为下一次危机的陷阱。

用伦丁的4T，任务、时间、团队、转换，分析恒天然的WPC80危机乌龙，我们看到的不是内部组织疏于职守，而是他们没有"4T临时"概念，并最终制造出乌龙的危机信号。独立调查委员会的反思报告表明，恒天然正式组织程序没有问题，安全生产的核心竞争力甚至为全球产业界先进，但危机展现其建立临时组织坚韧力的迫切性。

极端现象揭示典型特征。过去，一般认为只有像恒天然这样的食品企业需要关注它的高危性质，需要加强生产系统的可靠性。现在，人们不仅理解"临时组织"挑战，也认识到任何组织中都有属于"高危""高可靠性"的部门。在急剧变化、高度不确定和社交媒体盛行的环境中，理解临时组织、建立坚韧力成为加强企业高可靠性的重要策略。有效—可靠，竞争力—坚韧力，正式组织—临时组织，现代组织必须同时对付这相互依存的两面性。恒天然是一个好样本。

正式组织惹的祸

WPC80事件是恒天然有史以来最大的危机。假如疑似肉毒杆菌被证实，企业能否继续生存下去都是一个大问号。对事件发生的整个过程复盘，我们发现，恒天然有着严格的内部质量控制系统和流程。分开来看，主要的4个正式部门（H工厂、达润工厂、研发中心和客户技术团队）都各司其职；放到系统层面，它们又严重忽视临时任务的特殊性。它们严谨的标准行动制造了假问题，放大了解决问题的难度，直至让一个假问题变成一场真危机。

在恒天然这样的企业，对可能有问题的WPC80再加工，按照伦丁的临时组织理论，它就是一个"临时任务"，一个偏离日常标准的新任务。

它本应被定义为临时任务，由较高级管理层协调临时新团队去完成，并且规定临时任务的完成时间和转换到常规活动的标杆。但它被当作正式组织流程的一个标准动作来执行了。

对过去没有出现过、过去没有检验过的SRC实施检验，这肯定不应该是达润工厂可以决策的常规任务。对于肉毒杆菌实施检验过去没有标准流程，它一旦被确认会涉及最高级别的反应，这两点也决定了它不是FDRC研发中心的常规任务务。但这两个部门把此重大临时任务当作常规任务执行。在严重缺乏专家团队支持的背景下，他们认真负责的管理活动制造出假信号，衍生出信誉危机。

恒天然的高管层也忽视从"检查农药残留物"到"检查普通梭菌"再到"检查肉毒杆菌"这三个任务之间的策略重要性区别。他们没有认识到这三个突发任务之间不可以区别转换。每个任务之间转换需要高管授权,重新启动。

回顾整个过程,问题从"是否有农药残留物"衍生为"SRC超标",直至"产品含有肉毒杆菌",不断失真。我们的分析显示,忽视临时组织性质,任由正式部门按标准流程执行,管理问题便脱离具体的情境特征,扭曲放大成为谁也不理解的危机信号。

组织是为实现既定的策略目标而在一起分工合作的一群人。有效的组织结构体现在有标准化的操作程序,有明确的角色安排,有书面化的沟通规则,有权威权限规定。它们像瑞士钟表零件一样链接在一起。传统的组织策略就是要建立这样一个"瑞士钟表"。

可是,现代组织经常受到内外突发事件的打搅,组织成员不得不承担临时性的任务,执行不熟悉的临时角色。临时的任务和角色往往有时间设定,一旦完成,组织成员又回到常规活动中。20年前,伦丁所描述的4T现象(临时时间、任务、团队、转换)已经不是个案。临时组织特征穿插在企业大大小小的活动之中。为适应急剧变化、高度不确定和社交媒体盛行的环境,企业必须要适应"临时性"。

恒天然经历完美风暴

新西兰恒天然集团必须是高可靠性企业;婴儿是它的主要消费者;它居于产业链最上游,生产的浓缩乳清蛋白出现在各种各样的食品中;它95%的产品出口到经营条件和文化迥异的全球140多个国家;它的奶制品出口占全球同行业33%以上;它将近186亿美金的全球营业额占新西兰一国25%的出口贸易;它由新西兰和澳大利亚10 500家畜牧场组合而成。以新西兰之小、恒天然之大,它的商业危机都能成为国家信誉危机。WPC80危机让它陷入一场完美风暴,最不该、不可以出问题的地方都出错了。

2013年10月23日,独立调查委员会还原了事件发生的整个过程。160页的报告详细记录21个决策点。回溯关键的决策点,我们看到一场差一点就摧毁企业的风暴是怎样在各部门勤勉的工作中形成的。

"临时组织"坚韧力的实践规则

在急剧变化、高度不确定和社交媒体盛行的环境中,理解临时组织、建立坚韧力成为加强企业高可靠性的重要策略。

危机过后,恒天然将"100%天然乳品营养"的愿景修改为"最值得信赖的乳品营养"。他们意识到,在剧烈动荡环境中执行时常变化的任务,企业运营不出错,那是不可能的。但是,迅速识错、改正、恢复,那是可能的。这就是企业的坚韧力,也是现代组织追求的新策略。综合马奇、维克、伦丁和乔亚(D. A. Gioia)等人的研究,建设坚韧力,扶持竞争力,企业可以从下面几个方面开始实践：

（1）企业需要认清，"高危"不是大企业专有，也非传统安全生产企业独有。社交媒体时代，任何组织都有高危的一面，需要成为"高可靠性组织"。缺乏这样的认识，企业就可能遭受"灭顶之灾"。上海福喜食品公司就是一个负面典型。

（2）保障高可靠性，企业必须建设与竞争力互补配套的坚韧力。修改后的维克坚韧力要素包括：①警醒系统层面的失败；②对新现象，拒绝简单化的归因解释；③演习恢复能力；④习惯预想不可能事件；⑤敢于违反标准流程，重新组织任务活动；⑥抽象的大数据分析必须结合对情境的深度理解（厚数据），大数据必须为厚数据服务。

（3）企业要从"瑞士钟表"模式进化到"瑞士奶酪"思维。对于相互联动性高的任务，企业要有"九九法则"的概念：所有任务能划分为9个步骤（9片瑞士奶酪）；系统表现取决于9个步骤之间的联动关系；即便每一步做到90%的优秀，系统整体效果将不足30%，因为它们之间的乘积关系（9×9×9…）。这样的思维让我们习惯高度警醒危机弱信号。

（4）习惯用"临时组织"执行非标准化的新鲜任务。对于习惯于热带飞行的佛罗里达飞行员，他们习惯问"除冰装置关了吗？"副手的习惯是，机长让关除冰装置。在寒冷的北方，这样的标准化、下意识的活动就能造成机毁人亡。1982年1月，它就发生在华盛顿特区。对于任何具有策略重要性的非标准化活动，组织需要重新设定时间段、任务内容、团队角色，以及完成任务后转换的标杆。

（5）最高领导者必须要有"传导信服"（sense-giving）的能力。他们要有能力根据支离破碎的信息给出可信、可靠的系统解释。以 WPC80 为例，总裁可以表达：恒天然一贯遵守行业最高安全标准；疑似肉毒杆菌目前是一个小概率可能性；预防性召回皆在可控过程中。遗憾的是，恒天然没有做到这一条。

（6）传导信服，要遵守科文诺（V. Covello）的 3/9/27 原则。危机情境下，人们的关注力有限，理解力下降，对负面消息高度敏感。因此，风险沟通专家科文诺建议：①核心信号不超过三个；②每个信号陈述9秒内完成；③在27个词之内完成信号传播。科文诺的 3/9/27 原则提醒高管学会精致、准确、生动地传递秩序信号。

第三节 组织骤聚能力的应急协同

对突发性事件应急反应，我们需要高度中央集权的等级组织结构，以确保快速汇集资源的骤聚能力。悖论在于，危机形式和内容一向不重复。世界上没有两片完全相同的树叶，也没有两个完全相同的危机。因此，保持临场应变的灵活性是危机管理成功要素。本章节重点解释高度集中和临场应变之间的协同策略。

2020年的新冠传染病毒给基本传染数（RO值）做了次广泛的科普。RO值指没有介入和群体免疫力情况下一个病例传染给其他人的平均数。如果RO值大于1，病例会呈指数扩散，有阶段性突变和爆发的趋势。同理，危机有渐变和突变的区别。大流行病带来的公共卫生和社会危机属于突变型。突变危机俗称"绝境风暴"（perfect storm），即所有可能致命的因素交织在一起，同时发生，呈指数增长态势。针对突变危机"串联并发"的特征，应急反应必须同时调动所有可以获得的资源，以十当一，在最短时间内制造压倒性的控制效果，阻断突变危机指数式的疯狂蔓延。我们称之为"骤聚能力"（surging capacity）。怎样组织和实施骤聚能力？这是本节要回答的第一个问题。

长期以来，在危机应急系统和日常生产系统之间，组织陷入单一性和多样性、系统活性和系统惯性之间的矛盾。我们的文章说明，平时多样性和战时单一性可以有效协同。把事件指挥系统建设成为一种活性系统。它兼顾常态管理讲效率和危机管理求生存之间的悖论。本章节借用控制论学者比尔（Stafford Beer）的"活性系统"（viable system）和"团队争衡协同"（team syntegrity，简称争衡协同）提供了一个综合治理的方法。即，平时，在战略决策层次，团队大鸣大放，然后民主集中。战时，团队切换到事件指挥模式的惯性系统，迅速应急。应急策略需要保持活性系统和惯性系统之间的协同。只有在管理方法多样性和应急方法单一性之间迅速切换，我们才能既保障能力骤聚的速度，也维持骤聚能力的效果。这是本节要解释的第二个问题。

突变危机呼叫"骤聚能力"

让我们复习一下前面章节谈到的危机大系统性质和危机决策面临的突变现象。

我们假设自己生活在一个正态分布的世界。按照平均值行事，事物大致可以维持它们的稳定性。于是，秩序可以延续。但是，正态分布一定有偏差。它们也被称为事故、失误、错误、临界事件。被纠正后，它们只是系统运行的偏差。没有被纠正，系统出现危机。

在前面的章节中，我们已经做过如下分析：如果任何人把危机归咎为某一个特定的偏差，他要么无知，要么别有用心。因为，没有任何一场危机是一个环节单独造成的。按照航空界的"海恩法则"，危机发生之前，我们至少经历了300次未遂先兆、29次轻微失误。专业人士用瑞士奶酪模型形象说明，危机一定是子系统偏差串联并发的结果。子系统失误就像一片片有漏洞的瑞士奶酪，串联洞穿之后，才会发生严重危机。

透过瑞士奶酪模型，我们看到了危机的第一个复杂性特征：它涉及一系列偏差。当我们感知到危机之时，偏差已经串联并发了！如果要阻断危机的指数型蔓延，必须同时对子系统堵漏。这就是呼叫骤聚能力的第一个原因。

危机的第二个复杂性特征是它的突变性，即对起始条件敏感，过程不断裂变，阶段形态持续变化，难以提前理解。并不是所有的系统失控都属于突变危机，但是，这次的大流行病就属于突变型，因为它同时具备图 6-1 显示的四个维度条件。

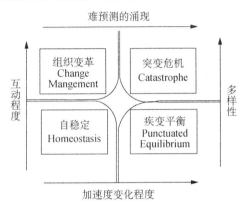

图 6-1 系统变化类型与突变危机

非危机类型的系统变化有三种：①自稳定系统。有秩序的系统运动具备高度的自稳定能力（homeostasis），即抗外界环境干扰的能力。生物都是自稳定系统。它们与外界保持有限的互动，一方面获取生存资源，另一方面维护可以开合的系统边界，如细胞膜。自稳定形态特征明显，变化有限。在同一生存环境中，自稳定的生物系统保持单一性。②社会组织的变革。由人组成的社会组织系统可能主动选择变化，如组织变革。它是可控的变化，是组织主动寻求自我转型，适应和改造环境。组织变革的目标可以预测，过程涉及多个系统之间的嫁接和综合，如跨界创新。为促进转型，组织变革一般经历多个子系统之间的交往互动。③疾变平衡或间断进化的系统。疾变平衡（punctuated equilibrium）是自然进化的环境选择。在物种和环境相互关系中，跳跃性的选择与适应是存在的。它的变化有加速度的疾变特征。艾崔奇（Niles Eldredge）和古尔德（Stephen Jay Gould）研究证明，进化过程中，自然物种可以发生阶段性的分叉和裂变。变化后的属性可能有跳跃性质变。

与上面三种形式的系统变化相比，突变危机则是四个维度共同影响下形成的现象。以这次新冠大流行为例，突变危机对起始条件（传染性）具有高度敏感，它以指数级的爆发加速度传播。过程中，它与其他社会、政治、文化、心理因素互动。例如，在欧洲的传播受到当地社会文化心理因素的影响。当地政府难以用亚洲国家的严厉控制方式阻遏大爆发的路径。在各国，对大流行病的应急反应呈现多种多样的治理策略。东方和西方国家的国情不一样，选择的策略反应有差异。在上述因素影响下，危机的形态和特征出现剧烈蜕变。开始，它是一个陌生的病毒。然后，它迅速演变为流行疾病。再然后，蔓延到全球各地，它成为公共卫生健康和社会政治经济的综合性危机。最后，它必然影响地缘政治和逆全球化。从一个阶段延烧到下一个阶段，危机的相变特征无法事先预测。它们是一个逐渐涌现（emergent）的现象。

总结上述讨论，突变危机复杂性具体表现在下面几个方面：

（1）对起始条件敏感；

（2）指数级蔓延；

（3）多种紧密相关的因素交互作用，作用的效果瞬间模糊，事先不可知；

（4）阶段性出现量和质的变化（相变），但相变是动态涌现的，具体特征难以预测；

（5）对于串联并发的突变危机，应急控制必须多头并举，同步下手；

（6）治理策略需要随态势和性质备有多样、多元的选择，否则就会出现"按下葫芦浮起瓢"的问题综合征。

突变危机被称为"绝境风暴"，因为一系列致命因素不是接踵而来，而是同期到达，并且导致指数级连锁反应。为了短期内制造压倒性的控制效果，组织要能够左手画圆，右手画方，并且左右开弓。这就是呼叫骤聚能力的第二个原因。

应对突变危机，组织往往选择具有高度集中特征的事件指挥系统（ICS）。但是，实践中，如果简单模仿ICS单一命令系统，组织会遭遇僵化问题。ICS表面上看似一种官僚等级结构，它的内里却是高度协同的认知框架、语言概念、沟通习惯和行为默契。我们将介绍的活性系统是实现应急执行效率和临场应变灵活性的有效组织策略。

用活性系统实现思想协同

1942年2月15日，新加坡沦陷，8万英军做了日本军队的俘虏。丘吉尔称之为英国军事史上最耻辱一页。日军入侵之前，英军防务只考虑其他欧洲国家的挑战。他们只想象海面进攻，所有的重型大炮都指向大海方向。在百年形成的皇家海军防御模式中，英军更难想象来自"低等的"亚洲人的军事挑战。因此，英军完全没有防备日本人从马来半岛的陆地进攻的"突变危机"。运用进化经济学家温特的解释，经历百年海洋霸权，英军建立起与环境之间的互锁关系，强调单一的海防模式。怎样兼顾高效单一系统和同时保持对外部变化的关注？它是应急系统的一个重要课题。

英国学者阿什比曾说明复杂系统得有"必要的多样性"（Ashby's law of requisite variety）的规律。"必要的多样性"解释控制论的一个基本规律：环境干扰形态多种多样，系统对应消化干扰的形态也需要多种多样。多样性消化多样性。否则，系统难以维持稳定，或者维持秩序的代价高昂。把阿什比"必要多样性"规律运用到管理控制论（managerial cybernetics）中，斯塔福德·比尔建立"活性系统"模型和"争衡协同"的多样性团队决策程序。我们将活性系统理论与事件指挥系统相结合，兼顾危机管理中的常规和突变。

"活性系统"的 5S

人有反思和深度学习能力，因此社会系统应该比一般生物系统更高级，更能兼顾稳定和变化环境中反应模式的切换。如图 6-2 所示，社会系统与环境（E）形成互锁关系。稳定环境中，系统主要维持周而复始的常规运营行为模式（O）（惯性子系统）。单一性，而非多样性，是这个子系统惯性运营的主要特征。"一个萝卜一个坑"，稳定环境和单一模式之间形成有效的互锁关系。

环境经常变化，出现对社会系统的干扰（I），甚至引发危机，怎么办？比尔认为，一个活性的社会系统可以在更高的管理层（M）保持对环境变化的关注，并预备多样多元的思维模式。除了常规运营的惯性子系统部分，活性系统包括另外 4 个子系统。通过它们的分工，系统可以在单一和多样的反应模式之间切换。子系统之间不是垂直等级的权威隶属关系，而是不同的任务分工和专业化。

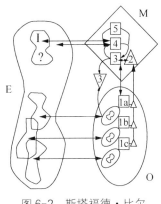

图 6-2　斯塔福德·比尔（Stafford Beer）的活性系统论

在活性系统的 5S 中，子系统一（S1）是周而复始的惯性运营管理。适应稳定的环境后，运营流程标准化，优化，自动化。S1 有诸多部分，就像波特描述的企业价值链一样，相互之间咬合。子系统二（S2）的管理功能是平衡、解决冲突、理顺 S1 各个部门之间的关系。子系统三（S3）负责实现资源运用的协同效应。例如，推广最优表现、任务优先排序和管理成本控制。

前面三个子系统的时间重点都是当下、现在和此时此刻。子系统四（S4）关注未来，协调适应环境变化，组织创新研发，规划组织的发展。子系统五（S5）把握组织的价值观、文化身份和深度反思。对各种环境干扰变化（I），它们负责多元思考，多样准备。

五个子系统各司其职。以企业应对外部环境造成的危机为例，S1 是价值链中的工作组。它与段长和主任沟通互动，执行常规任务。S2 是中层管理层。他们的任务是维护常规流程的稳定性，微调工作量和人员配备。他们在工作组和中间管理层之间起到上通下达的功能。S3 是副总级别的高层经理。依靠对企业战略目标的深度理解，他们有权调整任务优先顺序，追求资源使用效率最大化。作为惯性运营的子系统，当外部干扰出现时，S1 和 S2 一方面报告，另一方面继续常规运营。它们不会启动危机应急反应。S3 则扮演上通下达的协调控制角色。对于外部干扰，S3 需要检验是否属于有预案的情形。如果是，可以调动预案。如果不是，则向 S4 和 S5 传导信息，发出内部警报。

S4 是总经理级别的高级管理者。他们要统筹当下运营和未来发展，推动企业文化建设。S5 是董事会层级的管理人员。他们的主要职能是全面深度反思企业的大政方针。在中级和高管层面（S3，S4），他们应该有预备的抗干扰反应模式。对于来自环境的干扰信号（I），中高级管理层做出反应模式和级别的判断。董事会（S5）则依据企业文化价值观和集体身份认同制衡高管的选择。如果环境干扰为非常陌生的信号，S4 和 S5 的决策层次就需要讨论多样多元的反应模式。选择后，高层另外一个任务是切换到新的单一模式，并贯彻下去。以新冠流行病为例，开始，在非常陌生状态下，基层医院保持惯性运营，并将信息快速上报。至于是否改变惯性模式，是否启动应急反应模式，甚至封城，它们都应该是 S4 和 S5 子系统做出的选择。

活性系统的活性从哪里来？从 S3-S4-S5 三个子系统的持续反思和深度学习中来。S1-S2 的惯性系统保持物理上的常规运营，它始终保持单一模式状态。而 S3-S4-S5 的管理任务包括：①预想环境突变时，系统有哪些策略选择。②预示环境干扰的策略弱信号有哪些。③策略选择后，建立单一命令式执行程序。以此次新冠疫情为例，除了应对疫情的隔离选择，高管层次还需要预想环境突变的其他形式、逆全球化、地区化全球供应链、业务虚拟化等。针对每一种可能的干扰，显示它们聚集成势的弱信号是什么？对应每个策略选择，执行程序应该怎样？这些关于应对环境复杂多样性的内部多样性保持在思想层次。它不会干扰 S1-S2 层面惯性系统周而复始的运转。

如图 6-3 所示，活性系统始终在 S1-S2 运营层面保持单一模式。在 S3-S5 层次，高管决定是否从一种单一模式向另一种单一模式切换。同样逻辑，这次疫情中，常规生产到封城，再切换到复工，系统经历三次单一模式，完成两次切换。

图 6-3 团队争衡协同

有大型化工厂经历的人士知道，它平时都是单一模式的惯性系统运营，最危险的是停车、大修、开车之间的模式切换。化工流程管理的高度体现在，多模式切换过程中，仍然保持全体成员之间从思想到行动的高度协同。危机应变时，怎样做到从常规模式切换到骤聚能力？过程中，怎样保持全员高度协同？对此，比尔提出争衡协同方法。

团队争衡和思想协同

系统论学者富勒（Buckminster Fuller）强调：所有的系统都是多面体。受他启发，比尔研究出以冲突和张力为核心的团队思想多面体。通过一系列设计的程序，团队能够获得对复杂现象的共同认识，并形成具有高度团队默契的行动方案。对于这样一个团队成员之间观点冲突—思想协同—行为契合的管理过程，比尔称之为"争衡协同"（team syntegrity），即一个通过集体争论而达到的思想协同状态。

突变危机的复杂系统性质决定了它需要用团队争衡的思想协同方法（见图 6-3）。比尔认为，对于简单问题（simple problems），套用直接和线性的因果关系分析，我们找到问题来源，解决问题。对于繁杂的问题（complicated problems），请教有经验的专家最合适。复杂的问题（complex problems）则必须依赖团队的深度学习和反思。复杂问题一般变化多，互动频繁，问题性质多样，而且阶段性出现新形态。因此，来自团队反思内省的理解不可缺少。团队可以借鉴专家意见，但不能让专家做决策。否则，问题认知和管理行动之间会错位或扭曲，导致越做越错的局面。突变危机就属于需要争衡协同的复杂问题。

观点冲突是思想协同的必要条件。要争取在多样性和单一性之间做模式切换，团队成员得积极参与到意见分享和观点冲突和较量的过程中。在冲突造成的思想张力中，团队得以共同体会多元多样模式的优缺点。但是，简单冲突容易被情绪绑架，变成立场争执。因此，争衡协同设计一个建设性冲突程序。程序的要点如下：

> 所有系统都是张力平衡条件下的多面体。为满足众多团队成员可以高效参与的决策过程，比尔建议，图 6-3 显示的 20 面体（icosahedron）是最佳模型。它有 30 条边，允许 30 位成员做全方位的思想交流。
>
> 设计中把一个复杂问题按照一定的归类分解为 12 个主题，对应到 20 面体的 12 个顶点；30 位成员对应到 20 面体的 30 条边。
>
> 每个顶点有 5 条边与之相连，对应的 5 个成员组成该主题的核心成员，负责维护该命题。
>
> 每条边有两个顶点与之连接（黄色），每个成员要成为相连的两个主题的核心成员（维护者）；每条边有两个顶点与之对应（绿色），每个成员要成为对应的两个主题的批评者；最后，每个成员要成为其他两个主题的观察者。
>
> 复杂问题分解为 12 个主题，每个主题由 5 个人的最佳规模来处理（5 个维护者），同时，还会有 5 个批评者、5 个观察者参与。

30个大脑（实际上）已经被连接在一起，它们以一个联合大脑的方式运作，功能更加强大。每个人都与其他所有人进行最大程度的交流。

所有这12个主题不仅通过维护者而且通过评论者和观察者进行网络连接。通过这些人员将获得的见解从一个主题分发到其他主题。

一个复杂问题的12个主题以网络化和自我协调的方式被充分讨论，因而从每个主题获得的结果都是一项行动计划。由于具有自我协调性，这12项行动计划就像拼图游戏中的拼图一样拼凑在一起，形成了协调一致的总体行动计划，没有相互冲突的目标。

比尔的20面体团队争衡过程需要经历一周的时间。它适合大规模团队共同参与。不过，整个过程也可以缩减到5个人的团队。基本程序不变，每个人承担的角色增加。团队仍然可以获得思想协同多样性，运营协同单一性的效果。

团队争衡和思想协同解决了一个非常现实的实践问题。在面对突变危机时，许多组织选择事件指挥系统（ICS），以求在最短的时间内获得危机管理的骤聚能力。ICS看似军事化和垂直组织的形态带来许多误解。误解的根源在于没有理解高度军事化、命令式的运营协同背后是不厌其烦的思想协同过程。没有思想协同过程的军事化ICS又落入常规单一性模式的俗套。只有经历团队争衡过程，ICS成员才能无缝、顺畅地伸缩整个系统而无碍。思想协同和运营协同配套，我们就能解决多样性和单一性模式的悖论。

骤聚能力＝"事件指挥系统"×"活性系统"

以突变危机的系统性质，在行动模式层次，组织不可能左右摇摆，同时推动多元多样的执行过程。如活性系统的S1-S2的惯性子系统，如图6-4所示的事件指挥系统（ICS）就是单一命令式模式。这样的模式才能实施危机应急要求的骤聚能力。ICS起源于一种环境突变，山火。后来，它成为危机应急普遍采用的行动模式。这个行动模式的有效前提是上文讨论的团队思想协同。否则，它会沦为一条僵化的"马其诺防线"。

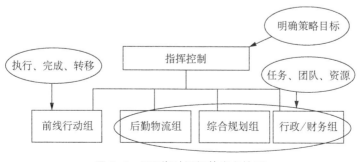

图6-4　ICS临时组织的应急协同

ICS 起源于协同灭山火的要求。20 世纪 70 年代，加州消防队摸索出事件指挥系统（ICS）机制。多年后，ICS 被联邦紧急事务管理机构（Federal Emergency Management Agency，FEMA）采用。近 20 年，美国国土安全部（Department of Homeland Security，DHS）全面推广 ICS 组织模式。应对突发危机，事件指挥系统是一个已经被证明过的高效单一模式。

基本结构上，ICS 像韦伯式的垂直等级组织。它可以按地区或业务分布划分单位、部、组、队、班。单位有指挥官，下属行动科、规划科、后勤保障科、财务与行政科。像所有的垂直结构一样，指挥官和四个科之间有非常规范的政策程序、上下报告路线和标准化的任务语言规范。

与传统垂直结构有区别的地方首先是，ICS 只有一个指挥官对应四个下属科的结构，没有额外的部门。

其次，另一个有重大差别之处是专业等级。ICS 中，按照业务特征和专业分工属性，成员分别属于不同级别。例如，消防类的 ICS 有生化、气象等方面的专业等级。换言之，在指挥官行政等级之外，ICS 配备有专业类别的等级。视具体事件，专业等级高的成员可以调动行政级别高于他们的指挥官。

再次，在指挥权接力转换方面也有差别。在事件范围扩大和加入的 ICS 单位增加时，下一级 ICS 指挥官自动向现场的更高一级的指挥官转交指挥权。现场所有 ICS 成员会立即了解指挥权的接力转换。当事件缩小，一些 ICS 单位撤离时，同样的逻辑，指挥权向下接力转移。

最后一个不同于传统垂直等级结构的是"系统重启"。当一套事先制定的行动方案失败时，指挥官可以发命令重启整个 ICS 系统。这时，大家知道前面的假设和方法都暂时停用，新一轮的行动按新思路和新方法推进。

ICS 研究者用"认知拼板"形容成员的三个能力：①接受不完整的信息状态，习惯用高频率的沟通来弥补信息的模糊性和变化。②依赖事先情境规划演习建立起来的语言习惯和行动配合习惯。③沟通时，勾画大局势，突出要点，强调优先任务，随着指挥级别的上下转移给出不同细节程度的整体场景。

ICS 对模式切换有着极高的要求。活性系统和争衡协同可以帮助团队充分建立认知、语言、行为的默契。对于任务切换场景，ICS 提前做出清晰的定义，形成约定俗成的语言体系，并强化对通用业务变量和语言系统的训练。它为紧急环境下集体沟通搭好了思维和语言的脚手架。ICS 成员接受"渐确定"的沟通习惯。一方面，事件在变化中，没有人可以提前掌握所有的信息。另一方面，学会对事件的素描，勾勒事件情境的突出特征。成员还学会用细节补充的方法呈现变化中的事件和变化方向。以消防队奔赴火灾现场为例，在途中，指挥官就根据支离破碎的线索"打样"届时灭火的策略。随着信息不断增加，指挥官勾画出变动的现场情形。因为他用的都是约定俗成的语言，成员很快了解目标、角色和现场动线。即便是重大变动,成员也会快速重组头脑中的行动图景。

以一场扑灭野外山火的行动为例。接到报告,靠近的第一个消防班赶往现场。这时,队长就是现场的最高指挥。他要判断局势,分配任务,调度资源,设定第一波反应目标。消防车上,行动、规划和后勤保障的角色按事先设定进行。如果是比较小的消防站,一个人可以承担多个角色。

现场指挥官给出一个突发事件反应的策略方案(一般是平时训练过的预案)。根据对一线队员的专业了解,指挥官给予队员临场应变的权限。队员一般受过情境规划的训练,知道必须遵守的规则和现场可利用的工具。根据现场情况,他们利用日常训练过的习惯语言和动作配合,编排应变。

现场指挥官判断局势,决定是否呼叫援助。随着不断赶到现场的支援,指挥官调整临时的组织结构。如果态势变化和升级,更多增援到场,现场指挥官则将指挥权顺延转交到上一级,同时转换自己的角色。现场团队马上得到组织权威转换的信息。如果事态产生质的变化,如现场有大量化学危险品,那么,受过专业训练的生化灭火专业人员就被征召为现场指挥官。人们也立即知道专业权威的转移。事态控制后,资源和权威也顺序缩减,系统被重新启动。

根据现场情形的升级,ICS 可伸展组织结构。随着局势得到控制,它又可缩减组织资源的投入,让部分支援团组顺延撤出现场。每次改变,指挥官权威会上下交接,这个系统会获得当下局势的简报。因为使用的是同样语言系统,它能够快速传递到各级成员中,并较少有理解上的歧义。因为元型结构只有指挥官和四个科,结构很简单,所以变化交接过程是依次进退的对接关系,既简单也快捷。

对付突发紧急事件,ICS 有效,因为它兼顾了垂直等级组织结构的控制功能和网络扁平组织结构的临场应变的灵活功能。每个 ICS 单位内部是垂直的。各个地区或业务范围的 ICS 之间是网络化扁平的。按照事件性质和程度,多个 ICS 单位串联在一起时,它是垂直的。按照专业分工和等级,每个 ICS 内部又保持扁平的横向专业支持与合作。同样重要的是,因为基本结构设计简单,ICS 能够维持一套有高度共识的语言体系,一套熟悉的权威结构,一套源代码性质的反应策略。因为有"指挥权转移"和"系统重启"这两个组织机制上的安排,它保障全系统不受上个阶段失败惯性的支配,能迅速适应变化的环境。

突变危机的应急必须以十当一,这样才能获得骤聚能力。面对复杂环境和多样性要求,组织必须建立思想模型和行动模式之间的协同。综合活性系统、争衡协同和事件指挥系统,本文给出了这样的协同策略纲要。

结语

我们反对只求活命的庸俗危机管理。在这个重要命题上,奥斯威辛集中营的幸存者,心理学家维克多·弗兰克尔(Viktor Frankl)有更好的阐述:"你所经历的,世人夺不去。"在《活出生命的意义》一书中,弗兰克尔深切地阐述人类应对危机的终极策略:从苦难的经历中淬炼属于自己的生命意义。面对疫情,我们的终极建议是:不仅要活命系统,更要活性系统!

第四节 巡回排演临场应变

艺术家是世界的眼睛。透过爵士乐,我们看到即席发挥,管理者称之为临场应变。经过反反复复的油画涂改过程,画家阐述艺术与管理另一个共性:巡回排演。在放下画笔之前,艺术家无法告诉你他在画什么。当临场应变落幕时,我们才明白开始的意义。危机情境下,临时组织必须学会二者叠加,即在巡回排演中提升临场应变的能力。它就是本节的重点。我们致力于解释临场应变在组织认知中的策略地位,并讨论提升它的路径。

被误解的临场应变

临场应变经常被误解为个人行为,被当作下意识的个人判断和行动,被归纳为个人天生的能力或后天单独的经历。危机管理中,主事者必不可少地运用临场应变的策略。它应该是组织骤聚能力的一部分。它可以通过活性系统的训练来提升。

临场应变常被误解,某航空公司重金奖励机长就是一例。2016年10月11日,该航空公司A320/B-2337号机执行代号5643航班,飞机于11:54滑出,12:03塔台指挥飞机进跑道36L,机组在执行完起飞前检查单之后进跑道,12:04塔台指挥:跑道36L,可以起飞。机组在确认跑道无障碍的情况下,执行起飞动作,在速度110节左右,机长发现一架A330(代号5106航班)准备横穿36L跑道,立即让中间座询问塔台,此时机长观察并确认该A330在穿越跑道,此时飞机速度130节,机长短暂判断后决定起飞,于是TOGA(最大起飞复飞推力),带杆起飞,飞机从A330上空飞越,监控飞机状态正常,并将情况汇报塔台,后续飞行正常。事后调查发现,飞机上下差距19米。翼尖距离13米。事后,机长被评为先进,并获得百万人民币奖金。

这件差一点就出大事的临场应变本应该成为各方暴露多项系统薄弱环节的"好事",却未获得塔台和航空公司双方的共识。以至于错过第一时间第一当事人共同反思的机会,如怎样看待另一位机长果断加速横穿跑道的临场应变?为何在机长到达目的地后还让他继续完成当日飞行任务而不是就地休整?另外,从飞行员认知模式角度,现金奖励在潜意识中暗示勇敢行为有个人收益。它对未来临场决策的专业能力没有助动,只有干扰效果。飞行员需要保持单纯的专业决策能力和习惯。

类似的临场应变在医院、救火现场、工业事故和公共事件现场经常出现,如美国联合航空强迫乘客让座位的危机。除了用奖励或赔偿方式做一些情感上的安慰之外，我们极少看到事后管理总结。它有下面三个原因：

（1）人们视临场应变为非正式的、偶然发生的，而管理的重点在维持正式组织的日常运作上。

（2）没有方法去应对触发临场应变的不确定性，部分接受命定的不可知。

（3）没有理解"表演就是不断排演，即席发挥不过是一场不许中断的排演"，以至于临场应变以粗糙的、下意识的形式重复，没有不断进化为组织能力。

我们认为，临场应变应该成为组织危机管理能力的一部分。运用上一节的活性系统原理，它是可以开发的。这一节着重讲解如何有计划、有系统地开发临场应变的骤聚能力。

建设临时组织的4T思维

临时组织可以概括为4T，即任务、时间、团队、转换。图6-5简要概括出临时组织4T的特征。

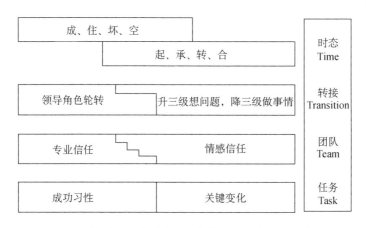

图6-5 临时组织的时态观、衔接观、团队观、任务观

第一，树立时态观。临时组织首先要放弃机械时间概念，树立起承转合的时态观。精准、有刻度、标准化的钟表时间概念是工业革命的产物。工厂为了控制生产流程、提高效率，以标准化的时间刻度计算机器的生产力。机械时间控制下，人顺从机器运转规律而工作。以泰勒制为核心的科学管理紧紧依靠机械时间概念控制组织生产活动。与效率生产的常态管理相比，危机管理是一个从混乱、经过混沌、到动态均衡秩序的历程。这个历程中，管理任务不是周而复始的习惯动作，而是充满随机创变的活动。因此，从一个阶段过渡到下一个阶段，它不可能按照钟表的刻板节奏推进。但是，整个过程总是经历四个阶段：起、承、转、合。每个阶段是否完成也有四个标志：成、住、坏、空。成：被合法接受。住：活动可以重复发生。坏：活动功能已经完成。空：活动必须由现在的形式转向下

一个新形式。危机的时态就像西式大餐一样，有开胃菜、汤盘、主食、甜点。每一道各有吃法，急不得，慢不得。

第二，树立衔接观。飞行员有一个基本常识，即起飞和降落阶段风险最高，必须加倍警觉，因为那两个阶段是最容易受干扰的转接点。化工行业有类似的特征，即大修时，关车和开车的两个阶段最容易出事情。因为那两个阶段的衔接点最容易发生意想不到的情况。同理，危机状态下的临时组织要高度重视一个任务阶段向下一个任务阶段的转接点。实现平滑转接，临时组织要训练从一个阶段的领导关系与角色向下一个阶段的领导关系和角色转移。它就像接力赛中传递接力棒一样，递棒和交棒的节点，运动员的领跑和随跑的角色也完成转移。另外一个训练是"升三级想问题，降三级谋事情"。下级要从上级角度设想危机时态。上级要能以执行者的眼光谋划具体步骤。

第三，树立团队观。团队成员之间最强的黏合剂是信任。信任分两个有机联系的部分：专业信任和情感信任。专业信任基于每位成员担任的角色和专业能力。当两者相匹配时，成员之间的专业信任度高。情感信任来自成员之间的社会交往，基于双方都不会操纵和利用对方的弱点。成员之间越是愿意示弱，越显示高度的情感信任。这两种信任有极强的正向反馈关系。一个强健的团队同时需要培养专业和情感信任。

第四，树立任务境遇观（task in contingency）。常态管理中的任务一般是专业化分工、标准化作业，各司其职，重复成功要素；而危机情境下的临时任务有许多非标属性。一方面，团队要运用过去执行任务过程中提炼的成功要素；另一方面，团队要对关键部分的变化保持敏感和警醒。

建设三本文化：本元、本分、本领

临场应变的骤聚能力最初级是本能的条件反射。在反常情况下，人们自然会对外界刺激形成条件反射。如果没有事后反思，它不会成为组织能力的一部分，只会时过境迁，自然遗忘。骤聚能力最高阶段是文化协同。它能支持强控制执行和灵敏再组合之间有机切换。组织结构和策略建立后，文化就成为护元固本的实践。加拿大学者伊尼亚蒂夫（Michael Ignatieff）给文化做了一个既浪漫又精辟的定义：文化，心之习性（habits of the heart）。它生动表达了文化对人们意愿、动机和行为的影响力。文化影响从心开始，撬动人们的感知和认知的行动。因此，建设临场应变骤聚能力的策略最后还是落到文化建设上。

开发骤聚能力不能一蹴而就。我们从条件反射的本能开始，然后向个人能力和组织能力两个方向发展。在个人能力维度，我们认识和接受专业本领在临场应变中的作用。就像爵士乐表演，同一首曲目，音乐家专业本领不同，演奏表现也有高低。走个人本领路线，骤聚能力要给个人临场应变有自由发挥的余地，允许个人发挥专家自信,凭自我感觉创造性地解决危机。有学者曾经采访高空走钢丝的杂技演员华伦达(Karl Wallenda):走到半空,掉下来怎么办?华伦达回答:没有想过!几年后,学者再次访谈时问:为何退休?华伦达说:开始想会不会掉下来!一个优秀专业人员从精湛表现跨越到顶峰体验只有一个途径:自信!当他们迟疑彷徨时,临场应变能力便打了折扣。

心理学家契克森米哈(Mihaly Csikzentmihalyi)把自信带领的能力大爆发归为个人心理流畅(flow)。它是个人发挥临场应变而达到自由自在的流畅心理感受。在个人的艺术创作中,创作者发挥自信的力量,追求只有自己能感受到的自由自在。不过,它的正面表现效果始于并终于个人。对集体而言,它甚至会阻碍团队协同,就像明星篮球队有时赢不了菜鸟队。基于个人专业本领的临场应变有利于个人发挥潜能和体验流畅。它让个人运用隐性知识和专长,但它也能助长个人的自恋情结和个人英雄主义。这是我们要平衡个人本领和组织本分的重要原因。

基于组织特别训练的临场应变是一种强调组织本分的开发策略。事件指挥系统就是如此。它对成员实施准军事化的训练。根据不同的场景和紧急反应的剧本,成员之间演绎相互配合的套路。成员的角色清晰,责任明确。长期团队协同的训练开发出成员紧急响应的第二本能,它属于一种后天习得的专业本能。经过训练的成员恪守本分,协同作战,保障临场应变时的骤聚能力。本分策略也有它的局限性。它往往根据几种常见的突发性事件情况开发应变场景和骤聚剧本。例如,自然山火和城市恐怖分子袭击有大致的场景。假如出现剧本以外的危机,它就考验组织训练能容许的灵活性程度。因此,我们需要在本能、本领和本分策略基础上找到更敏捷的骤聚能力。

《星球大战》中有一集叫"原力觉醒"("The Force Awakens")。它描述的是"绝地武士"瑞(Rey Skywalker)走投无路之际,回归初始境地,获得本元加持,破茧重生的故事。对一个组织而言,本元在价值观、立身理念、策略思想和组织文化。行业中人喜欢夸张地说,如果能够从书本中记载的方法里找到答案,那就不是危机。夸张是为了凸显危机包括独特性,要求创新解决方法。开发临场应变骤聚能力止于至善的境界就是回归初始,获得本元加持。它要求成员能够暂时放弃具体形式和固定结构的约束,回到相互启发的集体讨论状态。在前面的活性系统中,我们介绍过"团队争衡"的方法。它就是一种相互启发,寻找创新主意和方法的策略。团队成员之间相互启发过程可以不断重复,巡回排演。巡回排演的目的是养成回归初始本元的习性。每次巡回排演一定有心得。它就像第三章场效应中谈到的境界开显一样。心得和方法是开显的结果。然后,再回到本元状态,开始新一轮排演。反复演练,成员便养成把握悖论状态的能力:既能快速反应,临场应对具体危机,又不拘泥旧方法。尊重危机独特性,用可以利用的资源组合新解方。

老子曰：载营魄抱一，能无离乎？专气致柔，能如婴儿乎？回归本元是为找出根本力量的抽象源泉（载营魄抱一）。每次巡回排演都以始为终（能无离乎）。不受具体形式约束（专气致柔），这才能像婴儿那样无拘无束地看到万事万物可能的联系。本元策略是临场应变的骤聚能力发展的最高阶段。图6-6概括了本能、本领、本分和本元策略之间的关系。

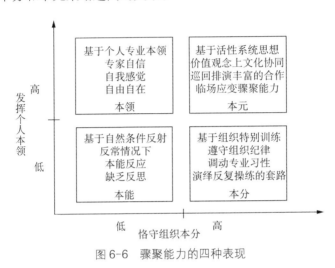

图6-6 骤聚能力的四种表现

巡回排演的临场应变

因为预见(基本套路排演)，所以遇见（成功的临场表现）。出色的临场发挥一定基于一套有效的基本套路。有徒弟问合气道的创始人植芝盛平，他为何能纹丝不动。植芝回答：我一直在动，只是恢复太快，你没观测到。反之亦然，看似突发奇想的临场应变其实有一套稳定的结构要素。现象上看，临场应变体现在"即刻设计，即刻执行的共时表现"。寻找其中的规律，它的流畅表现建立在六个结构要素之间持续的巡回排演基础上（见图6-7）。流畅，特别是团队配合的集体心理流畅，是判断临场应变表现水平的一个可靠的衡量标准。关于六要素和心理流畅，文献已经广泛记载。我们的贡献是把它们之间"巡回排演"直至耦合的过程性质讲清楚。

怎样理解临场应变中团队耦合的力量？金庸小说中描写"桃谷六仙"六位矮兄弟。他们分拆没有力量，但汇聚耦合在一起，产生骤然聚积的力量。临场应变六要素通过巡回排演而产生的骤聚能力也相似。组织得当，临场应变能够骤然产生现场创新、现场执行的爆发力。以2003年加拿大发生非典为例，温哥华疾病防疫系统有长期演练。多伦多拆分了疾病防疫系统，各自为政。前者能够迅速组织反应，有骤然聚集能力。后者无法做到。无疑，二城的防疫效果有天壤之别。

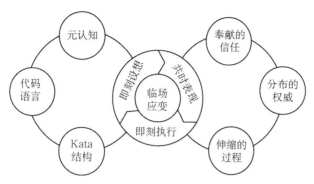

图 6-7　巡回排演六要素

除了本能条件反射，组织临场应变的骤聚能力的其他三个策略（本领，本分和本元）都可以通过巡回排演得到提升。那么，巡回排演有哪些基本要素？怎样让它们在不断重复的过程中螺旋上升到组织习性和文化心性的阶段？下面我们就简要介绍巡回排演六大要素：

（1）元认知。爵士乐演奏家帕克（Charlie Parker）说：即席发挥总要有所依。对行业深层次规律的理解是临场应变所依。例如，毛泽东总结的"十大关系"是他对政治现象的精辟理解。又如，凡·高理解的绘画是画家的后感形象（after image），所以他的自然风景如向葵充满个人主观性。无论交响音乐还是爵士乐，其定调子的五个音符不变。不同领域管理中也有不变的根本规律。它们是元认识，是自由发挥的临场应变的依据。

（2）代码语言。元认识奠定共同理解，代码语言保障快速有效的沟通。因为临场的紧迫局势，加上自然语言的理解有诸多歧义，专业性的临场应变都有内部代码语言系统。表 6-1 罗列了几个特殊组织中的术语和切口。它们是团队长期配合过程中提炼出来的语言工具。反之，跨组织沟通，没有协调代码语言，会捅大娄子。洛杉矶城市镇暴过程中，警察对军队伙伴发出"掩护"（cover me）要求，军队的反应是扫射掩护，而不是警察理解的瞭望掩护。

表 6-1　临场应变的代码语言（临场应变中的术语和切口样本）

	海军陆战队	股票交易员	特警小分队
术语和切口样本	· "good initiative, bad judgment" · "breakdown Barney style" · "Semper Fi" · "BAMCIS" · "Semper Gumby"	· "long" / "short" · "A piker" · "hunting elephants" · "junked up" · "a down grade" · "put it on the tape" · "uptick"	· "hinky" · "Drop Mag" · "run code" · "D-Dub" · "LVNR" · "stovepipe" · "hanging paper"

(续表)

	海军陆战队	股票交易员	特警小分队
环境特征	·高度陌生环境 ·凶险 ·正常认知能力不使用	·高端专业环境 ·波动性大 ·加速度变化中	·高度敏感的环境 ·判断行动制造新环境特征 ·凶险与平安瞬间交替
任务特征	·紧急 ·死生 ·动态变化	·全面思考、快速执行 ·大幅变动的输赢 ·动态变化	·谨慎评估、快速行动 ·保护与摧毁任务同在 ·动态变化

(3) "卡塔"组织结构。每逢柔道锦标赛，一定有"卡塔"（Kata）比赛。比赛时，全场寂静无声，两位黑带选手以近似三秒一动作的慢镜头蒙太奇将柔道的八项动作形态（Kata）演绎出来。虽然慢，一套动作下来，两位已经满头大汗，可见内力施张之深厚。明白其中道行的观众对每一套柔顺、简洁的演示报以热烈的掌声。每个初学者必须从"卡塔"练习起，但是，只有最高阶的黑带选手才有资格来参加"卡塔"比赛。

看似无聊的"卡塔"八段动作表演是柔道的灵魂。"'卡塔'是柔道的基本结构"，创始人嘉纳治五郎如是说。后人把"卡塔"动作视为柔道最基本的表现形式，是本分。每位初习者不必马上知其所以然，只需要反复练习最基本的形态动作。千百次之后，柔道的"道"就会自然而然地显现出来。所以，柔道锦标赛往往用"卡塔"演示开场，并只有黑带选手才有此荣誉。藏在本分形式中的道不可言传，只能通过慢动作向广大初练者做经典展示。

临场应变要走向团队之间配合流畅，"卡塔"结构必不可少。图6-9就是一个样本。以事故控制系统为例，基本组织结构就四项：后勤保障，综合规划，行政财务，前线运营。它的指挥控制可以随着事件势态的蔓延或消减而如鱼鳞般伸缩。

(4) 奉献的信任。团队临场应变要到达耦合流畅的高度，相互之间必须有奉献的信任（devoted trust）。信任可简单定义为"愿意示弱"。信任有情感信任和专业信任两个相互影响的方面。临场应变中团队背靠背作战需要的信任必须包含高度的情感和专业信任。双方对依赖关系倾注毫不迟疑的无条件的信任，这就是奉献的信任。它不是每个团队都能时时做到，但却是成功的团队临场应变的一个心理要件。

(5) 伸缩的过程。有临场应变能力的组织具备可以伸缩的鱼鳞形态。在伸缩变化中，它保持三个不变：元认知的原则不变，代码语言不变，"卡塔"结构不变。由此，它保持灵活和稳定之间的平衡。以救火为例，山火蔓延，后援到达，行政级别最高的指挥官自动获取现场指挥权。如果出现特殊火警，如化学药品爆炸，现场相关专业级别最高的自动获取指挥权。当火势消退时，现场接替交棒，直至最后扫尾部队。平时，各个分处不同地区的团队受到同样的元认知的教育，用同样的代码语言交流，并不断实施巡回排演。这些活动保障战时有效的临场配合。

如图 6-8 所示，ICS 组织视每个情境的任务、时态、团队和转接不同，从一个情境转移到另外一个需要再启动。但这种再启动有三个稳定的要素支持，因此能够同态伸缩而不乱。

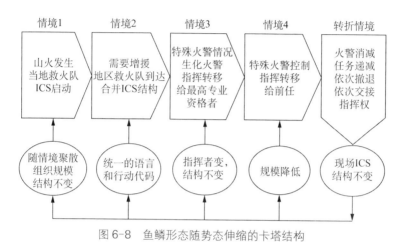

图 6-8　鱼鳞形态随势态伸缩的卡塔结构

（6）分布的权威。爵士乐手常常纠正外行对没有指挥的看法。爵士乐没有交响乐意义上的指挥，但它仍然有指挥。每个乐手演奏时就是那个阶段的指挥。他必须保持与前后乐手眼耳甚至摇晃的身体的沟通，让指挥角色起承转合下去。爵士乐的指挥模式代表一种分布的权威。轮到你的角色，你就是指挥。分布的权威也是支持临场应变能力的一个要素。

多次获得格莱美音乐大奖的纽约奥菲斯（Orpheus）交响乐团以没有指挥的交响乐团著称。他们甚至有了一套组织无指挥演奏的"奥菲斯流程"（Orpheus Process）。我们曾经以交响乐比喻常态管理，以爵士乐比喻临场应变的危机管理。奥菲斯交响乐团显示两者可以有机结合。巡回排演之后，组织掌握强控制执行和灵敏再组合之间的平衡。

本 章 要 义

1. 危机与临时组织状态相伴生。临时组织有 4T（time，team，task，transition）。如果忽略 4T 特征，常态的事故容易演变为危机。
2. 临场应变的骤聚能力是危机管理的核心竞争力。骤聚能力不容易建设，不容易管理，因为它执行时要求强控制，变化时希望灵敏再组合。
3. 活性系统和团队争衡的策略是平衡强控制执行和灵敏再组合的一个方法。

4. 骤聚能力有四种组织方法：本能反应，个人本领，组织本分，文化本元。
5. 通过巡回排演机制，组织学会在具体和抽象、有形和无形之间迅速切换。它是保持骤聚能力常新常青的长效策略。

第七章 溯因思考 情境规划

据说爱因斯坦的秘书对他用同一张试卷做期中和期末考试表示不解。爱因斯坦回答：问题一样，答案却不同。理论物理学的根本问题是一样的，但随着理解变化，可能有不同的答案。相比之下，危机管理则是问题不一样，答案也不同。危机看似相同，但总是有偶然性和独特性。所以，我们每次都要运用"问题情境观"去诘问：这是一个什么问题？

米特洛夫（Ian Mitroff）总结危机管理三错：用错了方法，搞错了问题，选错了理论。问题与理解它的思维方式之间要杵臼相合，否则事倍功半。针对危机问题，对应的逻辑和理论则是"启发性原则""溯因逻辑"和情境规划理论。

危机管理依靠启发性原则，因为直接的线性因果律不适用。自然科学是实验的学问，可以控制变量，能够寻找有普遍适用性的因果规律。社会科学是实践的学问，不能做实验，只能通过实践，观察现象，总结有指导意义的启发性原则（heuristics）。社会问题的情境各有独特性，社会实践过程包括无法规避的偶然性。因此，启发性原则能指导实践，但不会重复制造一模一样的结果。

作为社会科学一部分的危机管理更是一种设计实践。设计是描述现在状态，想象更值得拥有的未来状态，并为两种状态之间转型提供有形和无形的过程支持。设计实践不拘泥成见，不忌惮突破，不介意异想天开，只要能实现更值得拥有的未来秩序。设计实践最在意怎样用可以接近的资源铺垫出心想事成的结果。因此，危机管理一方面用传统的归纳逻辑和演绎逻辑，另一方面更加重视溯因逻辑（abduction logic）。通俗地讲，溯因逻辑指虽意想不到却言之成理的解释。

顺着溯因逻辑，情境规划的思考方法是危机管理中常用的思维工具。起源于20世纪70年代，情境规划已经经过多次迭变，并成为各级组织预想未来发展和可能的业务冲击的通用方法。面对不确定性，怎样从思想和行动上提前做好准备？人们发现，情境规划可以拓宽视野，突破单维度的隧道思维。未来不能预计，但可以预想。预想内的实践成为危机管理的必要行动之一。

本章先简要介绍启发性原则和溯因逻辑。由于它们涉及太广泛的哲学发展历程，我们只能做个引述。之后，我们概要描述情境规划方法的历史由来。最后，我们展示如何用情境规划分析未来全球科技竞争的情境和人工智能等技术影响下的未来工作的情境。展示的主要目的是具体说明如何运用情境规划工具。

第一节　启发性原则和溯因逻辑

启发性原则

启发性原则和溯因逻辑是危机管理中常用的两个理论概念。

从传统哲学的角度来看，思维方法是一种获得知识的手段。哲学家培根认为，思维方法就和协助手运动的工具一样，是指导人正确思维的工具。

启发式思维是理解问题的一种重要的思维方法。20世纪50年代，诺贝尔奖获得者心理学家希尔伯特·西蒙（Herbert Simon）提出"有限理性"这一概念：当人力求做出理性选择的时候，其判断总是会受到认知的限制。这一概念动摇了经济学中"理性人假设"前提假设，承认人们在做选择时也会受到所用时间和所拥有的信息量的限制；另外，纯粹理性的决策也涉及权衡潜在成本与潜在收益等因素的过程。简言之，每次决策，要做到最优和完全理性的选择是不可能的。因为有偶然性因素，过去被证明有效的因果作用和效果也很难重复。为了突破认知资源的限制，人们建立了一种更高效率的认知模式，而这种认知模式便是启发式。启发式是人们在解决问题和做出决策时的思维捷径，帮助人们在有限的时间里根据有限的信息来寻找解决问题的方法，简而言之，就是人们根据自己的直觉、情感，或者依据经验法则，选择较优的解决方案。

20世纪70年代，心理学家阿莫斯·特维尔斯基（Amos Tversky）和丹尼尔·卡尼曼（Daniel Kahneman）对启发式进行了深入研究，定义了一些有特质的启发式，并提出"认知偏见"的概念。认知偏见是一种思维定式，它不会因为我们对人的行为做了理性假设就自动消失。运用启发式思维时，我们承认和接受认知偏见普遍存在，然后讨论在它影响下的人的心理和行为。这样的解释更合理，更接近现实，更能指导实践。丹尼尔·卡尼曼根据大脑在思考问题时的反应，建立了一个双系统模型。系统 1 用情感和直觉快速做出决策。它属于直觉思维。它的优点是能够忽略繁杂的细节，快速判断。直觉思维一部分与生俱来，是生物进化沉淀的能力，另一部分来自对经验的抽象总结。例如，专家的直觉思维经过无数次实践经验的锤炼，形成选择性的普遍联系的能力。普通人看到的可能是杂乱的信息，需要大量处理分析才能明白。专家的直觉能快速捕捉到有意义的信号。系统 2 是通过主动控制调动注意力的思考系统。系统 2 是用归纳和演绎逻辑以及已经掌握的理性原则和程序对现象抽丝剥茧，做条理清晰的分析。系统 2 的思维有概率统计的方法和科学实验的方法支持，能重复，能还原。因此，系统 2 思维结论更有普遍的可靠性。但是，系统 2 思维花费时间较长。为提高决策质量，我们需要系统 1 和系统 2 思维之间互补。启发式思维与系统 1 思维有更多的联系。

启发式思维在各个领域运用十分广泛，小到日常生活的点点滴滴，大到经济、教育、哲学。启发式的优点显而易见，可以为思考和决策节约时间、提高效率，但是其经验性和意向性思维特点也饱受质疑。由于普通民众的平均水平不足以做出可靠且有效的判断，所以最终做出的决策未必理想。另外，启发式所依赖的主观判断部分是不可测量的，所以这部分的误差也无法计算。在危机管理中，我们使用启发性原则时，知其短，用其长。

实践中，危机管理偏向启发性原则的另一个重要原因是因果关系不可控。任何根据过去实践经验总结的因果关系，一旦广为传播，成为社会常识，它的效果就可能递减。一切可以计算的都不值得期待。因为有意愿的心理因素，危机管理历程每次都得有创造性，有对已经建立起来的因果关系的突破。

"因果关系"，顾名思义，是原因和结果之间的相互联系，是人通过长时间的社会实践逐步形成的认识事物和推断事物变化的基本法则。因果关系具有规律性、稳定性、循环性和关联性。原因和结果是事物变化过程中的两个形态，先因后果是事物演化的方式。这和启发式对每一个问题和选择都有主观性和针对性是有所不同的，运用因果关系思维更倾向于找出客观事物之间的规律。

与启发式相比，因果关系有很长的、不断更新变化的发展历史。早在古希腊时期，人们就试图探索世界本源，也就是世界存在的根本原因，从而产生原因这一概念。古希腊哲学家亚里士多德就提出"四因说"，即质料因、形式因、动力因和目的因，是早期西方哲学对因果关系的研究。到了 16 世纪，伽利略摒弃了目的因的概念，肯定了亚里士多德的动力因，并认为使物体作加速运动的"力"是一种原因。17 世纪，英国哲学家霍布斯给因果关系做出了完整的定义。他认为原因是主动者和被动者具备的特质，结果是被动者内在所产生的特质，而因果关系则是主动者和被动者的性质相互作用后在被动者中产生新的特质。之后，洛克对因果关系给出了类似于"产生关系"的定义，他把原因定义为使其他事物开始存在的东西（既指实体又指性质），而结果为由别的事物开始存在的东西，但这里他把霍布斯的因果范畴扩大了。同一时期，荷兰哲学家斯宾诺莎等其他唯物主义学者提出了机械唯物主义因果关系论学说，认为任何事物都包含因果法则，原因是主动者和决定者，结果是被动者和被决定者，每一种结果必然由相应的原因决定，这种因果关系是"决定关系"。18 世纪，法国思想家霍尔巴赫把原因定义为对外在和内在产生作用的东西，把结果定义为事物的变化，因而因果关系本质上也是"产生关系",但具备必然性(物质变化是其本质作用的必然结果)和更高的普遍性。同时期的康德从经验主义的观点规定了因果关系,他定义的原因是在时间中先存在的现象,结果是后发生的现象,原因和结果之间亦是"决定关系",他对因果关系的定义有时间意义。到了19世纪,英国哲学家、数学家罗素开始用科学定律的陈述形式定义因果关系,他定义原因为某一时空中的初始条件,结果为根据某种规律推导出的相邻时空中的事件。对于因果关系的定义纷纭复杂,但究其历史发展,因果关系的定义并不是由某一位哲学家、思想家所提出或者确定,而是人们在漫长的历史中逐渐归结出来的关于事物之间的关联和变化的法则,并通过社会实践不断完善,成为人们探索未知的一种重要思维方式。

我们比较启发性原则和因果关系,不是要彻底否定因果律在危机管理中的作用,而是要说明它的局限。同时,我们想突出启发性原则对危机管理的作用。实践中,我们可以把两者结合起来使用。

溯因逻辑

人们比较熟悉归纳和演绎逻辑。对溯因逻辑,我们不太熟悉。这本身是一种科学思维的偏见。受工业革命实体成果影响,我们把科学实验中通用的归纳和演绎逻辑放到至高无上的地位。我们认为,科学即真理,真理是社会正义和权力的合法来源。因此,科学的逻辑自然就有优越地位。事实上,在真理(truth)地位没有确认之前,它还经历了是否有真理性(truthfulness)的思考过程。为了获得更高的"真理性",科学家的头脑一定经过一番异想天开却言之成理的思考过程。它是科学结论的前传。前传思考必然用上溯因逻辑,即面对毫无头绪的各种线索,哪些能"拼凑"到一起,形成言之成理的假设。之后,科学家用归纳和演绎逻辑,建立起可靠、可信的解释。社会科学家的思维过程是这样的。自然科学家的思维过程也不例外。对于前传部分的思维活动,我们一般不会把它包括在学术研究成果报告中。这种科学语言和传播的局限性也强化了社会对归纳和演绎逻辑的迷信。

考虑到危机是待确定状态,是从混乱到混沌,再到秩序的过程。这个历程中,前传阶段的思维逻辑,即溯因逻辑,作用就非常明显了。下面我们概要讲解归纳、演绎和溯因逻辑。更详细的部分,还需要专门讨论。

"逻辑"可以被定义为一门推理科学,通常研究思维的规律。"逻辑"(logic)一词源于古希腊语(logos),表示"思维"或者"推理","逻辑"一词的起源也透露出逻辑的重要意义在于认识事物本质和思维规律。

归纳和演绎这两种主要推理形式是在逻辑史中不同的发展趋势。古希腊伟大的哲学家、思想家亚里士多德的逻辑学偏重演绎推理,其逻辑学上最重要的三段论学说主要方法是从普遍现象抽取出特殊个例，从而推导出结论。纵览科学发展的历史，这种思维逻辑对许多伟大的科学家产生重要的影响，如实验科学的奠基人伽利略发现的惯性定律和重力的加速度运动、牛顿创立的万有引力学说都蕴含了演绎逻辑的思想。

演绎论证的两个前提比结论更普遍，思维过程从一般到特殊。在推导过程中，演绎逻辑，或者说形式逻辑，须遵循同一律、矛盾律和排中律三大基本规律，以保证正确的思维。演绎推理属于必然性推理，前提和结论存在一定的关系：如果形式有效，保证前提真实便必然能得到真的结论，结论也被蕴含在前提中，不会超过前提的范围。演绎逻辑的特点也显示出了其缺点，由于结论不会超越前提，便很难通过它得到新的结论；另外，如果我们要证明一个观点为真，演绎逻辑的作用也不大，因为如果论点的结论被包含在前提中，证明的过程便没有意义。演绎逻辑的另一个问题是，大前提为真难以绝对成立，或者许多时候无法证明。正因为如此，16世纪著名哲学家培根（Francis Bacon）对重演绎的逻辑体系提出批判，他反对预测事物本质，即将我们的认知或者理论基于不确定的自然法则上，认为对事物本质的预判是无数错误的来源。

在很多情况下，演绎推理基于的大前提往往是通过归纳推理证明而得出的。穆勒（John Stuart Mill）和他的追随者试图证明三段论本质上是归纳逻辑且采用了归纳推理，培根和洛克（John Locke）则是支持这一观点的著名哲学家。事实上，在亚里士多德的《前分析篇》中就已经研究过归纳逻辑。然而，归纳推理的形成很大程度上要归功于培根，在他的《新工具》一书中名为《论事物的本质》的文章里阐述过归纳逻辑体系。培根认为逻辑推理应该始终从收集事实证据开始，然后将其分类，最后进行概括和总结，这也是归纳逻辑的主要方法。归纳逻辑的思维过程与演绎逻辑正好相反，是从特殊到一般：从特殊事物中总结出相同的本质以及事物之间的相互关系，由此建立一个完整的体系。

与演绎推理不同的是，归纳逻辑是或然性推理：结论往往超出了前提所提供的范围（不包含完全归纳），前提和结论没有必然的关系。托马斯·里德认为培根的归纳逻辑是一个更为有效的探究真理的工具，适用于世界上许许多多事物，而《新工具》也是人类思想和工作上的重要转折，甚至比亚里士多德的《工具论》更为直观、有效。里德对此的阐述一定程度上也代表了后世的看法。另外，培根显赫的社会和政治地位也对传播他的学说起了很大的作用。然而，归纳逻辑并不是一个人的发明创造，而是许多人在实践科学的过程中形成的。归纳逻辑进一步形成于17世纪伦敦皇家协会许多次的讨论会中。牛顿就是这一时期的著名学者，他在他的著作中阐述了他的逻辑观以及归纳和演绎逻辑的运用。大约一个半世纪以后，英国哲学家穆勒首次将科学研究方法与逻辑相结合，建立了基于因果关系的四种方法的归纳逻辑理论，并于1843年写下《逻辑体系》一书，其思想对归纳逻辑的发展产生了深远的影响。穆勒的重要主张是认为所有的推理本质上都是归纳推理，而演绎推理只是归纳推理中部分、偶然发生的一个阶段。然而，归纳逻辑的推理过程也透露出其缺点：归纳推理从特殊个体出发，而这种个体往往没有办法穷尽，因此，这些不完全的个体所归纳推导出的结论不一定是必然的。另外，到 18 世纪，英国思想家休谟（David Hume）质疑归纳逻辑的有效性，认为归纳推理从特殊到一般的思维过程，对于没有观察到的部分，假定的因果关系无法证明，因此认为归纳逻辑具有不合理性。

在认识和探索世界的逻辑思维中，溯因逻辑也是一种重要的思维方式。20 世纪初，美国哲学家皮尔斯（Charles S. Peirce）将溯因推理引入现代逻辑中，构建"最佳解释推理"的模型，即为观察的现象提供解释、寻找产生该现象的原因的认知过程。在哲学上，"溯因"一词有两种相互关联但又不同的意义，在两种意义上都是解释推理的形式。在历史上的第一种意义，是产生假说的解释推理的一个环节；在现代哲学中更常见的第二种意义产生于解释假说的过程，在这种意义上，"溯因"通常被看作"寻求最佳说明"。溯因方式是根据已经观察到的现象来猜测原因以及潜在机理。皮尔斯认为，大多数科学假说产生于溯因推理的方式，与演绎和归纳方法有所不同，在解释事实的过程中，溯因推理可以创造新的观念。溯因推理还有一大特征是猜测性，使推理过程具有灵活性和创造性。

概括而言，溯因逻辑与危机管理在以下六个方面有极强的关联性：

（1）从现象出发，积极选择观察现象的视角，主动解释可能的前因后果。

（2）鼓励创造性的想象，用言之成理的解释把杂乱的线索连接在一起。

（3）即使只有稀疏迹象和不完整信息，还是努力寻找最简洁的逻辑线索。

（4）接受暂时有效性，随着信息增加，更新解释，不以后知后觉的认识否定曾经的有效性。

（5）先创作假设，再检验真伪。

（6）判断标准不是解释的正确或错误，而是每一次解释是否有用，是否显示实效，是否推动积极的行动。溯因逻辑也是"实效主义"（Pragmatism）哲学的内核。

溯因推理有一定的优势，但是因其特殊性也饱受质疑。一些哲学家曾对"最佳解释推理"提出过两大批驳：第一，它本质上是循环论证，证据和假设相互支持，无法保证最后所推导出的结论正确；第二，"最佳解释推理"模型主张在一系列解释中比较并选出最佳，如果从一系列不良情形中做出选择，那么最后提供的说明未必合理。

总之，没有十全十美的理论，只有能更好解释现象和促进行动的理论。以这个标准，启发性原则和溯因逻辑为下面的情境规划方法打下了理论基础。

第二节　情境规划分析方法简论

> 目前，面对变化日多，越来越难控制的商业环境，鲜有企业表示对自身的规划方法感到满意。传统的规划方法以预测为依据……
>
> 预测并不总是会出错，大多数情况下，它们相当精确，而也正因为这样，它们才更加危险。预测通常基于这样一种假设：明日世界与现今世界大抵相似……
>
> （问题在于）预见到商业环境的重大转变……解决这个问题的方法不是寻求更好的预测……正确的预测。未来不再稳定，它已成为一个移动目标……
>
> 我认为更为明智的方法是接受其不确定性，尝试了解它，并使之成为推理活动中的考虑因素之一。现今的不确定性并不是偶然的、临时的、背离了合理预测性的，它是商业环境的一个基本结构特征。
>
> 皮埃尔·瓦克（Pierre Wack）
"情境：前方的未知水域"
《哈佛商业评论》

情境的定义

情境是对商业环境的多种描述。它们是关于未来的故事、画像或映像。这些故事具有内部一致性，描述的是从现在到未来时间域的情节。"好"的情境根植于过去和现在，它们对过往进行诠释并设想未来可能发生的情况。

情境的核心在于不确定性。其目的在于帮助企业识别影响战略决策的主要不确定因素：为前方的水域制定海图。这样，现今决策的未来效果就可以被演绎出来，并根据未来的不确定性进行评价和测试。

那只是逻辑思维，现实情况则更加微妙。再次引用瓦克的话："只有在满足以下条件时，情境才有助于管理人员构造不确定性：（1）以对现实情况的合理分析为依据；（2）改变决策制订者关于世界运作方式的假设……改变他们业已形成的关乎现实情况的心智模式。"其目的是拓宽我们的思维模式，在构筑未来情况的心智图时，减少思维的局限性。就此来说，情境发展的过程和最终结果同样重要。参与该过程的人员越多，产生的影响就越大。

情境的特征

情境可能非常宽泛，也可能非常集中。它们可能着重于长期趋势，也可能着重于发展过程中主要变量的动态发展。它们还可能会系统地研究关键主题或范围。在常态管理的商业计划演习中，情境的以下五种共同特征价值不明显，但在危机管理中价值很高：

（1）**多种观点**：情境通常涉及一种以上关于未来情景的观点，那是情境分析法的明确目的。一种观点就是一种预测。好的情境分析法往往有助于形成关于世界运作方式的不同逻辑思维。例如，在某个情境中可能会优先考虑市场因素，而在另一个情境中则可能会着重强调社会因素或政治因素。

（2）**质的变化**：情境分析法最适于处理复杂、极端不确定的状况，因为其间分别有定性因素和不定性因素在起作用。例如，社会价值或技术变革会导致重大的结构变化。

（3）**目标**：在商业场合，目标用于描述可能发生的情况，而不是我们希望发生的情况。客观现实也要求情境具有内部一致性，并且是切实可行的。如果情境被认为是不可能或不可行的，那么它们将会被人们拒绝接受。挑战在于我们需要在不能进入情境的前提下拓宽思维。

（4）**开放性**：情境是故事。它们并不提供精确的细节。通过运用情境分析法并参与其中，读者得以自行添加细节，从而增强其真实性，并可由此及彼地推断至其他事例。

（5）**相关性**：情境必须与即将面临的处境相关。情境必须强调与公司战略决策相关的不确定性和主导因素。简言之，它们必须和公司面临的问题相关，从这个意义上来说，所有的情境都是集中的。

情境在何时最有用？

当对外面临复杂和不确定的环境，对内面临重大长期投资决策或其他会带来长远影响的决策时，情境分析法最为有用。典型地，复杂环境涉及无法计量的因素，其间结构变化是不确定性的一部分，系统拥有错综复杂的反馈环。由于能够识别出系统内行为将如何导致始料不及的反馈信息，系统思维将日益成为情境思维的一个重要组成部分。对于其中大部分变量已知、可以计量的场景来说，这里所说的情境分析法并不十分有用。同样，在做一些产生短期效应的决策或普通投资决策时，情境分析法也往往并不适用。

为何采用情境法？

如同瓦克在开篇引言中所指出的，情境是管理人员用于思考未来情形的方法，该方法着重于制定战略决策时面临的多种主要不确定因素。情境分析法只是达成目的之手段，而不是目的本身。制造情境需要大量与过去和现在有关的信息资料，识别其中模式并据此组织关于未来情形的连贯故事情节。企业从而得以在战略选择的思考过程中充分运用情境分析法。

情境的价值由两部分组成：最终产品的价值和过程的价值。

情境：
◇ 提供连贯的"未来心智图"；
◇ 做出清楚的关键假设；
◇ 促使人们考虑到各种可能的未来情境；
◇ 提供形成和测试战略选择的背景；
◇ 商业环境日益宽泛，需要增强人们在这方面的意识；
◇ 提供一个沟通的媒介；
◇ 强调决策制定过程中面临的不确定性和风险。

过程：
◇ 促进战略性思维和系统思维；
◇ 为公司各部门职员提供一个分享不同观点的论坛；
◇ 允许出现非传统的观点和新思想；
◇ 加强沟通；
◇ 鼓励学习和应变能力。

总而言之，情境分析法赋予我们洞察力。尽管过程的设计初衷是为了制造情境，但在此过程中学到的知识却可能比制造出来的具体情境更为有价值。

如何开发情境？

舒瓦茨（Peter Schwartz，著有《远见的艺术》一书）注意到情境就是在现时感知未来。其想法是未来一切情况发生的原因在今天都已有迹象显示，但条件是我们能够识别并解释这些迹象。在情境开发过程中使用这一简单想法的挑战在于识别"迹象"，阐释它们的重要性，并设想它们与未来的关联（见图 7-1）。

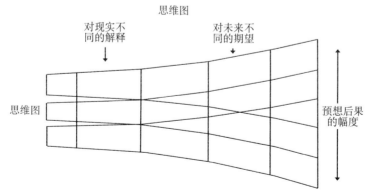

图 7-1　情景开发思维图示

让我们以 1987 年股市崩盘事件为例，这在当时被认为是大事件（迹象）。它的发生意味着什么？它的意义何在？当时颇受人们争议的至少有以下两种解释：一种主要来自华尔街的分析家，他们坚持认为此次崩盘是一种技术型调整。市场长期以来呈上升趋势，对套利行为进行调整具有其必然性。它不需要政府或投资者做出重大反应。另一种则主要来自经济学家和金融分析家，他们坚持认为股市崩盘预示了一个脆弱的、无法维持的国际金融体系。该金融体系构建在成堆债务的基础上，其中诸多金融计划不切实际，无法实现，需要政府部门立刻对其进行重大干预，以预防国际金融体系的崩溃。

请注意，以上对同一事件的两种不同解释产生了对未来的不同预期，并导致关键参与者做出不同决策。最后，政府各部门携手合作，提高了国际金融体系中的资金流动性，而国际金融体系亦通过此次事件证明了其自身出色的弹性。

多种解释

那么，我们由此得知情境开发的第一步就是识别出预示重大转变的事件或新生事物。这些可能是由过去或最近发生的单个事件（需要进行解释）串联成的连续性事件，我们面临的挑战在于需要将具体事件和变化模式联系在一起考虑，找出这些事件的不同解释。我们必须有意识地努力做到这些，因为我们通常的做法是搞清某件事情即可。对同一件事（包括由同一件事引发的连续性事件）或一组事件，我们必须探求一种以上的解释，从而产生不同的故事。（图 7-2 对情境的构建模块进行了简单描述。）

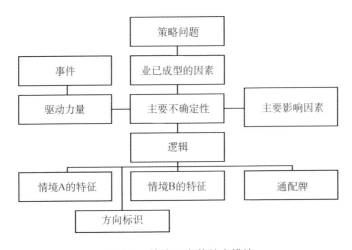

图 7-2　情境开发的基本模块

变量

识别众多变化和对事件进行说明可能会产生大量影响因素或"变量"。通过变量的定义，我们知道它可以具备不同的价值标准。传统的变量可能包括人口增长、利率或天然气价格；较新的变量则可能包括军事力量的变化、针对技术发展的社会价值观变化（在情境法中，对商业变量的一层定义就是"环境的特性或特征，在情境分析过程中，它的情形或价值对企业极为重要"）。

主导力量和不确定性

在我们进行解释时，某些变量可能比其他变量更为重要，更为关键。这些主导力量对情境的逻辑思维至关重要。舒瓦茨将主导力量描述为"推动情境情节发展的条件，它决定了故事的结局"。他以文学为例说明："在怪诞小说中，动机是主导力量；而历险小说的一个主导力量就是推动整个冒险历程的探险活动。"就商业而言，重要的主导力量是指那些对商业及未来商业环境有重大影响的因素。

其他变量在经过再三思考后可能会证明对结果影响不大。它们的将来极具可预测性。这种类型的变量又被称为"预定元素"。区分主要变量和次要变量的关键在于了解"哪些是不可避免的"。

与此大相径庭的是，某些变量具有极端不确定性。它们对未来的影响结果十分广泛，它们未来的"价值"亦无法确定。鉴于企业将要面临的操作环境，情境着重于一两个与商业或商业环境有关的关键不确定因素。它们可能与政治、环境、价值观、投资或竞争性质有关。

主导力量和主要不确定因素是构建情境的关键模块。它们形成了情境的逻辑思维基础。这就需要了解将故事各部分情节分开的因素是什么。世界向不同方向发展的条件是什么？这场危机是否像 1987 年股市崩盘一样需要关键参与者做出反应？是否是各积极参与者的不同行为使之然？例如，石油市场上的石油输出国组织（Organization of the Petroleum Exporting Countries，OPEC）国家，它们由于各自动机不同，对变化做出的反应亦不同。又或是一些微小发展迹象逐日积累的结果，导致人们选择不同的道路？无论是其中哪一种情况，都为情境描述提供了依据，并逐渐形成一系列可用于描述各种情境的特征。标志物和通配符也是可以识别的。标志物是指示器，它可以为我们预示随着时间的推移，将会出现何种情境。换言之，它们是与组织重要决策息息相关的关键变量，并需要随时进行调整。通配符是低概率、有重要影响的事件或意外进展。它考虑到一切不可思议的情况，不是为了做预测，而是为了真正地拓展思维，确保公司能够自觉为意外情况的出现做好准备。

概言之，情境开发过程历经过去、现在和未来，应识别其中重大的变化或变量。这些变量可能是主导力量、预定条件或不确定因素。在情境开发过程中，逻辑思维和特征的形成正是以它们为依据。它们共同组成了情境的构建模块。

"好"情境应具备以下特征

情境不同于预测,该如何评价它们的好坏呢?虽然其标准在很大程度上具有主观性,但却和情境的特征及目的有关。好的情境应具备以下五个特征:

(1) 看似可信:情境可信吗?
(2) 有据可循:情境与过去或现在发生的事件是否有关联性?
(3) 挑战性:它有没有挑战我们的思维?有没有拓展我们的心智图?
(4) 相关性:情境是否有助于了解企业面临的重大战略问题?
(5) 内部一致性:在同一情境中,逻辑思维或最终结果有没有出现自相矛盾的情况?

而其中最伟大的地方在于:情境有没有挑战我们对未来的思维模式,并引导我们提出"正确的问题"?

壳牌国际石油有限公司情境规划组的格斯(Arie de Geus)说得好:"在唯一与未来有关的讨论中,我们迈出了成功的一步,我们不再问'是否有事会发生?'而开始问'如果有事发生,我们应该怎么做?'"从意愿场有论的角度去理解,我们现在能够想象的和未来实际呈现的两种状态类似于场有和实有的关系。场有包含诸多可能的"虚拟真",实有展示"现实真"。情境规划帮助我们扩大对诸多虚拟真的理解,让我们在思想层面已经做好各项准备。当其中一个版本的虚拟真实际演绎出来时,有思想准备的组织已经在时间历程的赛道上领跑很久了。假如危机发生,他们当然知道怎么做!

第三节 预想全球科技大变局

华为总部有一个方舟实验室,得名于"挪亚方舟"。它的策略目标就是去思考和探索另类生存之道,即现有业务出现灭顶之灾的时候,有没有一个另类的战略技术和市场(挪亚方舟)可以帮助企业续命。华为的方舟实验室背后的思想方法是"情境规划"策略,许多世界500强公司业已将它纳入高管决策过程。

由于在全球供应链中的附属地位,多数中国企业过去不需要思考技术世界的不同情境,因为行业先进已经完成思想蓝图和认知图景,追随者只需要响应即可。环顾现状,我们不仅需要预想未来的情境,还得致力于建设全球新型供应链的思想同盟军。一念一世界,怎样让国际合作者重新想象过去,积极回忆值得共同建设的未来?情境规划是我们必须要掌握的方法论。

用情境规划建立思想同盟

常识认为,过去只能回忆,未来可以想象。不过,在编导危机转型时,我们得学会重新想象过去，集体回忆未来。这样的一个思维过程典型体现在"情境规划"(scenario planning)的策略中。起始于美国智库兰德公司（RAND Corp.)和壳牌（Royal Dutch Shell）石油公司，情境规划方法论已经被广泛运用于应对不确定性和危机管理。它也是行业中的先锋企业未雨绸缪、组织思想同盟军的认知工具。如何想象过去和回忆未来？我们从介绍情境规划方法论开始，然后以未来技术世界的四个版本为例，说明情境规划方法可以怎样调度记忆和想象去感知未来。

赫尔曼（Herman Khan）是情境规划策略的创始人之一。20 世纪 60 年代，赫尔曼为美国智库兰德公司研究有关核战略问题。他首先建立了一套"未来已至"(future-now thinking) 思考工具。核战争后果以及"预想 2000 年"是他最早的情境规划案例。赫尔曼关于核战争的生动情境分析，成为当时美国军方高度认可的虚拟思维导图。防范核军备竞赛，从想象核冬天的情境开始。赫尔曼的工作被认为有高度价值，因为它帮助美苏双方建立起核冬天的未来记忆，帮助他们感知到冷冰冰数字背后灾难的结局。回忆未来，直接影响人们当下的思考和行动。

不久，兰德公司这套方法被壳牌石油公司战略规划部的瓦克（Pierre Wack）借鉴使用。瓦克认为，动荡环境下，未来无法预计，但是能够预想，因为即使离谱的未来变化都有发展演化的蛛丝马迹。环境中肯定存在未来不确定性的弱信号，而情境规划的方法能捕捉弱信号，适合预想意料之中的意外。1973 年，中东爆发赎罪日战争（Yom Kippur War)，全球石油市场大乱，引发石油危机。众多石油公司面临危机无所适从，只有壳牌沉稳应对，因为意外已经在他们情境规划的意料之中。

20 世纪 90 年代，情境规划方法受到全球关注，因为它预想到又一个意外：南非结束种族隔离政策。1991 年，壳牌公司的卡哈内（Adam Kahane）邀请 22 位代表，在南非的蒙特弗勒尔中心，讨论南非未来情境和对应策略。它成为情境规划历史上著名的"蒙特弗勒尔情境"（Mont Fleur Scenario）。著名，不仅在于它生动全面，还在于参与者之间形成的协同效果。来自不同利益相关机构的参与者在此过程中建立起思维共识。通过情境规划分析，他们建立起一套逻辑、语言词汇、变化脚本、敏感信号识别机制、虚拟配合行为套路。1994 年，德克勒克（F.W. de Klerk）将政权和平移交给新当选总统曼德拉之时，它超出人们的想象，但参与蒙特弗勒尔情境规划的 22 家机构却做出合适的战略调整。它们之间能快速协同，得益于已经对过去重新想象，并让未来值得回忆。

"9·11"事件之后，全球落入一个极其陌生的反恐环境。情境规划战略方法再一次受到跨国企业的重视。总结十多种情境规划的方法，它们的共同点表现在下面的四个阶段：

（1）分析影响战略处境的关键因素和互动关系。因素是否关键，要看它们在企业策略中的地位和波动变化情况。因为制度环境和产业环境不同，每个企业能罗列出的关键因素有差异。

（2）从关键因素互动的态势中提炼出驱动力量。驱动力量不仅看关键因素的互动形态，还要看它们是否有持久的效应。富有挑战的是，我们要对驱动力量做深入讨论，看到它们在更深层次的同质性和差异性。根据同质性和差异性，我们编排组合驱动力量，直至找出有综合影响力的两股驱动力量。这个过程不是简单删减，而是复合抽象（compound abstraction）。先是不带成见，沉浸在具体细节中，特意不选择观察的维度。然后，在理解细节基础上，尝试从不同视角看待现象。一般而言，视角必然带来选择，选择值得关注的特征。比较不同视角产生的理解之后，再尝试将丰富的理解抽象成简洁的概念。这就是复合抽象的思维过程。它可以不断重复，直至无法再提纯。王阳明"格物致知"的说法更直白，但没有全部反映复合抽象的过程方法。

（3）假设我们已经提纯出两股驱动性的力量，它们变化发展可能有正反两个方向。于是，我们获得对未来不确定性的四个象限的认识。在每个象限中，我们可以讨论两股力量交叉作用而产生的情境。

（4）对于每一个情境，首先，我们需要讨论它基于当前情况的事实证据，思考可能的演变（the probable）。其次，我们还要讨论那些没有强有力证据，但能够充分想象的图景（the plausible）。再次，根据与各方利益相关者之间的交流，我们汇总出来他们期冀的未来（the preferable）。最后，我们要讨论最不可能，不过一旦出现，就有颠覆性影响的图景（the impossible）。于是，我们有信心地推演出未来变化的四种情境，因为我们知道，未来大致是上述的四个维度交叉互动产生的。剩下来要做的工作就是标识阶段性信号指标（sign posts），它们将成为情境强弱变化的预兆。

实践中，情境规划的每个阶段都有更详细的步骤。但上面的要点可以帮助我们理解参与者是怎样重新想象过去和积极回忆未来的。预想的情境，在虚拟状态下，已经犹如发生过的情形。它们留在参与者的记忆中，仿佛是虚拟体验过的未来。

重新想象过去是情境规划的另一个特点。我们常说，你可以有自己的观点，但不能拥有自己的事实。应该补充的是，历史都是复合事实。每一次想象它们之间的联系，我们都有新的发现。这些新发现构成我们的洞见，铺垫出对未来的远见。所谓不忘初心，不是重复，而是重新发现。现在是过去选择的结果。如果我们重新发现曾经有过的丰富选择，它们能解放思想的禁锢。

研究战国时期纵横家苏秦和张仪的作为，一言以蔽之，就是帮助各国重新想象过去的关系，积极回忆值得期冀的未来。目前，全球市场犹如春秋战国，从有规则的竞争进入地缘政治的对抗，企业的国际化旧策略基本失效。怎样通过情境规划的方法梳理四面八方利益相关者的意愿，结成思想同盟？这是当前中国企业跨国战略的重中之重。

未来技术世界的四个版本

以技术对全球化的影响，我们不妨运用情境规划的方法做一个演练。尽管是经过简化的未来技术情境分析，它也能促进理解上面的抽象讨论。

塑造未来技术世界的两股驱动力量是政治时态观和经济指导思想。它们都有朝着不同方向演变的不确定性。受这两股力量交叉影响，企业可能面临四个版本的技术世界（见图7-3）。

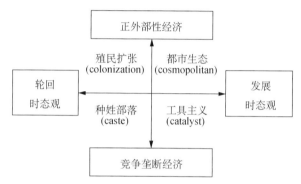

图 7-3　未来技术世界的四个版本

时间是一个物理度量概念，还是一个社会政治概念？耶鲁大学历史学家斯奈德（Timothy Snyder）认为，讨论社会历史和发展的时候，时间是一个"时间形态"（time-scape）概念。它折射着一个社会制度的变化方向和集体行为定式。一种是"轮回的时间形态"，即人们认为，经典的社会政治模式可以反复轮回，并且应该反复轮回。一切问题都在轮回到经典高光形态之时获得完美的解决。另外一种是"发展的时间形态"，即人们认为，社会时间和进步是同一个方向的，一切问题都会随着社会进步和发展而最终得到解决。例如，罗斯福总统的新政（the New Deal）和约翰逊总统的"伟大社会"（Great Society）在深层次都反映出同样的发展时态观。相比之下，特朗普总统的"让美国再次伟大"（Make America Great Again，MAGA）则梦回20世纪50年代政治模式，属于轮回时态观。再如，比较土耳其开国总统凯末尔（Mustafa Kemal）与现任总统埃尔多安（R. T. Erdogan），他们做出相反的政治时态选择。经过深度分析，我们发现，轮回或者发展的时态观是驱动未来技术世界变化的一个关键不确定的驱动力量。

半个世纪以来，自由主义的市场经济影响全球，但它也是选择的产物，也会发生变化。至今为止，自由市场经济包含竞争的思想和允许竞争性垄断。这样的经济思想给全球社会和自然环境带来的影响有正有负。越来越多的人意识到，经济活动的负外部性（negative externalities）已经到了失控的边缘。同时，从人道主义、保护自然和社会公平正义的角度，强调经济活动必须兼顾正外部性（positive externalities）的社会意识也普遍高涨。对于技术、经济思想的这两个不确定变化方向也会成为未来塑造技术情境的驱动力量。

在这两股驱动力量不同方向发展的影响下，我们看到未来技术世界可能有四个不同的版本。依照情境规划的习惯，我们赋予各个版本生动的名称，以激发文学式的想象。

(1) **种姓部落**。类似印度的种姓制度，全球技术领域可能也会出现上下三六九等的地位划分。一些国家和技术巨头相勾兑，会试图维持全球供应链的等级差别。技术控制和垄断是制造与维护这样的等级差别和利润分配比例的重要手段。

(2) **工具主义**。技术被定义为纯经济工具，只为促进商业和经济活动服务，不带有政治标签或文化国别色彩。技术世界的冲突基本上会在发展过程中通过竞争来解决。过去50年，全球化过程中的技术竞争基本上对应这样的情形。

(3) **殖民扩张**。此情境下，技术逻辑追求以新代旧，以先进覆盖落后，以广泛的技术标准同化区域性差别。超级技术公司与金融资本相结合，试图在本行业建立大一统的霸权格局。主要大国政府各自青睐本国的超级技术公司。为了推动本国超级技术公司的全球扩张，主要技术大国政府试图维持均衡的策略，对等开放部分技术市场，允许全球化的技术标准。

(4) **都市生态**。大都会城市的特征是包容性强和多元文化共存。在全面茂盛繁荣的背景下，矛盾和冲突是次要的、暂时的、发展中可以解决的。创造更多的机会和提高包容性，这是大都会城市的主流。未来技术世界也可能出现类似的大都会生态。

未来技术世界将朝着哪种情境演变？处于不同情境下的企业应该如何反应？有哪些标志信号值得跟踪观察，以帮助企业先行一步？这些都是当前企业家必须思考的问题。

在前面章节提到，决策学家西蒙（Herbert Simon）曾经研究"马歇尔计划"的六个版本。彼时，它们各有优劣，不分伯仲。从后视镜中看过去，历史常有六扇门。粗浅看去，那被推开的一扇门塑造了后来的欧洲。其实，在决定前想象多种选择，它才是决策质量的保证。

面对全球科技大变局，我们首先要做的不是决断独径一条，而是能够想象多元选项。为此，情境规划是值得尝试的方法。

第四节　未来工作 4.0 的情境规划

随着国际咨询公司向越来越多的跨国企业推荐情境规划的方法，人们对它的理论要点也逐步熟悉起来。我们的调研发现，对许多组织，运用情境规划还是一个很大的挑战，因为它是一个系统推演的过程。上一节我们提供了一个简要版本，说明理论如何运用到全球科技竞争的情境规划中。现在，我们提供一个更加详细的版本来展示整个推演过程。我们选择的课题是人工智能对未来工作的影响。详情如下。

没有戏剧性，不成预言，阿尔法围棋（AlphaGo，即"阿尔法狗"）效应就是一例。麻省理工学院的布林约尔松（Erik Brynjolfsson）和迈克菲（Andrew McAfee）在《第二个机器时代》(*The Second Machine Age*) 预测智能技术将带来全球就业危机，但没有唤起警醒。2016 年 3 月，电脑"阿尔法狗"大胜韩国围棋高手李世石，它立即触动大众对智能技术的好奇与恐慌。人们开始关注智能技术的正反两面性：高效自动化的经济性与替代人工的社会性。如政治学者帕特南（Robert Putnam）曾经警告失业对社区秩序的破坏性影响，智能技术进步与它引发的社会失序必须同时讨论。因此，展望中国制造 2025 同时，我们需要想象中国工作 2025 的情境。

"阿尔法狗"真的比李世石厉害吗？那要看选择的衡量标准。以能耗效应观之，人脑厉害。人脑消耗 20 瓦，电脑的 1 920 个 CPU 和 280 个 GPU 消耗一百万瓦，是人脑能耗的 5 万倍。同理，从经济效率出发，智能技术对人力的替代效果肯定优越。可是，考虑社会人道目的，智能全面替代人工可能是个灾难。按照现在的趋势，牛津大学的弗雷（C.B. Frey）和奥斯本（M. Osborne）研究美国劳动市场发现，47% 的工作岗位可以被智能机器替代。因此，理解工作未来刻不容缓！

怎样研究尚未发生的工作未来？基于前瞻逻辑（abductive logic）的情境分析（scenario planning）是合适的工具。前瞻逻辑又被称为"溯因逻辑"。斯坦福大学哲学网通俗地称之为"最可信解释"的逻辑，即在没有历史数据支持的情况下，面对新现象，最可信的解释就最确实！其他两种逻辑，推理（deduction）和归纳（induction），需要依靠历史数据证明假设的真实性。相比之下，在情境没有发生之前，前瞻逻辑允许丰富可信的解释，并为策略选择提供方向。情境分析方法就是前瞻逻辑的一种具体运用。起源于 20 世纪 50 年代的系统思维，成形于 70 年代壳牌石油公司对市场前景的预想，情境分析发展为预想未来、思考不确定性的一种通用策略方法。应用这种方法，本文讨论智能技术引发的就业新趋势，并比较分析未来工作的四种情境。尽管智能技术带来的是全球范围的冲击，文章也包含全球因素，但分析着力点和政策建议方向集中在未来 10～15 年的中国市场。

首先，从智能技术影响开始讨论，本节描述中国制造 2025（统称工业 4.0）引发对工作 4.0 的关注。其次，依据情境分析的方法，本文选择五个相互影响的视角，形成 SHARP 分析框架（strategy of firm, human skills, artificial intelligence, resource configuration, political logics）。它帮助我们梳理关键因素、合力与趋势，进而获得关于工作未来的四个情境：①职业新物种；②就业软需求；③劳务大分化；④零时合同工。在情境讨论之后，我们指出经济效率和社会效益可以有互补关系，并依此建议相关的公共政策和企业策略。最后，我们认为智能技术不必与就业发生根本冲突，二者有策略互补的前景。

从工业4.0到工作4.0

工业 4.0、中国制造 2025、智能制造，它们缘起德国、中国、美国和日本，但核心相同，都是智能技术对上一代信息化和自动化技术的升级换代。本文统称之为工业 4.0。展望未来，以工业 4.0 为代表的智能技术将影响包括中国在内的全球劳动力就业市场。在中国，它正在发生。东莞的第一家无人工厂，瑞必达，就是一例。

2016 年，东莞瑞必达被评为工信部"中国制造 2025"的示范项目和样板单位。自机器替代人工后，这家为华为、LG、索尼、小米等国内外手机和电脑提供触摸屏的企业生产量翻了 100 倍，从过去的 10 万片/月上升到 1 000 万片/月。同时，人工与产量的比例大大下降，从 1∶2（1 个工人看 2 台机器）下降到 1∶18。另外，上岗工人的技术要求降低。简单培训后，工人即可上岗。

智能替代人工已经无所不在。2016 年，麦肯锡全球研究所（McKinsey Global Institute）对美国 2 000 个工种做了调查。报告显示，具备五种活动特征的工作都有可替代性。以瑞必达为例（见表 7-1），我们看到这五种工作活动特征对应的智能替代人工的程度：①动作重复性高的活动最容易被替代；②能够完成自动信息处理的活动，替代后效率显著；③人际互动度低的活动适宜被替代；④减少管理他人的活动能够提高标准化程度和效率；⑤智能机器包含内嵌的专业与专家知识体系，它比现场人工判断更稳定。

表 7-1　东莞瑞必达"机器换人"特征分析

活动特征	现场专业判断	人际互动	动作重复性	信息处理	管理他人
人工操作模式	高，需要有经验操作工	低	高	人工	需要
机器人操作模式	低，简单训练可上岗	低	高	自动	不需要

机器冲击就业本不是新话题。可是这一次，它对社会关系的影响远甚于从

前。1821年，李嘉图（David Ricardo）提出著名的"机器问题"，即机器改变劳动者与社会的关系。1933年，凯恩斯反复强调"技术性失业"（technological unemployment）的经济和社会影响。进入第二个机器时代，"技术性失业"的规模、速度和性质都发生人类未曾经历的变化。麻省理工学院的布林约尔松（Erik Brynjolfsson）和迈克菲（Andrew McAfee）的研究显示：①智能技术对劳动力从动作替代发展到思考替代；②智能进步以几何级数迈进，以至于科幻想象中的技术都将在未来10～30年出现；③我们必须重新审视经济增长和发展的内容和指标，必须将无形资产和社会福利包含到经济价值中；④人工智能发展带来社会阶层分化，资本与技术精英和底层劳工之间差距扩大；⑤公共政策需要鼓励能成就普通人的技术创新。综合美国美林银行和普华永道的量化分析，到2025年，人工智能带来的冲击可以达到14万亿～33万亿美金（2016年，中国GDP 11.4万亿，美国18.5万亿美金）。其中，9万亿美金来自减少的雇佣成本，8万亿美金是制造业和医疗行业降低的成本，2万亿美金得益于自动驾驶和无人驾驶应用技术。在2016年7月召开的"阿斯彭学会"（Aspen Institute）年会上，金融家拉特纳（Steve Rattner）用数字说明互联网信息技术主导的极客经济（geek economy）让1%的精英受益，但却没有提高99%的劳工就业质量和工资。会上，按照美国国会参议员华纳（Mark Warner）的说法，"技术性失业"被"临场经济"（contingent economy）与"随需经济"（on-demand economy）的形式掩盖。大量的隐性失业也造成社会问题。"随需"有经济效率，"临场"却带来心理危机，挑战人们对生命、生活和生存意义的看法。总之，智能冲击可能带来一个机器与人共主的社会，可能挑战人在文明秩序中的地位和角色。

图7-4展示了极客经济下智能对劳动力的替代效果。智能提高企业利润，减少雇佣人数，隐性失业也给劳工造成再就业的机会成本。如东莞瑞必达案例显示，投资智能技术后，企业生产力提高了，普通劳动力市场价值却降低了。（图7-4是概念图，不代表对应的数量经济。）

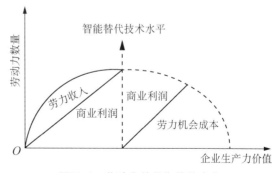

图7-4 劳动力替代和价值变化

"机器换人"策略正成为新兴产业趋势。例如，福建"爹地宝贝"婴儿纸尿布公司是一家新三板上市企业。它致力于把智能制造、供应、服务和大数据云计算结合在一起。它代表了众多智能概念股发展趋势。表7-2显示，过去10年中，中国上市公司越来越强调运用智能技术。它对就业市场的直接影响就是减少就业人数。

表 7-2　中国上市公司中"智能"和"工业 4.0"概念股

	2016 年	2015 年	2014 年	2013 年	2012 年
智能概念股	161	139	128	67	63
工业 4.0 概念股	53	51	37	29	0

数据来源：智能企业"爹地宝贝"林斌的论文和行业研究报告

从替代动作到改装思考，智能的影响不可同日而语。过去，被机械替代的劳动力尚可通过教育和培训提高认知能力和解决问题的技能，成为知识工作者。今天，知识度越高，越不需要人工，因为机器人已经从"机械手"演变为"会思考的机器"，具备超越普通人的深度学习能力。例如，在"阿尔法狗"之前，人脸识别是一个考验人工智能的难题。2011 年，ImageNet 刚刚推出人脸识别时，电脑的错误率高达 25%。可是，"智能神经网络"（artificial neural intelligence）系统发展迅速。到 2015 年，电脑识别率已经高于自然人，错误率只有 3%。它代表的"神经网络"深度学习能力体现在三个方面：①深层次思考能力。微软、DeepMind、MetaMind、IBM Watson 的深度学习系统可以超过 100 层（layers）。它让电脑有思考抽象问题的能力。②学习如何学习的能力。智能已经具备反思和修正能力。③多头任务的处理和学习能力。会自我思考的机器，如谷歌的智能回应软件，可以同时用两套神经网络回答问题。结合 GPU 芯片的发展，通用型的人工智能（artificial general intelligence, AGI）已经用到人事、证券、新闻，甚至葡萄酒品选的活动中。图 7-5 罗列了已经被广泛运用的关键智能技术。为便于查询比较，我们保留它们的英文名称。

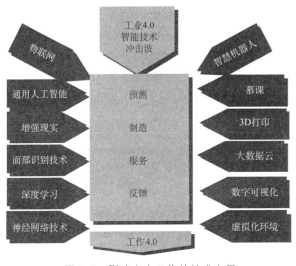

图 7-5　影响未来工作的技术力量

从图 7-5 的罗列中，我们可以看到，这些技术武装了两大范畴的智能，机器学习能力和智慧机器人。当机器既会做也能思考的时候，普通人已经没有认知能力（cognitive intelligence）的优势。所以，牛津大学的弗雷和奥斯本认为 47% 的工作都将被替代。不过，他们也看到自然人在身体的灵活控制度、创新能力和社会交往能力上仍保持优势。这为我们思考智能与人力之间的互补策略提供了方向。

图 7-5 包括的技术仍处于不断成熟发展中。各国蓝图中的工业 4.0 也在实现过程中。以西门子在安特卫普（Antwerpen）的展示厂为例，它至多在 3.0 和 4.0 之间。随着机器学习、智能机器人、3D 打印、可视化、信息物理、虚拟和增强现实等技术不断完善，工业在预测、制造、服务和反馈整个系统层面整合程度逐渐提高。此时，对应工业 4.0 讨论工作 4.0 特别有与时俱进的意义。图 7-6 便是这样的尝试。

从技术发展对组织形式的影响看，生产力决定生产关系，技术性质塑造组织制度形式和工作方法。图 7-6 显示它们相互之间大致的对应关系。机械时代，泰勒观察工人的动作、时间、工作量之间的关系，然后将工作化为标准动作，重复执行。那时，工作的场所和活动都围绕着新发明的机器进行，机器是中心，劳动力是辅助。当引入福特流水线后，工作流程和内容被简化，劳动分工更细。那时，劳动力经过简单培训之后就能上流水线生产。同一时期，办公室工作和流水线工作被分开，蓝领和白领的区别明显。办公室有权威等级，白领承担固定角色，按组织等级执行三类活动，即沟通（communication）、协调（coordination）和控制（control）的 3C 活动。

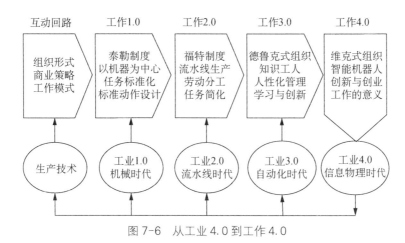

图 7-6 从工业 4.0 到工作 4.0

进入自动化和信息化的工业 3.0 时代，蓝领减少，白领的任务更多在于学习、创新和知识管理。德鲁克描述的"知识经济"和"知识工作者"概括了这个阶段的特征。因为知识性的任务要求白领有匹配的认知能力和心理承诺，管理形式也更加人性化，强调合作性竞争（竞合）、创新联盟和文化影响力。知识工作者主要执行新 3C（co-opetition, coalition, culture）活动。

进入信息物理的工业 4.0 时代（cybernetic physical system），智能技术基本上自我组织（预测、供应、制造、服务、反馈）。企业对人力资源的要求发生深度变化。同时,"机器换人"带来就业挑战。工业和工作的未来与社会和政治的未来紧密联系在一起。因此,政府政策与企业策略之间直接互动。什么是有意义的工作?怎样的就业政策是合适的?智能技术、经济发展和社会愿望之间关系如何?所有这些问题都需要重新进行意义的构建,就像维克(Karl Weick)在其"意义构建"(sensemaking)理论中提出的问题。我们暂时称之为"维克式组织",即需要建构工作意义的组织。

要想象未来工作4.0的形态和意义,我们得看到它是个新的意义构建过程,进而要认识到影响因素远不止上述的智能技术。未来不可预测,但可以预想,而我们对未来工作情境的预想将播下思想的种子,左右各方的行动。预想未来,它至少受到五股力量的影响,其发展的可能也大致会出现在四种情境间。

"工作未来"的 SHARP 分析

罗斯福总统曾言:"没有比创造工作更好的福利了!"社会学家威尔逊(William J. Wilson)以多年的研究指出就业对种族冲突、贫困化和社区秩序的深远影响。因此,以智能技术的威力和对就业的负面冲击,它不可能不受到其他社会政治因素的制约。简言之,未来工作4.0形态将为多种力量合力之产物。理解多种力量互动特征,情境分析方法最合适。

情境分析遵循"前瞻逻辑",想象最可信的解释。它的另外一个特征是对不确定性的关注。图7-7简要显示情境分析流程的特征:①**识别驱动力量**。未来虽然不能精准预测,却可以根据现在环境中的驱动力量来预想。②**理解互动逻辑**。驱动力量之间的互动形式和方向有不确定性,但有大致的逻辑走向。③**想象场因,场效应**。结合不确定性和驱动力量之间的关系,我们可以想象力量的合力所形成的"场"。未来秩序将是从场因互动中渐显的场效应。④**调整对情境的阶段性认识**。在系统均衡稳定之前,未来情境的演化过程受敏感因素影响。敏感因素变化时,情境可能有机会聚合不同的场因,出现转折。⑤**做策略行动者**。情境动态变化中,善于顺势选择的策略行动者能为自己创造机会。总之,未来秩序不是简单的因果关系造就的,它是一个变化合力的结果。如美联储前主席伯南克(Bernard Bernanke)所言:我们无法控制因果关系,但可以制造有利于互动关系

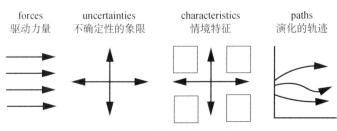

图 7-7 情境分析的流程

生成的条件。按照弗利斯坦(Neil Fligstein)和麦克亚当（Doug McAdam)"场理论"，这样的生成条件就是场因。

影响未来工作的因素很多，但不是所有的都符合驱动力量的条件。经过筛选，最重要的五个因素如下：①企业策略（strategy of firm）。作为主动行为者，企业能根据对环境资源和政治政策的判断选择行动，它们的策略行动影响到未来工作情境。例如，中国零售实体店就业人数大幅滑落与企业广泛选择"互联网＋"的策略相关。②劳工能力特征（human skills）。劳工能力包括体力、认知能力、感知能力、社交能力、创新能力和身体灵活反应能力（人的手指变化灵活性始终是机器人赶不上的）。在体力和认知能力上，智能可以大幅度替代人工。但是，对于需要其他能力的工作，人仍然有优势，可以使用这些能力影响未来工作情境。例如，混合使用智能大数据和人的感知能力，服务行业能够同时提高精准营销和人文体验。③智能技术发展水平（artificial intelligence）。如上述分析，它对未来工作形态有直接影响。④资源组合和配置（resources configuration）。企业策略受可以接近和利用的资源条件限制。社会资源状况，如老龄化人口因素，也会影响未来就业市场供给关系和工作形态。我们的调查显示，受地区的劳动力和物业资源影响，共享办公形式在北京、上海、广州、深圳更受欢迎。⑤社会治理的政治逻辑（political logics）。就业对每个政府而言都是最大的政治。但是，政治体制和文化不同，政治合法性和权威来源也有差异。因此，在对待就业和工作形式的政策上，每个政府有自己内在的逻辑。政治政策的激励或限制效果能送达就业市场的各个层级。例如，中国政府看到就业市场变化，开始调整"互联网＋"的政策，特别是在互联网金融和零售领域。如图7-8

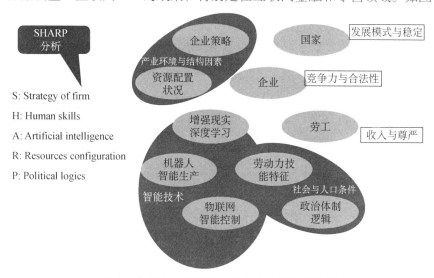

图7-8 多维度、多因素、多个利益相关者的互动

所示，取这五个方面的开头英文字母，我们对中国 2025 工作未来的"工作 4.0"理解框架也可称为"SHARP"分析。

运用"SHARP"分析框架，我们看到工作未来受到下面这些关键因素（场因）的影响（见图 7-9）：

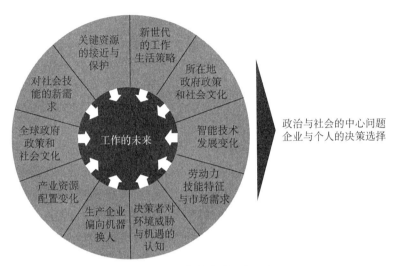

图 7-9　孕育未来的"场因"

(1) 世界不是平的。企业决策者对跨国市场环境看法改变。一方面，国际市场仍然为发展方向；另一方面，地缘政治变化引发"去国际化"。企业的组织人事政策也受影响而摇摆。

(2) "机器换人"为大趋势。老龄化，用工成本高，新时代劳工喜迁移，这些因素都促进企业向"机器换人"策略倾斜。不过，具体政策还在争论中。

(3) 智能策略同质化。通用智能技术带来效率的同时也消除企业间的差异化。企业的智能技术策略大同小异，到一定程度，同质化带来反思，求差异的力量又回到劳工能力上。

(4) 智能技术可以成就新价值创造策略。市场资源、营销能力和帮助客户感知新价值成为企业之间差异化的来源。因此，人力资源中，有创新能力和社交能力的雇员获得更多的青睐。

(5) 稳定与自我保护的政治逻辑趋于首要地位。地缘政治复苏，地区化和去国际化已经开始。保护市场、保障社会稳定、保持政治权力合法性，它们成为重要的政治逻辑。因此，推广新智能技术和防止全面失业同时出现在政策目标清单上。

(6) 新的工作与生活价值观出现。新世代员工既不是偏工作、无生活，也不是强调工作生活的平衡，他们更希望少一些机械无聊的工作，多一些增进生命意义的工作挑战。生活与工作的互补关系成为新趋势。

(7) 自然人的潜在能力渐渐显出优势。对于自然人在感知能力、身体灵活能力、社交能力与创新能力方面的优势，人们有新的发现。企业与政府都希望智能技术不仅替代体力和认知力，也放大和成就自然人的其他优势能力。

(8) 全球化出现多种模式。为了可持续发展，地方政府致力于推动当地文化产品和经济活动，以此平衡通用智能技术引发的无差异价值生产活动。

(9) 智能同质化后，关键资源的内容发生改变。文化资源、地域资源和任何差异化资源要素都成为企业和政府积极开发与保护的对象。

(10) 面临环境挑战，政治与社会思想意识改变。根据政治开明和社会开放程度，人们对生命和生活、社会和个人的意义观念有新的理解，他们既可能趋向种族主义自我保护，也可能走向世界大同天下一家。

在以上诸多因素混合搅动下，社会与政治的中心问题在发展和安全之间摇摆，企业与个人的选择也徘徊于合作和冲突之间。

"工作未来"的四种情境

以上 SHARP 分析展示十大要素互动塑造工作的未来。整合要素之间的关系，我们看到它们基本上落在两股重要的驱动力量上，而各自都有不确定的发展方向。这两股驱动力量也代表着左右工作未来的发展逻辑：经济技术的逻辑和政治社会逻辑（见图 7-10）。

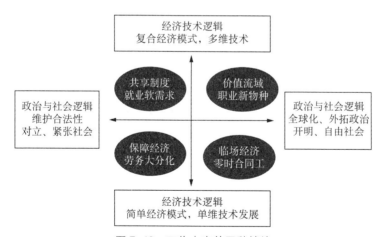

图 7-10 工作未来的四种情境

政治社会逻辑有发展的不确定性。它可以朝向新的全球化运动，跨国拓展（如一带一路），成就更加多元的自由社会（例如，在道路和理论自信基础上更加开放）。通过对自由主义市场经济的反思、对全球气候变化危机的担忧、对中国过去 30 年表现出的新社会治理模式的总结，它可能走向新的全球化价值观。当中心问题围绕着全球气候、贫困、流行疾病、外太空发展时，国家之间的许多差异显得次要。如果由开明和拓展的逻辑主导，它可以激发新全球意识，鼓励开放合作模式。

它也可能转向另一条演化道路，强调维护合法性，试图利用对立中爆发的能量。它不得不面对地缘政治和资源争夺所造成的紧张社会。一个紧张的社会把冲突看成必然，斗争成为过程主旋律，势力的此消彼长为阶段性政治目标。如此，政治人物不得不面对当前紧急的问题，包括有意识制造的急迫感。维护权力合法性和保持一定程度的社会紧张可能成为一对互利因素，进而发展为社会治理的中心逻辑。

经济技术逻辑也有发展的不确定性。它能够从现在的智能技术中派生演绎出各种应用新技术，如生物基因、航天太空、神经学心理学，这些多元的新技术可以激发复合的经济模式。复合模式不以技术先进性为唯一的衡量标准，而是在通用智能技术的基础上鼓励多种高差异的偏好和价值观。例如，"机器制造"和"自然人制造"可以是两个共存的价值范畴。复合模式鼓励不同偏好选择下的地区发展方式，如"跨国公司经营"和"当地文化原生态经济"互补。前者强调全球生产、跨国营销、无界消费，后者凸显文化人道主义，它也许"去全球化"，但不"反全球化"。

经济技术逻辑发展的另一个维度可能是技术同质化，单维度发展，大家选择统一的经济模式。一个已经存在的样本就是"连锁城市"。今天，无论我们走到哪个国家，发达的城市商业区一定有一条街，有完全一样的系列国际品牌店。智能技术也可能遵循类似的发展逻辑，成为同质、单一经济模式的内核。

上述两股综合驱动力量和它们发展的不确定性交织在一起，形成工作未来的四种情境（见表7-3）。

表7-3 工作未来的情境概要

工作未来四种情境概要		
价值流域职业新物种	产业生态改变，从供应链到价值流域。 企业依据客户关系，选择广覆盖策略。 社交能力、感知能力日显重要。 智能技术扩大增强劳动力的认知能力和身体运动能力。自然人再次成为稀缺资源。 开明和国际化政治激发跨国跨文化经济。	• 新产业结构、新商业模式 • 以感知和社交能力为中心的新职业 • 价值创新来自跨文化差异和多元偏好 • 智能技术解放劳动力，促进新工种 • "优步"向代购等领域扩展，跨国语言教学
共享制度就业软需求	走向工业4.0，产品极大丰富，政治强调共享。 企业选择"好公司"策略和包容发展模式。 智能技术内嵌到生产与生活中，解决基本需求。 工作成为生活追求，部分人把劳动当作第一需要。 热情和坚韧的劳动者成为核心资源。 政策鼓励企业创造体育竞技型工种，效率第二。	• 北欧化，终身培训，鼓励职业转型 • 为劳动需求创造就业机会 • 智能技术保障效率和供应 • 工作可以就是为了玩 • WeWork；体能训练师；景区文艺表演者

(续表)

	工作未来四种情境概要	
临场经济零时合同工	工作原子化。自由职业者增加，灵活组合。 项目导向的临时组织成趋势，政府不干涉主义。 职场流动性大，企业选择精干核心的人事策略。 企业广泛运用智能技术替代劳动力。 短期合同盛行。劳动保护成为政策关注点。	·智能技术影响组织人事策略 ·移动办公成趋势 ·组织类型发生大变化，临时组织成常态 ·专业技能组合，专家角色凸显 ·兼职教授，自由职业者
保障经济劳务大分化	传统产业解体，少数新兴产业大发展。 政府推动物联网和智能技术，提高效率。 日常规范性工作被广泛替代，企业选择效率至上。 高端创意，高级工艺，智能系统，低级劳务。 四个阶层等级化，政府推最低收入保障。	·老龄化、劳动力短缺激发智能技术政策 ·高低技能，老少劳工，四代同堂 ·企业二级分化，岗位和收入二级分化 ·政府推福利保障政策 ·阿里巴巴的高管，淘宝店主

- **价值流域，职业新物种**

价值创造从现在的产业供应链向"价值流域"转变，它与新全球化和复合经济模式相配合，创造出现在难以想象的新工作岗位和新职业。例如，像电影《X战警》那样，智能技术增强版的人出现，有半人半神一样的能力，成为职业多面手。

智能不仅创造增强现实（augmented reality），也增强每一个技术领域。智能假肢让残疾人恢复身体功能，智能增强的身体和认知能力也帮助自然人突破各种生理和心理的局限，例如，记忆性质的岗位培训可以通过内置芯片完成。智能技术加持后，员工发挥感知能力和社交能力，挖掘多元的价值偏好，创造新生产和消费形式。

自组织能力强大的工业 4.0 系统成为经济基础设施。它在技术上解决了过去的产业供应链上下游之间的关系。一方面，供应链已经内嵌到信息物理系统中，成为通用技术；另一方面，就像河流生态按照流域网络延伸一样，企业利用工业 4.0 的基础设施建设自己的价值流域。例如，到 2016 年 7 月，成立于 2010 年的网上约车平台"优步"（Uber）市值达 650 亿美金，超过成立于 1903 年的福特汽车公司总市值。它获得高估值的重要原因就在于它所代表的新价值流域模式。优步从网约租车开始，向"私家物流"渗透。2014 年，UberFresh 从加州圣莫尼卡市开始尝试网上订购和派送食品。同年，UberRush 在曼哈顿地区实验区域内办公快件速递业务。另一个"价值流域"的案例是"爹地宝贝"婴儿纸尿布。它将供应、生产、客服的大部分活动汇合在一个信息物理系统中。它依据大数据分析，按婴儿成长的年龄和消费特征推送各种以信任和服务为核心的新产品。过去，每个产业都有自己的价值链，它联系上下游客户。未来，智能技术允许企业横向和纵向联络，像大河水系一样形成"价值流域"。

低成本、自组织的智能技术让核心企业向四面八方扩展，形成自己的价值流域。因此，许多新的技术和功能也被创造出来，它们为工作未来带来新角色和新岗位。例如，生活方式规划师、学习规划师、移动管家、消费偏好分析员、创意教练、创业导师、增强版运动员成为前所未有的新工作机会。自动柜员机（ATM）出现后，技术将柜台人员解放出来，进而帮助银行业设立更多的服务网点，雇佣更多的客户咨询人员。复合经济模式和多维技术支持下，未来的职业新物种也会层出不穷。

在此情境下，文化差异、偏好不同、地域区别，它们都成为创造新价值的有利资源。智能技术在替代体力和认知能力的同时也解放自然人，让他们着重发展感知能力、创新能力、社交能力和身体灵活能力。工业4.0和智能机器人将承担许多无聊的工作。增强版的自然人将乐于从事有趣并有挑战性的工作。

- **共享制度，就业软需求**

智能技术大发展解决经济短缺问题，社会关注点从资源创造转移到资源分配，不需要患寡，但需要患不均。因此，共享制度再次受到推崇。工作让生活更有意义，更美好，但工作机会供给有限。

在此情境下，维护权威合法性是主导逻辑。经济与技术大发展带来丰富资源，工业4.0解决社会生产问题。社会分配问题突出，传统劳动力被取代，政府安排再培训再就业，让失业隐性化，避免社会问题。政府仿效北欧和北美的实验，提供不同形式的全民基本收入。政策鼓励下，共享经济模式的企业增加，能够提供就业机会的公司成为社会好公司。

无聊的工作由机器人完成了，但同时新鲜有趣的工作并不多。工资收入不再是人们选择就业的头号指标，因为收入有基本保障，平均化收入是主流。新时代劳动者追求工作与生活互补，在工作中寻找生活的意义。类似的软性需求促进工作场所设计新趋势，办公家具企业、室内装修公司找到新的市场价值，为各类组织设计能激发创造力的办公环境。

像WeWork这样的共享办公从一线城市发展到各地。原材料和自然资源价格上升，人们可支配收入有限，共享互助的工作和生活开始普及，兼职工作普遍，这也满足了人力资本多才多艺的需要。就像维也纳的水管工晚间穿礼服在金色大厅参与商业演出一样，人们利用自己的艺术和技术天赋承接各种有趣的工作任务。劳动成为感受生命意义的第一需要。

- **临场经济，零时合同工**

企业按需组织项目，按实际项目工作时间和任务雇佣临时自由职业者，短期工作机会多，长期稳定的工作机会少。

自由竞争的思想和强大的智能技术相结合，企业左右政策，有绝对的话语权，特别在劳工政策方面。知识工作者被智能技术边缘化，沦为专业自由职业者。工作机会原子化，劳动保障合同趋向消亡，临时项目组织盛行。职业中层和专业人士失去固定的工作岗位，依靠咨询合同参与就业，企业选择短期任务合同的方式避免福利支出和工作时间承诺。政府政策偏向自由市场经济，对临时按需雇佣的现象采取不干涉主义。

智能机器人对人工的替代让企业可以减少大量的技术工人和中层管理人员。因为通用智能技术普遍运用到日常、标准化、可重复的工作活动中，专业自由职业者的人数增加。网络化、数字化，加上缺乏知识产权保护，富有创意的中产阶层的利益受到大企业的侵蚀，能够维持中产阶级生活的工作机会不断减少。

大企业在广泛运用智能技术的同时保持核心精干力量，他们往往是核心技术和有竞争力资源的创造者和维护者。专业明星员工享受高收入和高福利，企业还利用移动办公和临时项目组织形式雇佣外围专业人员。当临时外围人员增加后，内部知识管理和临时组织协调任务变得更加重要，也派生出新的工作岗位。

围绕着劳动保护、知识产权和跨国经营的劳工法律，企业、劳工和政府之间展开长期博弈。没有一劳永逸的解决方案，只有拉锯式谈判和妥协。按需雇佣方式和大量自由职业者也培养了新的城市工作游民阶层，他们中既有临时项目的雇主，也有雇员。2~5人的小型、原子化企业增加。

·保障经济，劳务大分化

经济为政治服务，保障基本需求为第一要务。按特殊贡献和技能的稀缺性，劳工分等级，收入和社会地位的两极化加剧。

在地缘政治和国内利益集团斗争压力下，政府选择加强社会控制，维护权威。智能技术给少数极客带来巨大收益，但没有惠及普通民众，技术性失业普遍，劳务市场出现精英和平民的大分化。平民劳工的收入没有提高，就业稳定性降低，就业选择变窄；专业精英与资本拥有者联盟，在高度智能化的领域大发展。

同一个产业中，企业的模式也出现两极分化：传统技术企业不断萎缩，运用新智能技术企业持续扩张。但大多数企业集中利用智能技术的效率价值，策略也雷同。得益于通用性智能技术的发展，类似实体店和淘宝网店之间的竞争和替代关系在其他产业出现。例如，纸媒与网上媒体、传统医院和基因精准治疗医院都开始出现大分化。

因为商业模式趋同，人力资本的其他潜在能力并没有得到深度开发。因为老龄化加剧，劳务市场出现悖论现象：需要隐性知识的关键岗位上，老一代退休，新一代没有接上。许多企业也出现新老两代人、高低技能员工四类员工同堂的现象,增加了人事管理复杂度。

面对少数智能化企业兴起和大量传统行业凋敝,政府政策常常左右摇摆。一方面,需要鼓励智能化、保持国家竞争力;另一方面,政府需要保障就业,维护社会稳定。不过,从稳定与合法性的逻辑出发,政策着重于低收入保障。

创造就业丰富的智能时代

SHARP分析和情境规划帮助我们看到未来10~20年工作形态发展的可能轨迹,如弗雷格斯坦(Neil Fligstein)和麦克亚当(Doug McAdam)"场理论"的解释,企业、个人、政府等利益相关者也是创造未来的策略行动者。工作的未来不由单一固定的因果关系决定,而是由多种场因合成的。因此,在想象四种不同情境的同时,策略行动者可以选择主观积极的活动,促进有利场因,让其中的某一种情境有更高的实现概率。

我们的分析表明,智能技术无疑扮演关键角色。它的替代作用和范围让就业的经济问题演变为社会政治问题。同时,智能机器人也替代了许多传统上危险、肮脏、无趣、低收入的工种。例如,过去10年,富士康有多位员工因不堪忍受单调而孤独的"电子插秧"工作而自杀,这凸显了劳动异化的严重性,也促使富士康选择智能机器人替代道路。从这个意义上看,智能技术有降低劳动异化程度的作用(见图7-11)。同时,从智能假肢、虚拟现实、增强现实等活动中,我们看到智能与人互补并增强的可能性。怎样既降低劳动异化,又增强人的能力?它对企业策略和政府政策都提出新挑战。

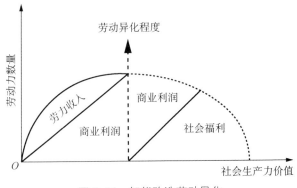

图7-11 智能改造劳动异化

关于未来,科幻小说有时能比经济学更有启发性,科幻往往是未来的现实。例如,能钻进人耳朵讲万国语言的"翻译鱼",能利用人的心理想象力的意念解读机,它们的共同特征在于利用技术增强人的能力,释放人的潜能。从这个角度出发，智能技术的增强效果要远比替代效率更有价值（见图7-12）。如果我们追求"增强的人力资本"策略，为"价值流域，职业新物种"的情境创造条件，未来智能技术不仅不会消灭人类，而且能够解放人的局限性。

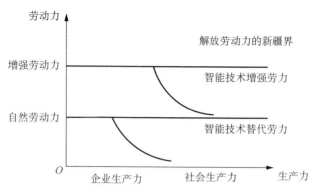

图7-12 走向"增强的人力资本"（augmented human capital）

伏尔泰说，工作能祛除三项邪恶：无聊、恶习和依赖。在跨入智能经济大门的当口，我们要严肃地思考智能经济对就业的影响，并要求智能创新同时促进自然人的就业机会。为此，智能经济的政策制定者要思考下面的原则：

（1）智能技术应该为创造更加有意义的工作服务。例如，网上教学的技术解决纯记忆性质的课程内容，它还要精进解放教师的表达能力和表演天才，让学习更有趣。

（2）办公室自动化与工作场所的人文设计相结合，让工作更美好。自动化要避免泰勒制度的陷阱。泰勒研究工作流程，让人适应机器；智能经济要反其道而行，让机器适应人的工作习性。

（3）智能软件要平行设计人工操作的替代程序，实施智能电脑和人工头脑双轨制控制方法，机器进步应该与人的成长保持同步。双轨制不仅保障人的就业机会，也是对智能机器系统的危机管理。

（4）公平估算家庭劳动价值，它应与获取工资收入的就业劳动受到同样的尊重。例如，对家庭劳动的种类以及它们对社会的贡献做全面评估，让社会认可家务也是重要的政务。

（5）未来，自动化和智能机器化在替代人工的同时，也要有新就业机会促进计划。伐木业有植被再生要求；矿产业要遵守生态复原的法规。同理，对就业，政府也应该有再生保护政策。这样的要求只会让智能技术产业更加人文，刺激他们的跨界创新能力。

（6）对于能创造更多自然人就业机会的工种，监管部门的限制越少越好。过去50年，各式各样的行业资格要求人为提高就业门槛，打击人们参加工作的积极性。现在，减少营业执照和执业资格要求正成为美国各州的新政。

（7）让大学成为终身再教育的中转站。基于年龄自然成长的教育计划需要改变，任何人在任何年龄段都应可以回到教育机构，重新整理自己头脑中的"活件"，再出发，成为对社会有益的人才。丹麦的学位教育、学徒教育和兴趣教育三位一体，值得各国学习。

（8）推动"工资不高，保障不少"的政策。工资不高，企业则愿意雇佣人工，提高就业率；社会保障不少，人们就不会因为低工资而陷入贫穷。

（9）"影响就业率"可以成为对智能技术的一项社会评估标准。同等条件下，"提高就业率"的技术应该获得优先发展权。

1589年，威廉·李（William Lee）向伊丽莎白一世进献"编织机"织造的羊毛袜，女王收下羊毛袜，却拒绝威廉的编织机专利申请，因为她担心：工人都失业了，我统治谁呢？现在，各国政要开始自问：都是失业工人，怎么治国理政呢？

本 章 要 义

1. 危机管理是社会科学中的一门设计实践。它关系到解释现在的状况，展示未来值得拥有的状况，以及两个状况之间转换的有形和无形的支持。
2. 适用于自然科学的因果关系规律在危机管理中有局限性。我们更加强调启发性原则，即对实践有指导意义的规律。
3. 因为危机管理的设计实践要求更加有创造性地解释和制造值得拥有的未来，相关的思维更多使用溯因逻辑。它支持有效的、最可能的、言之成理的解释，并不要求与过去的经验和规律完全一致。
4. 在启发性原则和溯因逻辑支持下，情境规划的方法能够更好地预想、预判和预准备未来的危机情境。
5. 情境规划最有长效的贡献在于锤炼组织和团队成员之间的思想能力。危机实践既有想的实践，又有做的实践。情境规划直接赋能想的实践。

第八章 学错的文化　成功的失败

2017年9月，一个从织女星（Vega）方向过来的雪茄状物体以每小时32万千米的速度向太阳飞去。令夏威夷天文观察站的天文学家吃惊的是，它并没有如预期那样在太阳的引力下坠入那团火红的球。天文观察数据显示，它以U形飞行轨迹离开太阳，朝着飞马座（Pegasus）星系飞去。除了彗星，这是人类第一次观察到穿越星系的物体。更让天文学家诧异的是，这个神秘的物体似乎有脱离太阳引力的技术。哈佛大学天文系主任勒布（Avi Loeb）教授提出一个大胆假设：它可能来自更高级的文明，它可能有利用太阳射线推动太空帆航行的技术。

对勒布的假设，天文学家同行不以为然。引用天文物理学家萨根（Carl Sagan）的名言：异想天开的假设要有异想天开的证据（"Extraordinary hypothesis requires extraordinary data."），一些天文学家反对勒布"耸人听闻"的假设，认为没有令人信服的科学证据。可是，勒布认为，天文学研究与许多科学实验不一样，它不可能有大量的、可以重复实验的证据。对小概率事件做出有意义的假设和推测，是天文科学知识发展的必由之路。

事实上，与其他学科相比，天文学开发出一系列大胆想象新假设、多维度扩充新知识的方法。天文现象有许多人类未知的领域、天文学家只能突破传统认知习惯，寻求不完美但能够帮助他们从"未知的未知"走向"已知的未知"的证据。对于遥不可及的星空，1965年，英国科学家洛夫洛克（James Lovelock）建议，人类可以通过观察星云中化学元素的变化来推测是否有外星生命活动，因为一些惰性元素本身不会自动生成，它们在大气中浓度的变化一定是其他生命活动化学作用的副产品。类似的创造性思维指导着天文物理学家和天文生物学家寻找超常规的探索方法。麻省理工的西格（Sara Seager）教授罗列出14 000种活跃的分子，其中1/4可以用来观察是否有生命活动。天文学家还从地球上特别的生命现象中推演发现外星生命的方法。例如，一些植物色素吸收短波长的光线，反射长波长的光线，因此，如果观察到有强烈对比的红光现象，天文学家可以假设可能有生命活动。总之，除了天文望远镜和可以实地探访的飞船，天文学家找出了多种多样的认知方法，探索罕见的天文现象。

天文学的认知困境同样体现在危机现象中。危机往往是小概率事件，它每次发生都有独特的情境条件。危机管理一般要经历一个从混乱到混沌，再到建立新秩序的过程。从混乱到混沌，它往往处于两可之间的临界状态；从混沌到再秩序，它经历一个曲线诞生的过程，依赖诸多力量形成的场效应。因此，常态管理的许多认知方法和规律，如大数据统计和因果律，不能直接用于危机现象。像天文学一样，危机管理也需要开发一系列符合危机情境特征的认知方法。本章着重解析为何危机管理者要掌握小概率事件学错的方法，以及如何设计成功的失败。

本章第一节说明现代社会进入"长态危机"阶段。第二节说明对应长态危机，我们需要怎样的认知结构。第三节选择从艺术家的角度看待失败的价值。第四节从企业家的角度讨论失败的价值。第五节用一个微型案例讨论危机管理中高可靠性组织现象。最后，我们反思建立组织坚韧力与组织竞争力之间的辩证关系。

第一节　现代社会进入"长态危机"

长态非常态。管理常态是指，我们有能力在现有资源范围内维持或提高管理活动的效率。危机泛指现有系统运营被迫中断、失控，甚至溃散。它的伴生现象是能力透支、资源匮乏和无法讲效率。1984年，社会学家佩罗（Charles Perrow）出版《长态事故》（*Normal Accidents*）。佩罗的书是危机"长态化"研究的开山之作，它凸显现代危机的三个重要特征：长周期反馈回路，长期潜伏，长时间影响。

2004年，印度洋海啸过后，人们惊奇地发现，莫肯人（Moken）是唯一毫发无损的原住民。莫肯人世世代代居住在泰国和缅甸沿海地区，在他们口耳相传的部落历史中，莫肯人保留一条古训：当大海快速消失时，立即向山上跑。古训是启发性直观原则（heuristics）的一种。这条跨越百年的启发性直观原则救了莫肯人。危机发生时，古训背后的启发性直观原则有用，因为它们概括了人类千百年的沧桑经历，古训弥补了人类对长周期经验教训的认识不足。

对于长周期反馈回路的危机，人们容易轻视它的灾难性。南加州大学工程学院的弗里德曼（George Friedman）教授曾经在讲座中展现一张行星撞地球的分布图。从概率角度看，我的三观差点颠覆。可是，老教授说，最令人担心的不是行星，因为长度大于10千米的，97%已经被发现和跟踪。彗星更无法掌握，有些彗星的轨道运行周期超过千万年，如鹿林彗星周期超过2 800万年。因此，我们没有关于它的过去经验和知识。危机也有类似的长周期现象。正常状态下，人们经历故障，最多不过事故。至于危机和灭绝，它们都像鹿林彗星一样，是小概率事件。

可是，最近40年，小概率事件频发，生产和生活中的状况不断。这种集中和频繁发生的危机现象本身会不会也是小概率事件？还是生存环境和人类活动特征出现根本改变，以至于状况百出？

不幸的是，不同性质的危机交错发生，危机长态化，它已经是不可避免的社会现象。形成"长态危机"的一个重要因素是科学技术的广泛运用和技术内在的属性。

奥德（Toby Ord）在新书《崖断》（The Precipice）中概括指出，人类有20万年历史。1万年前，人类经历农业革命。5 000年前，古文明社会出现。400年前，实证科学革命发生。直到最近200年，工业技术革命给人类带来"神"一般的、改天换地的力量。大自然中，各种现象经历了亿万年竞争、进化、演变、协同的过程。通俗地说，地球上亿万年生命演变也是一个亿万年的除错过程。留下来的相互之间的利害关系也经历了亿万年磨合，风险对冲。可是，科技发明和创造只有400年的历史。技术在改变人们生活同时，隐含一系列的风险。它的风险尚未除错，以至于间断引发长态事故和危机。技术的威力和普及性越高，伴生的风险也越高。

关于科学技术的力量和风险，核电是经典。佩罗的《长态事故》就是针对1979年三哩岛核电站事故的系统反思。初步分析，它是两个冷却塔之间管道阀门被关闭的人为失误。但是，深入了解，佩罗发现，系统的设计（design）、设备零部件（equipment）、工艺流程（procedures）、操作员（operators）、上下游供应链物料（supplies）、工厂内外环境（environment）均在事故中产生了影响。DEPOSE成为后来系统分析事故的经典缩写。

佩罗更关心技术是怎样塑造社会生产和生活形态的。核电站事故折射出技术背后潜伏的风险。第一是必然的复杂性。如果一个系统有诸多子系统，它们相互之间发生作用，而且同时发生，那么系统的复杂性必然不断上升。设想一下孟买街头的交通状况，我们对复杂性的三个来源就有形象的理解。

第二是"紧凑关联"（tight coupling）。想象一下宇宙空间站，那是紧凑关联系统的缩影。在那里，每个活动都经过事先设计，环环相扣，缺一不可，无法替换，没有缓冲。

第三是"认知断片"（incomprehensibility）。佩罗发现，三哩岛事故发生13秒后，故障之间开始奇怪的连锁反应。2分钟后，故障连锁反应显现出从来没有遇到的、不合常规逻辑的矛盾信号。例如，两个气压仪表显示完全相反的事故方向。这是因为复杂紧凑的系统一旦出现故障，一定有内在无法理解的系统反馈回路。事故发生时，操作员面对完全混乱的现场认知断片，只有通过事后复盘，工程师才能搞清楚故障连锁反应的环节。如此情况下，事后指认的人为过失难免片面。

反思20世纪70年代的核电事故，我们对长态危机的认识提高到一个新阶段：高新技术必然有佩罗总结的三个特征，它们意味着技术潜在的风险。随着技术的广泛应用，技术风险社会化，它与我们的生产和生活相伴生。

技术风险引发的危机为何成为社会长态？1992年，贝克（Ulrich Beck）的《风险社会》英文版一经问世，便引起跨行业的关注。像其他巨作一样，《风险社会》深邃抽象。它可以概括为下面几个要点：

（1）关注社会形态的根本属性是解码社会的有效方法。每个社会形态受到根本矛盾影响，找到根本矛盾就能理解社会形态。

（2）对5 000年社会形态做一个抽象分析，它可以分为两个阶段：关于财富创造与分配，关于风险制造与分布。目前，社会的根本矛盾已经转移到后者，财富生产必然运用技术，技术应用过程有伴生风险。风险如何产生的？是谁的责任？怎样解决不合比例的风险分布问题？这些风险问题影响和左右社会其他关系的性质和变化。

（3）技术伴生的风险一旦出现，很容易全球蔓延，不容易就地隔离。

（4）普通人难以用基本感知能力去识别技术风险，因为它们太复杂，等待后果时间比较长。人们只能依赖具有专业知识的人士去评判。

（5）专业人士容易与社会权力阶层结成同盟，掩盖技术风险的性质和后果。这使得风险社会的矛盾不断加剧。

贝克的理论帮助我们理解当代风险社会的普遍性和长期性，我们已经无法摆脱技术对社会生活的全面影响。与自然和人类历史相比，年轻的技术不可避免地隐含风险。处于复杂和紧凑关联中的社会，重大技术风险很难被隔离在工程范围内，它们一般会演变成社会性风险。例如，化工项目、大型航空和海洋运输活动、生物基因技术、人工智能技术等，它们潜在的影响都有长周期反馈、长期潜伏、长久负面效果的"长态"特征。

我们不知道具体哪种技术风险会与社会因素相碰撞，引发危机，但我们知道，它们都有潜在的风险，并可能碰撞迸发出不同类型的危机。因此，每次危机还是小概率事件。但是，不同的危机高频率出现，这已经是大概率社会现象。沿用贝克抓根本性矛盾的思维，我们可以说"危机管理是个纲，纲举目张"。危机管理应该成为每个组织的战略重点，统领其他各项生产活动。

危机管理的战略思想千万条。其中两条为首要：

（1）谨慎运用应急和突发事件处理方法。

（2）掉链子中找突破（breakdown for breakthrough），系统修复的方向是转型。

我们要谨慎对待应急和突发事件处理方法，因为它们往往隐含一个虚妄的假设，即危机应急后，一切如常，突发事件消停后，旧的系统运用便可以继续无虞。在项目管理层，我们需要这样的稳定性假设，否则基层工作人员会终日惶恐，不知所措。但是，在战略决策层，我们要知道，经历危机破裂后的系统是不可能回到原来，一模一样的。如果要保持新系统的长久动态平衡（秩序稳定的表现），我们必须要看到哪些组织能力已经衰变，必须淘汰，而哪些新组织能力要增强。

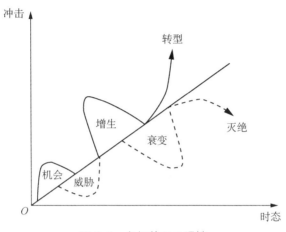

图 8-1　危机的双元属性

如图 8-1 所示，危机带来的威胁提醒我们，失效的组织能力在衰变中，必须剔除。危机激发的机会提醒我们，新的组织能力要加强，否则无法把握机会。稍稍留意，你会发现，图 8-1 是"洛伦兹蝴蝶效应"（Lorenz Butterfly）图的简化。长态危机社会必然具有洛伦兹所建议的混沌特征：

(1) 社会对危机事件敏感。

(2) 危机干扰两个引力场的活动变化。一个是现有的，另一个是正在呈现过程中的。

(3) 失效的组织能力代表弱减的社会力量互动；增生的组织能力代表反馈放大过程中的社会力量互动（这是通俗正能量说法的正解）。两者此消彼长，引领产生新的系统形态。

(4) 如果顺应这个混沌变化规律，组织转型。如果违背，系统寂灭。

所以，在危机引起的掉链子中找突破的机会，这才是系统修复、长治久安的战略。

只要我们离不开技术，尚未被除错过的技术必然隐含风险。复杂联动的技术普及和深入的背景下，技术风险难免与社会因素相结合，蔓延成为社会危机。面对长态危机，没有理论指导，我们只能看到混乱无序。有上述的理论指导，我们认清混沌的规律：混沌不是无序，是系统新秩序的玄元。既然无法逃避，那么就选择拥抱吧！

第二节　走不出危机，因为知识陷阱

爱因斯坦说：我们按照理论找寻世界。他这么说，是为了强调知识体系对人类活动的巨大影响。我们观察到许多企业被同一块石头绊倒，很大程度上是因为落入了知识体系的陷阱。作为一种社会现象，危机与自然科学有很大差异。它是活跃的社会活动中的小概率事件。一方面，大数据分析和平均值知识不能通用；另一方面，厚数据也不能包打天下。危机管理需要有选择地运用四种知识体系。

在前面对"长态危机社会"的介绍中，我解释过：一方面，危机不断；另一方面，每个危机都有自身的特别属性，每次危机都需要视之为小概率事件。如果因为危机不断就套用大数据分析的方法去找规律，我们极其容易陷入大数据分析的陷阱。

第一个陷阱是无差别套用数理统计正态分布的思维。一位共享车司机一年出车千次，从来没有遇过警察。有一次去酒吧后，以为自驾回家遇到警察的概率是千分之一。殊不知，没有喝酒的取样与有喝酒的取样是不能混杂统计的，结果就被警察抓个正着。这位兄弟至今还以为自己数学好，但运气差。

第二个陷阱是错把"同时出现"（co-occurrence）当作因果关系。有人迷信自己喜欢的球队和股市涨跌的关系，美国超级碗杯橄榄球赛的一些球迷就犯过错误。从1967年第1届到1997年第31届：只要是国家橄榄球联合会（NFC）联赛出线队赢，当年股市就大涨14%以上；如果是美国橄榄球联合会（AFC）联赛出线队赢，股市就大跌10%。按这个统计规律买卖股票的球迷可能会输掉衬衫。1998年，丹佛野马队（AFL联赛出线队）赢，当年股市大涨28%；2008年，纽约巨人队（NFL联赛出线队）赢，股市不仅大跌35%；还落入金融危机。

第三个陷阱是推导统计意义上的相关性为必然的因果关系。美国政府统计机构每年公布超过45 000类的经济数据。如果你想研究失业率和利率之间关系受其他变量的影响，你可以整理出成千上万个假设。有足够的大数据，找到相关性并不难。物理学家费米（Enrico Fermi）曾引述冯·诺伊曼（John von Neumann）对数据可操纵性的生动表述："给我四个变量，我可以搞出一头大象，再加一个，我还能让象鼻子扭动起来。"

第四个陷阱与危机事件的小概率特征有关。大数据分析推演出来的规律往往是"中值/平均值知识"。小概率事件一般出现在概率分布的变差中。例如，六西格玛质量控制的思维基于生产质量的正态分布和平均值，但是对于过去没有发生过的危机事件，它的思维体系不仅无效，而且会产生误导。

马克·吐温曾戏谑,世界上有三种谎言:谎言、无耻的谎言和统计数据。我们也可以把它当成对大数据陷阱的警告。

所以,大数据分析比较适合大概率事件,有通用性质的规律、数量多的参数,以及即使境况改变也规律如旧的情况(见图 8-2)。

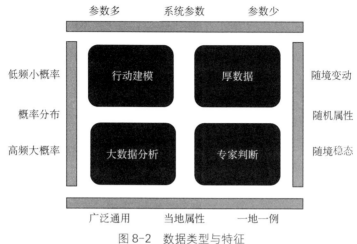

图 8-2 数据类型与特征

相比而言,危机事件发生概率低,并且受具体情境影响大。如果涉及的参数变量少,我们要学会如何从小概率事件中获得对现象的深厚理解。例如,飞机制造商对每一次飞行事故都建立一个详细的档案,试图从小样本中建立对事故周全的理解。如果参数变量多,主事人就需要勇敢实践,用行动去影响和带动周围的利益相关者。例如,未来情境规划(scenario planning)中的一条规律是主动、积极地与利益相关者沟通。你的洞见会影响其他人的思维,进而被认可为值得遵循的共同规律。

第二次世界大战期间,德累斯顿被炸成一个窟窿城市。盟军占领后,三一教堂广场边的一个咖啡馆外摆出几张椅子。可是,客人要预订,第二天才有咖啡。后来,面包可以预订,午餐也行。人们开始习惯在此约会。在一片废墟中,老板积极的行动逐渐把咖啡馆变成周边英美盟军频繁光顾的社交中心。事例虽小,却体现了行动建模的主要精神。

对于如何理解和运用小概率事件背后的厚数据,哈伯德(Douglas Hubbard)、马奇和维克等学者都给出了有实践意义的建议。概括如下:

(1)捕捉临界值,不做事后诸葛亮。例如,以色列对能威胁到中心城市的火炮力量异常敏感。一旦敌手掌握到接近临界值门槛的攻击力量,以方必定发动攻击,直至将对方实力压制到进攻门槛之下。

(2)对无知新现象,建立"微积分"思维态度,不求完美,只求不断接近。

古希腊人埃拉托色尼（Eratosthenes）发明了一种方法，在两个不同地点，测量太阳正午时分正射和斜射的角度和两地距离，以此来计算地球周长。它是第一个地球周长值，尽管误差很大，它代表认识的一大跃进。

（3）小数据为主，大数据为辅。1916年，德国人理查森（Lewis Fry Richardson）尝试把当地的气候情况（小数据）汇总在一起，做全国预测（大数据分析）。他的做法是把全国气候划分成纵横交错的格子矩阵，每个格子的气候情况对周边格子的影响可以简化处理。如此，他认为，即便是非常复杂的天气现象，也可以预测。因为计算力的限制，理查森没有成功。20世纪50年代，数学家冯·诺伊曼利用大型计算机将这个方法运用到天气预报中。

（4）运用"贝叶斯法则"（Bayes' Theorem），为渐确定性创造前提条件。费米曾经问学生芝加哥有多少钢琴调琴师，懂贝叶斯法则的学生给出估算公式：估算每一百个家庭有多少钢琴、钢琴与调琴师的比例、城市总人口、大约家庭数……贝叶斯概率思想的优势就是为不知道的现象创造可知的前提，然后逐渐确定。

（5）收集临界危机事件，训练洞察能力。那些差一点就酿成大祸的临界危机是训练洞察力最好的案例，因为隐藏在深处的问题几乎都暴露出来了。比较2008年胶济铁路出轨事件和2011年甬温线重大事故，前一次已经暴露内部管理缺陷，它已经显示，组织内部周而复始的流程不能对付突然出现的变差。

（6）运用想象力，对罕见事故做有故事情节的解释。丰富的解释可以依据不同利益相关者的立场，可以来自不同理论视角，可以结合感性和理性分析。想象力，特别是文学想象力，能够突破概念成见的束缚，照亮认识的盲点。例如，对疫情，我们可以从医学、传染病学、社会学、物流管理、心理学、国际政治的不同视角去理解。

（7）在领域和区域属性很强的问题上，倾听专家判断。专家对一个细分领域中的知识脉络比较了解，我们看到的小概率事件，有时，他们拥有更多的历史样本。专家在纵向历史方面的积累可以弥补危机主事者单薄的知识。如图8-2所示，对于动态变化的高频事件，如果特定领域或地域特征也极强，则专家判断更可靠。20世纪90年代，根据旧金山地区同性恋肝炎发病率上升情况，数据分析人员预测艾滋病病例也会相应增加。但长期深入社区的专家认为，同性恋社群已经接受艾滋病的现实，他们主动在社交媒体上说明自己的情况，以避免交叉感染，因此病例不会上升。事实证明，了解当地情况的专家判断是正确的。

对于上面讨论的四种知识体系，我们如何选择？统计学家伯克斯（George E. Box）曾说：所有的模式都不完美，但有些更有用！没有一个特别的知识体系最适合小概率事件的危机。不过，有了这些不完美的模式，我们可以在实践中尝试，找到更有用的那一个。

实验室中有个经典玩笑：小白鼠说，我把实验员训练得超级听话，我一拉线，他就送食物。要避免成为小白鼠，我们就从掌握上面的知识体系分类开始。

第三节　像堂吉诃德那样凝视失败

危机往往是无法控制结局的失败。如果你清楚地知道你是谁，为何而战，你可以像堂吉诃德那样失败，虽败犹荣！

17世纪西班牙作家塞万提斯给我们留下传世文学作品《堂吉诃德》。它描写一位幻想自己是中世纪骑士的乡绅为心目中的理想与正义屡败屡战，直至终老的故事。400年后，在管理大师马奇的斯坦福大学领导力课堂上，堂吉诃德再次获得赞誉：动荡时代，他是领导者直面失败的楷模！堂吉诃德是"以结果论成败"思维的反面。现代社会受边沁（Jeremy Bentham）功利主义思想影响太深，以至于企业家把思维定格在"结果主义"（consequentialism）上。马奇生前最后一个研究重点就是帮助我们看到，在堂吉诃德的世界里，他可以有无数次挫折，却没有终极失败，因为他的生命旅程始终围绕着"我是谁"的自我心理身份认识，始终如一地实践他的自我认识。

对于身处混乱地缘政治与经济时局下的企业家，马奇的分析有及时的价值。怎样看待当今环境的不确定性特征？萨拉斯瓦西（Saras Sarasvathy）有过精湛的概括：①奈特氏不确定性（Knightian uncertainty）。我们"未知的未知"。②目标缥缈。未来战略目标模糊。③一动则咎。举目四望，各个方向都很糟糕（isotropy），横竖不顺。这三个特征概括了前所未有的生存困境：一方面，动则咎，失败不可避免；另一方面，目标难以事先清晰，只有在行动中琢磨着修正。

怎样失败？它成为头等战略大事。每个企业都需要重新认识失败，直至能够欣赏失败美学！

对于失败，我们有四种认知模式（见图8-3）。每个模式的有效性都有情境条件和边界。它们的共通之处根植于自我心理身份，差异之处是对自我心理身份（"我是谁"）有不同的认定。例如，以"失败机械论"看堂吉诃德，基于"凡人"的心理身份，他就是一个笑话！换到"失败牺牲论"，堂吉诃德则成为弘扬特定文化价值观的"圣人"。让我们逐一解释四种模式，并把重点放在失败美学上。

第一种模式是"失败机械论"，即我们可以辨析导致失败的因素，把发现和消除失败因素当作管理目标。这个模式可以用在提高具体产品和服务质量上，1986年发轫于摩托罗拉的六西格玛管理思想就是持类似的失败态度。它也体现在精益生产的方法中。例如，我们提炼日常商业流程中的最佳表现，并复制它们。什么是最佳表现？我们先要有明确的战略目标，然后看哪些功能活动产生符合目标的优秀表现。找到后，我们将最佳表现转换为组织的集体记忆，并不断重

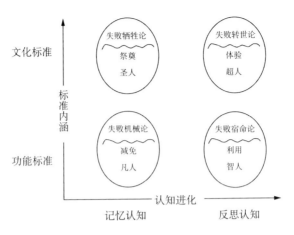

图 8-3 "失败"的认知图谱

复。"失败机械论"持有因果关系的逻辑,并对消除失败有强烈的价值偏好。

哈佛案例分析方法秉承的思想也是"失败机械论"。哈佛案例方法有"问题案例"和"决策案例"类型。它的基本格式就是运用因果关系逻辑厘清导致问题的因素,然后开发决策选择,消除这些因素。哈佛案例方法至今仍然是笔者授课的一部分,因为它适合用于分析稳定系统中的决策问题。

可是,决策的时候,目标可能是模糊不清的。这时,我们就要调用其他认知模式。

第二个模式是"失败宿命论"。所谓"人非圣贤,孰能无过",虽然人为过失是不可避免的,如果我们反思失败,总结经验,失败有纠正错误的功能。在此,反思能力非常重要。让人工智能变得越来越聪明的一种学习方法是"神经网络深度学习"。通俗来讲,它就是利用人脑神经网络的反思原理。法国凡尔赛宫的"镜厅"有重复反射一面面镜子中的光线的现象,神经网络也有类似的反馈回路(feedback loops)。反思认知学习(reflexive learning)既包括发现和记忆成功的活动形式,也包括发现和修改失败的活动形式。主动利用失败,甚至为发现认知盲点而设计失败,它们都属于这个范畴。为探索从未涉及的领域,设计一些试验,如欧洲的粒子加速器,结果失败已经包含在试验设计中,但失败的结果为我们提供反思的数据样本,它有不可替代性。

1970 年 4 月 11 日,美国宇航局发射阿波罗 13 号登月火箭,2 天后,服务舱氧气罐爆炸,只能放弃登月目标。经过 5 天的周折,阿波罗 13 号安全返回地球。此次航行被宇航专家一致认为是最成功的失败,因为它不仅暴露出多个系统盲点,还体现出宇航员发挥主观能动性,利用各种各样未曾尝试过的方法自救。它最大限度地彰显了可能与不可能的知识边界,这次失败为宇航专家打通认知层次隔膜带来意想不到的机会。

以登月为目标，阿波罗 13 号是彻底的失败。但以扩张知识边界为目标，它是"成功"的失败！

这个模式的重点是接受失败是不可避免的宿命，将反思功效最大化。通过反思学习，我们从凡人变成聪明的智人。不过，许多人类的失败不是被动遭受的宿命，而是主动赴汤蹈火的选择，它们无法在功能效用的经济思维范畴得到一致的解释。

第三个模式是"失败牺牲论"。文化人类学家观察到人类社会普遍有神话传说和集体祭奠现象，失败的事情和失败的人物往往是被祭奠的对象。一个部落需要悲剧英雄来凸显重要的文化价值观。13 世纪，苏格兰贵族华莱士（Sir William Wallace）就是一个范例。华莱士率领苏格兰人反抗英国国王爱德华一世（Edward I）的暴政，失败后被肢解，但华莱士永远活在游吟诗人哈里（Blind Harry）的诗歌中，流传至今。因为人类对痛苦有强烈的情绪反应，没有东西比失败的悲剧更能反衬文化价值。以文化价值的标准，失败是必要的牺牲。即使在现代社会，这一文化现象仍然存在，牺牲者往往成为文化价值的守望人。

1986 年 1 月 28 日，"挑战者"号航天飞机发射升空。73 秒后，在各大电视台转播视频前，人们的欢呼声还萦绕在耳边，"挑战者"号爆炸。湛蓝的天空中，一团黄尘烟云久久不散。牺牲的 7 名宇航员中，有一位名叫麦考利夫（Christa McAuliffe）的中学教师。她在观看航天发射的全国中学生面前消失，其社会心理震撼无以比拟。时任美国总统里根立即发布全国讲话，称牺牲的宇航员是国家英雄、人类楷模，把这次宇航试验定义为探索人类命运的牺牲，麦考利夫和同伴成为值得我们永远敬仰的烈士和圣人。

如果你们的组织没有值得祭奠的失败，没有让人敬仰的牺牲故事，你们有的是脆弱天真的组织文化。

第四个模式是"失败转世论"，即失败是认识和行动转型、升华、超越的必然媒介，它具有不可替代的美学体验，是预留给尼采哲学中的超人的。越来越多的创业企业家也持有类似的失败美学观点。贾科梅蒂（Alberto Giacometti）的艺术实践经典展现什么是失败美学。

贾科梅蒂被誉为 20 世纪最有影响力的雕塑家。生前，哲学家萨特为他写传记，称其作品为"存在与虚无之间的媒介"。贾科梅蒂雕刻刀下的瘦削人形把世界降维到"只有线条的存在"。贾科梅蒂刻意选择失败，他认为，那是通往奥妙的"虫洞"，"只有通过失败，才能接近奥义"。贾科梅蒂一边接受艺术评论家西尔维斯特（David Slyvester）的采访，一边嘟囔着他对失败的看法。

为美国作家洛德（James Lord）画像的 18 天中，贾科梅蒂每天晚上都试图毁掉白天的作品，直到有一天他相信摧毁了也可以迅速复原。至此，艺术家知道，他能够去除所有伪装，把握这件作品的奥妙。

"为学日益，为道日损，损之又损，以至于无为。"贾科梅蒂教会我们用老子的"损益观"去实践刻意失败的方法。

贾科梅蒂求败的另一招是不断模仿，反复否定。在他艺术生涯的前半生，贾科梅蒂都在孜孜不倦地模仿非洲艺术、波利尼西亚的大洋洲艺术、古罗马和同时代超现实主义，甚至中国山水画。没有模仿，就没有失败的资粮。模仿中，贾科梅蒂"还魂"进入前人的意识，并刻意引导前人堕入失败之境。至此，过往大师的命门和盲点便豁然开朗。

贾科梅蒂最终把"追求失败"演化为"去除的艺术"。一团泥巴在他的手里不断变少、变小、变成线条，残余下仅可供支撑值得凝视的形体。《行走的人》《高女人》《基座上的妇女》，这些鬼魅般瘦削的人形作品都是一系列去除后的剩余。持续模仿，坚持自我否定，在失败的废墟上，贾科梅蒂的鬼魅人影惶惶幢幢，现出当代社会的孤独、彷徨、荒诞和无意义。

像鬼魅一般瘦削的造型成为一种独特艺术风范，而"瘦削"是模仿丰腴失败的后果。"我没有刻意追求什么效果。不断失败，它就出现了！"贾科梅蒂这样描述自己的艺术创造过程。

失败的方法帮助贾科梅蒂洞察前所未有的视觉效果。他否认艺术是为了表达或者创造，他的艺术就是把"看见"的刻画出来，不过他的"看见"来自千百次失败淬炼出来的"凝视失败的能力"。

"凝视失败"另一个效果就是帮助贾科梅蒂"拿一种东西搞出一万个思想"。他的后半生创作就集中在一个"瘦削"风格上，但以此演绎丰富。《高女人》《广场上的女人》《威尼斯女人》，这些作品都只有一个风格，但却可以凭借线条割出的空间，想象无穷的关系。

当失败成为一个偏好，选择突然容易起来。贾科梅蒂用自己追求失败的艺术人生帮助我们体会创造就是失败的庆典。

像堂吉诃德那样失败，像贾科梅蒂那样凝视失败。从失败美学中研究创业效果逻辑的萨拉斯瓦西得出三个重要结论：①行动第一；②把失败变成资源；③让意外事件化为意想不到的机会。

如果只有一种失败意识，那世界将是多么乏味啊！

不知死，焉知生。危机管理是一门研究失败的学问，创新是一门追求成功的学问；问题在于，成功与失败的要素总是混杂在一起。从后视镜中看去，我们似乎能够对应发现成功的结果和成功的要素，但那往往是"事后诸葛亮"。与其如此，不如通透失败的学问。米开朗琪罗曾被问及他的旷世杰作是怎样雕刻出来的，他回答：凿去一切不必要的部分。懂得怎样失败，成功自然来！

第四节　马斯克懂得设计成功的失败

对于希望思想领先的企业，"设计成功的失败"应该是必备的认知能力。它不应该只停留在认知态度上，还要有执行的方法。以马斯克（Elon Musk）为例，本文提供一个实践模式。

2020 年 12 月 9 日，"星际飞船"（SpaceX Starship SN8）第一次试航。与过去火箭发射不一样，飞船要试验像飞机那样的起飞和降落整个过程，因为未来它将承运 100 人去火星。下午 4 点 45 分，飞船顺利升空。4 分 30 秒之后，飞船到达预定 12 500 米的高度。4 分 40 秒，飞船完成从垂直到水平的空中 90°翻转，持续平稳降落。6 分 30 秒，飞船再次从水平飞行状态翻转 90°，以底部瞄准预先设定的降落台着陆。6 分 42 秒，飞船着地降落台，瞬间起火爆炸，化为灰烬。

星际飞船的总设计师马斯克随后在社交媒体上宣布此次试航是"成功的失败"：成功上升，火箭推动装置交替点火成功，空中旋转成功，精准导航降落预定点成功。爆炸数据分析显示，燃料舱前端压力太低，导致着陆速度过高，碰撞起火爆炸。末了，马斯克不忘再推一句豪言壮语："火星，我们就快来了！"

在《新技术的胜算》一书中，笔者曾经概括，马斯克善于设计成功的失败。利用高风险的探索，他深刻理解新事物的"第一性原则"，然后再出发。马斯克的事业都具有先行者的优势，只要秉承持续探索的路线，失败是首先发现第一性原则的垫脚石，是成功的必要准备。

大多数的商业先进关心事物的普遍原则，即经过大数据样本的验证，已经确定有明晰因果关系的行动指导原则。普遍原则与第一性原则不矛盾。通过追随者反复试验，第一性原则可以成为普遍原则，就像牛顿定律和法拉第电磁感应定律。但是，对商业领袖而言，他们更在意首先获得第一性原则，因为那是核心竞争力的思想源泉。

如果要在商业思想上领先，那么，懂得像马斯克那样设计成功的失败就很重要了。

为发现第一性原则而遭受的挫折是值得庆祝的失败。埃德蒙森（Amy Edmondson）教授专门对失败做了 9 种分类。那些已经有常规程序、在岗位技能范围内、属于专家判断能力范围内的失败可以控制，发生后必须惩戒。但属于挑战假设、探索未知、钻研第一性原则的行动，它们其实没有真正失败过，只有获得反馈信息的丰富程度。如果反馈信息拓展了认知边界，那么，它就是成功的失败。爆炸之前，"星际飞船"试航已经带回 95% 的反馈信息。爆炸之时，科研人员获得燃料舱压力关键数值。所以，它属于成功的失败。

什么是第一性原则？苹果公司的内训设计课程会首先给员工展示 3 幅图片：

公元前 3 万年肖维岩洞的公牛壁画、毕加索寥寥几笔勾勒出的抽象公牛，以及苹果第一代滑鼠。从原始人具体生动的岩画中，毕加索抽象出艺术的第一性原则：神韵。然后，它成为毕加索画作的第一性。苹果设计的第一性是什么？这是所有设计师首先和最后要回答的问题。

艺术有第一性，科学也如此。已故中国导弹专家张顺江教授专门写了本《元论》，讲解第一性原则就是系统的"元规则"，是万变不离其宗的系统元点。我采访协同论创始人哈肯（Hermann Haken）教授时，他解释系统的第一性原则为"秩序参数"（order parameter）。理解混沌到秩序，要点在把握秩序参数。

回归商业，从一个模式向另一个模式迁移，也是新旧秩序的转换。例如，电脑行业曾经有过 Wintel（Window + Intel）的"软硬体系统集成"的第一性原则。现在，元规则是"软件即服务"（software as a service，SaaS）。又如，全球化有过产业链"全球整合"（global integration）的第一性原则。去全球化后，元规则是什么？谁先把握它，谁就思想领先，商业升维！

等到第一性原则成为普遍原则，商业优势已经过气为普遍常识。因此，像马斯克那样的商业领袖对失败情有独钟，对他们而言，任何能够帮助突破认知边界的失败，都是成功必要的资粮。若得法，设计成功的失败，思想收获远远不止于第一性原则。如表 8-1 所示就是一个协助思考的框架。

表 8-1　设计成功的失败

学习模式	现象特征	
	大概率事件	小概率事件
学对	"中间值"知识 重复最佳表现 KPI 的实践	"洞察力"训练 直观启发的元规则 判断因缘关系的实践
学错	"误差"知识 纠错机制 六西格玛的实践	偏差是秩序弱信号 辨析边界条件 正念的实践

我们将认知对象分为两类：大概率事件和小概率事件。

我们把学习模式划分为两种：学对和学错。从失败中学习，属于学错模式；重复成功的因果关系，属于学对模式。两者非但不矛盾，而且互补。反之，单独对待，事倍功半。这是我们把学对和学错综合在一起讨论的一个重要原因。它们分为以下四种情形：

（1）大概率事件学对。数学家高斯和拉普拉斯对人类知识发展做出的贡献是：万事万物背后有概率分布的特征。利用正态分布的原理，总结反复出现的事件背后的规律，这是我们最熟悉的学习模式。大部分自然科学和社会现象都遵守概率统计学的正态分布规律，依据现象中间值和平均值计算，我们就观察的事物推导出比较稳定的因果关系。然后，我们再将它应用到同类活动中。管理实践中，我们推广组织中的最佳表现，用关键绩效指标（KPI）考核成员的个人表现，总结并复制商业模式。它们的原理都基于大概率事件学对，依靠的是中间值知识。

（2）大概率事件学错。同样依据概率统计原理，大概率事件在正态分布的尾端显现出事物变化的偏差（统计上的标准差），即没有遵守已知规律的部分。它们出现，可能是由于偶然性因素，可能是人们执行规律的精细程度还不够。总结概率偏差，我们找到降低人的行为表现误差的方法；认识"误差"后，我们设立纠错机制。为提高产品质量，许多企业都贯彻执行六西格玛质量控制体系。这个最早来自摩托罗拉生产管理的方法就是用概率分布的标准差（西格玛，sigma）衡量质量变差，然后用各种方法不断降低标准差，提高产品和服务的稳定性。大概率事件学错对标的是已知规律。

但是，如果是偶尔现象、稀有事件，如果我们必须寻找已知规律之外的新原理才能解决新问题，那么大概率事件学习模式就不适用了。例如，乘坐飞船去火星，对这个新问题，我们必须从地球航空的规律跨越到星际航天的原理。要发现新的第一性原则，我们得结合小概率事件学习模式。

（3）小概率事件学对。许多重要的现象难以得到大量的数据，属于小概率事件，如危机事件和偶现的天文现象。但是，理解它们有极高的价值，如搞清楚新冠病毒，才能找到疫苗。因此，解析罕见现象和稀有事件是拓展人类认知边界的重要活动。

不过，因为缺少大数据，把握小概率事件就无法通过大数据正态分布找因果关系。相比而言，感知的方法更合适。对于只有小样本的事件，我们调动不同的思维方式去感受，例如，观察、问询、比较、联想、幻想、比喻，等等。我们用不同的解释系统去描述，例如，人类学、政治学、社会学，等等。我们关注其中特别的属性，例如相反的、陌生的、意想不到的、奇怪的，等等。在感知的基础上，我们决定选择某种视角去把一个现象和另一个现象联系起来，例如，手机—双方打电话的电子产品—信息通信工具—自己找信息的工具—即时获得当场关注的信息—个人即时移动信息工具。在选择看问题的视角之后，为理解同一个种类的现象，我们给它们取一个共同的名字，这就是概念，如"智能手机"。

通过感知、视角和抽象命名，我们让一个概念对应一类现象。小概率事件学对帮助我们深究出新现象的共性、接近新事物的第一性原则。这个认知习惯很重要，它事关能否以思想领先带动商业优势。例如，手机背后是一个巨大的通信技术基础设施，没有分布式信号传输的技术，不可能有智能手机。华为是分布式信号传输基站的首创者，但苹果用它建立了智能手机的新商业范式。一个"看到"

更高级的技术，另一个"看到"颠覆式技术；一个看到商业价值量的增加，另一个看到商业价值质的变化。后者看到新秩序的种子，理解"移动信息应用平台"是新秩序的第一性原则，这就是洞察力。

小概率事件学对的智慧还有两个特征：

① 换了组织或个人，洞察力就不一样或失效，因为它与观察者的感知过程息息相关。离开具体感知环境，洞察力带来的直观启发便干枯了。保留它近似效果的方法是归纳出一些生动的元规则，让缺乏感知经验和能力的人也可以做。例如，电影《地雷战》中，有一个元规则是："不见鬼子不拉弦！"村民缺乏爆破学知识。但按这个元规则去做，可以提高地雷爆炸杀伤力。

② 它是暂时的、动态的、应用的判断。有别于因果关系代表的稳定规律，判断是依据较少的线索想象可能的联系，是推演未来变化中的因缘关系。例如，未来没有超级大国的霸权秩序后，我们可能迎来"俱乐部经济"。全球企业主动合纵连横，组织小范围的生产与贸易俱乐部。它符合各方的意愿，有推广的条件，是可能成功的因缘关系。

(4) 小概率事件学错。偏差预示着陌生新现象，偏差中孕育新秩序的种子。这是小概率事件学错的两个关注点，危机现象就属于学错的偏差。与前面讨论的纠错思维不同，学错思维把造成危机的小概率事件当作宝贵的材料，并试图以此弥补判断力的不足之处。

小概率事件学错能帮助我们率先感知新秩序出现的弱信号。新秩序尚未成长发展为普遍现象之前，它往往出现在一系列危机事件中，被当作偶然因素造成的误差。"春江水暖鸭先知。"那些少数当事人，如果有小概率学错思维，便视之为发送新秩序弱信号的媒介。例如，新冠疫情冲击了加拿大所有大学的传统模式。但是，在这次危机偏差中，我们看到新秩序的弱信号：未来大学模式，从课堂教学走向混合辅导，把教学元素拆解为线上、线下、自学、教练、模拟、综合等新活动。新秩序的第一性原则是：教育即服务（teaching as a service，TaaS）。

四种情形中，小概率事件学错最难，因为它是一种与人的认知本能相反的自觉意识和行动。我们的认知本能有下列偏好：一致性、确定性、自我正确性、简单结论和普遍规律。小概率事件学错则要求我们有意识地抵制简单化概括，提醒我们承受反思错误的心理反感，鼓励我们深思熟虑现象背后的细腻关系。这样做的好处是持续调整我们的判断力，达到校正心念、意念和概念的效果，这是正念的实践。所谓正念之正，为校正之正。

小概率事件学错的另一个价值在于突破旧认知的边界。世界的一切都是想出来的，而思想必然有假设的边界。什么时候我们对边界的限制性最有感触？发生危机和犯新鲜错误的时候。例如，对 Space X，燃料箱压力不足导致着陆失败，这是新鲜的错误，它拓展了工程师认知的边界。又如，对卫生健康行业，新冠疫情凸显医院的"三密"边界（密集人群，密切接触，密封空间），以技术重新划分虚拟和实体活动的边界，数字化医疗（telehealth）的新秩序值得期待。

两位古希腊哲学家曾经讨论宇宙是否有边界。持反方立场的哲学家设计了一个成功的失败：假设有边界，你手持长矛，跑到假设的边界，然后奋力一掷，会怎样？如果飞出去了（假设失败），岂不是天外有天？如果反弹回来了（假设再失败），既然已经在边界，怎么边界之外还存在反弹力量？边界的问题困扰我们几千年，它还会继续吸引思想领先的创业者，因为无论成败，边界问题是通往"第一性原则"的曲折幽径。

第五节 认识高可靠性组织

管理现象不同，策略和组织形式也不一样。前面我们讨论过，危机管理有临时组织现象。除此之外，危机管理还有"高可靠性组织"（high reliability organization，HRO）现象。几年前，为《清华管理评论》特刊，笔者曾采访管理学家维克（Karl Weick）。维克对高可靠性组织的定义是：有些危机发生概率很低，一旦发生，损失无法弥补。涉及此类危机的组织必须要把自己建设成为高可靠性的组织。维克研究的 HRO 包括航空母舰上的飞行大队、消防部门、核电站和生物化学研究机构等。事实上，以定义中包括的两条观之（概率低和损失无法弥补），现代社会中的任何组织都有一部分属于高可靠性组织。怎样用 HRO 思维去做组织建设？我们以一场森林火灾为背景，解释高可靠性组织应该遵循的几项思考原则。

森林火灾防控可以说是世界性难题，森林山火会带来巨大损失和人员伤亡。**根据专家的介绍，森林山火绝大多数**是常规的、缓慢推进的中低强度地表火，极少情况下是高强度的爆发火。

森林山火走向和爆发程度受到山地特殊地形、气流、天气温度、植被等复杂环境影响，**即使消防员对爆发火的突然爆燃现象也大都是缺乏认识的**，有着较大的不可预测性。在科技实力和专业能力顶级的美国，山火导致的灭火队员伤亡仍然时有发生。

2019 年 3 月 30 日，四川省凉山州木里县雅砻江镇立尔村发生森林火灾，次日下午，扑火人员在转场途中，受瞬间风力风向突变影响，突遇山火爆燃，31 个家庭失去挚爱的亲人，全国人民都为牺牲的英雄悲痛和惋惜。

森林山火频发且不可预测和避免，从管理的视角，我们需要反思的是，在复杂多变的山火爆燃环境下，当极端情形发生，常规经验不能发挥有效功能时，如何发现微弱信号，进行有效的组织管理和沟通，降低极端情形下的伤亡和损失。

凉山大火事件起因

有统计数据显示，在木里森林火灾之前，凉山州该年已发生 21 起森林火灾，过火面积总共超过 291 公顷。防森林火灾，在当地是一件头等大事。

2019 年 3 月 30 日 17 时 20 分左右，木里县雅砻江镇喇嘛寺沟附近出现雷雨天气，降雨仅仅持续了 30 秒，但雷声不断。当天正带队在镇上搞森林防火宣传检查的雅砻江镇副镇长兼武装部长王鑫，同时接到当地村民和下乡干部报告，喇嘛寺沟附近出现 6 处疑似烟点，王鑫立刻召集扑火队和村民、民兵分兵多路赶往现场排查。

当日 23 时 50 分，一队人员爬上喇嘛寺沟山顶时，看到立尔村田火山山顶燃起了明火，确定火情后，立即向上级报告。同时，森林消防总队木里大队、西昌大队也纷纷向立尔村赶来。

3 月 31 日凌晨 4 时，雅砻江全镇的扑火力量在立尔村集结。

转场途中突遇"爆燃"山火，30 人失联

3 月 31 日下午，指挥部发现火从山顶往下烧，当时总体想法是把力量调度下去，3 月 31 日晚上集结，4 月 1 日凌晨动手扑灭明火。

3 月 31 日 18 时许，在调度过程中，扑火队员从山顶往下走时遭遇"爆燃"。扑火人员在转场途中，受瞬间风力风向突变影响，突遇山火爆燃。蘑菇云冲天而起，烟柱达到五六十米高。

第一个向指挥部报告发生"爆燃"的是王鑫，他是死里逃生的 17 名扑火人员中的队长。他说："我们与森林消防西昌大队在山脊汇合后接到指挥部命令，要求所有扑火人员于 31 日当天下到山脚集结。接着我带领 16 名队员选择山脊左边一条陡峭的坡道下山。"当时，王鑫和 16 名队员往山下挪动了半个小时后，突然感到一阵风起，还没等他反应过来，山脊轰然炸响，火墙一下子蹿得看不到顶，山脊上的树木很快就被烧毁。数秒之后，他们刚才所在的地方已被火海吞没。

3 月 31 日 19 时许，确认有 30 人失联。

4 月 1 日凌晨 4 时许，带队领导和 20 名消防员、3 名地方群众共 24 人前往山谷继续寻找。约 4 个小时后，第一具遗体被发现，接着第二具、第三具……在发生"爆燃"的位置附近，一片连站立都难以站稳的斜坡上，牺牲人员的遗体陆续被发现。

4 月 1 日 18 时许，30 名失联人员的遗体全部被找到，包括 27 名森林消防员和 3 名地方扑火人员。之后，多个官网官博变成黑白，以示悼念。

4 月 2 日 14 时 30 分左右，30 名牺牲人员名单公布。27 人来自凉山州森林消

防支队，其中：干部 4 人、消防员 23 人；80 后 1 人、90 后 24 人、00 后 2 人；党员 9 人（含预备党员 1 人），团员 11 人，青年 7 人。他们的平均年龄仅 23 岁，他们来自祖国的四面八方。

4 月 1 日凌晨开始，前线指挥部就安排将牺牲英雄的遗体运回西昌。得到消息的西昌民众从 4 月 2 日凌晨开始，就自发上街悼念牺牲的灭火英雄。在高速公路出口，迎接英雄的市民很多，大家默默地站在道路两旁，沉痛悼念，并高喊"英雄一路走好"。

4 月 2 日 6 时 30 分，四川总队攀枝花支队 100 人、成都大队 150 人，共有 250 人向火场进行增援。现场联合指挥部经过现地勘察，确认火场已没有明火，只有内线悬崖上有少量烟点，已没有蔓延威胁。

4 月 4 日，新发现一名牺牲扑火人员，遇难人数升至 31 人。

关于扑灭山火的管理思考

山火难灭，因为一切事先准备都可能无效；山火无情，它往往吞噬蔓延经过的一切。管理学者维克是组织管理领域中对扑灭山火的管理问题思考最深的一位。他的研究已经成为组织管理中的经典。

许多人仔细研究过美国蒙大拿州曼恩峡谷（Mann Gulch）的那场悲剧：临时组建的有 16 名年轻人的灭火队，乘 C-47 飞机，越过曼恩峡谷山脊去控制森林火情。降落后不久，爆炸的大火球点燃他们周边的坡地。结果，13 人牺牲，包括 6 名森林学校的学生。后来的 450 名消防队员经过 5 天奋战，终于控制了火情，并找到 3 位幸存者，包括队长道奇（Wag Dodge）。

在前人研究基础上，维克教授换了一个视角看问题：为什么这 16 人的灭火队逃生失败？后来的事实显示，仅仅依靠他们 16 人，山火是不可能扑灭的。通过分析，维克揭示了一个更具有普遍意义的管理问题：组织是怎样溃散的。

这 16 人本来以为是去控制一场 10 点钟的山火（术语，小规模灭火，次日 10 点就完成）。但降落后发现，他们面临着一场大大出乎意料的山火。令人大惊失色的陌生任务环境可以颠倒团队事先做的一切准备。团队当场懵了！

这时，团队领导者的重要性就特别突出。不幸的是，来自公园管理部的道奇队长并没有承担起领导的角色。公园管理部和森林服务部的灭火任务有分工，前者一般只负责清理火场周围的易燃灌木，避免火势进一步蔓延。这种不需要配合作战的任务也养成了各自为政的文化。飞机上，道奇队长没有做战前动员，没有确认沟通原则，没有强调必须留心逃生道路，以至于遭遇完全出乎意料的火情时，团队立即变成团伙，人人如惊弓之鸟。

道奇队长活下来，是因为他依据自己丰富的经验，临场应变，放火烧掉周边的小环境，躲藏在积灰里，扛过高温。事后回忆，他高喊建议大家模仿他

(follow me，也可听成"跟我来"），但没有人听从（或听明白）。看到大家朝着山脊方向奔去，道奇队长又大声建议："把家伙扔了！"可这听起来就更难理解。扔了灭火的家伙还是灭火队员吗？总之，领队和队员之间沟通完全失败。

失败的一个重要原因是控制山火的小分队有约定俗成的角色规定、习惯动作和沟通规则。一般情况下，领队在最前头，副领队在最后头，领队发出指令的时候，副领队要高喊呼应。这样，前后确定指令收到，并且明白无误。呼应之间，队员们也听到并确认下一步的行动。长期合作过程中，控制山火的团队形成一套领导与被领导的沟通规则、角色和配合动作。在这些元素影响下，队员从自然人转变为组织人，组织的社会系统就是这样形成的，任何一个元素改变，组织结构都会动摇。当这几个基本元素统统被破坏的时候，组织溃散就难以避免了。

逃生失败不仅与山火环境恶劣有关，也因为组织机制溃散！维克的研究可以运用到其他组织现象的分析之中去，如化工企业。

分析是学术的，解决方法才更有实践价值。结合对航空母舰、医院急诊室、核电站等组织的研究，维克建议从建设高可靠性组织（HRO）出发，提高复杂环境下的管理水平。

HRO与常规组织最不同的一点是：HRO管理中细枝末节的失误都可能带来灾难性的后果。以航空母舰为例，那是世界上最危险的4.5公顷。甲板上，排列着80架战机，有些还在引擎轰鸣中加油。船头，机翼上挂着导弹的飞机被200万马力（约147万千瓦）的发射器弹射出去。约30吨的战机3秒要加速到241千米/小时。船尾，降落的战机简直就是撞上甲板，它必须在落到甲板的同时被4条钢绳钩住。飞机非但不能减速，还要油门踩到底，因为一旦没有被钩住，就要有动力再起飞，否则就会落入海里。航母尽显HRO管理过程中环环相扣的特征。对常规组织，如果脱钩，可以重复再来。对HRO，它就是人命关天的灾难。

因此，维克建议，管理HRO组织的领导者必须从战略到执行，看到它与常规组织的巨大差异。

第一，HRO管理者要建立起全组织"对失败的专注"。常规组织一般只专注成功，成功往往来自对某个特定领域里的活动有深入、精确、独到的知识性理解，成功也会促进人们对熟悉的知识体系的依赖。但是，人们忘记了，知识概念是大概的理念。知识分类越精细，概念对现象的切割越准确，被切割出去的部分也越多。引发系统性事故的因子经常潜伏在被切割出去的部分。"对失败的专注"要求管理者始终留意偏差中的弱信号，特别是大大出乎意料的弱信号。笔者熟悉的一家化工企业长期实践"找不足"文化。他们知道，细微的失误可能引发不可控制的反应，导致系统溃散。

第二，排斥简单化概括总结管理经验。HRO组织成员之间的相互配合必须建立在对任务环境、任务要求和配合互动全面理解的基础之上。处于变化复杂的环境中，简单化的概括解释不能满足丰富理解的需要，容易导致每个人自作主张的理解和行动。研究中，笔者发现，多起灾难性事故里，操作者自作主张的行动是重要因子。成熟的 HRO 管理者习惯从细节描述开始，鼓励成员用叙事的方法讲述事件过程。叙事方法可以帮助所有的人感知现象背后的规律，未经个人感知的简单概括没有实践的意义。

第三，保持对运营过程敏感性。回到弱信号问题，它首先通过运营过程中的意外情形来发出。弱信号显示意料之外的偏差，但它常常在系统容错范围内，因此被忽视。只有对运营过程保持敏感，管理者才会捕捉到意外背后的系统问题。美国的范·海伦乐队（Van Halen）演出合同书里有一个奇怪的条款：后台休息室桌上要放一盘甜豆，颜色比例有严格规定。每到一处，他们先数一数甜豆，如果不合格，一切准备流程重新检查。甜豆是他们特地设计的弱信号，来显示当地合作者是否重视运营过程的每个细节。

第四，尊重专业、专家。专家有许多讲不出的隐性知识，他们对事物的判断有专业的本能，这是非专业人士比较难以理解的能力。目前，在许多紧急事件管理系统中，技术专家有一条区别于行政官员的职业成长轨道。比如，消防队的技术专家包括生物化学、特种材料、气候地形等各类专家。遇到复杂专业问题时，"先让专家看一看"已经成为决策程序的一部分。

第五，建设组织坚韧能力，可以在遭遇意外之祸后，恢复生命力。社会学家佩罗写过一本经典著作《长态事故》。他发现，随着经济和技术发展，复杂的紧密交织的系统（tightly coupled system, TCS）已经是常态。因为 TCS，事故变成常态，试图完全消灭事故是缘木求鱼。合适的思考方法有两点：①发生事故后，能迅速恢复；②利用事故寻找突破的机会。在笔者的课堂里，我们练习"设计成功的失败"。它包括建立对失败区别性的认知，区别九种不同的失败。我们还强调，用试验设计刻意去触碰未知领域，通过小错，积累系统的韧性。设计还包括庆祝（从未经历的）过失，它帮助建立对新鲜错误高度敏感的学习文化。

反思扑灭山火和涉及 HRO 的事故，目的是提升组织能力，这也是每位领导者的必修课。第二次世界大战期间，新加坡沦陷后，丘吉尔才发现自己战略决策的致命盲点。反思决策盲点，他开始问四个问题：为何我不知道？为何我的顾问不知道？为何没有人告诉我？为何我没有发问？这四个自问今天仍有用。

第六节　小心坚韧力绞杀竞争力

搜索 2019 年以来对"核心竞争力"（core competences）的研究，得到大约 4 万条索引。搜索"坚韧力"（resilience），得到大约 8 万条索引，两倍于对"竞争力"的学术研究。考虑从研究到发表的延后因素，我们可以预想，"坚韧力"在未来三年仍将是备受追捧的管理概念。不幸的是，像其他借用的概念一样，被泛用之后，人们极其容易落入"坚韧力"的陷阱而不知。

坚韧力原本是系统工程和生态学的概念。原有概念包括四个含义：抵抗，消化，忍受，反弹恢复。短期内，受到外力冲击时，工程系统依靠坚韧力恢复到原先的结构均衡状态。后来，坚韧力被借用到"积极心理学"（positive psychology）领域。它代表以积极、正面、建设性的心理解释人们遭遇到的挫折、打击和挫败。例如，20世纪90年代，宾夕法尼亚大学与美国军方合作，建立"宾大坚韧力"培训项目，设计了坚韧力的ABC，即逆境—信念—结果（adversity-belief-consequences）。坚韧力逐渐从心理素质训练发展到危机管理组织能力的一部分。

提防"坚韧力陷阱"

借用的概念必须经过实践检验和提升，否则难免"南橘北枳"。

事实上，我们已经观察到坚韧力的负面效果：为了对付外部环境冲击和内部脆弱环节造成的危机，企业把商业延续列为首要管理目标。为了商业延续，企业加强危机恢复能力。增强恢复能力的一个重要方式就是增加系统备用资源，如现金储备，以防不测。备战备荒的安排也被称为"鲁棒设计"（redundancy）。

一般而言，增加备用资源自然会提高企业对抗外部同类危机冲击的抵御能力，但麻烦也因此而生。提高的抵御能力可能给管理者带来"一切可控"的错觉，以至于被用于强化固有的模式。每当遭遇新的危机时，组织条件反射式地启动记忆中的防御策略，固守定式，墨守成规。至此，坚韧力形成自我强化的陷阱（见图8-4）。

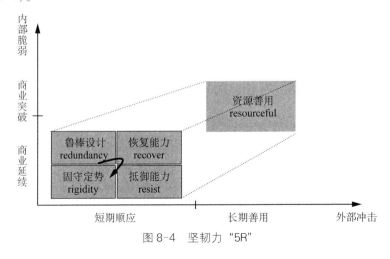

图 8-4　坚韧力"5R"

在变化环境中，我们开发坚韧力的恢复和抵御功能，以求适应，这没有错。但是，如果开发坚韧力仅仅是为了适应环境和保障商业延续，就容易形成固守定式的怪圈。例如，第二次世界大战之前，法国军队根据第一次世界大战期间德法战争经验修建的"马其诺防线"是一个典型的坚韧力陷阱，基于经验的鲁棒设计和抵御能力制造了指挥错觉，以为能够对付德军进攻，结果完全失败。又如，2008年，三鹿奶粉企业遇到三聚氰胺的危机。之前，三鹿通过强大的公关能力"搞掂"类似的危机。因为上一次快速恢复的经验，再次危机时，三鹿首先启动的是同样的公关策略，结果彻底破产。

假如坚韧力只关注商业延续，恢复和抵御的"好"效果会鼓励企业增加同一种类后备资源，强化鲁棒设计，落入维护旧模式的循环。

日本福岛核电站危机就是一例。2011年危机之前，东京电力公司并没有重视海啸的潜在威胁，高管重点关注大众对核电接受程度。他们把核电营销为一种非它不可的能源，日本政府核安全委员会（简称"核安委"）成员退休后也被邀请担任核电企业顾问（amakudari制度），以增强核电行业的政策影响力。

2011年之前，核安委已经收到需要增高海防堤坝的研究报告。为了维护核电安全的社会印象，加上已经积累的政策影响力，报告结论也就不了了之。事故发生后，核安委组织过"非核电能源创新"的讨论。但是，核电行业经营多年的危机公关能力还是让社会话题回到"核电是不得不选择的能源"。东京电力公司的坚韧力，成功体现在恢复运营和抵御废核政策上。在如此巨大的一个危机后，它又落入维护旧模式的怪圈，等待下一次崩溃。

2021年2月13日，东京发生里氏7.3级地震，人们焦虑的目光再次投向福岛。所幸无大碍，但未来会怎样，这是人们更加关心的问题。过去十年里，盖茨（Bill Gates）积极寻找安全的核电站设计新方案，他投资的新一代核反应堆行波堆（traveling wave reactor，TWR）已经获得美国政府的支持，并建造出第一个模型。新核反应发电机组采用不同的物理设计，包括用液态钠做冷却剂，新设计可以防止过去核反应发电机组的各种事故。对于东京电力公司高管而言，他们成功地恢复旧模式的运营，但却丢掉10年时间，失去创新转型的机会。

竞争力有天然的面向未来开拓的特征，而坚韧力有内生的恢复过去系统平衡的取向。在长态危机的大环境中，企业容易落入坚韧力陷阱，以至于绞杀了竞争力。

从坚韧力到资源善用

怎样才能跨越坚韧力的陷阱?我们可以从两个方面开始：

（1）坚韧力管理目标要从商业延续迈向商业突破，管理时态要从返回过去转为指向未来。危机冲击下，商业延续成为紧迫任务。不过，延续是为了突破，只有中断后，我们才理解突破的意义（breakdown for breakthrough）。

（2）坚韧力的功能应该从简单的"反弹恢复"过渡到"资源善用"（resourceful）。拳头缩回来，是为了打出去更有力。如果坚韧力只是为了反弹恢复，那么它的时间方向指向过去，它只是完成缩回来的动作。如果坚韧力的目标是资源善用，那么它的时间方向指向未来，指向更有力的出击。

坚韧力陷阱不只限于商业组织。我们不妨从两个王朝的兴衰看延续与突破之间的关系。

1665年，4岁的卡洛斯二世（Carlos II）继承西班牙王位。彼时，西班牙帝国虽然支离破碎，但仍然统治着从欧洲到南美的巨大疆域。在后来的35年中，卡洛斯二世倾力建设王朝的坚韧力，并成功地抵御了来自法国、英国、荷兰的进攻。历史学家斯托尔斯（Christopher Storrs）对这个时期西班牙帝国的坚韧力有着系统并正面的评价。他的《西班牙王朝坚韧力》(*The Resilience of the Spanish Monarchy 1665—1700*）也为研究坚韧力陷阱提供了翔实的历史资料。

卡洛斯二世抵御外部进攻的核心策略是巩固帝国的军事制度。他巩固在伦巴第、加泰罗尼亚、佛兰德斯的三大军事重镇，重新启动义务兵役制，强化军事荣誉阶层社会地位，复兴卡斯蒂利亚式的中世纪民兵组织（Castilian militia），采取"广积粮，筑高墙"式的中世纪城堡战术，调度全国经济支持军需品生产，终止贵族议会。卡洛斯二世成功地建立一个以中世纪军事制度为核心，并且能够自我强化的"西班牙系统"。

卡洛斯二世死后，其继任者无法用中世纪制度抗拒军事技术变化和社会动荡，西班牙帝国逐渐土崩瓦解。坚韧力有内生的复辟倾向，一味依赖它去抵御外部冲击，只能延年，却无法续命。

近现代历史上的英国王室也经历诸多危机。由于能够与时俱进，英国王室得以保留社会和政治影响力至今。

对于任何王室，名分第一，名不正则言不顺。1917年，英国王室遭受名分危机。1917年3月，第一次世界大战期间，一架名为"哥达G. IV"的德国轰炸机狂轰滥炸了伦敦，而"哥达"恰恰为英国国王乔治五世的王室封号（全名为萨克森-科堡-哥达，House of Saxe-Coberg and Gotha）。英国王室本身与德国汉诺威王室之间有着血缘关系。因为第一次世界大战中英德为交战国，英国民众对德国王室深恶痛绝。在此背景下，乔治五世作了变动王室根基的决定：改名分。从此，英国王室以"温莎"命名（the Royal House of Windsor）。

1947年，伊丽莎白二世与菲利普亲王结为永好，王室再次遇到名分危机。彼时，英德正处于第二次世界大战交战中，菲利普亲王的德国王室名号以及他的姐姐与纳粹德国的关系引发负面舆论。纠结许久，菲利普亲王从善如流，顺母亲姓氏，改名为蒙巴顿-温莎（Mountbatten-Windsor）。不为旧名分所累，拥抱世界大势，英国王室给历史留下启示录。

第二次世界大战后，面对外部社会环境巨变，英国王室再次善用新的环境资源，通过电视这个新媒体建立与社会的联系。1957年，女王第一次上电视致圣诞贺词。1961年，王室接受BBC邀约，拍摄王室生活纪录片，它标志英国王室向现代化转型。"周虽旧邦，其命维新。"近现代历史上，每次危机过后，英国王室都试图更新自己在民众中的社会心理身份和文化代表意义。

同样面临内忧外患，强化过去中世纪制度的西班牙王朝只坚持了35年，然后式微，而善用新资源的英国王室如今还保持社会影响力。生态学中，坚韧力主要表现在"适应环境"（adaptation）上。同时，坚韧力的另一个表现是"利用环境"（exaptation）。"资源善用"（resourceful）策略强调后者，即如何将环境的约束性条件化为可利用资源。

在善用环境条件和资源上，荷兰治水是典范。千年之前，中国就有资源善用的例子，即李冰父子建设的都江堰，而荷兰则在全国范围内利用环境，善用资源。

2005年左右，饱受水患的荷兰彻底改变对坚韧力的思维，放弃对水患的一味抵御策略，"顺流而治，随季而安"成为新的治水思想。在莱茵河流域，他们用了约10年的时间降低水坝高度，疏通水渠，削平旧的防洪堤，让洪水有自然入海的出路。在沿海地区，荷兰工程师利用海潮涨落，建设"沙动力"（sand motor）工程，让海洋成为改造海岸线的自然引擎。经过30多个工程改造，荷兰将过去的防洪工程设计改造为季节性的与洪水共涨落的人居环境。除了土木改造，新环境的植被和野生动物资源也做相应调整，沿河地区的树木和植物部署都有政策和法律规范。同时，政府在民居和城市规划方面制定配套政策。改造后的荷兰不再人为抗拒环境的冲击，而是利用环境新资源，改善居住和生产条件。

荷兰主动利用环境资源、顺应改造的经验已经在西班牙的阿兰扎迪（Aranzadi）和美国的新奥尔良（New Orleans）被采用，它成为城市坚韧力和竞争力相结合的样本。

对付疫情的冲击，我们也需要树立"资源善用"的新思维。发现新资源需要好奇的眼睛，因为它们往往以出乎意料的形式出现。以演唱会和商业展览等"群聚商业"为例，它们受疫情影响最严重。可是，一家数字媒体企业"酒吧凳子"（Barstool Sports）发现，新时代人（"Z世代"，Gen-Z）热衷于听赛事评论员讲解体育赛事，这成为新业务。网游公司"碉堡"（Fortnite）找到市场新大陆：新生一代喜欢"浓缩的体验"，爱看赛事精彩片段集锦，这又是过去没有的新产品。韩国男子演唱组合防弹少年团（BTS）搞了一次网上音乐会，有191个城市的100万人参加；一些摇滚乐歌手正尝试发行"限时、限量、绝版"的单曲……

怎样从坚韧力跨越到资源善用策略？这可以写一本书。不过，企业可以从资源善用的三个简单指标开始：①是否符合发展策略？②是否符合组织价值观？③是否是可以承受的损失？

如果是，那么就开干吧！

本 章 要 义

1. 地球进入人类世纪，人的技术活动改造自然，成为主导因素。技术造成系统相互关联性越来越强，其中一个后果是普遍的系统连带关系和脆弱性。它导致现实社会的长态危机特征。
2. 危机现象往往是小概率事件，它很难用常态管理的认知方法去理解。小概率事件要求不但要学对，还要学错，即从变差和偏差中找创造性突破的机会。
3. 我们需要建立对失败的重新认识，像艺术家那样，让失败引导我们发现认知新元点。
4. 利用失败，设计失败，突破认知天花板，这需要有对应的策略。
5. 对失败的警觉要像对成功的喜悦一样，成为组织习性。这是建设高可靠性组织的一个集体心理要求。
6. 培养组织坚韧力有潜在的陷阱。坚韧力有内卷的自然趋势，因此，平衡坚韧力和竞争力之间的关系是危机管理进入高级阶段时的新任务。

第九章 商业存在与时间　平台经济与模式

无论从影响范围，还是冲击力的深度和强度上看，新冠疫情危机都是对全人类的一场生存考验。它是我们共同经历的崖断危机！《纽约时报》专栏作家弗里德曼（Thomas Friedman）比喻新冠疫情犹如划分人类社会时代的事件。他称之为 B. C.（before COVID-19）和 A. C.（after COVID-19）。慈善家盖茨（Bill Gates）撰文呼吁，新冠疫情是一场不应该被浪费的危机。全社会应该深度思考人与人之间、人与自然之间的关系，全面刷新我们对生活、生命、生存和生长的认识。新冠疫情给全球商业造成的影响也前所未有，它把所有的管理者抛入危机，迫使他们直面绝境挑战。它也是一场对危机管理理论的压力测试，那些偏重话术、推销公关手法、卖神效套路的技巧型"理论"顿时原形毕露。真正的危机管理没有捷径，只能回到基本原理，然后依照具体情境发展创造性的解决方案。危机总是因场而生，依场而立，随场而逝。同时，危机管理是一门行为艺术，它是想象的内实践和行动的外实践之间的巡回排演。

在疫情发生的同一时间段，中国互联网平台企业也走过一段危机历程。现代社会经济状况，或好或坏，首先源于概念想象。互联网平台经济就是概念与想象创造现实的一个实例。疫情驱使我们重新想象商业的根本问题，如时间和空间。中国互联网平台企业也需要重新想象商业模式。如果我们借此学会重新想象过去、现在和将来，那它将是疫情给我们留下最宝贵的财富。

重新想象疫情之后商业的时间和空间、平台经济与模式，这两个主题贯穿本章所有的内容。

在前面的八个章节中，我们从不同的角度阐述危机协同论的基本原理。本章以新冠疫情和疫情之后的商业为具体情境，对一些相关的基本原理做因地制宜的讨论。通过对原理的回访和情境化的分析，我们希望加深对危机协同论的应用理解。本章的所有内容都在 2020—2021 年之间创作完成，并通过"澎湃新闻""界面新闻"和复旦大学管理学院的《管理视野》杂志与成千上万的读者分享。为了反映新冠疫情期间思考重心，笔者基本保持了当时的描述和分析。

第一节　商业的存在与时间

以今日之疫情现象，任何低于哲学层次的反思都是对人类悲惨遭遇的无情浪费。同时，疫情隐示全人类的生命与生存问题。只有依靠对生命和生存的高度理解，我们才可能获得问题与理解之间的认知势能落差，获得解决问题的思想力量。

海德格尔的《存在与时间》已经为反思准备了思路和概念工具。它们最适合感悟大灾大难的经历，如当下的流行病肆虐和商业大萧条。因为专业相关性，我们选择用海德格尔的哲学反思商业的存在与时间。

危机是存在的基本经历。人们通过三种方式感知存在：①被抛入（thrown）；②遭遇危机（encountered）；③自我开显（disclosed）。

对任何有意义的生命，三种存在经历都会发生。值得重彩描绘的是，遭遇危机时，一些人们平常完全无感觉的可能性（possibilities）突然迈向意识的前台。瞬间，我们发现值得高度关注的新价值，如时间时态。

针对"保持社交距离"的防疫政策，卡内基·梅隆大学的乔纳森·库尔金斯（Jonathan Caulkins）教授提出一系列用时间制造空间的方法：

（1）改变朝九晚五的工作时间表，重新排班。许多工作没有必要遵守习以为常的固定时间。

（2）多班制，每一个工作时段少一些员工，多一些空间，保持社交距离。

（3）野外建筑工地和室内空旷的建筑场所可以让工人晚来晚走。

（4）零售店也能推广预约制度。家具店可以结合线上展示和线下到店看货预约，把过去消费活动的流程合理分离，再整合。

（5）对基本生活保障的业务，允许店家自我安排营业时间，按需定义上下班时间。

（6）超市改变铺货设计，散货小包装。这样，不需要挑拣，即取即付。

库尔金斯商业再设计思维的核心是"时间和时态"。因为疫情，对称的、连续的、标准化的、公共的、线性的"工业制造和消费公共时间"（简称工业公共时间）突然终止。不习惯地迟疑之后，经历居家隔离"错乱"的私域时间体验，人们发现，工业公共时间不是天赋不可变的。

通过库尔金斯的时间再设计，我们能直观并浅显地感知隐含在商业现象里的工业公共时间。海德格尔的"时效性"远不止如此。经济学家米尔顿·弗里德曼（Milton Friedman）曾告诫弟子们：准备好理论，等待危机。因为疫情危机，我们也准备好接受海德格尔的"临时性"（temporality）的存在理论。

工业公共时间是怎样成为日常起居的主轴线的？现代管理中的一幅组织结构

图提供了重要线索。19世纪中叶,伊利铁路公司(Erie Railroad Co.)已经从纽约向北延伸500英里(约805千米);同时,火车事故不断,因为各地时钟反映的是当地社区的生活节奏,或快或慢。没有标准化的公共时间,公司无法制定列车时刻表。伊利公司的第一任总裁麦考勒姆(Daniel McCallum)用一张组织结构图规范沿途车站的管理行为,其中最重要的一项就是保持与纽约时间同步。与同一张列车时刻表对应,垂直等级式组织结构图显示管理的上下控制关系。由此可见,人们在改变时间时态的同时也改变了组织存在的形式。

同一时期,泰勒(Frederick Taylor)的"时间与动作研究"(time and motion study)奠定工业公共时间在现代管理中的主导地位。用一只码表,工程师泰勒研究时间、动作和工作流程的关系,把一个时间刻度内的工人生产动作标准化,这开始了定义生产效率的泰勒主义(Taylorism)。延续泰勒的效率思想,福特(Henry Ford)建立汽车生产流水线。标准化的、线性的、连续不断的工业公共时间成为普遍现象。

经过半个世纪的发展,原本用在运营管理中的工业公共时间扩大演变为现代组织和策略的时间时态。泰勒的时间动作比的效率思想从个体劳动者研究上升到全组织,成为现代商业企业的时间意识形态,即主导一切行动和规定行动表现的思想体系。率先推动这场运动的是几家美国的商业咨询公司和教授。始于20世纪50年代,波士顿咨询(Boston Consulting Group)、麦肯锡(McKinsey Co.)、贝恩(Bain & Company)、理特(Arthur D. Little)琢磨着怎样把商业主意变成生意。"学习曲线""发展矩阵""市场区间"等就是它们提出的策略概念。与此同时,经济学家钱德勒(Alfred Chandler)和美国兰德公司研究员安索夫(Ignor Ansoff)从理论上开启商业持续成长的讨论。哈佛商学院接过衣钵,推动策略规划思想,辅助企业成长时间线。到了20世纪末,核心竞争力、竞争优势和可持续竞争优势在全球范围内建立起商业思想的统治地位。从普拉哈拉德(C. K. Prahalad)到波特(Michael Porter),商业思想的目的和责任就在于不断延续企业生命,让企业基业长青。至此,工业公共时间的永恒时态已经成为毋庸置疑的主导价值。

2005年,专栏作家托马斯·弗里德曼(Thomas Friedman)著书《世界是平的》。他的书呼应福山(Francis Fukuyama)在1992年写的《历史的终结与最后的人》:全球化完成了!一个统一的时间和空间形成了!这个永恒轮回的时空就是自由主义市场经济不断重复。历史的"终结"不是结束,而是统一的政治经济时态轮回。世界的"平"在于技术荡平全球市场,化解坎坷崎岖的地缘政治图形。弗里德曼和福山把那个时期西方思想者对工业公共时间的看法推向巅峰:工业公共时间已经成为全球社会、文化和政治的公共时间。

于是,全球企业不假思索地全然接受工业公共时间定义的商业存在,从全球供应链、世界娱乐文化、跨国零售连锁，到 AI 技术和区块链，再到商学院教育和培训！以海德格尔的学说观之，这才是真正的危机，本体论的危机！

如果海德格尔还魂转世，对当前全球新冠大流行引发的危机，他会有惊骇的似曾相识感受。在他写作和演讲《存在与时间》的十年中，正是德国遭受第一次世界大战大溃败和西班牙流感肆虐全球的后期。因为这样的时代背景，海德格尔比任何哲学家都更加接近和关注人类生存危机，海德格尔的现象学也被称为危机哲学。在他看来，人类漠视本体论的时间问题，甚至没有方法去思考时间与存在的问题，这是思想大危机。

回到海德格尔的感知存在的三种方式（被抛入、遭遇危机、自我开显）。我们已经"被抛入"工业公共时间的存在状态很久很久了，如果这次疫情有任何哲学意义上的积极效果，那就是因为遭遇危机，我们认识到存在的"时效性"，勇敢地承担自我开显的个体责任。没有"自我开显"，"被抛入"和"遭遇危机"都会沦为"虚伪的存在"（inauthentic being-in-the-world）。只有意识到"自我开显"，才可能实现有意义的"真实地存在于世界"（authentic being-in-the-world）。

我们"被抛入"工业公共时间，丧失存在意义的例子俯拾皆是。以笔者熟悉的商业策略管理教育为例，半个世纪以来，策略规划的概念和理论框架完全由工业公共时间定义，它基本上遵守管理咨询活动而派生的语言习惯。作为商业策略的教育工作者，笔者 20 年重复同一套语言体系，因为它由纵横交错的各类教学手段支撑着，因为它与它合谋的体系形成循环定义价值和表现的范式，我们的教学评估和升迁也已经嵌入这个范式。我们循规蹈矩，玩同样的游戏，缠绕在其中，紧紧地"被抛入"。

如果说这样的"被抛入"仍然有什么存在的意义，那只能属于启动这个范式的那群人。他们就是福山在《历史的终结与最后的人》中隐喻的"最后的人"。"最后的人"制定了"黑客帝国"（"The Matrix"）。其他的人"被抛入"，成为"日常化的东西"（everyday things）。同样的活动发生在全球化供应链、跨国零售连锁、好莱坞娱乐文化……

怎样才能开启正宗的存在？存在从思考时间时态开启。不要问"什么是时间"，而是要坚毅地展现"我是我的时间"（"I am my time"）。我是"我时间"的开启，我是"我时间"的终结者。

可是，我无法单独存在。我必然与过去一切存在相连接。通过关照（care）周边事物，通过服务和有用（serviceability and usefulness），我建立起与其他人和事物之间的相关性（reference）。相关性如雪泥鸿爪，隐约难辨。于是，我发动显著的事件（appropriating conspicuous events）。事件赋予相关性以象征意义的信号，进而构建成为一套解释语言体系（hermeneutics）。于是，我的时间与过去所有的历史相连接。正所谓，草蛇灰线，却伏脉千里。

"今人不见古时月，今月曾经照古人。"历史性（historicity）是我感知存在的重要时间维度，但它不是主导活动，"我时间"最重要的活动是面向未来的"自我开显"。通过关照，通过服务和有用，通过建立相关性，通过发动显著事件，通过形成有信号意义的解释系统，我向未来"自我开显"。未来时态（futurity）不存在，除非我用坚定的意识去推动。意识力量所达之终点便是"我时间"的视界（horizon）。我期盼终点，因为只有到那时，我才真正完成一切生命潜在的可能性。之前，我都无法全然理解存在的意义。终结、限制、死亡，它们不是"我时间"消失，而是我的存在与无边无垠的自在（dasein）归为一体（attunement）。

海德格尔把时间终了解释为人的意识创造活动的必然归宿。时效性、人的有限性（human finitude）、意识创造活动、生命意义，它们必须综合在一起理解。海德格尔揭示工业公共时间主导的存在是虚伪的存在。同时，他说明，因为"我时间"有终了，我才会迫切地去观照周边值得观照的，并与它们共同存在（being-in-the-world-together）。

从无意识的工业公共时间到有意识的我时间，遭遇危机是这个转型和升华的必然经历。对疫情中的我们，它是海德格尔带来的启发。

张文宏医生是"我时间"生动的例证。因为"遭遇危机"，张文宏医生"被抛入"非他能左右的存在。通过一系列"自我开显"，张文宏的生命意识推动属于他的时间和存在，直至终了，再归于自在。张医生最有名的"关照"是："不能欺负听话的人，党员先上，没有任何讨价还价！"一句话就体现出强烈的政治觉悟，也反映他自身成长与制度环境之间整体的历史联系。抗疫中，他的服务和有用表现在一系列显著事件中：亲自查病房，频繁专业讲解疫情，及时在华山医院感染科公众号上科普……张文宏把自己与时代背景紧密结合在一起，形成互相映射的相关性。他用独特的语言风格组织形成有信号意义的解释系统。

"当新冠大幕落下，我自然会非常 silently（安静地）走开。你再到华山医院来，你也很难找到我了。我就躲在角落里看书了。"张医生的这段话显示他对"我时间"终了的清醒认识。没有什么能比此更生动地表达海德格尔所强调的存在的"时效性"。张医生也许没有在头脑中给海德格尔留特别的位置。但是，海德格尔的哲学概念却可以一一对应解释他的存在与时间。远眺近观，张医生似乎只是群像中的一位，我们可以用同样的学说去理解比尔·盖茨、马云……

结合海德格尔学说，新冠疫情之灾促使我们每一位企业家思考下面这些问题：

（1）我的危机遭遇剖现出哪些意想不到的可能性？
（2）既然时效性是存在的根本，我的商业存在会怎样终了？
（3）周边环境中，谁是值得我关照的人，什么是值得我关照的事情？怎样通过我的服务和有用构建共同的存在？

（4）如何设计显著事件去开启时间？

（5）在怎样的时间终极点，以什么样的事件，庆祝了结，和光同尘，重新开始？

（6）"物之不齐，物之情也。"与其执着于可持续竞争优势，是否可以给不同业务各自发展的生命版本？

诗人艾略特（T. S. Eliot）写道：探索莫停，终了在起点，如初相识。因为时效性，每一场存在都有意义。由于疫情遭遇，我们终于理解：我时间，我关怀（I am my time, I care）！

附录　《管理视野》访谈录

《管理视野》：您为什么想到用海德格尔的《存在与时间》，作为反思此次疫情的思考工具？

鲍勇剑：低于哲学层面的思考都略显轻飘飘，思考问题的维度必须高于解决问题的方案。从影响范围、紧迫程度和未知性来看，疫情大危机揭示的是百年未曾遭遇的全人类灾难。更令人心情沉重的是，它预演着未来百年将换脚本上演的同类型大灾难。例如：我们不知道南北极冻土层解冻会释放出什么样的病毒；我们不知道类似澳大利亚那样的气候灾难会在哪儿再现；我们不知道星际探索会出现怎样的突变。但是，我们知道，类似的灾难一定会出现。我们也知道，现在的思维方式和认知工具都不足以深刻思考人类生存的根本问题。值得推荐的道路是回到哲学层次去反思。海德格尔不仅是 20 世纪哲学家翘楚，还是公认的危机哲学家。以他个人的时代经历，危机遭遇和生命意义都是他的核心关注。当我寻找可以与当前的全球危机相对应的思想工具之时，海德格尔和他的《存在与时间》就是当然的选择了。

《管理视野》：您在文中梳理了工业公共时间如何逐渐成为人们日常起居以及商业企业的时间意识形态。这次疫情会引发哪些对于工业公共时间的重新思考？会带来哪些影响和改变？

鲍勇剑：经历隔离期间各自生物钟颠倒后，人们突然对时间有了崭新的体会。时间犹如一团毛线，线头扯出来后，各种各样的感受都随之浮现。网上甚至有三观（思想亲近）比血缘亲近更重要的戏论。

人类有不同的时间概念，如日出而作、日落而息。人类的生存活动和对生命的感知都与时间和时态概念息息相关。例如，对友人，我们一日不见，如隔三秋。这些主观时态感受影响并定义着我们的生存条件。例如，美国东部的阿姆西人（Amish）仍以 16 英里（约 25.7 千米）为半径规划生活节奏，因为那是马车在落日之前能够往复的生活时空。又如，网购时代，点击之后，我们就希望当天获得，立马能消费。工业革命以来250年，工业技术标准化促生一个统一的、连续不断的、线性的全球时间。在被工业公共时间驯化的生产与生活背后，我们持有加速度进步的理念。当疫情突然给这个理念按下中止键后，我们不得不思考：

(1) 如果工业公共时间不能继续，怎样生存？
(2) 什么是替代的但更有意义的存在？

古希腊的"技术"（techne）意味着"将真理化为生活的美好"（"bringing forth of the true into the beautiful"）。我们反思工业技术对时间的影响，也是为了更多把规律化为生活的美好。具体的改变需要我们共同努力。

《管理视野》：您文中提到对"逆全球化"的思考，能否深入谈谈国内企业在疫情后应该如何面对全球化的改变和对产业链的影响？

鲍勇剑：三言两语肯定无法深入。简言之，疫情前的全球化，有着明显的工业公共时间，特别是由产业链规则制定者设计的工业公共时间。例如，芯片大约每18个月递进一次（摩尔定律）。义乌的小商品按照感恩节和圣诞节的销售时间制定年度生产计划。疫情之后，产业链必然重组。全球的利益相关者都在思考如何组织各自的"产业链共同体"。它可能是区域的、行会的，或者基于新的国际合作规则的。新的多元体制会形成各种各样的社区时间，即海德格尔的"我时间"。

在这个重组过程中，海德格尔的哲学指导意义胜过现今商业策略。国内企业要学会：

(1) 关心值得关注的伙伴企业。
(2) 让自己有用，提供服务，以建立相关性。
(3) 设计和制造显著事件，以至于相关性被接受为有意义的信号。
(4) 用一套言之成理的解释系统把信号串联在一起。这样，利益相关者就能充分理解我们的价值。你看，哲学是有实践意义的。海德格尔谈论创造"我时间"的四个方面，它们就是企业在新时期的策略圭臬。

《管理视野》：您讲授和撰写《危机管理》后十多年都在推陈出新，还鼓励学生"问倒"教授突破认知盲点，这次危机有什么颠覆您以往认知的地方？您的既往理论将如何调整？

鲍勇剑：过往的危机管理都是"求生"。这次疫情让我们意识到，不知死，何以知生？海德格尔的哲学讲解的恰好是"向死而生"。关于理论调整，我将更强调阶段性的升华。危机管理从"项目管理""突发性事件管理工具"，到"危机决策"和"常态与变态管理"。如今，我们更进一步思考，遭遇危机的经历如何打开生命的各种可能性。假如我们必须做一个理论分水岭的划分，之前，危机管理关注不确定性（uncertainty），之后，危机管理关注渐确定性（ascertaining via approximation）。依据海德格尔哲学，存在就是一个展现自我确定的过程。"我时间"强调以积极的作为完成每个人的生命旅程。

第二节　重新想象未来商业空间

2020年4月12日,复活节,歌唱家波切利(Andrea Bocelli)驻足在空无一人的米兰大教堂前,一曲《奇异恩典》("Amazing Grace")从米兰传到伦敦、纽约、全世界……仿佛同一时刻,人们齐声念想亲近美好的公共空间。新冠疫情来临,我们顿时失去了社会公共空间。失去,才知道它如此美好!这种影响还蔓延到更多的商业公共空间。根据艾美咨询和袤博(MobTech)的研究报告,疫情期间,中国大约7.8亿企业员工中,有4亿人实施远程办公。相比欧美国家12%~17%的远程办公比例,疫情之前,中国只有不到1%的远程办公比例。保守预计,中国远程办公行业市场五年内将翻倍增长,从2019年的286亿元人民币增长到2024年的621亿元人民币。它的一个直接后果将是日益空旷的摩天办公大楼,随之而来的挑战则是员工社交需求、组织团结、集体文化心理认同等一系列与公共空间有关的管理问题。除了办公楼,超市、学校、饭店、体育场所,这些商业公共空间都需要重新想象!

公共空间是塑造现代社会的力量

公共空间的意义远不止亲近美好或工作场地,它是塑造现代社会商业关系的原始力量之一。相对于教会和王室,"公共"体现的是现代市民社会的权力关系和集体文化心理情结。

1599年,莎士比亚演出公司在伦敦城外修建"环球剧场",为普通人演出莎士比亚编写的戏剧。之前,平民要么看教会的宗教仪式,要么观看王室推荐的道德剧目。在莎士比亚的剧场,平民第一次以自己的兴趣爱好自愿购买商业演出的门票。既然平民观众是衣食父母,莎士比亚和他的同行必须考虑到观众的偏好来编写剧本和编排演出。莎士比亚剧场正是以商业社会关系为基础的公共空间的经典代表,历史上类似的标志还有公共交易市场。

1531年,安特卫普货物交易市场永久化。现代史学者把它当作现代市场经济出现的另一个公共空间标志。之前,王室朝堂(Royal Court)象征中世纪的公共空间。朝堂中,国王展示与附属臣民之间的社会关系。伊丽莎白一世曾规定,任何"公共"事件和解释均属于王室特权。16世纪后期,公共空间才慢慢不属于王室专属。因此,像剧场和市场这样的公共空间远不只是一个物理存在的概念,它代表着社会权力和地位从宗教和王室的领域向商业市场的转移。在欧洲,这个转移经历了300年,社会从中世纪逐渐进入现代。

因此,"公共性"被许多学者当作"现代性"(modernity)的一个重要特征。加拿大学者亚奇宁(Paul Yachnin)曾领导一组学者,研究1500—1800年,欧洲社会现代性是怎样构建形成的。经过 5 年研究，他们的基本结论是：现代社会的基石是公共性，其中，公共空间是现代社会的人构建集体文化心理情结的重要形态。按照莎士比亚的说法，私人只能寂寂无闻，公共才能著名，有公众名望才算个人物。后来，在《人的条件》（*The Human Condition*）中，哲学家阿伦特（Hannah Arendt）对公众和人的意识关系进一步做出推论：完全的私人只是吃喝等死的动物，公共性是人存在的必要条件。直到今天，在西方军队里，列兵（private）仍然指的是没有官衔、没有权力的新兵蛋子。从私到公，从无名到著名，它保留着现代社会形成初期人们对公共性的向往。公共性定义着人的社会关系和心理属性。

以此观之，我们可以不夸张地说，新冠疫情撼动着现代社会关系和集体文化心理根基。它不仅暂时关闭公共空间，也动摇了现代市场经济的社会文化心理定势。医学上，我们已经做好了与疫情长期周旋的思想准备。同时，我们显然还需要认真思考，长期失去公共空间后，商业社会的形态和精神将出现怎样的变化。

疫情激发公共空间再设计

大流行病不是第一次发生。凭借人类社会柔韧的适应能力，疫情往往激发人们重新想象公共空间、创造社会关系的新载体和媒介。1918—1920 年，欧洲发生类似这次新冠疫情的大流感。之前，欧洲城市还爆发过 6 次霍乱。1882 年，微生物学家科赫（Robert Koch）发现引发肺结核的结核杆菌后，欧美大城市开始重视公共空间安排和公共场所卫生。它激发了现代建筑史上著名的"极简主义"设计风格。

欧洲大流感之后，一些中心城市的建筑风格出现明显变化。它们的共同特征是形式走向单纯、几何风格明显、去除繁华的装饰、使用干净和有平滑表面的建筑材料。它们仿佛反映出那个时代人们"讲卫生"和"容易清洁"的心理倾向。维也纳现代主义的代表建筑路斯楼（Looshaus）与这个时代背景不可分割。它外立面简洁、平滑去雕饰，迥然不同于过去雕梁画栋的幕墙。它的设计师阿道夫·路斯（Adolf Loos）视过度装饰为"犯罪"。另一位现代建筑的代表人物勒·柯布西耶（Le Corbusier）认为，城市设计和公共卫生有直接关系。在《明日之城市》中，他强调，合适的城市布局有利于公共卫生和社会道德健康。他设计的巴黎郊外别墅萨伏伊别墅（Villa Savoye），直观看去就是一个阳光、卫生、健康的居所，是他精简建筑五项原则的代表。可以说，疫情成为人们重新想象公共空间的巨大动机。

在这次防疫过程中，一些城市规划和管理者已经开始思考，怎样让一些积极的公共空间变化能够保持下去？为保持社交距离，洛杉矶允许餐馆在空荡的大马路上分散设立餐桌。米兰让行人使用封闭的汽车大道。罗马一些市政规划专家建议，疫情之后，拓宽狭窄人行道，留出更多的自行车路径。同时，为避免接触，公共空间中的基础设施也将有重大改造，声音指令将取代接触式开门和电梯操作。改造公共空间势在必行。有些功能性质的改造能立竿见影，如声卡控制的电梯；还有一些与人们的生活形态和价值观紧密联系在一起，它们的变化则需要更长久的时间观察和系统设计支持，销售食品和杂货的超市就是一例。

第二次世界大战后，美国政府为安置退伍军人家庭，在纽约郊外建设独幢标准房新社区莱维顿（Levittown），它为一个现代城市公共空间郊区化开了先河。与郊区化相匹配，大型超市迅猛发展起来。1916年，在美国田纳西州开设了第一家配有推车、开放货架、出口收银台、货物单价表示的"小猪扭扭"（Piggly Wiggly）超市。这些超市的基本设计一直保留下来。20世纪70年代，沃尔玛（WalMart）和开市客（Costco）等大型超市开到郊区，超市消费成为中产阶级身份和生活方式的一部分。汽车、冰箱、超市、独幢房，它们构成新丰裕社会的"神器"（artifact）。在社会学家眼里，超市的公共空间成为市场经济和中产阶级生活的一个缩影。

新冠疫情正明显地改造着超市这个社会形态。人们越来越倾向于网购、外送日常生活用品，包括新鲜食品。《大西洋月刊》报道，疫情前，大约只有3%美国消费者网购新鲜食品。与50%书籍和40%消费电子产品网购相比，新鲜食品网购的习惯一直难以培养起来，它与人们的消费习惯和心理有关。对逛超市的消费者来说，挑挑拣拣是购买的基本习性。美国三大新鲜食品网店（Amazon Fresh, Walmart Grocery, Instacart）发现，疫情发生后，人们的网购率上升至两位数。定时网购与外送的习惯也慢慢被接受。一百年来没有大改变的超市系统突然遇到冲击。

受网购影响，超市的公共空间必须要重新想象。它将是怎样的社会活动形态？会不会演变成小型的购物中心？什么样的消费活动将被改造并融合进入超市空间？超市雇员能不能演变为个性化的导购员？他们可否借鉴酒店礼宾部服务，成为超市联系社区的新式服务员？大型超市集团会不会模仿机场的中心辐射网络结构（spoke-hub network），建立社区特色分店？

以设计思维看待超市公共空间演变，它不能只限于规避接触传染的风险问题，而需要实现比过去更好的消费体验。超市是人与商品之间交易沟通的场所。类似莎士比亚的剧场逻辑，公共空间是表达与沟通的媒介，其间，人们经历一系列积极互动过程。过去，人们感知活动通过身体触摸。现在，视觉、听觉和心理成为感知的主要来源。过去，体验能通过近距离参与实现。现在，远程参与要求不一样的沟通设计。网购过程中，商品顾问一句带入使用场景的关切问候往往成为购买决策的燃点。受设计思维影响，美国一家大型超市正打样俱乐部式的体验超市雏形,试图用更长期和紧密的社会关系弥补社交距离带来的公共场所的生疏感。如果满足刚需的超市成为中心引力场,它会不会像早期容纳药店、护士站和咖啡店那样,把购物中心的一些公共场所分解、整合过来?疫情冲散了原先牢固套装在一起的商业活动。突然间,摇动松散的公共空间中,过去难以联想在一起的设计元素,现在有了值得关注的可能性。依据设计思维,任何社会渴望有行动的问题都是好问题,社会渴望是难得的意愿资源。设计就是给主意以形态,化思想入产品,通过行动牵引和各方参与的承诺,把渴望的目标转换为兴旺的事业。

如果超市代表消费方面的社会关系媒介,办公室的公共空间则为生产方社会关系的具体表现。它是下一个必须重新想象的问题。

想象办公空间"莎士比亚化"

在我们改造办公大楼的公共空间过程中,上述设计思维同样有应用价值。对疫情造成的问题和限制条件,设计思维更倾向于把它当成一个创造活动的变量。设计思维的"溯因逻辑"(abduction)允许想象的、可能条件下的"虚拟真";而归纳和演绎逻辑(induction and deduction)更适合在已有事实前提下推导"事实真"。设计思维与想象力,这是我们急需的认知能力。历史哲学家泰勒(Charles Taylor)研究指出,现代市民社会本身就是通过社会想象(social imagination)形成的。少数贤人首先想象出言之有理的概念,然后传播落实到社会实践,最终演变为言之凿凿的社会现实。既然如此,办公空间"莎士比亚化"就是一个值得想象的新概念。

现代办公建筑凝聚了商业组织的管理思想。重新想象办公空间也需要新的管理思想。由著名建筑师赖特(Frank Lloyd Wright)设计、1906年落成使用的纽约拉金办公大楼(Larkin Administration Building)大概可以被视为现代办公建筑的开始。后来,办公空间设计经历多次变化。20世纪80年代,格子间设计成为潮流。

到21世纪初,WeWork倡导共享办公。为营造一个更加活跃的组织文化,谷歌等高科技公司把办公场所和室内运动结合在一起(Googleplex)。经过一百多年演变,办公设计的两个主要特征没有改变:①开放的空间设计;②办公空间为沟通、协同和控制的三大管理活动服务。突如其来的新冠疫情直接破坏了开放空间设计的功效,并影响传统办公环境下的3C管理(communication, coordination, control)。不过,疫情可能激发新的办公空间设计,从而为新3C管理(casting, curating, celebration)服务。新3C基于两个重新想象:①办公可以分解为活动模块(activity chunks)。让所有可以有"社交距离"的模块遵守降低传染性、提高溯源性的原则,抗击疫情。②办公活动模块之间的系统整合可以用戏剧舞台演出的思维,在办公室的公共空间内完成。这是对办公空间最经济、最能升华社会关系体验的利用。它在时间和场所方面的可控性与防疫原则一致。

一念一世界。在这个新概念下,我们重新审视行政办公的目的,它是流畅地完成一系列创造商业价值和用户体验的事件。把设计和完成事件当作一场舞台剧,人们在办公室的公共空间高强度集中完成三大行政管理任务:派角色和排演(casting);像博物馆策展一样,安排道具和事件流程(curating);新旧事件完成和交接之际,庆祝成功(celebration)。这新3C行政管理活动升华了办公室公共空间的初心。

强调新3C,那是回到公共空间的初心。现代意义上的公共空间本身就是一种集体文化心理身份形成和表现的舞台。在莎士比亚的舞台上,哈姆雷特王子反复询问台下的观众:表达还是不表达?(To be or not to be?)让王子纠结的是:自我意识中,他是杀叔报父仇;公共意识中,人们会以为他为夺王位而杀亲。表达,个人心理活动可以成为公共认知;不表达,私意识和公意识两相隔绝。在现代社会,公共空间与集体意识是一体两面。每位现代人都有一个哈姆雷特情结:怎样在公共空间展现自己,获得集体归属感,升华自我实现。

所以,公共空间一向是个人与社会的界面——表达、倾诉、宣示权力的界面。借用学者麦克卢汉(Marshall McLuhan)的名言:表达信号的媒介是信号的一部分。像莎士比亚的剧场一样,办公空间也是表达现代集体心理和文化意义的媒介。在《公共领域的结构转型论资产阶级社会的类型》中,哲学家哈贝马斯(Jürgen Habermas)支持"公共性"对现代市民社会形成的重要作用。作为社会关系和秩序的展现场所,教会有教堂,王室有朝堂,现代市民社会有各种各样的公共空间。

通过互联网通信和计算机技术支持下的远程办公,我们已经认识到,旧3C管理可以在其他分解的办公活动模块中完成。办公空间"莎士比亚化",那是因为它让办公的公共空间改头换面,更好地为新3C管理活动服务。我们建议新的办公空间剧场化、策展化和庆典化,因为它们与公共空间的历史精神一脉相承,毫不违和。办公空间的一个侧重点是行政管理,让我们来分析行政管理为何可以想象为巡回排演、艺术策展和集体庆典。

行政管理就是巡回排演(casting)。管理者不断派角色、编剧本、对台词、走台步。行政组织分工的精髓在于分配好角色、扮演好角色。角色可以单独背台词,但必须同台串角色。

远程和居家办公可以背台词,串角色还是在办公空间完成最有神韵。在突出经济价值体验的市场中,行政管理者需要超越早期对应商品生产的波特价值链功能部门思维,更加关注经济价值体验的全部流程是怎样展现的。从设计价值体验出发,产品和服务应该升华为表达价值和实现体验的媒介。媒介的活性和表达效果只能通过组织成员生动地演绎出来。每位成员应该成为自己任务岗位的"戏精"，理解每个商业项目都是一组事件、一场演出。

行政管理就是艺术策展（curating）。艺术策展人和艺术家之间是一种原创和表达原创的关系。例如，同样一批达利（Salvador Dali）的作品，有的策展人可以摆放出超现实主义，有的能突出艺术商业化的策略。像艺术策展人一样，行政管理者可以把办公空间甚至厂区化为价值展示和体验的舞台，把产品和一切现场物件变成道具。参观过华为的朋友一般会走过像博物馆一样的产品演示馆，那是华为花了大价钱从美国同行那儿学来的"工业艺术策展"能力。

以巡回排演和艺术策展的角度重新编排办公室的公共空间还有另外一个好处：它把工作协同的节奏推向极致，任何可能掉链子的地方，都能及早发现，及时补救。语言训导行为，通过排演和策展，组织成员的工作行为获得完整且生动的叙事加持。从感知和理解的角度看，情节场景化的叙事能疏导策略执行过程的起承转合。

行政管理就是集体庆典（celebration）。把庆典当作行政管理的核心任务，儒家的礼乐文化是典范，现代组织管理也不例外。韦尔奇（Jack Welch）强调，策略确定后，文化是保障，董事长就是庆祝体现文化精神的策略事件的啦啦队长！玫琳凯（Mary Kay）是另一位深得集体庆典激励精髓的企业领导人。她的粉红色凯迪拉克是所有销售人员年终大会上梦想的奖品。因此，办公公共空间莎士比亚化，通过高亢的集体庆典活动，它能让组织成员所梦想的社会表现和集体心理归属到达巅峰。现代人潜意识中都驻扎着一个演员的欲望，当工作表现和工作表演合为一体，现代人获得最高的自我实现，庆典则是自我实现的高潮时刻。届时，任何因为社交距离而造成的疏离感都会烟消云散。

1517年，教士马丁·路德（Martin Luther）做了件不可思议的事情：他把反对罗马教皇的95篇檄文张贴在各个教堂的大门上。马丁·路德利用公共空间开启了新教，他永远没有想到新教伦理和资本主义发生之间的关系。新冠疫情督促我们重新想象公共空间。让我们也设计一些不可思议的事情，也许它能开启社会新篇章。

第三节　重新想象平台企业的商业模式

2017年，受命于复旦《管理视野》，笔者集中研究摩拜单车、滴滴打车、饿了么等共享经济的新秀企业。笔者在为新兴创业者激昂澎湃的热情所感染之余，也看到了潜在危机。以下是五年前的一段采访后记："新生企业发展太快，来不及整理商业价值之外的社会价值。这个盲点会成为战略遗憾。此外，其他战略盲点会给企业带来难以逆转的危机。例如，外卖包装会成为环保公敌。被平台企业改造或扭曲的社会关系，谁来负责？等到社会学、心理学和公共政策学者开始关心它们的负外在性时，商业模式的危机就来了。"

五年来，我们在《共享单车，别让资本家骑走了》《怎样设计滴滴顺风车》等系列文章中的危机提示依次出现，最近有关平台企业的一系列问题更把转型危机推到社会舆论高潮。

没有任何新商业模式出生时就十全十美，没有任何成功的商业模式不经过自我批判和阶段性蝶变。新兴企业横空出世各有它们惊艳之处，而它们遭遇的危机却有一个共同特征：没有能力完成商业模式在四个发展阶段的变化转型。本文说明商业模式的四个阶段和必要的转型。下面讨论的理论框架基于本书作者和奥西耶夫斯基（Oleksly Oslyevskyy）的新书《转型商业模式》。

商业模式四种形态

静态的商业模式用来回答四个问题：为谁服务？与谁合作生产和营销？怎样变现？如何维持？动态发展的过程则暗含四种形态：败将（loser），饕餮（taker），施主（giver），赢家（winner）。怎样从施主轮转为持续的赢家，这是新兴企业走出危机的枢机。

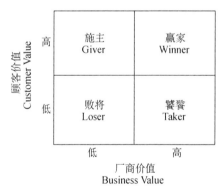

图9-1 商业模式的四种状态

如图9-1所示，以两种价值观为轴线，商业模式内含四种形态。就像水有气态、液态和固态，分子结构相同，运动规律不一样，商业模式也有败将、施主、赢家和饕餮，它们的运动规律也不一样。

败将既没有为消费者创造有用的价值，更没有给投资者带来利润回报，它不仅出现在懵懂无知的创客中，大公司也难以幸免，"谷歌眼镜"（Google Glass）就是一例：对大众消费者，它只有新奇，没有使用效用；对特殊客户，如医生、消防队、博物馆讲解等，谷歌没有配套的合作研发策略。推出一年后，第一版谷歌眼镜全面下架。

施主为消费者创造出明显的使用价值，但却没有切实的设计来收获厂商价值。社交媒体"推特"（Twitter）一直在为如何转换顾客价值到厂商价值挣扎。

赢家指顾客价值和厂商价值相互增益的阶段。现在遭遇危机的企业都有过一段广受欢迎的时光，发展的轨迹显示它们曾经不断制造出新的顾客价值，不断让消费者看到使用新服务的增值效果。因为有推陈出新的价值，一方面社会对新兴互联网平台企业单项业务活动批评不止，另一方面人们在它自我完善中看到相互关系中利大于弊的一面。

饕餮指企业劫持内外利益相关者，对外是客户，对内是员工。劫持后，企业单方面追求厂商价值最大化。饕餮的第一个特征是，它们一般以创新开发产品和服务开始，为客户带来明显高于市场水平的高顾客价值，为社会带来全新的工作机会。第二个特征是，它们成长强大后，因为信息不对称和市场权力不对称，客户或员工要么讲不明白损害自己利益的管理行为，要么没有力量维护自己的权益。第三个特征是，客户一旦进入合同关系，要么不容易脱离，要么有较高的脱离成本。这样的企业就是典型的"饕餮"。

饕餮模式一般利用自然能力、竞争能力或者政策垄断，单方面将厂商价值最大化。2016年，霍尔姆斯特伦（Bengt Holmström）和哈特（Oliver Hart）获得诺贝尔经济学奖，他们的理论贡献在于揭示经济合同中单向依赖形成不平等地位的问题。所有经济合同都有不完整性，一方可以利用优势地位左右合同内容和形式。类似的问题出现在平台企业和客户与员工的合同关系中。处于合同权力弱势一方的客户和员工一般难以有平等的契约权力和机会。不完全合同理论（incomplete contracting）很好地解释了最近一年平台企业面临的问题，反垄断和政策监管意在限制饕餮模式。

困境与出路

毫无疑问,赢家状态是值得追求的阶段。但是，常见的两个现象是"施主困境"和"饕餮陷阱"。前者只有公益没有私利，无法长久；后者牺牲客户利益，终究将被替代。如图9-2所示为商业模式中的"施主困境"。

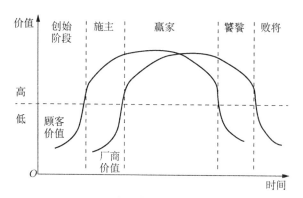

图9-2 商业模式状态变化轨迹

"施主困境"是商业模式最常遭遇的情况。企业为消费者带来崭新的价值，却总是找不到转换方法，无法将顾客价值转换为厂商价值。例如，网上会议软件Zoom成功之前，Skype和Webex免费软件扮演价值施主角色，培养了使用者的消费习惯。

"饕餮陷阱"指企业依靠已经控制的客户和员工的依赖关系，克扣本来属于他们的价值，并简单转移为厂商价值，直至被替代或破产。如图9-3所示，它是自我设立的陷阱，因为它本可以利用创始阶段建立的各项资本（能力、资金、品牌、声誉、政策）跨越发展进入"赢家"阶段。但是，管理者缺乏对商业模式发展的变化观，受代理人私利左右，违背企业创始初心，选择快速盈利道路，直至危机。饕餮可以有暂时的高利润，却容易堕落为败将，其中的危机灭绝成本只能在后视镜中估算。最近五年，遭遇危机的平台企业大多落入同样的陷阱。

图9-3 饕餮的陷阱

走出陷阱，企业需要理解商业模式与社会关系之间的联系。

所有的商业模式都建立在特定的社会关系背景之上，成功的商业模式必然提升良善的社会关系。1929年大萧条开始之后，迪士尼兄弟希望迪斯尼乐园可以让抑郁的社会快乐起来。福特（Henry Ford）认为，平民化的汽车消费可以促进美国的熔炉文化（人们对福特的思想有争议）。如果没有对人类与地球新型关系梦想般的宣扬，马斯克的特斯拉就只不过是众多电动车中的一个品牌。

因此，走出商业模式的困境与陷阱，新兴企业要有社会思想能力，要能够把生产能力与社会福利创新紧密结合起来。为推广电灯，爱迪生首先点亮纽约街道，鼓吹夜晚的公共社区活动和社交生活。爱迪生了解，新商业模式的"鱼"无法畅游在旧社会关系的"水"中。

维持赢家地位，企业必须要用轮转变化的思维分析和使用商业模式。怎样避免"施主困境"？怎样在成为赢家后不落入"饕餮陷阱"？首先，企业要接受商业模式永远为一个"成、住、坏、空"的轮转过程，其中，四个状态各有内在的规律和转化特征。其次，企业要始终思考如何创造新的顾客和员工价值，如何将新价值转换为新的厂商价值。要做到这一点，我们建议，企业需要设计和执行"本分公益"的策略（见图9-4）。

什么是本分公益？"本分公益"有别于完全以利他为核心的"社会责任"，也

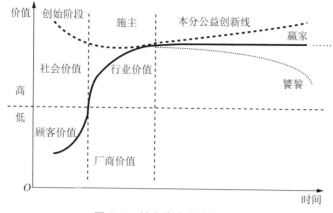

图9-4　持久赢家和本分公益

不同于以经营社会声誉资本为隐蔽目的的"商业慈善"。本分公益强调在本业、自身能力和企业愿景范围内思考有利于社会的新举措。它从自身能力出发，在发挥企业核心竞争能力的同时，创造出新产品和新市场。

"本分公益"应该成为企业创造新的顾客价值的原点，企业需要鼓励每个部门和员工思考基于本分的公益创新。这个策略最大的效益在于保持与社会公共价值的一致性，它是一切顾客价值的来源。同时，因为根植在企业本来已经具备的生产能力中，它又能利用公益新用途，拓展核心竞争力。

持续的本分公益创新可以成为维护"赢家"状态的不尽源泉，每次本分公益创新活动都是对潜在顾客价值的一次大范围社会测试。它的直接策略价值包括以下四个方面：

（1）对公益产品，公众有良善的意愿，能容忍细节缺陷，这就给企业完善新产品提供了机会。疫情期间，许多经过改造的商业服务并不完善，但是，人们给予厂商足够的时间和机会来试错和修正。

（2）在推广本分公益产品过程中，企业找到公益产品和商业产品的市场分布区间。它为新产品市场定位完成测试过程，公益产品可以自然过渡成为企业的新产品和服务。

（3）本分公益产品奠定新产品品牌影响力，因为在获得市场份额之前，企业已经虏获人心。我们看到，通过公益赠送和免费咨询，一些远程工作软件迅速成为行业中有影响的品牌。

（4）本分公益创新是联系政府部门有效的公共事务策略。与现金和实物捐赠相比，输出核心能力、解决公共问题更能赢得长久的信誉。

哲学家怀海特（Alfred Whitehead）说：存在就是历程，价值就是作用。我们的动态商业模式为企业跨越陷阱提供了一个历程路线图，"本分公益"是不断更新有价值的作用的一个方法。

20世纪工业家的代表福特不仅创造了制造业流水线,也是首先推广5天和8小时工作制度的工业家。不过,这样做不是完全利他的慈善,他认为,能够充分休息的工人生产效率更高,有闲暇周末逛商场的市民才会喜爱汽车。从企业本身的能力和使命出发,促进新型社会关系和生活形态,这就是包括"本分公益"的动态商业模式。

第四节 平台企业怎样避免"公地危机"

2021年伊始,一家大型互联网平台企业面临风险监管方面的危机。事实上,更深层次的问题在于谁可以垄断互联网平台企业的价值和收益权。任何企业的产品和服务,一旦成为社会基础设施的一部分,就已经从"纯"商业产品演化为社会产品,并具有部分公共产品的性质。假如管理层认清产品的属性,那么危机是暂时的,前途是光明的,否则,它将从一场闹剧演化为悲剧。

认清基础设施资源的公地属性

大型平台型企业的产品和服务有社会基础设施资源(简称基建资源)的性质,因此,它们不再是纯商业产品。把基建资源包装成商业产品上市,它有违经济规律,无益于社会资源有效配置。我们对于基建资源的经济规律了解甚少,因为相关的理论才刚刚兴起。

什么是基建资源?以互联网为例,一般用户只看到应用软件层,其实,互联网从电信物理结构、软件逻辑结构、应用软件、内容到社交关系系统,层层叠叠有五层。没有深层基础设施建筑(基建),不可能有互联网这凸显了基础设施资源(infrastructure resources)的重要性。事实上,所有社会经济活动都离不开基建,传统的基建有公路和铁路等,现代基建有电信设施和互联网络等。基建是一种特殊的资源,它是下游各行各业的生产要素。从系统输入和输出过程看,基建资源的输入能够促进多种多样和跨行业的输出。只要具备上述属性,它就是基建资源,最近发生危机的一家平台企业就符合这样的属性。

我们对基建资源的认识,远远落后于它在现代经济中日益增长的作用和变化。首先,基建资源不只是有形的传统道路和公用设施,它包括一系列通用技术平台、知识产权体系、创新机制和社会文化设施。它们的共性在于:

(1) 是输入性生产要素(要素性);

(2) 能促进下游行业多元多样的发展(衍生性);

(3) 允许一定范围内共同使用,没有相互损害(共享性);

(4) 作为平台式的通用技术,它在使用过程中连带出来各种各样正面影响("溢出效应",spillover effects)。

以上面的标准来衡量，许多互联网平台就是典型的数字化社会经济中的基建资源。作为一种社会大众很难不选择的基建资源，它就不再是纯商业产品，如果要上市，它的治理结构应该考虑到社会公共性质。

让我们用下面这个标准的商业产品与公共产品分类来解释大型互联网企业平台的产品属性。

判断公共产品的一个维度是，是否能够拒绝供给。这个"是否能够"有双重含义：一是，有没有机制可以排除部分消费者；二是，排除后，它是否有不可接受的社会负面影响。技术上，充当金融支付的平台当然可以拒绝和排除部分消费者。从社会外在性（social externality）的角度看，被排除会带来不可接受的社会负面影响，因为这些平台已经深入社会经济活动的各个层次。有些甚至达到超过10亿的用户，有贯穿超过1 000种日常生活服务的影响范围。今天，社会大众对它的依赖已经到难以离开的程度。

判断公共产品的另外一个维度是，它是否会产生相互竞争和抵消的消费效果。互损消费指的是，如果一方消费多了，另一方的消费效果和价值就降低。令人高兴的是，这些互联网平台不但没有互损消费效果，反而有增益的网络正效应。参加使用的人越多，平台价值越大。这样的产品和服务，也给创造它的企业带来一个爱恨交织的悖论：公司可以运营，但不能单方面决定减少它对社会的供给量，因为减少会降低社会福利。

在这两个维度衡量下，发展至今，大型互联网平台已经具有公共产品的属性。有公共产品属性是否就意味着一定要公有制生产和公有制分配？对这个问题，经济学家已经给出理性的警示：慎防"公地悲剧"（tragedy of the commons）。

慎防"公地悲剧"演变为"公地闹剧"

早在1968年，哈丁（Garrett Hardin）就分析了造成公地资源滥用和流失的两个基本原因：

(1) 使用资源的大众没有维护公地资源的动机和能力。

(2) 市场和政府用非黑即白的两分法处理比较复杂的公地资源问题。

人们提出的方法往往局限于市场供给和政府供给两个选择。结果，公地资源管理在市场失败和政府失效之间循环。

通过对基建资源系统研究，法学家弗里施曼教授（Brett Frischmann）提出三分法：商业产品，公共产品，社会产品。他认为，看到商业产品和公共产品的区别，这是经济思想的进步，可是这还不够，因为现实情形不止这两类。在商品和公品之间，社会活动还涉及各种各样的"社会产品"（social goods）。

如表9-1所示，我们过去以是否有消费中的互损抵消关系（non-rivalrousness of consumption），是否有能力和权力拒绝供给（non-excludability）概要划分商业产品、公共产品、俱乐部产品和公地资源。许多社会产品没有消费中的互损抵消关系，但可能受拒绝权影响。国内互联网领头企业的一些产品就是介于商业产品和公共产品之间的社会产品。我们需要思考怎样用共同体治理模式来扩大这一类社会产品的消费，鼓励溢出效应，甚至不反对"搭便车"行为。

表 9-1 商品与公共产品分类

		是否能够拒绝供给 Non-excludability	
		不能 Non-excludable	能 Excludable
是否会互损消费效果 Non-rivalrousness of Consumption	不会 Non-rival	"纯"公共产品	俱乐部会员式服务或投币消费产品
	会 Rival	公地资源	"纯"商业产品

不过，在设计新的治理模式之前，我们必须意识到，互联网时代的基建资源价值不是仅由投资人创造的，使用者也参与创造了生产过程和产品形式。如果否认这一点，公地悲剧便可能演化为公地闹剧，即少数投资人不合理地占用和支配具有公共性质的基建资源，以至于基建资源无法发挥内在的社会效应。

弗里施曼教授用图 9-5 显示，使用者参与制造了基建资源的价值。图 9-5 也突出网络经济与亚当·斯密时代的市场经济有一个重大区别：因为网络正效应（network positive externality），使用者参与创造生产过程和产品形式。从这个角度看，所有的使用者都参与制造了一些大型互联网平台企业的数据资本价值和网络效应。

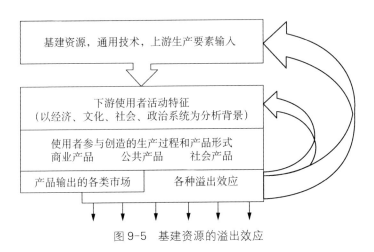

图 9-5 基建资源的溢出效应

经济学家奈特（Frank Knight）说，只有创业者值得被称为利润创造者，因为他们有能力把别人避之不及的不确定性转换为确实的产品和服务。平台企业的创立者无疑属于这一类先进。但是，随着对互联网经济属性不断成熟的认识，社会逐渐建立起两条理性的共识：

（1）尊重基建资源的公共性。

（2）尊重使用者对网络正效应的贡献。如果违背共识，试图独自占有和支配互联网经济的社会成果，更大的危机会接踵而至。

让互联网平台企业成为"公地喜剧"的模范

对于具有基建资源性质的产品和服务，如支付平台，如果没有一个具备明晰产权的实体去管理和维护，它将被过度消费却疏于维护。那将是公地悲剧，必须避免。同时，如果换上各自捆绑手法，以为能说会道就可以指鹿为马，那将成为一场自编自演的公地闹剧。

许多互联网平台产品和服务，已经成为社会经济有机体中有价值的成分。它们可以发挥越来越重要的作用。公地性质的基建资源有另外两个长期被忽视的价值属性：一个是"溢出效应"，即使用得越多越广泛，使用价值越可以蔓延到下游活动中；另一个是"搭便车效应"（free-riding effects），即人们希望以低成本或免费的方式使用基建资源。假如收费等于使用收益，人们则选择不再使用该基建资源。这更多不是理性而是感性的因素，因为免费使用基建资源的心理满足更高。如果平台企业能够看到他们可以调度的基建资源有这两个特征，进而物尽其用，那么他们能创造几何级数的溢出效应和社会乐见的搭便车效应，那将是皆大欢喜的公地喜剧（melody of the commons）。

设计公地喜剧，互联网平台企业可以尝试下面的原则：

（1）设计和供给非市场用品（non-market goods）。一些显示人们生活和工作环境的生态系统信息大数据，都应该保持非市场性质，它们也不适合成为政府分配的公共产品，例如，政府不能指定分配空气质量。非市场产品的生态系统不仅指自然环境，也包括社会人文环境。在这个方面，互联网和大数据企业有无限的潜力。

（2）设计和促进与良善活动相关的产品和服务（merit goods）。良善品消费量越高，参与程度越广，社会文化和文明水平越高。例如，普及基本教育，强身健体的体育活动，社区文化活动等。

（3）设计和促进增强社会资本（social capital）的活动。社会资本一般指有利于社会合作的信任关系种类和水平，它往往自发和自觉酝酿生成，刻意调配反而低效。例如，社团组织、商会、行会、志愿者活动等。

（4）对于无法分割到单独个体，无法原子化，只适合集体使用的社会产品，大型互联网平台企业可以承担社会先进的责任。例如，数字化语言，无论是民族文化语言还是电脑技术语言，它都以集体使用为有效单位。关于数字化语言和数字化信任，这些都是既符合平台企业的长久利益，也属于社会产品范围的推广活动。共享的大数据平台则是另外一个值得建设的社会产品。

（5）在市场模式或政府供给模式之外探索和试验多元的治理结构。因为社会群体的丰富性、生产活动的多元性，创造性的社会合作对资源需求和管理模式的要求也呈现多样性。例如，生物基因研究的全球合作、COVID-19 病毒合作研究、航空飞行器发明阶段的合作等，它们既不能靠市场机制，也不只是政府引导，它们通过有共同愿望和知识能力的社区组成"知识共同体"而实现。新兴的大数据和互联网企业本身就面临种类繁多的社会合作境遇（social dilemmas）。扩展多元的治理结构，建设知识共同体，利己利他。

太阳底下无新事，以上的原则已经在北欧实践。如果在丹麦找一家有超大型社会影响力的企业，"实丹"（Realdania）可以算一个，它在公共产品和商业产品两个方面的创新实践值得我们借鉴。

第五节　复产复工，董事长做好两件事

应对疫情，除了感性自我激励外，企业领导人还得有严丝合缝的思维与行动。有两件事，它们是企业董事长要立即开始的工作，这两件事的重要性已经在许多企业得到验证。我们把其中的经验总结如下，并期待将其推广到未来的危机管理行动中去。

人们用"绝境风暴"（perfect storm）形容持续恶化的条件与组织应对能力之间绝对不平衡的状态，许多企业现在就处于这个状态下。复产复工之始，企业董事长将是体验到绝境风暴的第一人。它的大概表现是：①开门七件事，件件都有意外。意外相互交错蔓延，制造一系列问题。②惶恐之中的队员要么自由发挥，要么呆滞。③人为的动作缺损不到位、时间延误和麻木撞钟式反应让意外发酵成问题，问题叠加成危机。每一次绝境风暴都有上述表现，这一次的绝境风暴，就目前情况看来，具有长期性。应对绝境风暴，每一位董事长要立即做两件事：第一，端正认知，认识到绝境风暴意味着五个运营管理假设；第二，行动落实，建立事件指挥系统。

端正对绝境风暴的认识，更新五个运营假设

海军陆战队员用一句行话表明平时和战时能力假设的巨大差别：当你坐进 F16 驾驶舱后，立即假设你的思考和行动能力都下降到平时的一半。同样的逻辑，在稳定环境条件下，组织运营系统可以有的能力表现，到疫情状态中，它们

都至少下降一半。疫情不仅扭曲了时空条件，让一切变得窒息般紧迫，也扰乱人的生理和心理周期，使得低级能力反应蔓延。在绝境风暴的环境条件下，董事长不仅要理解企业已经不可能维持常态下的运营能力，还要以下面的五个假设为基础，设计对应的策略。

（1）假设必须做到有效率的控制和灵活的反应二者兼顾。如果只有控制，行动会太迟缓到无效；如果只有灵活，自说自话的个人发挥常常让危机提前发生。例如，层层报备到董事长，决策即使有了全局观，但决策的事件对象已经发生性质改变。再如，如果听任没有控制的个人自由发挥，个人面对的技术问题解决了，组织需要处理的战略矛盾却更突出。

（2）假设运营现场情况将会是极端的和不确定的，即运营条件摆动幅度巨大，形态很难提前预测。同时，运营团队成员要对波动的现场情况有通畅的沟通，并能及时理解。例如，一会儿备料不足，一会儿出货停顿，造成物流仓储梗塞。又如，当某一类客单变化的消息传递过来后，团队成员马上能够联想到其他生产要素的变化。

（3）假设我们能够选择执行的方案是有限的，但需要用有限的方案去应对多种差异特征的具体事件。例如，客户临时修改订单条件，要求随要随到，我们必须在有限的仓储和运输选择下编排新的物流方法。

（4）假设疫情已经给我们造成严重的资源短缺，但是，我们会不断遭遇到一个悖论，即如果资源投放不能达到控制临界点，就没有效果。例如，如果不能把传染率控制到1之下，对于疾病蔓延的网络状事态，前面的资源投放都可能无效。

（5）假设现场执行人面临的是复杂的、不足的、扭曲的信息。他们对问题的理解必然有局部性。但是，他们必须获得完全授权做临场决策，否则可能有严重的后果。例如，因为外包企业突变，区域经理临时变更生产计划，内部赶工完成突然短缺的关键零件。

在上述五个假设前提下，董事长面临的复产复工不再是常态下"重复"的"复"，而是变态下"恢复"的"复"。常态管理环境下，需要重复，周而复始的日常活动产生效率，重复的效率也是各行各业商业模式的共同基石。变态管理环境中，需要恢复，是不断消除干扰的学习活动（breakdown for break through），保障可靠性。

2020年，最没有想到的新年礼物是口罩，最有商业价值的企业行为是可靠。按照建立高可靠性组织理论的创立者维克的定义，"可靠"指的是在激烈变动、干扰和难预测环境中仍然保持一致的工作表现。当常规商业生态受到陨石般的冲击时，可靠企业将具有震荡后的核心聚集引力。在生死存亡之际，可靠无法比价，注定胜出。但是，目前行业上下游还处于自顾不暇的慌乱情形中，建立可靠能力，应该从哪儿先着手呢？

再访事件指挥系统

落实新假设到行动,企业应该着手建立事件指挥系统,因为现有的常规组织结构、流程和策略无法应对疫情带来的各种突发事件。

20世纪70年代,在山火肆虐的加州,消防队摸索出一个新型的组织机制,突发事件指挥系统(incident command system)。20世纪90年代,ICS被联邦紧急事务管理机构(FEMA)采用。"9·11"事件之后,美国国土安全部(DHS)全面推广ICS组织模式。今天,为应对突发或间歇性的危机,但凡大一点的公司都采用改装后的"要事(集中)指挥系统"(integrated command system)。名字不一样,但背后的组织设计原则基本相同。在疫情大背景下,中国企业家要理解商业环境和工作任务正发生本质的变化。因此,企业的组织形态也要做出适应性改变,而事件指挥系统是一个已经被证明过的有效选择。前文已经详细介绍了ICS,下面是针对新冠疫情的执行建议。

六个操作建议

接受不完整、残缺、变化、多义和歧义、修改要求,但仍然能够快速行动,并在行动中消残补缺,这是ICS的基本思维和行动习惯。同理,即便不可能在几天内完成整体系统的ICS建设,我们可以从下面六个步骤开始:

(1)选择有较高心理素质和统筹行动能力的员工,建立第一个事件指挥系统的行动科,董事长担任科长。

(2)设想疫情对内部运营能力冲击的性质和程度,罗列3~4种未来演变的情境。

(3)设想疫情对供应链上下游合作伙伴冲击的程度和性质,罗列3~4种未来演变的情境。

(4)根据不同情境,演绎内部和外部资源调动的基本策略。

(5)根据演绎过程中发现的能力缺口和断层,立即开始预备性的资源储备和人才调配。

(6)专设"星期六周会",集体讨论更新对上面5个问题的理解和行动效果评估,并逐步将ICS推演到公司各个业务层次,形成与常规效率管理互补的可靠组织。

艾森豪威尔将军说:要规划行动(planning),不要规划方案(plans),这样,枪声一响,才能临场应变。关于怎样建立高可靠性组织,先从实施上述行动开始。疫情一定会过去,如果说会留下什么,那就是业界对可靠性价值的新认识。因此,建设ICS,增强组织体质,它对多种干扰都有广谱的应对效果。

第六节　重新想象气候颠覆

下一次全球危机也许不是病毒流行病，而是气候变化带来的颠覆性冲击。

2021年2月，加拿大和美国经历了半个世纪以来最寒冷的冬天。同月，《大西洋月刊》发表了布兰伦（Peter Brannen）的长文，《地壳里隐藏的警告》。布兰伦解释了一个更可怕的气候变化版本：地球在不同的冰川纪之间循环。人类活动排出的二氧化碳造成短期全球变暖，它更长期的影响在于干扰自然周期，加速了下一个冰川纪的到来。各种现象显示，下一个会带来灭绝性冲击的是气候。在未来5~25年，气候给商业造成颠覆性的影响，这不是假设，而是已经开场的现实。

过去20年，对于气候的影响，政治人物和商业领袖常采取"四不态度"：不可知，不科学，不一定，不可为。现在风向转了。2013年10月，布隆伯格（Michael Bloomberg）、保尔森（Hank Paulson）、鲁宾（Robert Rubin）等人发起非营利机构"荣鼎集团"（Rhodium Group）。8个月后，这几位美国共和党大佬主持的"商业气候风险"报告开始激起全面的反响，企业家认识到，气候风险不是一个可以留给儿孙辈处理的未来挑战，而是当代、现任、扑面而来的颠覆性冲击。在5~25年时间跨度内，没有气候策略的企业必然如飓风席卷下的海岸线，没入浪底！

气候颠覆不再是假设

2011年，泰国发生水灾，丰田和本田的零件厂全部停产，仅丰田一家就遭受15亿美金的损失。2012年，"桑迪"飓风袭击曼哈顿，全城停电四天，损失60亿美金。2013年，百年不遇的大水漫入卡尔加里城，笔者的学校被迫放弃城中心的校区。2013年，"海燕"台风给菲律宾造成140亿美金的损失，6 000人死亡或失踪。

布隆伯格等政治代表人物和商业领袖所推动的研究表明，类似的气候灾难正在成为新常态，它给农业、商业地产、公共卫生、劳动生产力、能源和交通带来前所未有的打击。以趋势可能性（67%）和极端可能性（5%）为标杆，在5~25年内，美国东海岸和墨西哥湾地区的沿海地产将遭受350亿~1 080亿美金的损失，美国中部农作物产量将下降10%~20%。因为天气炎热，户外劳动生产力下降1.5%~3%。如果选择1%的可能性分布，到20世纪末，气候对相关地区的商业的冲击将是灭顶之灾。

麦肯锡全球研究所（McKinsey Global Institute）也有类似的研究报告。通过对食物、非食物农产品、金属、能源四类大宗商品的统计，在过去10年中，价格波动剧烈，综合价格指数上升150%以上，并呈继续上升的趋势。

芝加哥大学保尔森研究所能源与环境研究员哈维（Hal Harvey）解释气候已经注定对商业有影响：常态气候下，一年四季，过冷、过热、适中的气候各占1/3，呈现高斯正态分布。对此，农作物生长还可以平衡，人类也能够适应。但是，美国航空航天局的历史气象资料显示，过热的天气越来越频繁，趋向帕累托（Pareto）分布的"长尾现象"。通俗地讲，80%的天气不正常，过冷或过热；只有20%正常冷或热。因此，农作物歉收将为新常态，商业将面临原料供应短缺和能源超常消耗的局面。

企业必须有"2012"策略

极端异常气候正造成六个方面的商业冲击：原料价格上涨；能源短缺并且价格上扬；全球物流、交通条件趋向恶劣；公共卫生和员工健康水平下降；政府环保政策严酷；消费者购买意愿变化。

12年前，电影《2012》以戏剧化场景反映气候变迁的毁灭性影响。之后，许多企业设立"2012实验室"，着眼研究毁灭性的商业突变情形，研究绿色环保相关的技术产品。应对气候突变的风险，苹果公司在亚利桑那州的梅萨（Mesa）建设一座100%利用可再生能源的工厂。预想气候引发原料价格飞涨，户外服装企业巴塔哥尼亚（Patagonia）尝试"少买多用"（buy less campaign）的策略，在租赁和更换商品的价值上下功夫。欧洲议会也推动企业思考"无需占有，按需租用"的商业租赁模式，降低浪费型消耗，减少原材料和能源价格波动的冲击。上述领导者把电影《2012》当作气候危机的警示信号，思考在气候突变情境下怎样生存下去。

总结"气候策略"先行企业的做法，它们一般从下面六个层面着手行动：

(1) 自我联系的警醒意识。企业参照权威的气候报告，联系企业自身业务，预想可能的冲击和困境。例如，耐克和阿迪达斯预想水资源严重缺乏对印染工艺流程的影响，沃尔玛预想气候影响下交通瘫痪、能源中断时的营业情形。

(2) 反脆弱性的策略愿景。2014年，笔者曾经参观华为的"2012实验室"，它包括媒体、平台、敏捷、绿色四个实验研发领域。它们之间的业务相关性不大，但各自的策略前提相同：假如现在业务被颠覆了，什么技术能力和业务能拯救企业？遵循类似的逻辑，假想局域电网设备瘫痪，沃尔玛把"供电源本地化、本店化"列为发展方向。

(3) "3V"策略设计，需要符合愿景（vision alignment），有具体价值（value proposition），能做绩效评估（valuation of performance）。沃尔玛要求亚洲的供应商不断减少和减轻包装材料，并以此作为合作关系的重要考核指标。我所调查的一家沃尔玛鞋类供货商研发出新的硬纸板技术，增强承受力，同时减少一半的材料和重量，它直接降低运输成本。

(4) 把气候的影响具体到运营层面，用数字显示"气候风险"和"环境成本"。惠普等电子企业要求物流部门比较气候变化下的空运和海运的风险与成本，据此设计物流运输方案。护肤美容企业"小蜜蜂"（Burt's Bees）设计能自然分解或回收的外包装，力求"零垃圾填埋负担"。"不能衡量的，就无法管理"，德鲁克的卓见也适用于气候风险策略。

（5）寻求建立"同道联盟"。与政府、环保组织和评估机构合作，推广对"气候风险"和"环境成本"的标准化测量与检验，让市场价格全面真实反映新的气候环境现实。同时，甄别有强烈环保意愿的友商（供应商）和友客（顾客），向他们营销"气候风险控制"的理念和价值。例如，百事可乐和可口可乐这两大竞争对手也尝试技术联盟，寻找对双方都有利的替代原料。

（6）替代供应商，异地备案计划，可替换原材料和零部件。在因气候骤变而造成产业链断裂时，企业要有能力保障不间断经营，有替代方法。天变了，在极端气候条件下的生存能力比常态环境中的盈利能力更加重要。

意识、愿景、设计、运营、联盟、生存，这六个不断深入的层次组成企业"气候策略"的系统。天道不可违。如今，节能减排不再止于环保公益，而是企业求生自救的必需修炼。

本 章 要 义

1. 面临新冠疫情引发的全球危机，商业组织不能辜负百年一遇的深度思考机会。作为危机哲学家，海德格尔对存在与时间的思考可以拿来做参考。存在与时间是我们个人用行动创造出来的，"我是我的时间"。
2. 社交距离不仅是防疫需要，也触发我们对公共性和公共空间的再思考。现代商业发展变化的每一步都有着隐含其中的公共性和公共空间新概念。重新想象办公空间和商业服务空间，它会带来一系列疫情之后重建的创新举措。
3. 互联网平台模式走过野蛮生长阶段。现在它遭遇的危机不可能在资本市场的概念基础上获得解决。平台经济既有商业性，又有公共性，再思考平台经济的公共性，商业模式才能走出掠夺式发展的陷阱。
4. 平台经济模式的本元问题在于如何避免公地危机。从公地悲剧到公地喜剧，危机的历程才会告一段落。
5. 危机复原期，企业最高决策者要抓大放小，要集中在两件大事上：认识到复产复工阶段的五个假设，坚持以事件控制系统的组织形态执行复产复工。
6. 历史不重复，但有共鸣。类似新冠疫情这样的全球危机将可能发生在气候变化而引起的全球危机上。这已经不是假设，而是正在演变的另一场全球性灾难。

第十章 绝境领导力　混沌渐确定

未经绝境考验的管理人，都谈不上是真正的领导者。平常环境中，身居高位的管理人从事六种领导实践：①开发愿景；②制定策略；③激励员工；④设计任务；⑤校准流程；⑥刷新文化心理身份。真正考验领导力的是危机管理，特别是如何摆脱危机绝境。绝境往往激发出危机领导力的潜能，让不可思议的行动发生。绝境历程也能特别展现新的理论和实践。本章中，我们就利用沙克尔顿（Ernest Shackleton）的绝境领导力来展示混沌渐确定的理论和实践。

关于沙克尔顿南极探险和脱险，百年来，反思的书籍文章汗牛充栋。我们为何再访那段经历？重温天文学家萨根（Carl Sagan）的研究体会：极端的假设需要极端的例证。本章的核心理论假设是渐确定性。以机械因果论的立场，不确定性是客观存在的环境属性。从危机场有和危机协同的角度看，不确定性是危机历程的作用对象。危机领导力的核心任务就是化不确定性为一条渐确定的历程。沙克尔顿的绝境领导力为揭示渐确定性的原理提供了实践例证。

危机绝境不一定都充满狂风暴雨。它可能是百年不遇的疾病灾害，2020年席卷全球的新冠疫情就是这样一种绝境考验。它也凸显危机领导力的另外一个方面：真切领导力（leadership of authenticity）。一切危机都是人的危机、社会的危机。人类社会有极强的意愿系统特征。怎样在大灾大难的处境中调动人们的意愿？唯有真切领导力。它是本章第二个重点。

以中国经济的全球地位观之，中国企业的领导者正面临着前所未有的挑战。这个挑战不仅来自全球产业链重新定位，还来自商业意识形态领域的误解和曲解。所有的社会经济活动背后是一套叙事语言。社交媒体时代，中国企业领导者怎样应对全球市场中的舆论风暴，如何站在地缘政治的角度看待经济力量和社会势力的大改组、大变革？对此，在第三部分，本章先依据欧洲历史经验讨论战略模糊的选择，然后提供两个战略思维方法：解析阴谋论和实物期权。最后，针对中国企业应对国际挑战的双循环政策，我们提出产业俱乐部的执行策略。

本章也是对第一章提出的熵减和不确定性概念的一个回应。第一章只是简要介绍熵减和不确定性。本章在回访过程中，对它们做出更详细的论证。为概念描述的一致性，我们重复基本概念的定义和背景介绍。

第一节　绝境领导力中的渐确定性策略

危机领导者必然选择渐确定性策略。在我们解释渐确定的理论背景之前，让我们借助沙克尔顿南极探险的极端动荡环境来解释渐确定性的四个策略阶段。

1914年，沙克尔顿率队前往南极探险。1915年1月19日，"坚韧"（"Endurance"）号探险船撞冰失控，随后沉没，22名队员在恶浪坚冰的南极海域漂浮10个月之久。依靠救生小艇，沙克尔顿带领五人在惊涛骇浪中去南乔治亚岛求救。他们辗转两个小岛，航行720海里（约1 333千米），却不幸登陆在相反的海滩，只好不眠不休在崎岖陡峭的荒野奔行36小时……从深陷绝境到自力求生，沙克尔顿展现什么是绝境领导力。回望这段经历，我们发现，处于高度不确定的环境，沙克尔顿实践的是渐确定性领导策略。它包括从"确信"和"确实"到"确切"和"确定"4个阶段的重点管理（见图10-1）。

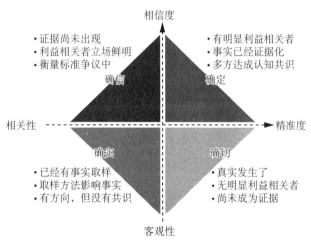

图10-1　渐确定性思维

回望沙克尔顿的经历，罹难是大概率事件，获救只能靠天。100年后，"发现"电视频道（Discovery Channel）试图模拟当年的旅程。他们发现，即使有现代技术，陷入沙克尔顿的困境，逃生仍具有极大的不确定性，因为没有人做过，不知道方法，也没有资源。搁浅时，沙克尔顿和队友剩下的救生资源只有一只救生艇、一把斧头和一条50米的缆绳，但对于沙克尔顿，首先要决策的是自救（除此之外都不相关），是让团队相信能自救。因此，树立集体"确信"为他的首要管理活动。

在确信阶段，没有已经建立的因果关系知识，支持行动的证据更谈不上。做与不做、选择怎么做的衡量标准有极大的争议，听上去不行动似乎也有道理。这时，熵减的最好方法不一定是收集更多的信息。领导者表明坚定的立场，这能发出强烈的信号，并立即有熵减的效果。相信才可能看见，确信管理强调是否与使命相关，能否发送值得相信的信号。

树立确信后，沙克尔顿建立了一个能够确实感知的管理目标，即720海里以外的南乔治亚岛有捕鲸站，到了就有救。这是能够想象和感知的"**确实**"，至于到达过程和资源要求则无须提前过度烦恼。

在确实阶段，领导者（创业者）剪裁怎样的事实来支持自己鲜明的立场很重要。他们应该选择大家容易理解和体会的事实，这样，人们可以依赖经验去判断，去感知管理目标的方向和价值。此时，领导者不必太在意对事实可靠性的共识，只要大家认可大致的方向，渐确定的阶段性目标就已经实现。确实管理得有客观依据。不过，它经过了相关性裁剪。

团队接受"确信"和"确实"的解释后，沙克尔顿选择六人敢死队，制定命令规则，这是要"**确切**"的管理行动，力求精准。

到了确切阶段，时间、空间、任务、表现都已经不再是一个概率分布的虚拟状态，而是实际的、能感知的、线性因果关系的流程，每个行动之间都有"如果……那么……"的因果顺序关系。这时，结果还没有最后出现，谁是最终获益者也仍未知。这个阶段是项目管理过程，行动的精确性和客观性不容忽视。

上错了海滩，知道捕鲸站就在32英里（约51.5千米）之外，必须36小时拼死急行军，否则前功尽弃，这是"**确定**"无疑的命令和行动。

进入确定阶段，也是不确定性最低的阶段，参与者都可以确定自己最后的收益或损失。凭借经验和一般知识，我们可以确定了解什么样的证据就可以认定行动带来的结果，这已经进入一般人都有能力感受的真实世界，领导者（创业者）的使命也就完成了。确定的世界必须是对确信阶段的证明，它必须是经验的、真实的、没有异议的。但其实，它不过为开始阶段多种可能性（量子状态）降维塌陷为一种能感知触摸的存在而已。

用沙克尔顿的南极探险自救历史，我们想说明，渐确定性从"确信"大政方针开始，到认定"确实"的过程目标，再到"确切"有效的资源分配方案，直至"确定"完成每一项细分的任务。假如不是这样，沙克尔顿的探险队一定会被汹涌的不确定性淹没。

把渐确定性的认识落实到危机管理实践中，我曾总结过下面的五种方法，值得在此重复：

（1）放弃非黑即白的二分法，视不确定状态为开创未来的"二可之间"。"网飞"（Netflix）掌舵人黑斯廷斯（Reed Hastings）形容道："传统工业靠减小变化差取胜，创新企业凭扩大变化差改运。"变化差同时包含正反两个方向，暗示创新的可能。

（2）让一部分人先（勇敢地）失败起来！创业者就是敢于和愿意先失败的一群人。凯恩斯曾经用南极探险的案例说明，除了理性和感性，人还有"动物性"，即行动的冲动。创业者就是具有行动冲动的一群人。

（3）学会小赢积大胜。管理学家维克发现："当人们不把挑战当作问题时，人们才会解决问题。"问题越大，刺激越深，情绪起伏越高，人们越容易调动原始的警醒和自我保护意识，越不愿意行动。我们常常看到，被大策略、大愿景过度刺激后，人们反而无所适从。当问题大到令人不安的地步后，人们放弃行动。因此，维克建议"柿子一定要拣软的捏，行动要从容易赢的地方开始"。

（4）设计成功的失败，扩大对关键未知之处的认知。1970年，美国宇航局第七次载人登月火箭阿波罗13号发射升空。在靠近月球时，登月舱动力系统发生故障，配用氧气罐也爆炸破裂，位于休斯敦的指挥中心被迫放弃登月。在寒冷、缺氧、动力不足的条件下，三名宇航员凭借胶布等简单材料，维系火箭按地球惯性运行，最后安全降落南太平洋。宇航专业人士认为这是航空历史上最成功的失败，因为它展现了过去无法知晓的盲区和难以想象的临场应变的能力。

（5）创造学错的方法。学习的方法很多，但主要应用在巩固已知、消灭偏差、复制成功。学错则是拥抱偏差，识别跨越转型的机会苗头。学错与人的自然情绪相违背，因为人们有避错和躲灾的本能。当年，福特总裁穆拉利（Alan Mulally）要求高管在汇报工作时，用红、黄、绿分别标识问题环节、警觉区域、优秀流程。逃避学错是人类趋利避害的心理本能，好领导知道在动机和工具设计上帮助人们克服本能的弱点。

第二节　被误解的熵减

2019年，因为媒体热议的华为熵减，"熵减"成为不确定性管理的热词。这是好现象，它显示管理者在深刻思考。但是，把熵减当作减少信息量，这是一个危险的认知误区。追本溯源，我们先要厘清不确定性概念的管理意义，然后才能讲清楚应用"熵值"（entropy）概念时的局限性。之后，我们才能区别信息和信号，才能实施渐确定性的行动策略。从对大数据和海量信息的盲目追求到认识熵减的必要性，我们正经历一个思想的飞跃。本文着重解释渐确定性和哈肯信号。它们是助飞的翅膀。

管理学界正处于一种因为概念矛盾而引发的思想焦虑之中，其起因在于认识到不确定性的根本问题，但却陷于自相矛盾的理论解释中。

即时互联、无所不在的商业环境制造信息量大爆炸，熵值剧增。于是，人们用熵增和不确定性的概念解释策略的不可预测性。它从根本上动摇了过去50年建立起来的肯定的、确实的、预测的决策规划思想。但是，关于信息量、熵值和不确定性之间的关系，存在着许多似是而非的解释。例如，人们热议华为的熵减管理，甚至把它等同于减少信息量。旧观念世界被打破，新观念仍然模糊，甚至自相矛盾。如此，人们不知所措，不确定性成为拖延决策的托词，大数据变成替代思辨的虚拟宗教，新知识成为行动的障碍！

管理一向是实践的技艺。搬开行动的障碍，我们要从厘清基本概念开始。我们先解释不确定性和熵值概念对管理实践的影响，然后，我们着重介绍哈肯信号和渐确定性策略才是熵减的合适选择。

不确定性概念简史

不确定性指的是什么？物理学家和经济学家有不同解释。

不确定性被广泛认识，起源于量子物理学家海森堡（W. Heisenberg）的不确定性原理（uncertainty principle），也被称为"测不准原理"。1927年，海森堡在研究微观粒子的波粒二象性时，发现在同一次测量中，对微观客体，如粒子，位置 X 与动量 P 这两个物理量，一个测量得越精确，另一个必然无法测得精确，即它们是不可能同时在一次实验中准确地被测量的。通俗地说，越有位置的数据，就越难获得速度的数据，反之亦然。不确定性原则显示，对微观世界的把握，即便在最理想的情况下也不能获得其完整准确的知识。对微观客体的未来行为，我们不能完全预测，只能有概率性认识。

"薛定谔的猫"戏剧性地表述了事物的概率性：纸箱里有只猫，它是死的还是活的？你（现在）无法确认。只有（未来）打开纸箱，看到（以目测量）的那一刻，猫的生死状态才是确定的。物理学家薛定谔用这个比喻说明：①不确定性指的是事物的概率存在的性质；②测量活动干扰影响事物作为多种可能性的存在，并使之降维为一种"确实"的存在状态。

物理学家费曼（Richard Feynman）发展海森堡的不确定性原理，指出我们认识的方法需要从"力"的概念转换为"动量"（motion）。我们可以借一个比喻来理解费曼规则。想象一下我们在繁忙的超市选择排队付钱的收银台，到底哪一条路径更快？如果一个人从一条长龙换到另一条长龙，他永远不能完全确定，因为每条队伍都在变化中。但是，如果一个人可以同时排在所有的队伍中（例如，雇"黄牛"排队），即使过程中队伍前进快慢有变化（概率幅度变化），他仍然可以对叠加的路径有一个全图谱的理解。根据类似的逻辑，费曼用"路径积分法"把所有可能的路径叠加。以此，路径积分表述所有可能的路径，它们是同时存在的，沿着每一条路径的波动幅度也是可以表述的。

事物的量子状态也被称为可能性同时存在的状态，在稳定的环境中不明显。但是，在动荡环境和危机转折过程中，它特别明显。全球市场目前就处于这样的环境条件下。

海森堡与费曼对不确定性的解释意义重大。他们把18世纪英国统计学家贝叶斯（Thomas Bayes）的概率论和德国数学家莱布尼茨（Gottfried Wilhelm Leibniz）的微积分思想又推进了一大步。贝叶斯定理（Bayes' Theorem）阐述的是知识渐增的思想：①已知的证据可以扩大我们对事件发生概率的认识（条件概率）。②即使没有证据，我们的想象也可以开启对事件概率分布的认识（创造先决条件）。③想象、已知、未知、扩大的已知，新的未知，贝叶斯的条件概率论不仅是一种统计方法，更是一种知识渐增的认知思想。与此相类似，莱布尼茨的微积分数学方法也代表着理性乐观的求知思想，它接受不确定性的存在，但认为有方法去不断接近它。现在，海森堡与费曼用实证研究补充推进数学家的概率论思想。

概率论、量子力学和不确定性原理，它们综合在一起改写了人们的世界观和认识论。从管理学角度理解，它们揭示不确定现象可以渐确定的思想：①事物以概率分布的形式存在。人有追求确定性的偏好，但不应该以偏好定格规定事物只能有一种确定存在形式。②不确定性既指事物存在的动态随机性质（速度和位置无法同时定格），也指人的参与（测量、干扰）带来的创造性。③事物变化不确定，但仍然有规律。运用合适的认知方法，我们可以不断接近目标现象，扩大对它的理解。

受物理和数学理论的启发，经济学家把不确定性与信息成本结合在一起。1972年，阿罗（Kenneth Arrow）结合不确定性，提出信息经济学。他认为，不确定性有经济成本，减少不确定性能增加收益，信息的经济学在于降低不确定性。阿罗假设：①信息反映现实情况可能片面（不完全信息）；②信息分布可能对称或不对称。因此，提高信息的完整性和对称性，人们可以降低不确定性。沿用资源稀缺性逻辑，阿罗把信息当作一项经济物品来分析，认为信息与不确定性呈反向关系。

阿罗的信息经济学是一项社会科学的应用突破，它把信息特征（不完全性和不对称性）与不确定性联系在一起，但他和控制论（cybernetics）倡导者艾什比（W. R. Ashby）一样，过分强调了信息量对减少不确定性的效果。20世纪50年代，艾什比提出：系统内部的多样性和系统环境的多样性有比例关系。假如环境变化多样（信息量大），系统本身必须要有等同或更多的变化多样性（同等或更多的信息量）才可能达到与环境稳定平衡的状态。这就是所谓的信息控制论的第一原则，又称艾什比的"必要多样性定律"（law of requisite variety）。可是，当我们试图打通信息经济学和信息论之间的概念关系时，麻烦来了。

当我们试图用香农的信息熵值作为衡量信息量的一个概念时，我们陷入两个熵值概念的语义矛盾中。按照热力学第二定律的"熵"概念，系统内部的无序随机程度和信息量（熵）有正比关系，熵增代表系统无序程度增加。按照控制论和信息经济学的"熵"概念，信息量增加，不确定性降低。管理中，信息量与不确定性到底是什么关系？怎样才能熵减、秩序升？上述两种表达不能逻辑自洽，由此引发一系列应用错误。

一念一世界。为匡正熵减的概念，我们得回到热力学和信息论对熵值的解释。之后，我们才可能理解哈肯信号（Haken informator）的先进性。

熵减：从"香农信息"到"哈肯信号"

1865年，德国物理学家克劳修斯（Rudolf Clausius）借用古希腊语的"entrepein"（转变）解释热力学中分子运动过程特征。这是"熵"（entropy）第一次在科学文献中被使用。克劳修斯认为，"能"有"量"的概念（能量），但为描述一个封闭容器中的热分子运动，还需要一个过程转变的概念。更确切地说，克劳修斯需要定性不可逆转的改变过程。于是，他特地借用熵值对应能量（energy），用这两个E来描述热力学的两大规律（能量守恒和熵值趋向无穷大）。因此，熵是热分子相互随机组合变化的信息，随机组合数趋向无穷，熵值趋向无穷，直至寂灭。与温度、气压、容量和化学成分概念在一起，它们解释实验容器中能量的分布情况和特征。

1948年，信息论创始人香农借用热力学的熵来描述信息传播过程中符号组合的可能性，并也沿用对数形式来标示。通俗地讲，香农熵值解码沟通过程中符号内容的信息量，符号组合的随机性越高，解码需要的信息量越大。

对于香农熵（Shannon entropy）和香农信息（Shannon information），许多学者提出异议。其中，协同论创始人哈肯（Hermann Haken）提出建设性的修改概念，即哈肯信号。

在香农的信息论中，信息没有方向，没有意义内容。哈肯认为，香农信息有别于关于语义和行动的信息（semantic and pragmatic information）。哈肯分析香农信息的历史局限性在于四个方面：①它是关于一个封闭系统的；②它是不包含任何语义的；③它是为电话公司交换机设计的技术概念；④香农信息适用于计算机编程和机器之间解码。但是，应用到社会沟通情境，它有重大局限。哈肯指出，在人的沟通中，信息不是中立无意义的，而是有意向和行动示意效果的。他认为"信号"（informator）的概念更能表达"信息"在人与人协同过程中的效果和功能。在社交媒体时代，哈肯的分析极其有管理学的意义。管理中，我们应该认识到信息不是中立的，它有语义和行动含意。有哈肯信号帮助，我们就能理解为什么创业是通过价值信号活动来熵减，而非通过减少信息量来降低不确定性。

对于信息熵，哈肯的见解也有建设性的独到之处。他认为，社会科学研究者受热力学现象影响，有时把熵值趋向无穷大、信息量趋向无穷多、系统趋向无序和对不确定性的理解混淆在一起。孤立系统中,热力传导不可逆,熵趋向无穷大,它代表系统趋向无序。不过,对开放系统,通过交换物质能量和秩序信号,系统的秩序可以建立起来,并能够维持。哈肯曾图示一个开放系统坐落在一个巨大的封闭系统中,说明从无序到有序的动态非均衡转化。只要系统能够与外界交互能量和秩序信号,就可能从无序演变到有序。交换能量的有效方式就是信号活动:提炼、沟通、传播信号。信号活动不是信息量的简单降低,而是对有行动指导意义的规律总结。

因此,熵减不是通过减少信息量产生,而是经由提高信号能力来实现。第一章中已介绍了信息和信号之间的区别。

对有信号能力的创业者,不确定性状态不代表没有规律,而是尚未被理解的规律形态,是一种"待确定"的被认识状态。从信号能力和"待确定性"的角度看待环境变化,创业者比一般人更愿意采取积极的认知行动,试图化无序为有序。对此,下面的四位创业经济学家有较完整的解释。

创业者的熵减信号活动

不确定性和创业(entrepreneurship)往往是联系在一起的两个概念。历史上,四位创业经济学家从不同侧面解释创业者的共性在于提炼价值信号,沟通价值信号,建立市场对价值信号的接受和共识。通过上述信号活动,创业者把被一般人视为不确定的市场机会转化为确定的产品和服务(见图10-2)。

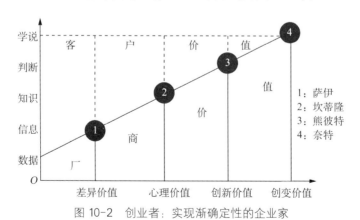

图 10-2 创业者:实现渐确定性的企业家

19世纪,法国经济学家萨伊(J. B. Say)用"entrepreneur"(创业者)概念描述一类不同于经理人的商人。他们能识别位于不同市场中同样资源的潜在生产力差异。利用资源生产力的差异信息,创业者异地搬运资源,获得差异价值,同时也承担回报不确定的风险。用哈肯信号来分析,在一般人眼里,各地资源情况只是没有任何行动意义的信息。对创业者,资源差异发出的是价值差异的信号,并激发他们的行动。异地资源的价值差形成"有行动含义的信号",引发商人的异地贩卖交易行为。如果没有商人的活动,资源信息会越来越多,利用效率低下,资源环境走向无序,熵值增大。因为商人的识别和交易活动,资源利用效率提高,资源环境走向有序。因此,商人的信号活动导致熵减,它不是简单的信息量变化,而是利用有行动含义的信号引导资源交易活动,建立市场秩序。所以,商人的信号活动帮助他们利用不确定性,建立渐确定性,利润是对他们这种信号能力的回报。

同一时期,另一位法国经济学家坎蒂隆(R. Cantillon)强调市场价值的不确定社会心理因素。他发现,幽默、癖好、习性等主观特征都能影响市场价值,创业者比一般人更善于利用社会因素的新颖组合来**制造主观心理价值**。从哈肯信号的角度,香农信息不会区别社会主观心理特征的价值含义。随着社会人数增加,与社会主观心理特征有关联的信息量暴增,但它们不会自动显示价值,反而因为增加的信息量会干扰现存的市场秩序,不确定性和熵值也随之上升。但是,创业者有自己的解释。他们从无序信息中识别主观心理特征可能带来的创造价值的机会,他们从看似无序信息中总结出来的价值信号创造新市场秩序。例如,当前网上流行的"盲盒",因为事先无法知道内容的神秘性,盲盒产生主观价值。对一般人是不确定性,对创造者,它有神秘性的价值。盲盒不过是被创业者开发的价值信号的载体,因此,制造主观心理价值的熵减过程也不是简单的信息量减少,而是创业者的价值信号提炼和传播的活动。

承接这两位法国经济学家对创业的解释,熊彼特(J. Schumpeter)提出"破坏性创新"(disruptive innovation)。熊彼特的创新指"生产要素的新组合",它包括产品、工艺、市场、原料、组织和流程等创新活动。这些活动一方面破坏现有的经济秩序,另一方面推动经济发生结构性的转型,是一个打破市场确定性,创造不确定性优势,然后收获破坏性创新价值的过程。在这个过程中,沟通并传播新价值信号至关重要。例如,爱迪生发明的直流电在技术上逊于特斯拉发明的交流电,但爱迪生擅长传播自己创新技术的价值信号:他把门洛帕克实验室装饰成为用直流电照亮的热门景点;他首先在纽约富人区架设电线,普及直流电。爱迪生用直流电取代煤油照明的市场,让电灯成为值得向往的生活用品,然后再获取交流电专利,以此巩固已经占有的市场。在市场面对两种技术选择都不确定的时候,爱迪生先确定自己拥有的直流电技术的价值信号,并得到市场的接受。爱迪生破坏性创新的成功不仅在于技术,更在于沟通并传播新技术的价值信号。破坏性创新过程中,善于将不确定性看成待确定性,并用产品和服务展示价值"确定性"的企业家先成功。他们的能力集中体现在信号活动,特别是有熵减效果的信号活动。

一句"未知的未知"(unknown unknowns)流行语让世人知道了经济学家奈

特（F. Knight）。奈特对不确定性的定义反映熵减的含义不在信息量，而在于信号。稍早于熊彼特，奈特已经对不确定性和风险做了系统的总结，并突出创业者"驾驭未知""无中生有"的能力。在他的《风险、不确定性和利润》中，奈特解释：风险是对"已知的未知"（known unknowns）或"未知的已知"（unknown knowns）事件的概率分布和影响的评估；而不确定性指的是"未知的未知"。换言之，不确定性是一种"极端无知"状态。从无知到有知，它代表不确定性下降，确定性上升。创业者是怎样做到这一点的呢？他们通过判断和洞察，预测可能的未来。在一般知识体系的因果关系不能解释变化的环境时，经理人认为有高不确定性，但是，创业者却能够从环境信息中提炼出关于未来可能性的信号。判断和洞察就是他们提炼的规律信号，它属于个人的隐性知识，不在公共知识范畴内。此时，在创业者的脑海里，信号活动已经帮助他们熵减，帮助他们看到属于"待确定性"的机会。信号能力让他们先于普罗大众看到渐确定性。

在奈特理论中，创业者最突出的能力就在于转换不确定性为大众可以理解和向往的确定产品与服务。创业者依据自己对未来的判断行事。通过创造的产品和服务，逐渐把他们自己理解的未来秩序信号传播到市场中，并最终获得市场的接受和支持。相比之下，一般经理人只是重复已经建立起来的知识体系中的因果关系（known knowns）。面对极端无知，创业者善于"无中生有"，制造新物种。他们获得的利润是对创变价值的回报（见图10-2）。

所以，对创业者，没有不可知的未来。从"未知的未知"到"已知的未知"，直至被广泛接受的因果关系（已知），在没有完整认知的前提下，创业者能依靠近似的解释去指导行动。这就是本文强调的渐确定性。

从萨伊和坎蒂隆到奈特和熊彼特，创业经济学家解释了创业者的核心能力就在将不确定性化为渐确定性。其中，提炼、沟通、传播信号的活动能力是关键。

至此，我们已经形成对不确定性清晰的认识（见图10-2）：①不确定性有两面性。对一般经营者是不确定性，对创业者则是待确定性。②两面性来自认识能力差异与承担风险的性格和能力，以及信号活动的能力。③利用不确定性创造的总价值是主观的和有伸缩性的。创业者往往利用不确定性优势为自己划取较高的厂商价值（创业剩余价值）。④不确定性是创业者获利的社会前提条件。他们有内生的让"不确定"逐渐演变为"确定"的思维倾向和行动能力。

相信熵减，就是选择了一切可知论。公元前3世纪，希罗二世（King Gelon Ⅱ）借一问题挑战阿基米德（Archimedes）的"一切可知论"：人怎能算出寰宇之沙？阿基米德用对数的数学方法给出了答案。继承阿基米德的传统，我们相信，只有想不透的问题，没有找不到的方法！一切不确定性都有渐确定的道路。

第三节　危机中的真切领导力

2020年新冠疫情之后,董事长应该关心的不是逆势增长,而是分崩离析的内外商业关系。怎样建立牢靠的心理同盟,共同维护疫后重新呈现的商业秩序,这才是当下企业领导力的核心问题。

不同的任务环境,需要不同的领导力

受疫情影响,无论是企业内部,还是上下游供应链伙伴关系,一系列的动荡和调整将难以避免,企业最高领导者要有透视商品交易背后商业关系的意识。此时,识别可以同舟共济的伙伴,刷新伙伴之间的心理承诺,才是既紧急又重要的任务。

平时,面对繁杂的内部流程优化,企业需要有高强执行力的领导人。如今,处于危难情境中,只有一种能凝聚集体心理的领导力,它就是"真切领导力"(authentic leadership)。

张文宏的"引力场效应"

真切领导力的样板就在我们身边。张文宏医生、钟南山院士、闻玉梅院士、李兰娟院士成为家喻户晓、口耳相传的医学楷模和社会英雄。他们以专业的本分、信达雅的语言、剑及屦及的行动展现真切领导力的真谛。

简单地讲,真切领导力就是"大我大德"。"大我"指的是领导者对自己和环境的自知自明,对自我行动的高度自律。"大德"指的是用赤忱的行动展现自己的价值观,用意想不到的行动表达对他人真实的承诺。抗疫过程中,除了举国熟悉的那几位医生之外,我们身边都能看到几个感人的范例。

真切领导力对维系未来商业关系和秩序至关重要,因为接下来许多商业伙伴之间的集体心理认同都会发生巨大变化。

当习以为常的商业生态被扰乱后,用旧逻辑去理性说服收效甚微,而真切领导力有感同身受的效果和左右情绪的力量。不求说服他人,只是通过自己的真切行动,领导者往往能制造出意想不到的"场效应",对随众(followers)产生共鸣共振,以至于达到思想同频、行动协同的系统效应。

张文宏医生亲自查病房,钟南山院士多次深入疫情腹地。他们的行动是真切领导力具体而生动的样板。他们有引力场效应,也是因为我们盼望有英雄出现。

在我们平常熟悉的商业秩序深层,是长期积累的心理期望和社会关系。心理学家称之为"格式塔"(Gestalt)。涉及全社会的危难,会直接动摇我们习以为常的心理格式塔,改变我们的集体心理认同感。在这个过程中,迟疑、彷徨、犹

豫、恐慌、悲观、冲动等是伴随而生的心理活动。它们对社会关系的负面影响是缺点会被放大，错误极其容易被上纲上线。同时，人们渴望与可靠的伙伴结盟，盼望有值得信任的权威，希冀自己成为那些幸免于难的成功故事的一部分。在这样的社会心理挣扎过程中，仍然依照旧的心理格式塔表演的象征性管理活动不仅无效，还可能引发逆反心理和行为。建立新的心理格式塔，真切领导力是最有效的实践。

与真切领导力相左的是敷衍了事的"撞钟动作"。承平时期，撞钟式的活动还有昭示一切如常的象征效果；但危难情境下，有口无心的应景举措往往刺痛人们的神经，触发排斥心理。检验真切领导力，我们主要看发自内心的意愿（intentionality）和意想不到的行动。愿力与原创行动成正比。

康托公司"9·11"事件后起死回生

研究真切领导力的学者追溯"真切"到古希腊语"authento"，即通过自知自明而原力觉醒。

现实中，我们常常把"真切"（authenticity）和"诚挚"（sincerity）混淆。"真切"指的是内在的自我和向外所展示的自我保持一致，不为外部评价所左右。例如，张文宏医生对排山倒海般的表扬说：请不要神化我！"诚挚"指的是表现的自我与外部人期待的一致。两者有联系，但有实践中的区别。真切的领导者不刻意表现，不迎合外部人想法，以自己内在的信念为驱动力。他们有个性，有自己独立观察和思考的能力。人们尊重钟南山院士，很大程度上是被他真切的性格和能力所感染。

真切领导力日常生活中都有，但它在危难情境下表现最突出。在美国，对社会心理格式塔具有广泛冲击的危难事件莫过于"9·11"恐怖袭击。其间，康托·菲茨杰拉德（Cantor Fitzgerald）证券公司（以下简称"康托"）死而复生。康托高管事件后的表现是真切领导力的一个典范。

论受"9·11"事件冲击最大的企业，康托证券位于不幸之首。康托曾经是美国债券市场举足轻重的公司，美国万亿国债每天1/4的交易量通过康托的电子市场系统完成。"9·11"事件的第二天，康托需要交割的债务是750亿美金。在获得银行贷款支持之前，康托每天损失100万美金。对康托，最致命的打击还是人员伤亡。纽约世贸大楼101—105层都是康托公司的办公室。9月11日上午8时46分，全公司960位员工中有658位失去了生命，包括总裁鲁特尼克的弟弟盖瑞。康托公司死亡人数占到"9·11"事件全部伤亡人数的1/4。员工是证券公司核心资源，失去2/3员工的康托被认为只有一个结局：破产。今天，康托是一个拥有债券、投资银行、地产金融和其他银行业务的全资质公司，在美国，它是22家有牌照的债券中介机构之一，它的1 600名员工为5 000家机构投资人服务。康托死而复生，其高管的真切领导力起到决定性作用。

灾难发生后47小时内，康托在一家友商律师事务所的会议室重新开张，借用临时办公室立即营业，办公室门上的公司牌子还是手写在复印纸上的。比商业开张还早的是员工救济行动。"9·11"事件第二天，总裁鲁特尼克便委托他姐姐艾迪成立"康托员工救济会"。9月12日那一天，总裁鲁特尼克已经用行动昭示，康托所有员工是一个大家庭，康托向死而生！

在后来的10年中，艾迪和救济会经历了大大小小的磨难，大到与政府委任的善后委员会对簿公堂，细到为受难员工的外籍妻子补办所在国文件证书，中间有各种被误解和受委屈，但康托救济会做到让658个家庭和他们将近5 000亲友认可康托大家庭。

他们是怎样做到的？下面几个片段也许能反映他们"大我大德"的生动细节。

艾迪始终保留着弟弟盖瑞最后几分钟的通话，她知道最后的告别对每个家庭都无比珍贵。以此同理心，救济会花大量精力说服电话公司，给每位家庭一个磁盘，永久保留下亲人们的遗言。

灾难第二天，总裁致电保险公司，请他们立即给受难员工家庭开出10万美金的保险支票。保险公司强调，得先有死亡证明，6个月后才能开支票。鲁特尼克总裁以公司的名义担保，动情说服保险公司特事特办。3天后，每位受难家庭便收到保险公司的支票。

成立救济会伊始，总裁向受难员工家庭承诺，未来5年，公司25%利润用于发放救济金，每家不少于10万，公司负责每个家庭10年的健康保险。如果是离婚家庭，已离异配偶和现任配偶的家庭都包括在健康保险范围内。仅这两项，救济会在后来的10年就支付了1.8亿美金。

"9·11"事件纪念场所的设计师和委员会计划要把受难人的姓名随机排列。艾迪领导的救济会反复交涉，甚至不断斗争，就为了让受难员工的姓名排列在一起。

为了康托大家庭都能接受的未婚妻和女朋友这两个身份的定义，总裁多次召开议事会。这不仅关于尊重，还是为了遵守公共事务、大家协商的文化。

被误解和受委屈成为救济会工作的一部分。媒体按照自己的利益裁剪事实，658个家庭有形形色色的成员，总有一些希望按个人的意愿得到照顾和救济。10年后，经历上下颠簸的事件冲突，救济会终于获得全部受难家庭成员的理解、尊重和支持。只有回放，在后视镜中，我们才能理解，委屈与误解成为凸显10年真切领导力的背景看板。

"9·11"事件后10年，康托公司高管的意志力不断荡漾开去，从社交圈到商业圈，商业伙伴不知不觉地被康托公司所吸引。一个濒临死亡的企业，通过自己的作为，意想不到地构造出更大的引力场。

真切领导力的 I-SCORE 特征

概括多位学者对真切领导力的研究，我们可以看到相关领导者有6个重要的能力特征。

为便于记忆，我们缩写他们的特征，称之为 I-SCORE：①能够展现强烈的意愿（intentionality）。在熟悉的商业关系破裂之后，只有具备强烈意愿的领导者才能树立感召力和构建场效应。②自知自明的能力（self-awareness）。他们有自我内在信念，不为外界左右，能自我察觉内外表现的偏差。③勇敢坚强的性格（courageous）。特别是在自己所处的专业和商业范围内，他们敢于坚持正确的立场和专业判断。④乐观主义（optimism）精神和话语特征。在沟通过程中，他们的语言形式活泼，充满乐观主义的风格。⑤坚韧不拔（resiliency）是这样的领导者的行为特征。他们往往愈挫愈勇。⑥直面错误（error-embracing）。作为自律的一种特殊表现，领导者能够无偏见地认识错误，承担责任。

2020年1月，我收到前线高管诸多来电。现在的情况是：各项工作无法提前计划，信息不完整，频繁变动，资源短缺，意想不到的干扰，维系生存的基础设施停摆，群情激愤……这些都是危难情境的共同特征。有人问：为什么我辛辛苦苦沟通了一个月，却没有效果？回答是：你没有沟通一个月，你是重复了同一个错误30次。先找到合适的方法，然后才是天道酬勤。面对普遍的恐慌，我时常提醒朋友们不要忘记，企业内外伙伴们同时也在焦虑地寻找任何值得信任的迹象和线索。点点滴滴的信任，发轫于真切领导力。

第四节　向欧洲家族企业学战略模糊

怎样才算达到一流智慧？作家菲茨杰拉德（Scott Fitzgerald）说：头脑中持有完全对立的两个观点，你却仍然行动自若，便得一流智慧。

疫情之后，中国企业将面临两个矛盾对立的再国际化选择方向：承诺还是不承诺？如果一如既往地承诺，全球供应链一体化带来的地缘政治风险已经是无法承受之重。如果不承诺，先失去市场规模优势，然后可能丢掉国际技术融合的机会。既要战略承诺，又要战略灵活。如何做到两可？也许我们可以向欧洲家族企业学习战略模糊策略。

疫情冲击、地缘政治冲突和代工模式失效，面向国际市场的中国企业遭遇三重打击的完美风暴，落入"激荡环境"。历史表明，激荡环境有四个特征：

（1）有多位积极的行动者。他们不满现状，但尚未就未来秩序达成一致。

（2）这些积极行动者调动经济和政治的强制手段追求统治地位。

(3) 他们认为，在价值观冲突的环境中，统治战略优于竞争战略，输出混乱是建立统治秩序的预演。

(4) 积极行动者之间的争斗达到势均力敌之前，任何明确表达的目标都是政治较量的假动作。

类似的激荡商业环境曾经出现在 15 世纪初的佛罗伦萨以及周边城邦势力较量过程中。美第奇家族（House of Medici）执行的模糊战略为当今企业提供了一些可以借鉴的经验。

那时，城邦范围内有多位积极行动者，政治寡头、贵族家庭、新兴商人、羊毛纺织业者、罗马教廷，他们之间为争夺社会统治地位相互斗争。在这样的激荡环境下，美第奇家族影响意大利政治经济 300 年。研究 1400—1434 年美第奇家族兴盛历史，当时的家族"第一成员"科西莫·德·美第奇（Cosimo de Medici）实施多项"战略模糊"措施，他成功地奠定家族在意大利城邦政治和经济斗争中的决定性地位。

科西莫·德·美第奇统治阶段，美第奇与佛罗伦萨 200 多个家族的一半以上有商业贸易、金融借贷、政治、联姻、个人友谊、行会成员的关系，但他有自己独特的社会关系经营法则。社会学家迪尔克姆（E. Durkheim）说，厚实的社会关系在于重叠，即多个社会关系网中成员重叠交叉的关系。美第奇却只交叉不重叠，他从来不与同一个关系网络中的成员发生重叠的承诺，避免经济、政治和社会联姻上的重叠承诺。结婚，与本街区的贵族联姻，商业，与外街区的商业新人做生意，政治，在城邦政治寡头社会关系的缝隙之处经营自己的联盟。

美第奇不与任何盟友发生全面的战略联盟关系，但让自己处在各方联系的交界点上。佛罗伦萨每个家族都能够通过美第奇家族与其他力量发生联系，但没有任何家族可以让美第奇实质性地依赖他们。美第奇家族实施"弱相关"策略，每一个强相关的网络都需要通过它发生联系。在当时的激荡环境下，这种战略模糊给它带来关键少数的地位，以此左右逢源。

在看不清未来趋势的时候，谨慎保持多项选择性，这是美第奇战略模糊思维的另一个重要原则。后来的美第奇家族努力在政治、宗教和艺术多个方面保持多项选择，他们的孩子从小就被分别纳入不同的事业成长轨迹。美第奇直系亲属出了两位教皇、两位法国女王、多位托斯卡尼大公，米开朗琪罗、达·芬奇等艺术家依赖美第奇家族财务支持而发达。美第奇家族的多项选择设计制造了一种奇特的优势：它始终是被拉拢和结盟的对象，当好事情发生的时候，他们恰巧在现场。

另一个值得借鉴的经验来自老罗斯柴尔德（Mayer Amschel Rothschild）和他建立的跨越全球各国的家族事业。

18世纪初的欧洲也具有激荡环境的四项特征。那时，宗教王权分崩离析，国家主权秩序尚未建立，工业革命还在雏形阶段，任何商业上的专注都要么太天真，要么太奢侈。出生于神圣罗马帝国时期，成长于法国大革命和拿破仑专政年代，老罗斯柴尔德深知预测未来的愚蠢性。当个人身处激荡时代，既然降低不确定性是不可能的，那么就利用它吧。

利用不确定性的措施之一，就是深入新兴力量的中心地区。老罗斯柴尔德把五个儿子派送到欧洲的五个经济中心，伦敦、法兰克福、那不勒斯、巴黎、维也纳，去长期扎根发展。除了金融，他们还分别涉足矿业、地产、酿酒、能源、农业和慈善业。两百年间，罗氏的身影出现在法俄战争、巴西独立、以色列建国、苏伊士运河、东印度公司……每当新兴力量出现，罗斯柴尔德的姓氏都不会缺席。身处中心，方得第一手信息，才能判断此消彼长的态势。

当政治大趋势明显时，老罗斯柴尔德敢于果断讲政治。1815年，欧洲各国组建第七次反法同盟反抗拿破仑的皇权复辟。经历前面多次失败，同盟已经军费匮乏，老罗斯柴尔德帮助英国发行国债筹集军费。如果没有老罗斯柴尔德五位虎子的金融襄助，滑铁卢之战的败将可能是英国的惠灵顿将军，而非拿破仑。1817年，罗斯柴尔德家的三儿子内森（Nathan Mayer Rothschild）陆续出售战前购买的英国国债。及此，罗氏家族对滑铁卢之役的贡献获得大回报。

罗斯柴尔德家族从来不相信"在商言商"的天真说法。他们起家于欧洲王室的政治联盟，兴盛于殖民地政治和民族独立中出现的商机，发家的五个儿子都是被王室授勋封爵的贵族。讲政治和文化融合是它在地化策略的核心。后来，罗斯柴尔德家族审时度势，选择与社会政治潮流同行，以至于今天仍继续有世界商业影响力，如戴比尔斯钻戒和巴西力拓矿业。

罗氏应对激荡环境，模糊中有清晰。其中，三条原则一以贯之，始终清晰：

（1）建立以血缘关系为纽带的忠诚组织。
（2）选择不同性质的风险，据此建立商业投资组合。
（3）与当地政治社会环境和光同尘，价值观上皈依和文化上融合。

罗氏家族族徽上印着拉丁文的世代信念：联盟、正直、勤奋（concordia, integritas, industria）。置于首位的是联盟。比较美第奇家族和罗氏家族的联盟策略，一个秉承"弱相关"的幕后影响力，另一个坚持"强相关"的直接左右力量。方法没有对错，怎样顺应激荡环境特征做选择？这是留给后世的思考。

从1815年滑铁卢之战到1914年第一次世界大战爆发，历史学家称之为第一次全球化时代，它以欧洲国家势力扩张为主流。第二次世界大战后，以布雷顿森林体系为标志，美国领导了第二次全球化时代，这个时代已经进入尾声。思考第三次全球化，我们可以借鉴欧洲家族企业的历史经验。

第五节 战略模糊时期,补上"实物期权"这一课

1930年,仍然处于大萧条中,通用汽车公司的年报解释为何投资一家叫"福克"的飞机制造公司(Fokker Aircraft Corporation of America):"飞机的未来无人知晓。但是,通过投资福克,通用可以掌握内部信息,从而能够对此新行业做出据实的决策。"后来,这家叫"福克"的公司改名为波音。

动荡年代,预测未来是个危险的工作,除了会遭遇非公开信息的困境,还有其他一系列问题。通用公司的做法就是后来被广泛运用的"实物期权"(real option),它通过投资实体,获得所需要的战略灵活性。实物期权源自大宗商品期货和金融期权。1976年,麻省理工的金融学教授迈尔斯(Stewart Myers),第一次用"实物期权"的概念说明企业怎样针对模糊不定的未来制定合约,保持未来选择权。

过去20年,全球供应链秩序井然,企业也知道自己的战略定位。那时,战略清晰和市场专注是制胜法宝。不过,现在的情形大不同,许多企业都处于战略模糊期。因此,它们需要补上实物期权这一课。

处于产业解构的战略模糊时期,有没有实物期权事关生死。我们用柯达和富士这一对老伙伴的不同经历说明:①战略模糊期的决策容易坠入死亡漩涡,越做越错;②实物期权带来战略灵活性,越做目标越清晰。然后,我们理论总结实物期权的要点。

被误解的柯达失败

从1997年开始,柯达一直在同一条战略路线上研究转型,可是资源限制越来越大。

自2012年宣布破产,柯达胶卷就被标签化为"战略僵化"的代名词,被认为管理层无视变化,不肯从传统胶卷业务转型生产数码相机的新产品。能表达的都是片面的,柯达失败本质上不是管理层不作为。多年后,当时负责柯达数码业务的资深副总裁、现任哈佛大学商学院管理实践课程教授施威利(Willy Shih),还原当时的决策困境。

从技术角度分析,柯达胶卷的生产技术绝对是独特的专属技术。生产过程中,60英寸(约1.5米)的胶卷要经过24层材料加工,每一层加工都必须保持涂料均匀,厚度精准。24层涂料工艺每分钟要走过300英尺(约100米)。胶卷在生产过程中完成翻面、切割、包装;而这一切都必须在黑暗中完成。当时,全球有此技术的仅有三家:柯达、富士胶卷和德国AGFA。那时,如果问什么是柯达,柯达就是生产胶卷的独有化学技术。这个行业的进入门槛高不可及,同时,

这个行业退出的成本也难以想象。作为一种系统集成技术，降低生产规模所要做的技术改造投资是个天文数字。

可是，数码技术却是一个完全不同的物种，是通用技术。通用技术极其容易大宗商品化，它不是以增值效应定价，而是以生产成本定价。数码技术的另一个特征是模块化。芯片、电路板、配件等均可以单独生产为物料，然后再组装为产品，物料配件厂商可以向各行各业的终端组装客户供应低价的标准化配件。与胶卷的系统整体技术相比，通用技术、大宗商品化定价和模块化生产，这三个特征让数码技术进入完全不一样的商业维度，它的进出门槛很低，迭代速度极快。

柯达希望在自我救亡的同一块土地上开发数码技术。可是，临时拼装的组织能力干不过旧组织的惯性。因为没有其他实物期权选择，柯达只能原地挖坑，越陷越深。

柯达原地转型的努力失败了。全球第一台数码相机是柯达在1975年发明的，施威利本人领导的数码技术部门甚至研发出至今仍被广泛使用的颜色过滤技术。但是，柯达赢得了2~3场战役，却注定输掉战争。就好像冷兵器时代的武林高手突然遭遇被火器武装起来的士兵，柯达的高技术化工材料人才和精密的化工材料生产能力完全不适用于数码技术能力和组织要求。一方面，柯达失败是技术、知识、信息、能力极度不对称的结果。另一方面，缺乏另一种道路选择，组织资源都耗散在同一条堵塞的路上来回掉头的决策，以至于越做越错。莫非这就是命？

富士用实物期权改运

命为天定，运则事在人为。柯达的老对手富士胶卷就是一个例证。

2006年，"富士相片胶卷"（Fuji Photo Film）改名为"富士胶卷"（FUJIFILM）。当时，富士高管已经估计相片业务会以每年10%~15%的比例下降。不过，他们还是过于乐观。到2011年，富士的胶卷业务只有全公司收入的1%。2012年，受同行柯达胶卷破产的影响，富士的股票价格下跌大约40%。不过，如果你当年投资了富士，现在股票价格增长超过200%。

富士在两件事情上做了不同的战略决策。它们展现了实物期权战略的内容设计和执行过程。

第一个战略决策是与美国文件复印和管理巨头施乐（Xerox）合资。早在1962年，富士与施乐就成立了合资公司。2000年，趁着施乐业务表现不佳，富士把在合资公司里的股权从50%提升到75%。2018年，富士计划收购美国施乐总公司50.1%的股份，被施乐董事会否决后，富士宣布2021年终止与施乐的合资，自己单独开展文件管理和医学影像管理业务。

富士与施乐的合资合同具有典型的实物期权设计特征：它允许富士提高合作

的规模,也赋予其权力决定终止合作。

第二个战略决策是纳米薄膜技术从相片转移到护肤品。富士是全球三大胶卷薄膜技术巨头之一,它能够在胶卷表面均匀涂抹20微米的材料。富士研究所认为,胶卷需要控制对紫外线的曝光,他们的技术还允许曝光后对相片色彩补光,这样彩色相片中的图像才光艳照人。这些技术都可以直接运用到护肤品上,它可以防护紫外线照射对皮肤的损伤,还能让皮肤看上去比真实的更漂亮。从2006年开始,富士的化妆品艾诗缇(Astalift)已经行销全球。

富士从纳米薄膜技术角度看待公司的业务,这也是实物期权思维。与其用市场和产品描述公司的性质,不如用动态能力(dynamic capabilities)定义公司的边界。

从金融期权演变而生,实物期权是一种在未来有利条件下行使商业权力的设计。掌握实物期权,企业可以做到不利不用,有利必用,是否有利随境遇而定,无须先行承诺。

过去,组织遭遇危机的一个原因是对未来境遇失败的预测。实物期权不要求预测未来,因为变化的境遇已经涵盖在期权设计中。虽然它与过去商学院强调的战略目标清晰相左,它代表的战略模糊决策方法恰恰与激荡变化的环境相一致。

补上实物期权这一课

柯达在同一条路上来回掉头的决策让企业陷入湍流漩涡,它的肇事因素不止一条。涉及动荡环境中的预测,企业往往会遭遇如图10-3所示的六个决策困境,它们相互强化、叠加,以至于形成决策的死亡漩涡。使用实物期权之前,我们需要先了解预测决策的内生问题。

图10-3 预测性决策的死亡漩涡

(1) 决策惰性。受技术路线、高管知识结构、组织文化和既有能力影响,企业高管一般不愿意做出偏离习惯业务的选择。对陌生的技术和市场,决策往往慢一拍,柯达就是一例。

(2) 非公开信息。2020年诺贝尔经济学奖给了两位研究拍卖理论的学者威尔逊(Robert Wilson)和米尔格罗姆(Paul Milgrom)。他们认为,拍卖过程中,许多信息是一方拥有的私人信息。由于私人信息造成的信息不对称,赢家只能在落槌之后才了解拍卖物品的不利信息,造成"赢家的诅咒"(winner's curse),这不利于促进经济交易和社会福利。非公开信息问题也是企业合作过程中的普遍症结。例如,合资企业只有在未来具体生产过程中才逐步知晓对方"残疾"状况。

（3）选择无法逆转。形成未来状况的酝酿和培养过程是不可分离的因素，待到未来状况明显后，过程无法逆转复制。届时，即便有资本，也难买酿造的过程。以富士为例，如果不是 1962 年就已经开始学习融合施乐的文件复印和管理能力，到了 2012 年，富士也不可能借用这个业务转型到医学影像和文件信息领域。

（4）失去两可之间的优势。在动荡环境中，战略承诺是一个非常奢侈的选择。如果要避免承诺带来的未来不可承受之重，保持在"两可之间"是一个优势选择。许多跨国公司在合约中都规定既可同业竞争，也可同业合作。在市场条件不清晰之前，"两可权力"是好选择。

（5）战略要素更迭。处于某一个时期和环境中，企业需要盘算的战略要素是可知的。例如，很长一段时间，柯达只需要盘算三个战略要素：薄膜材料技术、品牌和营销。可是，要素会更迭，如果"刻舟求剑"式地围绕旧要素思考，决策和行动肯定如陷流沙，越动越被动。

（6）战略目标模糊。《星球大战》中有一位年高八百的智叟，名叫尤达（Yoda）。尤达给年轻战士的智慧谏言是"做还是不做"（To do or not to do），这才是真正的战略问题。稳定环境下，战略目标清晰是制胜的首要条件。动荡环境下，战略目标模糊是天生的属性。要保障边做边想、边想边做，实物期权就是合适的设计。

如果上述六种预测未来的困境叠加在一起，它们将导致组织资源不断失血，战略决策陷入越来越糟糕的死亡漩涡。怎么避免预测未来的决策死亡漩涡？实物期权是一个好选择。杰奥吉斯（Lenos Trigeorgis）教授等人根据不同案例，对实物期权做了全面的理论总结。在设计实物期权时，下面的要点值得企业参考。

（1）实物期权是一种权利，一种通过合同形式制定的选择权利。未来可能会出现多种情形，只有在有利条件出现时，企业才要求行使约定的商业权利。它类似金融买卖期权（call and put），但它直接关系到合同约定的实体资源的调配使用权，所以被称为实物期权。

（2）实物期权包括推迟或提前执行的权利、继续投资的权利、修改商业活动规模的权利、调换联盟中合作伙伴的权利、放弃合作和退出合作的权利。

（3）实物期权设计为平衡战略承诺和战略灵活提供了可以执行的工具。17 世纪末，日本的江户时代，武士盛行。武士为幕府封建主卖命，获得的报酬是一担担稻米。为了保持稻米的价格，1697 年，江户幕府在大阪建立了"堂岛米市场"（Dojima Rice Exchange）。这恐怕是基于大宗商品实物形式的最早的期货。也许是文化的传承，300 多年后，当危机来临时，实物期权救了富士胶卷的命。

第六节　切莫轻视危机阴谋论

如果 2020 年美国大选期间有一个值得高度关注的现象,那就是五光十色的危机阴谋论(conspiracy theory);如果大选过后有一种再也不能轻视的现象,那就是挥之不去的危机阴谋论。投给现任总统超过 7 000 万张的选票就是白纸黑字的提醒。除了全球政治家需要关注,中国企业家也千万不能掉以轻心,因为在这个方面,已经有一系列大企业遭遇意想不到的风险。2021 年 1 月 20 日之后,情形会有所改变吗?结论性的回答是:不会,甚至会愈演愈烈!

什么是危机阴谋论?波普尔(Karl Popper)在《开放社会及其敌人》(*The Open Society and It's Enemies*)中首次定义现代社会的"阴谋论",即以为危机背后都有幕后黑手刻意操纵。认为 5G 信号塔能传播新冠病毒就是一例:稍微具备科学理性常识的人都会嗤之以鼻或当它为笑料,但是在一些欧洲国家,有人听信 QAnon,一个传播阴谋论的虚拟组织,真的去纵火烧毁 5G 信号塔。过去 4 年,因为众所周知的原因,各类危机阴谋论满天飞。虽然表达各式各样,它们基本符合政治学家巴昆(Michael Barkun)总结的阴谋论语言的三个共同特征:

(1) 没有任何事情是偶然发生的。
(2) 事情远远不是表面看上去的那么简单。
(3) 所有的情况背后都有着联系。

阴谋论具有无可替代的娱乐性,这是人们对其津津乐道的一个重要原因。布朗(Dan Brown)的《达·芬奇密码》取材于"光明会"(Illuminati)幕后统治世界的古老阴谋论;与"共济会"(Freemason)有关的小说和电影经常被翻拍;"黑客帝国"更成为一种新的电影题材,以虚拟世界为主题想象多种阴谋论。可以说,没有阴谋论,电影和小说将无法惊心动魄、扣人心弦。同时,常识告诉我们,杜撰的阴谋论不应该成为现实生活中的戏码。

不幸的是,杜撰正成为一种常态化的叙事风格,阴谋论变成一种不公平竞争的组织策略。在国际市场上,它对中国企业的伤害前所未有。习惯念叨"在商言商"和"清者自清"的企业家一时间不知所措。

"知己知彼,百战不殆。"欲知晓危机阴谋论的破坏性,就先要厘清它的威力来源。

阴谋论一直被当作政治狂想曲在演奏。1964 年,美国历史学家霍夫施塔特(Richard Hofstadter)的《少数派偏执狂现象:美国政治中的偏执狂分类》(*Paranoid Minority Phenomenon: The Paranoid Type in American Politics and Other Essays*)成为研究政治领域阴谋论的经典。以 20 世纪 50 年代"麦卡锡主义"为重点,霍夫施塔特分析了反犹太人、反共济会、反天主教等一系列阴谋论。他认为，阴谋论绝不是昙花一现，而是政治人物调动一般民众愤怒情绪资源的有效工具。阴谋论往往以一个世界末日般的危机由头来鼓动情绪，仿佛如果不立即行动，秩序就要终结。它利用环境巨变引发的心理不安，向失落的民众许诺一劳永逸的宏大解决方案，始终以反对现在的权威为批判的靶子。因为主要任务是声讨，所以只要罗列权威的错误证据，不必证明自己的许诺是否切实。半个世纪前的分析，结合2020年发生的事件，听上去那么贴切。

阴谋论有着特殊的语言威力，一旦招惹上，很难用讲道理的方法脱身。因为其主旨在于表达情绪，而非讲道理，所以阴谋论不遵守科学探索的实证规则。它的语言结构简单，接地气，可以自问自答，能够循环论证。它从不在意证据是否可靠，是否有选择标准，是否前后一致，只要能与信条附会，就能当作支持信条的理由。

因此，阴谋论的语言体系包含解释一切的逻辑。任何逻辑上难以自洽的论证，只要有片言只语的关联性即可，因为余下的部分可以凭借信仰者的意愿来堵漏洞。例如，一个简单化的句式可以是：为何村里的好人频频遭殃？一定是张三入侵我们村子的原因。证据非常明显，张三来到我们村子后，好人就经常出事。至于两个现象之间是同现（co-occurring）还是因果关系已经不重要，只要听上去可信即可。

阴谋论有特殊语言威力的另外一个原因，是它有简单、鲜明、突出的标识系统，阴谋论往往借助颜色、图形、音像效果等信号标识系统支撑成员的感知习惯。例如：三K党有特别显眼的长袍和帽子；第二次世界大战时，纳粹给犹太人画上特殊标识；偷、抢、盗窃、欺骗等蔑视性的标签语言，也容易通俗地将对方归类为敌人。图文音像标识的优势在于近似性，只要有相似度就可以概而论之，不必仔细分辨处理。类似的语言，我们在近期网上的一些论战中经常听到。被攻击的另外一方百口莫辩，因为双方用的是两套语言系统，希望达到的是两类沟通目的。如果一方希望讲道理，另外一方希望通过情绪发泄组织追随者，双方就不可能在有效沟通的同一频道上。

阴谋论有内生的驱动功能，有自发的行动威力。阴谋论一般先设定一种末日危机，如文化的末日、人种的末日或生活方式的末日等。末日危机驱动信仰者产生强烈的欲望去搞明白事情的"真相"，这是阴谋论在认知行动力方面的优势。末日危机意识同时带来对信仰者经济和文化生存的威胁，求生欲望和追求安全的生存动力也会容易驱动信仰者采取行动。此外，感受威胁的个体信仰者希望抱团取暖，他们在集体气氛中获得精神安慰和心理身份认同。阴谋论的社会心理效果是驱动追随者采取集体行动的一个重要激励机制。因此，与科学理性的影响效果相比，阴谋论更能激发参与者采取夸张的行动。

把阴谋论视为少数失落群体的心理鸦片是一种危险的傲慢。选择相信和追随阴谋论的群体不仅包括教育程度低的贫穷人群，还包括对社会文化和政治版图大迁徙怀有极高危机感的高收入和高教育层次的人群。后者忧心一去不返的经济秩序和文化统治地位，为了捍卫文化心理身份的优越地位，他们愿意用感性立场去替换理性原则。

另外，推动阴谋论最活跃的群体还有被边缘化的能人。他们受过高等教育，有智商和情商，但社会地位都被其他精英占领。他们不仅借阴谋论表达愤怒不满，还希望借此争夺一部分社会权力资源。研究人类社会兴衰的图尔钦教授（Peter Turchin）最近完成对人类1万年历史中政权兴替的大数据分析。他的《战争，和平，战争》（*War and Peace and War*）一书得出一个富有争议的结论：当知识精英的供给数量超过社会升迁机会时，社会便容易进入动荡时期，因为失意的能人要改变自己被边缘化的地位。目前的国际社会环境中，大量的上述人群在游荡，阴谋论是他们思想联盟的认知密码，中国企业则是阴谋论一个方便的攻击目标。

仅仅正视阴谋论的语言和行动威力还不够，我们需要放弃对阴谋论蔑视和贬低的立场。要做到第二点，就要看到阴谋论的"反事实思维"（counterfactual thinking）与科学发现共有同一个认知规律。阴谋论不在意事实（facts），只追求能够与他们信念自洽的证据（evidence）。这种反事实思维是信仰者百辩不输的逻辑大法。

我们不要忘记，反事实思维同样也是启动科学发现的认知工具。伽利略假设，在地球引力作用下，轻重物体同时落地，这是与那个时代人们肉眼观察到的事实相反的。牛顿和爱因斯坦也同样使用反事实的思维方法，寻找理论突破。一百年前，奥地利物理学家马赫（Mach）就指出，人的直接经验、科学实验的经验和反事实思维的思想实验共同构成知识创新的来源。

在利用反事实思维认知工具上，阴谋论只使用归纳逻辑和溯因逻辑（abduction logic），而科学发现是利用归纳与溯因逻辑去启动新的发现，再用演绎逻辑去总结可靠的、切实的、可以证伪的科学规律。阴谋论不需要证伪，只需要向从众显示，有关危机的断言似乎有道理，然后自己去脑补和附会。悖论在于，只要我们继续科学发现，我们就必须继续运用反事实思维。因为共同使用同样的元思维工具，对阴谋论也永远无法简单化地切除，我们得学会与之共存。

面对如此悖论，怎么办？也许我们可以接受已故哲学家罗蒂（Richard Rorty）的建议，以双元共存的态度看待阴谋论，把它当作一种人类思想叙事形态（见图10-4），通过碰撞、冲突、斗争、沟通来逐渐扩大共识。简单地讲，对待阴谋论，坚决斗争，积极对话。其间，寻找能够产生思想共鸣的话题和道友，结成跨文化的团结联盟。

在他被广泛阅读的《偶然、反讽与团结》（*Contingency, Irony, and Solidarity*）

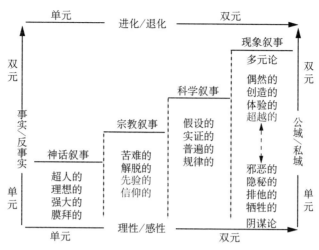

图 10-4 人类思想叙事形态简史

一书中，罗蒂预见性地解释当代社会遇到的思想危机：哲学形而上学的等级观点站不住脚了，科学思想走下权威圣坛，社会存在只是多元的现象叙事。有高度思想能力的现代人，可以同时接受在公共领域和私人领域不同甚至矛盾对立的价值选择，即能容纳自我矛盾价值观和立场的"讽刺性"。

现代人可以在公共领域达成公共利益和价值的共识。同时，在私人领域，现代人可以保留隐私偏好，这是一种公域和私域双元共存的自讽式选择。类似的单元和双元特征，还表现在事实与反事实、理性和感性、进化发展和退化内卷方面（见图10-4）。如果坚持单元，思想危机可能演变为文明危机；如果接受双元，思想危机可以激发同道人求同存异、团结共建的意愿。

在罗蒂看来，思想危机不解决，人类文明有危机。解决的方法在于：

（1）认识和接受自我矛盾的、讽刺性的公域和私域价值偏好；

（2）寻找在公共领域志同道合的同路人，结成团结联盟。

以叙事形态（narratives）通约人类思想历史，我们已经走过神话、宗教和科学叙事，进入现象叙事形态。量子科学的发现，加强了人们对偶然性在生命创造活动中地位的理解。人们不必按照一个先验的世界观去完成某项设定的使命，人们可以在偶然遭遇的生命过程中不断创造自己生命的意义，而意义的评判就在于每个人对不断超越自我的体验。

阴谋论同属于现象叙事的思想形态，它是现代人类思想变化无法避免的伴生现象，是多元的现象叙事中的一种。与强调创造、团结、文明的其他现象叙事不同，阴谋论单元强调感性、反事实、退回历史辉煌的现象叙事。应用罗蒂的分析，双元的立场是同时接受，逐步扩大团结的基础，即使它听起来有些自我矛盾的讽刺意味；而单元则是偏执地选择维护幻觉中的极端，一步步从一种破坏坠入另外一种破坏。

下一轮全球化的主要危机不是贸易关税,而是全球化思想叙事形态的差异和伴生的阴谋论。依据上面的抽象分析,中国企业需要做好下面的具体准备:

(1) 正视各种阴谋论的威力,理解阴谋论代表的叙事思想形态;

(2) 倾听国际合作伙伴在私域中保留的对全球化的看法和价值偏好,即便它们不中听;

(3) 向国际合作伙伴直陈自己在私域中对全球化的看法和价值偏好,即便他们不愿意听;

(4) 主动探寻和感知双方可以在公共领域共同分享的价值观和思想叙事,如环保和扶贫;

(5) 扩大共同的思想叙事,从感性和理性两个方面增强团结,形成利益共同体联盟。

现实危机中,对付阴谋论还有更多的技术工具。不过,因为对它们使用边界的争议性,此处略过不提。

第七节 双循环的"产业俱乐部"策略

2021年,中国企业仍然处于激荡的国际环境中,这个情势还将维持3~5年。过去30年,中国企业基本上可以顺应全球产业链的既有秩序,可以基本被动地执行由上游先进西方企业已经制定的全球化生产和营销的蓝图。这个特征已经发生本质改变,未来再平衡后的新国际经济秩序中,中国企业需要扮演主动的角色。如何在激荡国际环境中积极作为,实施双循环战略?本文提出一个探索性方法,那就是产业俱乐部策略。

产业俱乐部策略源自"俱乐部产品"的概念(见前文表9-1)。在公共政策和制度经济学中,俱乐部产品是介于市场商品和公共产品之间的一种经济形态。它的主要特征是:成员共享,相互无损耗,非成员不能使用。当前,地缘政治经济的冲突和意识形态的争端扰乱了全球商业秩序,它的直接后果是市场机制失灵,公共产品机制失效。在此激荡环境中,国际产业链上下游企业希望结盟自保,这为实施产业俱乐部策略创造了环境条件。善用环境、积极作为,这不仅符合双循环产业政策,也有助于中国企业更新在国际产业链中的定位。

当大而全的国际经济秩序失效时,小而美的产业俱乐部成为值得积极尝试的策略选择。

产业俱乐部策略的成功范例

20世纪70年代,科学家发现,在地球南极上空的大气层中,臭氧的含量开始逐渐减少。含氯的氟利昂（CFC）中的氯原子是破坏臭氧层的元凶，氟利昂则是广泛用于冰箱和空调制冷的工业原料。若臭氧层全部遭到破坏，太阳紫外线就会杀死所有陆地生命，人类也会遭到灭顶之灾，地球将会成为无任何生命的不毛之地。臭氧层空洞已威胁到人类的生存。1987年，46个国家在加拿大蒙特利尔签署了"蒙特利尔议定书"。议定书规定，参与条约的每个成员组织（国家或企业）将冻结并依照缩减时间表来减少5种氟利昂的生产和消耗，冻结并减少3种溴代物的生产的消耗。

经过30年的共同努力，2019年10月21日，美国国家航空和宇航局和美国国家海洋和大气管理局的科学家称，臭氧空洞缩小到有记录以来的最小尺寸。产业俱乐部策略成功拯救了大气臭氧层。

CFC俱乐部策略最值得借鉴的是明确的奖惩规则。它规定，参加企业共同组建技术扶持基金，不发达地区的企业可以获得技术替代的资金支持，违反规定的企业被排除在关键技术交易之外。参加企业还对降低使用、寻找替代，直至禁用做出时间承诺，违反的企业将失去成员企业的商业关系。产业俱乐部的两个重要特征，即能够拒绝非会员获利和会员之间不会互损消费，都体现在议定书的治理结构设计和执行中。

另外一个有全球影响力的产业俱乐部是"环球银行金融电信协会"（Society for Worldwide Interbank Financial Telecommunications，SWIFT）。它是一个国际银行间非营利性的国际合作组织，总部设在比利时的布鲁塞尔，同时在荷兰阿姆斯特丹和美国纽约分别设立交换中心（swifting center）。SWIFT运营着世界级的金融电文网络，银行和其他金融机构通过它与同业交换电文（message）来完成金融交易。SWIFT还在各个层面将金融业界集合到一起，共同协作来制定市场惯例和定义标准。SWIFT的电文标准格式已经成为国际银行间数据交换的标准语言。它服务200多个国家和地区的11 000多家银行机构、证券机构、市场基础设施和企业客户。简单而言，没有SWIFT交换电文服务，金融业的跨国交易无法运营。

SWIFT的国际影响力不止于它的电文格式是国际金融数据交换的标准语言。从1973年成立至今，它本身已经成为国际金融制度的一个部分。SWIFT实施会员制度，由25位成员组成的董事会决策。它可以中止会员资格，以此拒绝为非会员服务。例如，俄罗斯和伊朗的金融机构目前受到制裁，不能使用SWIFT系统。同时，会员之间使用这个系统不会互相损害另外一方，只会越用价值越高（受益于网络效应）。

产业俱乐部策略鼓励企业在国际产业链上下游团结一定数量的伙伴，结成产业俱乐部。这个策略有时代的意义，因为当前的国际市场已经从均衡落入失衡，各方国家力量都试图再均衡。但是，对于再均衡后的国际经济秩序，不同的国家有不同的战略意图。产业俱乐部策略之所以有效,其第一个策略优势就在于既可以抱团取暖,也可以设定组织边界,限制成员性质和数量,从而避免"公地悲剧"。它第二个策略优势是相互之间没有消费抵触和互损关系。相反,在大多数情况下,产业俱乐部连带出网络效应。它第三个优势在于政治色彩淡,专业成分高。因为专注于一个共同的专业目标,产业俱乐部可以与地缘政治和经济思想冲突保持距离。它容易在专业理念上获得共识,进而促进社会关系上的团结一致。

有潜在中国优势的产业俱乐部

应对激荡的国际大环境,中国企业可以主动组织下面四种产业俱乐部(见图10-5),自我营造相对稳定的小气候。

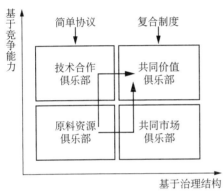

图10-5 "俱乐部经济"四种类型

第一种是原料资源俱乐部产品。它可以依据中国本身有优势的原料资源,如稀土资源,也可以围绕中国企业发展需要的外部原料资源,如制造电动汽车电池需要的锂。

中国是全球少有的同时拥有17种稀土元素的国家,完整稀土工业体系是中国的另一个优势。内蒙古包头、四川凉山轻稀土和以江西赣州为代表的南方五省中重稀土三大生产基地掌握完整的采选、冶炼、分离技术,可以生产400个品种、1 000种规格的稀土产品。中国也是稀土产品消费大国,中国国内市场的消费占全球56%以上。同时,中国稀土产业至少有三个不利因素。第一,缺乏可持续性开发战略。50年来的超强度开采导致主要矿区资源枯竭。第二,高附加值的核心技术缺乏。在核心专利方面,中国的专利申请多数是稀土产业上游的开采技术,严重缺乏稀土材料类的专利。比如,中国消费量最大的钕铁硼类稀土永磁材料的核心专利基本都属于外国企业。第三,环境保护亟待加强。例如,离子型中重稀土矿过去采用落后工艺,每生产1吨稀土氧化物产生约2 000吨尾砂。

如果联盟巴西、俄罗斯、越南,稀土俱乐部能够控制超过80%的稀土产量。组织全球产业俱乐部,稀土资源企业可以从三个问题着手:①怎样善用中国本身具有的储藏量和加工产业优势;②怎样解决开发和提炼过程对环境的污染和破坏;③怎样用稀土资源与下游高科技产业结成友好战略关系。

第二种是技术合作俱乐部产品。全球研究新冠病毒和寻找疫苗的阶段性成果就是另外一个值得推广的例子。过去,从发现病毒到研发疫苗至少需要2年时间,为何这次能在10个月内发明疫苗?一个重要的原因就是全球病毒学家和药厂的通力合作。首先，合作包括分享基因组信息。中国分享第一个基因组信息是在2020年1月11日，有了这个信息的共享，各国科学家才有条件开始病毒研究、药物开发和疫苗研究。在共享数据方面，中国搭建了两个平台：国家微生物科学数据中心的"全球冠状病毒组学数据共享与分析系统"和国家基因组科学数据中心发布的"2019新型冠状病毒资源库"。其次，疫苗开发过程中，五条不同的路线上，全球企业和科学家都有通力合作。在DNA疫苗方面，中国企业和美国的INOVIO公司合作。mRNA疫苗上，中国企业与德国BioNTech公司合作。在重组蛋白疫苗方面，中国企业与英国GSK公司合作。2020年10月8日，中国宣布正式加入"新冠疫苗实施计划"（COVAX），支持低收入国家获得疫苗。这样的技术合作属于产业俱乐部的一种。

疫情跟踪技术是另外一个能创造全球共识的产业俱乐部。当前的跟踪方法有许多，包括中国的健康码、韩国跟踪系统、新加坡方法、欧洲和北美的方法等。快速有效跟踪疫情和隐私保护是大家共同关心的问题。疫情信息跟踪的治理结构和技术有全球一体化的重要理由，如果在这个领域首先获得共识，它也会促进全球大数据和人工智能产业的发展。

第三种是共同市场俱乐部。以受疫情影响较大的国际会展和教育为例，让我们运用设计思维，重新想象中国企业可以创造的新国际合作模式。全球商业会展中，德国汉诺威工业博览会是行业中最大的活动。受疫情影响，2020年汉诺威工业博览会将不再举办，这也是汉诺威工业博览会创立73年来首次轮空。据《经济学人》报道，汉诺威会展公司2020年的收入从预计的3.3亿欧元下跌到1亿欧元。不过，汉诺威在中国设有成都国际工业博览会和华南国际工业博览会。当欧洲的会展全面关闭时，汉诺威会展公司依靠中国的会展活动和网上新型客户见面会维持下来。这成为中国企业与之合作的背景。

新形势下，全球会展企业都有重组和联盟的愿望。如果上海进博会能够组织全球商业会展联盟，它可以在行业范围内开拓共享的新市场空间。激荡环境制造了生存危机，但它也同时鼓励行业中的龙头企业跳出传统思维，寻找新的跨国合作模式。

另一个值得探索的产业俱乐部是全球高等教育联盟。新冠疫情对经合组合（OECD）发达国家大学的留学生生源造成直接冲击，无法招收来自中国的留学生就是其中一个重大损失。同时，2020年90万中国留学生也遭遇无法到校读书的窘境。中国教育机构可以借鉴欧洲的博洛尼亚进程（Bologna Process），参与和建设全球大学教育联盟。

欧洲的博洛尼亚进程是29个欧洲国家于1999年在意大利博洛尼亚提出的欧洲高等教育改革计划，该计划的目标是整合欧盟的高教资源，打通教育体制，实现欧洲高教和科技一体化，建成欧洲高等教育区。以双循环战略思想，中国大学机构可以引进或借鉴博洛尼亚进程，为中国留学生和外国留学生打通教育系统。新冠疫情为重新想象全球大学教育系统之间的合作创造了机会。想象一下，如果"一带一路"国家的大学生可以到中国大学修学分，中国本地学生可以自由选择国内国外大学课程，完成大学联盟学位，中国大学成为世界一流大学就有了一个新模式。

第四种是共同价值观的俱乐部产品。在气候、消除贫困、教育等一系列社会责任主题上，中国企业与国际市场的合作伙伴有许多共同的价值观。我们可以由此开始，组织双方均有强烈参与愿望的俱乐部产品。因为地缘政治冲突和经济思想的差异，这个领域是比较艰难的范畴，即便如此，我们也已经看到一些成功的雏形。

例如，"RE100"（Renewable Energy 100%）是由气候组织和非营利性组织碳信息披露项目（Carbon Disclosure Project, CDP）合作进行的一项行动，它旨在促进全球最具影响力的企业使用100%可再生能源电力。通过推动企业使用100%可再生能源而从中获益，帮助可再生电力在全球扩大使用范围，RE100全球行动于2014年9月22日在纽约气候周启动，全世界一共有216家公司加入了这个联盟。亿利资源集团、老板电器、隆基绿能科技、远景科技集团、阳光电源等企业成为来自中国的首批企业。2020年，中国绿色供应链联盟等发起RE100中国倡议，呼吁更多中国企业推行100%可再生能源。在这个方面，无关地缘政治和经济思想差距，中外企业比较能够形成共识。

值得一提的是，原料资源和技术合作这两类俱乐部可以从单一协议开始。它们对会员竞争能力的提升是显而易见的。同时，因为是简单交易类型，它们无须有新的治理结构。总之，容易上手，操作成本低。因此，中国企业可以首先从组织这两类产业俱乐部开始。相比而言，共同市场和共同价值的产业俱乐部对治理结构要求比较高，它们适合从简单的规则开始，逐步丰富和完善规则。如果有大量企业在双循环过程中实践这四类产业俱乐部策略，企业在适应当前激荡环境的同时也主动改造出一个友善的新环境，那么，一个改良版的全球化新秩序可以期待。

在本书第一章，我们提到，未来3～5年，旧国际市场结构已经破裂，新秩序尚未萌发，这将是一个怎样的组织状态？VISA信用卡创始人和前总裁霍克（Dee Hock）称之为"未央"（chaordic）。今天，中国企业在国际市场中的处境也是"未央"。在与变化环境的关系上，生物可以同时有两个选择：一个是适应变化的环境条件（adaptation），另一个是善用环境资源（exaptation）。例如，鸟类的羽毛先是为适应环境温度变化而生，目的是保温，然后，小鸟偶然从树上掉下来时，羽毛又被善用，发展出飞翔功能。产业俱乐部策略是一个在动荡大环境中创造稳定小气候的联盟策略，中国企业可以利用它来促进"国内国际双循环相互促进的新发展格局"。

本 章 要 义

1. 危机本身就是系统的一个极端状况,危机绝境成为认识危机领导力最合适的背景看板。
2. 危机领导力有两个核心。一个是渐确定性策略。超越不确定性思维,危机领导者擅长从确信、确实、确切到确定的危机管理历程。另一个是"真切领导力"。
3. 真切领导力的 I-SCORE 包含强烈的意愿、自知自明、勇敢坚强、乐观主义和直面错误,它们是危机意愿大系统特征的另一种体现。
4. 常态管理偏好战略清晰,危机管理必须尊重战略模糊,与模糊的混沌状态和平相处。如我的导师强调的那样:和平养无限天机。
5. 战略模糊要得法,实物期权就是一种执行模糊策略的方法。
6. 正在主导全球商业价值链大改组的中国企业要懂得阴谋论的舆论发生原理,中国企业才能既躲暗箭,又挡明枪。
7. 面对国际环境风云变幻,双循环政策是中国企业未来 5~10 年的国际化商业路线主题。产业俱乐部策略是执行双循环政策的好选择。

结语　危机协同　认知先行

一念一世界！气候变化、新冠疫情、地缘政治、去全球化、再全球化、从自由市场经济到部落社会……近年来的一系列巨变终于撼动管理人顽固的常态管理心理。超稳定的常态一方面来自我们的假设，另一方面也是由于最近两代人都生活在相对平静的安逸时期。过去这一甲子恰好处于全球富裕发达的稳定上升期。未来50年，重大全球性事件引发小概率性质的突变将是长态。以社会危机为主题的变态是长态，以经济效率为主调的常态是例外。

为了在生产管理和危机管理两个周期之间切换，每个组织都希望能够建设执行能力上的双灵活性。那是一种放下枪能种地、摆好锄头能打仗的"南泥湾"能力。行动上的双灵活能力（ambidexterity）只能发轫于认知层面的策略暧昧（ambivalence）。经过对超过500家企业高管危机思维的调研，我们发现，高管的信息处理双元模式（直观反应和理性分析），以及高管对威胁和机会的暧昧、灵活的解释是影响组织双灵活能力的两个重要变量。我们的学术研究报告在2020年全球管理协会（Association of Management，AOM）年会上获得"技术与创新组"的优秀论文。用学术话语，我们的研究报告把认知层面的策略暧昧讲清楚了。不过，从理论到实践，百尺竿头，还需更进一步。

转换学术研究到实际应用，我们总结了危机协同的10项认知习性。概述如下。

1. 培养对危机现象的敏感性，拒绝刻板套用现成的因果关系解释

场有论指出，事物依场而生，应场而立，随场而逝。与场有论匹配，危机现象认知习性包括三个阶段：观察现象，解释现象，促进现象从混沌到有序（开显）。现象认知包括六个要素：①选择视角（perspectives）；②经验体会（experiential）；③主动解释（interpretative）；④相互关联（relevant）；⑤情境意义（contextual）；⑥共情理解（empathetic）。这六个要素的英文缩写为PEIRCE（皮尔斯），以此纪念实效主义（Pragmatism）开创者皮尔斯（Charlie Sanders Peirce）的哲学思想。通俗来讲，一切危机现象都可能随视角改变而重新定义。利益相关者之间的直接互动和经验体会是危机管理的基本内容。危机叙事和逻辑诠释能影响和改变事件性质。所有的叙事必然依据特定的情境，没有抽象的、通用的文本。视角、经验、叙事和情境为利益相关者之间的共情理解准备了条件，而共情理解是梳理支离破碎的意愿的根本方法。社会危机现象中，从混沌到有序，它就是一个意愿历程。

2. 坚持渐确定路线，反对不确定性思维定势

人是世界的标尺，我们的行动规划万事万物。只有想不透的问题，没有找不到的答案。渐确定实践从确信开始，建立众人的心理承诺。然后，组织确实的证据，巩固众人对现象认知的角度。再到确切划分任务、目标和行动步骤。最后有确定的方法，完成一系列行动和效果之间的反馈回路。渐确定实践能强化众人对忽隐忽现的秩序的认同。在实践行动中，一个越来越清晰的秩序信号可以刺激和带动协同效果。危机本质上是一个待确定的状态。渐确定的行动能激活、转换潜在的各股力量直至共鸣共振的秩序阶段。

3. 理解危机潜优势，欣赏多种可能性并存的场有状态

做一个想象实验，如果我们的手指可以在千万年和百十秒之间自由移动，我们就能清楚地看到，社会万事万物都是强力、信号、意愿和能量聚散历程。这就是场有论表达的"权能场有，虚机了断，境界开显"。我们能够观察和体验的实际存在不过是强力和信号在合适情境中的凝聚和物化。危机来临，凝聚物化的优势消散，回到一切都模糊（暧昧）并存的可能性状态，即场有状态。新一轮凝聚物化的协同过程中，与情境相宜的意愿再次牵引协同作用。协同合作促成秩序信号不断传播，权力等级结构逐步形成。然后，抽象的秩序信号演变为具体的事物。所以，与常态相比，危机是个万有状态，是所有的可能性同时俱在的混沌状态。混沌不是混乱，而是重新开始的玄元。危机破坏过去的秩序元，让新秩序元有发生和发展的机会。过去的秩序元代表旧优势，新秩序元代表新优势。商业策略，一言以蔽之，追求获取优势！因此，在思考控制危机破坏性的同时，我们的边缘视角应该摄入危机潜优势。"江城含变态，一上一回新。"混沌市场中不缺少新价值，缺少的是发现的新眼睛。

4. 既会搭建乐高玩具，又会拼缝百衲衣

生产管理犹如搭建乐高玩具，有基本零件，按图搭建。危机管理却像拼缝僧侣的百衲衣，取用不规则的材料，边拼边想象。搭建乐高，我们习惯遵循归纳和演绎的逻辑。拼缝百衲衣，我们得用溯因逻辑。它要求通过杂乱线索和碎片迹象，拼出最有说服力的整体解释。从碎片中拼出完整的解释，这是一种人类考古学家的本领，也是动荡时代所需要的危机领导力。与大数据统计分析师相比，人类考古学家永远只有残缺、散乱、不连续的考古发现。因为碎片化的证据，他们无法依靠传统的归纳和推理方法来总结研究成果。但是，考古学家擅长运用猜想的溯因逻辑，从支离破碎的物件中拼出最可能的假想，然后再用归纳和推理逻辑去做科学验证。

人类学家戴蒙德（Jared Diamond）就是这样做的。他深入巴布亚新几内亚等原始土著区生活多年，浸淫在当地人的日常起居细节中，逐步获得对土著社会全面的理解。他所汇集起来的"生活碎片"最终形成强有力的理论解释。考察澳新、美洲土著的社会，戴蒙德教授认识到，用欧亚大陆的社会形态概念去套用解释，不仅会张冠李戴，还将漏失土著社会人类活动的智慧。与之类似，危机管理者要像考古学家一样，多点耐心，沉潜到片段展现的碎片细节中去，少做急切的总结，让有意思的线索浮现在脑海中，自然而然地镶嵌在一起，最终形成有说服力的大图景。这个方法也与第一条认知习性互补。

5. 用指数学习（index learning）方法驾驭过量的信息

危机发生的瞬间，也是信息量爆炸的时刻。一时间，知道的和不知道的情况、系统边界内和系统失守边界后的碰撞互动、突然陌生的关联性和被剧烈挤压后的关联性扑面而来。它们都带来巨大的信息量。人生也有涯，而学也无涯。怎样以有涯渡无涯？这个问题在危机信息环境下更为迫切。指数学习方法是一个选择。受哈肯信号启发，我们不必用有限的脑力去记忆无限的信息量。我们可以建立起头脑中的指数系统。它只对现象做三点标识：它属于哪一类？它有什么显著属性？它的详细信息在哪里能找到？不用的时候，我们不再需要记忆详情；用的时候，按指数指示的方向调度出来即可。

用指数逻辑驾驭超大信息量，它一直是人类智慧的一部分。所谓"审堂下之阴，而知日月之行、阴阳之变"，它体现就是指数逻辑。17世纪，为帮助英国国王增加税收，帕帝爵士（Sir William Petty）建议用一个"政治代数"（political arithmetick）来计算土地面积、年收获和应缴纳的税收。20世纪初，用指数引导政治治理的传统也从英国延伸到美国。美国第31任总统胡佛（Herbert Hoover）最先推行经济指数管理。作为泰勒科学效率管理运动的信徒，胡佛将"国民收入""劳工就业"等指标带入政府管理。1932年，为了推动新经济政策（the New Deal），罗斯福总统迫切需要各种各样的经济数据来指导政府对经济的干预。为此，"失业指数""制造业指数""国家生产总值""价格指标"等指数应运而生。

21世纪，互联网搜索引擎的超级文本（http）和它连接的知识体系用的也是指数逻辑。应对危机激活的巨大信息量，我们不但可以利用互联网的技术搜索信息，更要去模仿它的指数逻辑处理超量信息。

6. 大概率事件学对，小概率事件学错

大概率事件为研究证明假设提供了足够多的数据样本。根据数据样本，我们可以用统计分析的方法找出事物变化的重复形态。按照重复形态的规律行事，我们可以事半功倍。重复已经被验证过的因果关系，这是学对。但是，危机一来不经常出现，二来总是有内在独特属性，不容易建立大数据样本。对此，我们得用不同的认知方法。其中，小概率事件学错就是有用的方法。对于罕见现象（小概率事件），我们特别关注它表现出来的偏差、异常、例外和陌生。然后，我们用性质不同的理论体系去解释，用利益立场对立的角度去解析，用听上去异想天开但却前后一致的叙事去解码。这就是学错。结合学对和学错，我们才能对危机现象建立深切的理解。

7. 开发一套适合自己的知识语法结构

所有的公共知识体系底层都有一套知识语法结构。所有的知识语法结构都有自己的局限性。例如，数学的底层知识语法结构是循环论证。人工智能大数据的底层数据的知识语法结构是"3C"（chronology, consistency, contextuality）。西方形而上学哲学的知识语法结构是逻辑学；西方现象学的知识语法结构是我们在上文总结的PEIRCE；中国哲学的知识语法结构是周易的象、理、数。可是，就危机管理者个人而言，他/她的认知天赋不均匀，有特征，难全面。因此，探索和摸索出一套与自己天赋相合的个人知识语法结构就很重要。

以我个人为例，根据自己思维能力的优势和弱势，我重点选择现象学、设计思维和《周易》的卦爻通变结构，主动忽略数理统计的量化研究。另外一个原因是现象学、设计思维和卦爻结构与我研究的危机有融通性。它们都涉及大系统现象。对《周易》的大系统之美描述最生动的是美国系统学家邱吉曼（West Churchman）。他认为，64卦代表64种决策模型。卦爻的爻代表变量互动的可能性。卦辞提供一系列生动的情境文本，乾坤八卦则概述系统生生不已的丰富历程；运用这个工具的人有认知高低和价值偏好，他们的解释就自然糅入主观与客观因素之间的互动。因此，没有一个固定的答案，只有一个反映人的意愿的系统解释。唐力权教授认为，《周易》与现象学方法是完全相通的。

每当我个人研究分析危机现象时，我便自动套用已经建立起来的个人知识语法结构。有自己的知识语法结构，我们才能获得独有的洞察力。

8. 用永远好奇的眼睛，发现美丽的复杂性

奥妙和复杂是同一个意思的两个方面。社会大系统的联动复杂性是所有危机的根源之一。在更高级的层次找到危机的解法，它不仅能解决危机，也会放飞人类的想象力，使人窥探到不轻易显现的奥妙。以新冠疫情为例，它触发危机，也激发人类调动潜能，重新想象时间和空间，再设计生活和工作，深度反思人与自然之间的关系。

美丽与复杂，危机和再生，它们都是相伴生的一对。流行文化艺术家唐纳利（Brian Donnelly）画个小人KAWS，给他两只眼睛打上XX。昆斯（Jeff Koons）的作品更"容易有趣"（Easyfun），往往就是几个超大号的气球玩具。昆斯和唐纳利把艺术一本正经的画布扯了下来。现代艺术陷入危机，但他们"一本不正经"的作品又创造新的美丽。

利用复杂性创作美丽，这要算危机管理的最高层次了。不过它需要后天训练，下面就是一例。

假如人类社会毁灭了，怎样向亿万年后的外星人传递人类文明的信号？科学的答案有三个：核废料，地质化石，人造的气候变化遗迹。为了更浪漫地传输文明信号，创新诗人（experimental poet）波克（Christian Bok）要把诗歌留下。

波克找到了耐辐射奇球菌（deinococcus radio durans）。它是一种能存活亿万年的细菌，能够抗拒任何破坏，包括核辐射。奇球菌还能自我修复蛋白质，不会变种异化。如果地球毁灭，它将是最后一个物种。以奇球菌作为人类文明记忆的媒介，波克要做的是把自己的诗歌转换为电子信号，再转换为蛋白质基因能够接收的信号，然后传输到奇球菌中去。同时，细菌中的蛋白质会有生物信号反应，与波克的诗一唱一和。经过 14 年的努力，波克已经可以在埃博拉细菌中留下诗歌了。到奇球菌还有很长的一段路。这 14 年中，波克自学遗传学、生物工程、电子和电脑工程，因为没有任何现存的技术和知识能够借用。现在，波克的编写的基因程序简练到可以让高中生来操作。至此，复杂已经被驯服为繁杂，其子系统任务可以分割为简单的程序。

波克的新诗集《美丽的思想》（*Eunoia*）刚一出版，便成为绝响。英文中，亚里士多德创字的 EUNOIA 是包含五个元音的最短英文单词。诗集共五章，每一章纯用一个元音单词作诗，旷世才情，空前绝后。一本诗集，波克写了四年，通阅四次韦博大辞典。先有驯服复杂性，后有简练优美的诗。

锤炼化解复杂到繁杂的能力是危机管理者终生的追求。如果我们不能发现美丽的复杂性，危机管理只会粗鄙、粗暴、粗糙。

9. 一切危机问题，归结到一点就是"做还是不做？"只要做起来，就有办法

电影《星球大战》中的智叟尤达（Yoda）年过 800 岁，智胜莎士比亚。尤达教育年轻的"绝地武士"（Jedi）：人生问题无关"是或不是"（to be or not to be），而是"做或不做"（to do or not to do）。这也是危机行动主义的圭臬！危机发生时，维护既有秩序的成见被打破。在新的定见被接受之前，唯一可靠的规律就是积极行动。通过积极行动，我们才可能分辨新秩序的序参数信号。我们的行动激发众人模仿序参数信号，造就协同共振的秩序效果。

看见的早已发生，难以修改。一旦秩序信号传播开来，高低前后的排序就形成。经济学家阿罗讲述"不可能原理"（impossibility theorem）时指出：要想在不同的个人价值排列之间，通过比较选择找到整个社区共同的选择，这是不可能的。它说明尽早、积极行动的必要性。

10. 大秩序的种子只有一个来源：无法逃避的不可能性（the impossible out of the inevitable）

未来 50 年，我们不可逃避人类工业化对大气破坏而造成的气候灾难。我们求生的一个"不可能"的选择就是彻底改变现在的生产模式和消费模式。这两者组成"无法逃避的不可能性"。放到稍小一些的系统中，走出危机的大秩序都各有自己的"无法逃避的不可能性"。例如，教育无法逃避机器智能对知识生产和管理的颠覆性冲击，社会人口代表的生物平均智能一定会被淘汰，它将引发从小学到大学的教育危机。求生的一个"不可能"选择就是彻底放弃以记忆为核心的教育过程。这个"无法逃避的不可能性"既造成颠覆性生存危机，也为我们准备了解脱的"虫洞"，即意想不到的再生道路。每位危机管理者都要思考自己环境中的"无法逃避的不可能性"。

继续从混沌到有序的历程，从"无法逃避的不可能性"，我们能否文学想象再生的可能性（from impossible to possible）？接下来，我们能否从能够文学想象的可能性中发现无法执行的不现实性（from possible to improbable）？所谓不现实性，它与环境制度条件和自我设定的假设条件有关。再接下来，我们能否找到让不现实性部分可行的条件（from improbable to probable）？也就是说，若这些条件允许，不现实性可以部分实现。然后，把可以实现的部分转换成为虚拟蓝图，全面系统展示它的可能性和可行性（from probable to virtual）。虚拟的现实说服力终归有限。所以，我们要把虚拟蓝图缩小到一个真实可触摸的片段现实（from virtual to fractal）。至此，虚拟真已经转化为现实真！从无序到有序，大秩序都走过上述历程！

参考文献

[1] Abramovic, M. (2021). Marina Abramović—17 artworks- performance. wikiart. org (Accessed January 2, 2021).

[2] Acemoglu, D., and Robinson, J. (2012). Why Nations Fail: The Origins of Power, Prosperity and Poverty. Crown Business.

[3] Ackoff, R. (1971). Toward a System of Systems Concept. Management Science, 17 (11): 661-786.

[4] Ackoff, R. (1978). The Art of Problem Solving. John Wiley & Sons.

[5] Ackoff, R., Ackoff, R. L., and Emery, F. E. (2005). On Purposeful Systems: An Interdisciplinary Analysis of Individual and Social Behavior as a System of Purposeful Events. Transaction Publishers.

[6] Ackoff, R., and Fred E. E. (2017). On Purposeful Systems: An Interdisciplinary Analysis of Individual and Social Behavior as a System of Purposeful Events. Routledge.

[7] Adler, P. S. (2019). The 99 Percent Economy: How Democratic Socialism Can Overcome the Crises of Capitalism. Oxford University Press.

[8] Agarwal, R., and Hoetker, G. (2007). A Faustian Bargain? The Growth of Management and Its Relationship with Related Disciplines. Academy of Management Journal, 50 (6): 1304-1322.

[9] Andriopoulos, C., and Lewis, M. W. (2009). Exploitation-Exploration Tensions and Organizational Ambidexterity: Managing Paradoxes of Innovation. Organization Science, 20 (4): 696-717.

[10] Ansoff, I. (1975). Managing Strategic Surprise by Response to Weak Signals. California Management Review, 18 (2): 21-33.

[11] Ansoff, I. (1980). Strategic Issues Management. Strategic Management Journal, 1: 131-148.

[12] Anstey, P. R. (2011). John Locke and Natural Philosophy. Oxford University Press.

[13] Anwar, S., and Sun, S. (2012). FDI and Market Entry/Exit: Evidence from China. Journal of Asian Economics, 23 (5): 487-498.

[14] Apgar, D. (2006). Risk Intelligence: Learning to Manage What We Don't Know. Harvard Business School Press.

[15] Aquinas, T. (1953). The Political Ideas of St. Thomas Aquinas. Simon & Schuster.

[16] Arendt, H. (2013). The Human Condition. Chicago University Press.
[17] Arrow, K. (1984). The Economics of Information. Harvard University Press.
[18] Ash, M. K. (2008). The Mary Kay Way: Timeless Principles from America's Greatest Woman Entrepreneur. John Wiley & Sons.
[19] Ashby, W. R., and Goldstein, J. (2011). Variety, Constraint, and the Law of Requisite Variety. Emergence Complexity & Organization, Mansfield, 13 (1/2): 190-207.
[20] Bacon, F. (2020). Francis Bacon: The New Organon. Originally published in 1620. Cambridge University Press.
[21] Baker, T., and Nelson, R. E. (2005). Creating Something from Nothing: Resource Construction Through Entrepreneurial Bricolage. Administrative Science Quarterly, 50: 329-366.
[22] Bandura, A. (1982). Self-Efficacy Mechanism in Human Agency. American Psychologist, 37: 122-147.
[23] Barkun, M. (2013). A Culture of Conspiracy: Apocalyptic Visions in Contemporary America. University of California Press.
[24] Barnard, C. I. (1938). The Functions of the Executive. Aufl., Cambridge University Press.
[25] Bartlett, C. A., and Ghoshal, S. (2002). Managing across Borders: The Transnational Solution. Harvard Business Press.
[26] Baumol, W. J. (1996). Entrepreneurship: Productive, Unproductive, and Destructive. Journal of Business Venturing, 11 (1): 3-22.
[27] Bayes, T. (1997). An Essay Towards Solving a Problem in the Doctrine of Chances. By the late Rev. Mr. Bayes, F. R. S. communicated by Mr. Price, in a letter to John Canton, A. M. F. R. S. (first printed in 1763). Philosophical Transactions, vol. 53.
[28] Beck, U. (1992). Risk Society: Toward a New Modernity. Translated by Mark Ritter. Sage Publication.
[29] Beck, U. (2007). World at Risk. Polity Press.
[30] Beer, S. (1994). Beyond Dispute: The Invention of Team Syntegrity. West Sussex, John Wiley & Sons.
[31] Benito, G. R. (2005). Divestment and International Business Strategy. Journal of Economic Geography, 5 (2): 235-251.
[32] Bennis, W. (1965). Beyond Bureaucracy. Society, 2 (5): 31-35.
[33] Bennis, W., Bennis, W. G., and Slater, P. E. (1998). The Temporary Society: What is Happening to Business and Family Life in America Under the Impact of Accelerating Change. Wiley.
[34] Bentham, J. (1823). Introduction to the Morals and Legislation. Printed for W. Pickering and R. Wilson Royal Exchange.
[35] Bernanke, B. (2015). The Courage to Act: A Memoir of a Crisis and Its Aftermath. W. W. Norton & Company.
[36] Berry, J. W. (2003). Conceptual Approaches to Acculturation. American Psychological Association.

[37] Berry, L. L., and Kent D. S. (2008). Management Lessons from Mayo Clinic. McGraw-Hill.
[38] Berry, L. L., Carbone, L. P., and Haeckel, S. H. (2002). Managing The Total Customer Experience. MIT Sloan Management Review, 43 (3): 1–5.
[39] Berry, L. L., Eileen, A. W., and Lewis P. C. (2006). Service Clues and Customer Assessment of the Service Experience: Lessons from Marketing. Academy of Management Perspectives, 20 (2): 43–57.
[40] Boisjoly, R. P., Curtis, E. F., and Mellican, E. (1989). Roger Boisjoly and the Challenger Disaster: The Ethical Dimensions. Journal of Business Ethics, 8: 217–230.
[41] Bok, C. (2009). Eunoia. Coach House Book.
[42] Bono, E. (2009). Lateral Thinking. Penguin.
[43] Bourdieu, P. (1977). Outline of a Theory of Practice. Cambridge Press.
[44] Box, G. E., and Tiao, G. (1992). Bayesian Inference in Statistical Analysis. John Wiley & Sons.
[45] Brannen, P. (2017). The Ends of the World: Volcanic Apocalypses, Lethal Oceans and Our Quest to Understand Earth's Past Mass Extinctions. Simon and Schuster .
[46] Brentano, F. (1966). The True and the Evident. Routledge.
[47] Brentano, F. (2012). Psychology from an Empirical Standpoint. Routledge.
[48] Brooks Jr, F. P. (1995). The Mythical Man-Month: Essays on Software Engineering, Anniversary Edition, 2/E. Pearson Education India.
[49] Brynjolfsson, E., and McAfee, A. (2014). The Second Machine Age: Work, Progress, and Prosperity in a Time of Brilliant Technologies. WW Norton & Company.
[50] Brynjolfsson, E., and Mcafee, A. (2017). The Business of Artificial Intelligence. Harvard Business Review.
[51] Brynjolfsson, E., and Mitchell, T. (2017). What Can Machine Learning Do? Workforce Implications. Science, 358 (6370): 1530–1534.
[52] Busenitz, L. W., and Barney, J. B. (1997). Differences Between Entrepreneurs and Managers in Large Organizations: Biases and Heuristics in Strategic Decision-Making. Journal of Business Venturing, 12: 9–30.
[53] Canetta, L., Redaelli, C., and Flores, M. (2014). Digital Factory for Human-Oriented Production Systems. Springer.
[54] Cannon, M. D., and Edmondson, A. C. (2005). Failing to Learn and Learning to Fail (Intelligently): How Great Organizations Put Failure to Work to Innovate and Improve. Long Range Planning, 38 (3): 299–319.
[55] Cannon, M. D., and Edmondson, A. C. (2001). Confronting Failure: Antecedents and Consequences of Shared Beliefs about Failure in Organizational Work Groups. Journal of Organizational Behavior, 22 (2), Special Issue: Shared Cognition, 161–177.
[56] Cantillon, R. (2017). Essay on the Nature of Commerce in General (first published in 1931). Routledge.
[57] Carson, R. (2002). Silent Spring. Houghton Mifflin Harcourt.
[58] Caulkins, J. P., Beau, K., and Kleiman, M. A. R. (2016). Marijuana Legalization:

What Everyone Needs to Know. Oxford University Press.
[59] Chandler, A. (1993). The Visible Hand: The Managerial Revolution in American Business. Harvard University Press.
[60] Chandler, A. (2003). Strategy and Structure: Chapters in American Industrial Enterprise. Beardbooks.
[61] Chandler, A. (2004). Scale and Scope: The Dynamics of Industrial Capitalism. Harvard University Press.
[62] Chandler, D., and Fuchs, C. (2019). Digital Objects, Digital Subjects: Interdisciplinary Perspectives on Capitalism, Labour and Politics in the Age of Big Data. London: University of Westminster Press.
[63] Changeux, J. P. (1997). Neuronal Man: The Biology of Mind. Princeton University Press.
[64] Chermack, T. J. (2018). Foundations of Scenario Planning: The Story of Pierre Wack. Routledge.
[65] Chow, Y. K., and Hamilton, R. T. (1993). Corporate Divestment: An Overview. Journal of Managerial Psychology, 8 (5): 9-13.
[66] Christensen, C. M. (1997). The Innovator's Dilemma: When New Technologies Cause Great Firms to Fail. Harvard Business School Press.
[67] Christensen, C. M., Horn M. B., and Johnson C. W. (2008). Disrupting Class: How Disruptive Innovation Will Change the Way the World Learns. McGraw-Hill.
[68] Christensen, C. M., and Eyring, H. J. (2011). The Innovative University: Changing the DNA of Higher Education from the Inside Out. John Wiley & Sons.
[69] Churchman, C. W., and Churchman, C. W. (1968). The Systems Approach (Vol. 1). Dell.
[70] Churchman, C. W. (1971). Design of Inquiring Systems: Basic Concepts of Systems and Organization. Basic Books.
[71] Clarke, L. (1999). Mission Improbable: Using Fantasy Documents to Tame Disaster. University of Chicago Press.
[72] Clarke, L. (2006). Worst Cases: Terror and Catastrophe in the Popular Imagination. University of Chicago Press.
[73] Coleman, J. S., and Coleman, J. S. (1994). Foundations of Social Theory. Harvard University Press.
[74] Corbusier, L. (1986). Towards a New Architecture. Dover Publications.
[75] Courtney, H. (2003). Decision-Driven Scenarios for Assessing Four Levels of Uncertainty. Strategy & Leadership, 31 (1): 14-22.
[76] Covello, V. T. (2010). Strategies for Overcoming Challenges to Effective Risk Communication. In: Heath, Robert L., and H. Dan O'Hair (eds.), 2010. Handbook of Risk and Crisis Communication. Routledge.
[77] Cropper, W. (1986). Rudolf Clausius and the Road to Entropy. American Journal of Physics, 54: 1068.
[78] Csikszentmihalyi, M. (2008). Flow: The Psychology of Optimal Experience. Harper &

Row.

[79] Day, G., and Schoemaker, P. (2004). Peripheral Vision: Sensing and Acting on Weak Signal. Long Rage Planning Journal, 37: 116-122.

[80] Day, G. S., and Schoemaker, P. (2005). Scanning the Periphery. Harvard Business Review, 83 (11): 135.

[81] Dewey, J. (1998). The Essential Dewey: Pragmatism, Education, Democracy. Indiana University Press.

[82] Diamond, J. (2013). Collapse: How Societies Choose to Fail or Survive. Penguin.

[83] Diamond, J. (2019). Upheaval: Turning Points for Nations in Crisis. Little Brown and Company.

[84] Donald, D. (2001). Essays on Action and Events. Oxford University Press.

[85] Douglas, M., and Wildavsky, A. (1983). Risk and Culture: An Essay on the Selection of Technological and Environmental Dangers. University of California Press.

[86] Dunne, D., and Martin, R. (2006). Design Thinking and How It Will Change Management Education: An Interview and Discussion. Academy of Management Learning & Education, 5 (4): 512-523.

[87] Durkheim E. (1982). What is a Social Fact? In: Lukes, S. (ed.). The Rules of Sociological Method. Contemporary Social Theory. Palgrave.

[88] Edmondson A. C. (2004). Learning from Mistakes is Easier Said than Done: Group and Organizational Influences on the Detection and Correction of Human Error. The Journal of Applied Behavioral Science, 40 (1): 66-90.

[89] Eigen, M., and Winkler, R. (1993). Law of the Game: How the Principles of Nature Govern Chance. Princeton University Press.

[90] Ekstedt, E., Lundin, R. A., Soderholm, A., and Wirdenius, H. (1999). Neo-Industrial Organising: Renewal by Action and Knowledge Formation in a Project Intensive Economy. Routledge.

[91] Eldredge, Ni., and Gould, S. J. (1972). Punctuated Equilibria: An Alternative to Phyletic Gradualism. In: Thomas J. M. Schopf (ed.). Models in Paleobiology. Freeman Cooper.

[92] Eliot, T. S. (2009). Selected Poems of T. S. Eliot. Faber and Faber.

[93] Ernst, M. (1986). The Economy of Science. In: McGuinness, B. (ed.). Principles of the Theory of Heat. Vienna Circle Collection, vol 17. Springer.

[94] Feldman, M. S. and March, J. G. (1981). Information in Organizations as Signal and Symbol. Administrative Science Quarterly, 26 (2): 171-186.

[95] Feynman, R. (2005). The Pleasure of Finding Things Out: The Best Short Works of Richard P. Feynman. Hachette Book Group.

[96] Finke, R. A., Ward, T. B., and Smith, S. M. (1992). Creative Cognition: Theory, Research, and Applications. MIT Press.

[97] Fligstein, N., and McAdam, D. (2012). A Theory of Fields. Oxford University Press.

[98] Ford, H. (2005). My Life and Work. Project Gutenberg eBook.

[99] Frankl, V. E. (1984). Man's Search for Meaning. Washington Square Press.

[100] Frey, C. B., and Osborne, M. A. (2017). The Future of Employment: How Susceptible Are Jobs to Computerisation? Technological Forecasting and Social Change, 114: 254-280.

[101] Friedman, G. (2010). The Next 100 Years: A Forecast for the 21st Century. Anchor Books.

[102] Friedman, M. (2020). Capitalism and Freedom. University of Chicago Press.

[103] Friedman, T. (2006). The World is Flat: A Brief History of the 21st Century. Macmillan.

[104] Frischmann, B. (2012). Infrastructure: The Social Value of Shared Resources. Oxford University Press.

[105] Frye, N. (1957). Anatomy of Criticism: Four Essays. Princeton University Press.

[106] Fukuyama, F. (2006). The End of History and the Last Man. Simon Schuster.

[107] Fuller, B. (1982). Synergetics: Explorations in the Geometry of Thinking. Macmillan Press.

[108] Gates, B. (2021). How to Avoid a Climate Disaster: The Solutions We Have and Breakthroughs We Need. Random House of Canada.

[109] Gershenfeld, N. (2008). Fab: The Coming Revolution on Your Desktop —From Personal Computers to Personal Fabrication. Basic Books.

[110] Geus, A. (2002). The Living Company: Habits for Survival in a Turbulent Business Environment. Harvard Business School Press.

[111] Giacometti, A., Boehm, G., and Wallner, J. (2010). The Origin of Space. Distributed Art Publishers.

[112] Gilchrist, A. (2016). Industry 4.0: The Industrial Internet of Things. Apress.

[113] Gioia, D. A., and Chittipeddi, K. (1991). Sensemaking and Sensegiving in Strategic Change Initiation. Strategic Management Journal, 12 (6): 433-448.

[114] Gioia, D. A., Corley, K. G., and Hamilton, A. L. (2013). Seeking Qualitative Rigor in Inductive Research: Notes on the Gioia Methodology. Organizational Research Methods, 16 (1): 15-31.

[115] Gleick, J. (2011). The Information: A History, a Theory, a Flood. Random House Canada Limited, Toronto.

[116] Golant, B. D., and Sillince, J. A. A. (2007). The Constitution of Organizational Legitimacy: A Narrative Perspective. Organization Studies, 28 (8): 1149-1167.

[117] Goldberger, P. (2015). Building Art: The Life and Work of Frank Gehry. Alfred A. Knopf Publisher.

[118] Gould, S. J. (2002). The Structure of Evolutionary Theory. Harvard University Press.

[119] Gray, B. (1985). Conditions Facilitating Interorganizational Collaboration. Human Relations, 38 (10): 911-936.

[120] Gray, J., and Szalay, A. (2007). eScience —A Transformed Scientific Method. Presentation to the Computer Science and Technology Board of the National Research Council, Mountain View, CA.

[121] Greenspan, A. (2008). The Age of Turbulence: Adventures in a New World. Penguin

Books.

[122] Greif, A. (2006). Institutions and the Path to the Modern Economy: Lessons from Medieval Trade. Cambridge University Press.

[123] Grove, A. (1996). Only the Paranoid Survive: How to Exploit the Crisis Points that Challenge Every Company. Double Day Publisher.

[124] Gupta, A. K., Smith, K. G., and Shalley, C. E. (2006). The Interplay Between Exploration and Exploitation. Academy of Management Journal, 49 (4): 693-706.

[125] Habermas, J. (1991). The Structural Transformation of the Public Sphere: An Inquiry into a Category of Bourgeois Society. MIT Press.

[126] Haken, H. (1975). Cooperative Phenomena in Systems Far from Thermal Equilibrium and in Nonphysical Systems. Review of Modern Physics, 47 (1): 67-122.

[127] Haken, H. (2004). Synergetics: Introduction and Advanced Topics. Springer.

[128] Haken, H. (2006). Information and Self-Organization: A Macroscopic Approach to Complex Systems. Springer, Berlin, Heidelberg, New York.

[129] Haken, H. (2012). Advanced Synergetics: Instability Hierarchies of Self-Organizing Systems and Devices. Springer.

[130] Hamel, G., and Prahalad, C. K. (2010). Strategic Intent. Harvard Business Press.

[131] Hardin, G. (2009). The Tragedy of the Commons. Journal of Natural Resources Policy Research, 1: 3, 243-253.

[132] Hart, O., and Holmström, B. (1987). The Theory of Contracts. Pages. In: Bewley, T. F. (ed.). Advances in Economic Theory: Fifth World Congress. Cambridge University Press.

[133] Hart, O., and Moore, J. (1999). Foundations of incomplete contracts. The Review of Economic Studies, 66 (1): 115-138.

[134] Harvey, H. (2018). Designing Climate Solutions: A Policy Guide for Low-Carbon Energy. Island Press.

[135] Hastings, R., and Meyer E. (2020). No Rules Rules: Netflix and the Culture of Reinvention. Penguin Press.

[136] Haunschild, P., and Miner, A. (1997). Modes of Interorganizational Imitation: The Effects of Outcome Salience and Uncertainty. Administrative Science Quarterly, 42 (3): 472-500.

[137] Hawlitschek, F., Notheisen, B., and Teubner, T. (2018). The Limits of Trust-Free Systems: A Literature Review on Blockchain Technology and Trust in the Sharing Economy. Electronic Commerce Research and Applications, 29: 50-63.

[138] Heath, R. L., and O'Hair, H. D. (2010). Handbook of Risk and Crisis Communication. Routledge.

[139] Heidegger, M. (1978). Being and Time. Blackwell Publishing.

[140] Heisenberg, W. (1958). Physics and Philosophy: The Revolution In Modern Science. Harper Perennial, HarperCollins Publishers.

[141] Helfat, C. E., Finkelstein, S., Mitchell, W., et al. (2012). Dynamic Capabilities: Understanding Strategic Change in Organizations. John Wiley Publishers.

[142] Henrich, J. (2020). The WEIRDest People in the World: How the West Became Psychologically Peculiar and Particularly Prosperous. Farrar Straus and Giroux.

[143] Hey, T., Tansley, S., and Tolle, K. (2009). The Fourth Paradigm: Data-Intensive Scientific Discovery. (Vol. 1). Microsoft research.

[144] Heyde, C. C., Crepel, P., and Fienberg, S. E. (2013). Statisticians of the Centuries. Springer.

[145] Hobbes, T. (2018). Contractarianism from Leviathan (1651). In: Vopat, M. C., and Tomhave, A. (eds.). Business Ethics. Broadview Press.

[146] Hoc, J. M. (2001). Towards a Cognitive Approach to Humanmachine Cooperation in Dynamic Situations. International Journal of Human-Computer Studies, 54: 509-540.

[147] Hock, D. (1999). Birth of the Chaordic Age. Berrett-Koehler Publishers.

[148] Hoffman, B. (2013). American Icon: Alan Mulally and the Fight to Save Ford Motor Company. Crown Business.

[149] Hofstadter, R. (1963). Anti-intellectualism in American Life. Vintage Books, Random House Inc.

[150] Hofstadter, R. (2008). The Paranoid Style in American Politics. Vintage Books, Random House Inc.

[151] Holbach, P. (1868). The System of Nature, Or Laws of the Moral and Physical World. J. P. Mendum Publisher.

[152] Holmstrom, B., and Milgrom, P. (1994). The Firm as an Incentive System. The American Economic Review, 1994, 84 (4): 972-991.

[153] Holmstrom, B. (1979). Moral Hazard and Observability. Bell Journal of Economics, 10 (1): 74-91.

[154] Hsieh, T. (2010). Delivering Happiness: A Path to Profits, Passion, and Purpose. Hachette UK.

[155] Huang, C., Wang, Y., Li, X., et al. (2020). Clinical Features of Patients Infected with 2019 Novel Coronavirus in Wuhan, China. Lancet (London, England), 395 (10223): 497-506.

[156] Hubbard, D. (2010). How to Measure Anything: Finding the Value of "Intangibles" in Business (2nd Edition). John Wiley & Sons, Inc.

[157] Hume, D. (2019). David Hume on Human Nature. Musaicum Books.

[158] Jackson, M. C. (2019). Critical System Thinking and the Management of Complexity. John Wiley and Sons Inc.

[159] Janssen, T. (2021). Timothy Janssen Design Brochure. Company publications.

[160] Jeong, H. S., and Brower, R. S. (2008). Extending the Present Understanding of Organizational Sensemaking: Three Stages and Three Contexts. Administration & Society, 40 (3): 223-252.

[161] Kaelbling, L. P., Littman, M. L., and Moore, A. W. (1996). Reinforcement Learning: A Survey. Journal of Artificial Intelligence Research, 4: 237-285.

[162] Kahneman, D., Slovic, P. and Tversky, A. (1982). Judgment Under Uncertainty: Heuristics and Biases. Cambridge University Press.

[163] Karniol, R., and Ross, M. (1996). The Motivational Impact of Temporal Focus: Thinking about the Future and the Past. Annual Review of Psychology, 47: 593-620.

[164] Kauffman, S. (1993). The Origins of Order: Self Organization and Selection in Evolution. Oxford University Press.

[165] Khan, H. (1962). Thinking about the Unthinkable. Avon Books.

[166] Kissinger, H. A. (2014). World Order: Reflections on the Character of Nations and the Course of History. Penguin Books.

[167] Knight, F. H. (2012). Risk, Uncertainty and Profit. Courier Corporation.

[168] Knowlton, B. J., and Squire, L. R. (1993). The Learning of Categories: Parallel Brain Systems for Item Memory and Category Knowledge. Science, 262: 1747-1749.

[169] Kreps, M. D., Milgrom, P., and Robert, W. (1982). Rational Cooperation in the Finitely Repeated Prisoners' Dilemma. Journal of Economic Theory, 1982, 27 (2): 245-252.

[170] Kuhn, T. S. (2012). The Structure of Scientific Revolutions (4th ed.). University of Chicago Press.

[171] Lasi, H., Fettke, P., Kemper, H. G., et al. (2014). Industry 4.0. Business & Information Systems Engineering, 6 (4): 239-242.

[172] Latour, B. (1993). We Have Never Been Modern. Harvard University Press.

[173] Lay, W. D. (2014). Rousseau's Social Contract: An Introduction. Cambridge University Press.

[174] Lem, S. (2014). Solaris [Kindle Edition]. Amazon.com. Retrieved 2016-02-08.

[175] Lerner, J. (2014). Urban Acupuncture. Island Press.

[176] Levitin, D. (2007). This is Your Brain on Music: The Science of a Human Obsession. Penguin Random House.

[177] Levitin, D. (2015). The Organized Mind: How to Better Structure Our Time in the Age of Social Media and Constant Distraction. Penguin Random House.

[178] Levitt, T. (1960). Marketing Myopia. Harvard Business Review, 1960 (July-August): 45-56.

[179] Lewin, K. (1951). Field Theory in Social Science: Selected Theoretical Papers. Harpers.

[180] Lewin, K. (1997). Resolving Social Conflicts and Field Theory in Social Science. American Psychological Association.

[181] Loeb, A. (2021). Extraterrestrial: The First Sign of Intelligent Life Beyond Earth. Houghton Mifflin Harcourt.

[182] Lorenz, E. (1995). The Essence of Chaos. University of Washington Press.

[183] Lounsbury, M., and Glynn, M. A. (2001). Cultural Entrepreneurship: Stories, Legitimacy and the Acquisition of Resources. Strategic Management Journal, 22 (6-7): 545-564.

[184] Lovelock, J. (1979). Gaia: A New Look at Life on Earth. W. W. Norton.

[185] Lundin, R. A., and Söderholm, A. (1995). A Theory of the Temporary Organization. Scandinavian Journal of Management, 11 (4): 437-455.

[186] Lundin, R., Arvidsson, N., Brady, T., et al. (2015). Managing and Working in Project Society: Institutional Challenges of Temporary Organizations. Cambridge University Press.
[187] Machiavelli, N. (2003). The Prince. Bantam Dell Random House.
[188] Malle, B., and Knobe, J. (1997). The Folk Concept of Intentionality. Journal of Experimental Social Psychology, 33 (2): 101-121.
[189] Malle, B. F., Moses, L. J., and Baldwin, D. A. (2001). Intentions and Intentionality: Foundations of Social Cognition. MIT Press.
[190] Maltzan, M. (2021). Addressing Homelessness: What Can (and Can't) Architecture Do? Harvard University Graduate School of Design.
[191] March, J. G. (1978). Bounded Rationality, Ambiguity, and the Engineering of Choice. The Bell Journal of Economics. 9 (2): 587-608.
[192] March, J. G. (1994). Primer on Decision Making: How Decisions Happen. Simon Schuster.
[193] March, J. G. (1991). Exploration and Exploitation in Organizational Learning. Organization Science, 2 (1): 71-87.
[194] March, J. G., and Cyert, R M. (1963). A Behavioral Theory of the Firm. Prentice-Hall.
[195] March, J. G., Sproull, L. S., and Tamuz, M. (1991). Learning from Samples of One or Fewer. Organization Science.
[196] Markides C., and Charitou C. (2004). Competing with Dual Business Models: A Contingency Approach. Academy of Management Executive, 18 (3): 22-36.
[197] Martin, H. (1996). Charlie Parker and Thematic Improvisation. Scarecrow Press.
[198] Matzler, K., Veider, V., and Kathan, W. (2015). Adapting to the Sharing Economy. MIT Sloan Management Review, 56 (2): 71.
[199] Mauro M. (2017). The Crisis Conundrum: How to Reconcile Economy and Society. Springer.
[200] Mckee, R. (1999). Story: Substance, Structure, Style, and the Principles of Screenwriting. Methuen Publishing.
[201] Mcluhan, M. (1967). The Medium is the Message. Penguin Books.
[202] Merton, R. (1968). The Matthew Effect in Science. Science, 159 (3810): 56-63.
[203] Merton, R. (1973). The Sociology of Science: Theoretical and Empirical Investigations. University of Chicago Press.
[204] Merton, R. K., and Merton, R. C. (1968). Social theory and social structure. Simon and Schuster.
[205] Metcalfe, J., and Shimamura, A. P. (1994). Metacognition: Knowing about Knowing. MIT press.
[206] Michelman, P. (2017). Seeing Beyond the Blockchain Hype. MIT Sloan Management Review, 58 (4): 17.
[207] Mitchell, R. K., Busenitz, L. W., Bird, B., et al. (2007). The Central Question in Entrepreneurial Cognition Research. Entrepreneurship Theory and Practice, 31: 1-27.

[208] Mitchell, R. K., Busenitz, L., Lant, T., et al. (2002). Toward a Theory of Entrepreneurial Cognition: Rethinking the People Side of Entrepreneurship Research. Entrepreneurship Theory and Practice, 27: 93-104.

[209] Mitchell, R. K., Mitchell, J. R., and Smith, J. B. (2010). Inside Opportunity Formation: Enterprise Failure, Cognition, and the Creation of Opportunities. Strategic Entrepreneurship Journal, 2 (3): 225-242.

[210] Mitchell, R. K., Randolph-Seng, B., and Mitchell, J. R. (2011). Socially Situated Cognition: Imagining New Opportunities for Entrepreneurship Research. The Academy of Management Review, 36 (4): 774-776.

[211] Monod, J. (1971). Chance and Necessity: Essay on the Natural Philosophy of Modern Biology. Alfred A. Knopf Publishing.

[212] Montgomery, C. A., and Thomas, A. R. (1988). Divestment: Motives and gains. Strategic Management Journal, 9 (1): 93-97.

[213] Moore, G. (2002). Crossing the Chasm: Marketing and Selling Disruptive Products to Mainstream Customers. Harper Collins Publishers.

[214] Moorman, C., and Miner, A. S. (1998). Organizational Improvisation and Organizational Memory. Academy of Management Review, 23 (4): 698-723.

[215] Mowday, R. T. (1997). Celebrating 40 Years of the Academy of Management Journal. Academy of Management Journal, 40 (6): 1400-1414.

[216] Nakamoto, S. (2008). Bitcoin: A Peer-to-Peer Electronic Cash System.

[217] Nelson, R., and Winter, S. G. (1982). An Evolutionary Theory of Economic Change. Belknap Press of Harvard University Press.

[218] Neumann, J., and Morgenstern, O. (2007). Theory of Games and Economic Behavior (Commemorative Edition). Princeton University Press.

[219] O'Reilly III, C. A., and Tushman, M. L. (2008). Ambidexterity as a Dynamic Capability: Resolving the Innovator's Dilemma. Research in Organizational Behavior, 28: 185-206.

[220] O'Keefe, D. (2011). Michael Ignatieff: The Lesser Evil? Verso Publisher.

[221] Oleksiy, O., Troshkova, M., and Bao, Y. J. (2017 June). What Makes a Global Business Model? In: Presenza, A., and Sheehan L. (eds.). Geopolitics and Strategic Management in the Global Economy, IGI Global Publication: 19-39.

[222] Ord, T. (2021). The Precipice: Existential Risk and the Future of Humanity. Oxford University Press.

[223] Orton, J. D., and Weick, K. E. (1990). Loosely Coupled Systems: A Reconceptualization. Academy of Management Review, 15 (2): 203-223.

[224] Osiyevskyy, O., and Dewald, J. (2015). Explorative versus Exploitative Business Model Change: The Cognitive Antecedents of Firm-Level responses to Disruptive Innovation. Strategic Entrepreneurship Journal, 9 (1): 58-78.

[225] Paterson, K. (2019). Katie Paterson: A Place that Only Exists in Moonlight: Printed with Cosmic Dust. Kerber Verlag.

[226] Patvardhan, S., and Ramachandran, J. (2020). Shaping the Future: Strategy Making as

Artificial Evolution. Organization Science, 31: 671-697.

[227] Peirce, C. S. (2009). Writings of Charles S. Peirce: A Chronological Edition, Volume 8, 1890-1892. Indiana University Press.

[228] Perrow, C. (2021). Normal Accidents: Living with High Risk Technologies. Princeton University Press, Princeton, New Jersey.

[229] Pine, B. J., Pine, J., and Gilmore, J. H. (1999). The Experience Economy: Work Is Theatre & Every Business a Stage. Harvard Business Press.

[230] Polanyi, M. (2009). The Tacit Dimension. University of Chicago Press.

[231] Popper, K. (2020). The Open Society and Its Enemies. Princeton University Press.

[232] Porter, M. (2011). Competitive Advantage of Nations: Creating and Sustaining Superior Performance. Simon & Schuster.

[233] Prahalad, C. K. (2004). The Blinders of Dominant Logic. Long Range Planning Journal, 37 (2004): 171-179.

[234] Purves, D., and Lotto, R. B. (2003). Why We See What We Do: An Empirical Theory of Vision. Sinauer Associates.

[235] Putnam, R. D. (2000). Bowling Alone: The Collapse and Revival of American Community. Simon & Schuster.

[236] Raisch, S., and Birkinshaw, J. (2008). Organizational Ambidexterity: Antecedents, Outcomes, and Moderators. Journal of Management, 34 (3), 375-409.

[237] Raisch, S., and Krakowski, S. (2021). Artificial Intelligence and Management: The Automation—Augmentation Paradox. Academy of Management Review, 46 (1): 192-210.

[238] Ramoglou, S., and Tsang, E. W. (2016). A Realist Perspective of Entrepreneurship: Opportunities as Propensities. Academy of Management Review, 41: 410-434.

[239] Ransbotham, S., Kiron, D., Gerbert, P., et al. (2017). Reshaping Business with Artificial Intelligence: Closing the Gap Between Ambition and Action. MIT Sloan Management Review, 59 (1): 1-17.

[240] Reich, R. B. (2002). The Future of Success: Working and Living in the New Economy. Vintage.

[241] Reid, T. (1997). An Inquiry into the Human Mind on the Principles of Common Sense. Penn State University Press.

[242] Ricardo, D. (1891). Principles of Political Economy and Taxation. George Bell and Sons.

[243] Richardson, L. F. (2007). Weather Prediction by Numerical Process. Cambridge University Press.

[244] Rittel, H. W. J., and Webber, M. M. (1973). Dilemmas in a General Theory of Planning. Policy Science, 4: 155-169.

[245] Rorty, R. (1989). Contingency, Irony and Solidarity. Cambridge University Press.

[246] Rudd, M., Vohs, K. D., and Aaker, J. (2012). Awe Expands People's Perception of Time, Alters Decision Making, and Enhances Well-being. Psychological Science, 23 (10): 1130-1136.

[247] Russell, S. J., and Norvig, P. (2016). Artificial Intelligence: A Modern Approach. Malaysia: Pearson Education Limited.

[248] Ryan, M. L. (1991). Possible Worlds, Artificial Intelligence, and Narrative Theory. Indiana University Press.

[249] Ryan, M. L. (2001). Narrative as Virtual Reality. Johns Hopkins University Press.

[250] Ryan, M. L. (2004). Narrative across Media: The Languages of Storytelling. University of Nebraska Press.

[251] Sagan, C. (1997). Pale Blue Dot: A Vision of the Human Future in Space. Ballantine Books.

[252] Sagan, C. (2012). Dragons of Eden: Speculations on the Evolution of Human Intelligence. Ballantine Books.

[253] Sarasvathy, S. D. (2001). Causation and Effectuation: Toward a Theoretical Shift from Economic Inevitability to Entrepreneurial Contingency. Academy of Management Review, 26 (2): 243.

[254] Sarasvathy, S. D. (2009). Effectuation: Elements of Entrepreneurial Expertise. Edward Elgar Publishing.

[255] Savulescu, J., and Bostrom, N. (2009). Human Enhancement. Oxford University Press.

[256] Say, J. B. (1855). A Treatise on Political Economy. Translated from the 4th edition of the French by C. R. Prinsep, M. A. Lippincott, Grambo & Company.

[257] Schacter, D. L., and Addis, D. R. (2007). Constructive Memory: the Ghosts of Past and Future. Nature, 445 (7123): 27.

[258] Schumpeter, J. A. (1909). On the Concept of Social Value. The Quarterly Journal of Economics, 23 (2): 213-232.

[259] Schumpeter, J. A. (1911). The Theory of Economic Development. Harvard University Press.

[260] Schumpeter, J. A. (1989). Economic Theory and Entrepreneurial History. Essays on Entrepreneurs, Innovations, Business Cycles, and the Evolution of Capitalism. Taylor & Francis Group.

[261] Schwartz, P. (2012). The Art of the Long View: Planning for the Future in an Uncertain World. Currency Doubleday Publishing.

[262] Seager, S. (2020). The Smallest Lights in the Universe: A Memoir. Penguin Random House Canada Limited.

[263] Seelig, T. (2012). in Genius: A Crash Course on Creativity. Hay House, Inc.

[264] Shannon, C. E., and Weaver, W. (1998). The Mathematical Theory of Communication. University of Illinois Press.

[265] Shapin, S., and Schaffer, S. (1985). Leviathan and the Air-Pump: Hobbes, Boyle, and the Experimental Life. Princeton University Press.

[266] Shih, W. (2020). Is It Time to Rethink Globalized Supply Chains? MIT Sloan Management Review, 61 (4): 1-3.

[267] Simon, H. A. (1991). Organizations and markets. Journal of Economic Perspectives, 5

(2), 25-44.
[268] Simon, H. A. (2019). The Sciences of the Artificial. MIT Press, Cambridge, Massachusetts, London, England.
[269] Slovic, P. (2013). The Feeling of Risks: New Perspectives on Risk Perception. Earthscan.
[270] Slovic, P. (2016). The Perception of Risk. Earthscan.
[271] Snyder, T. (2017). On Tyranny: Twenty Lessons from the Twentieth Century. Tim Duggan Books.
[272] Soni, J., and Goodman, R. (2017). A Mind at Play: How Claude Shannon Invented the Information Age. Simon & Schuster.
[273] Stewart, D., and Mickunas, A. (1990). Exploring Phenomenology: A Guide to the Field and Its Literature. Ohio University Press.
[274] Storrs, C. (2006). The Resilience of the Spanish Monarchy: 1665-1700. Oxford University Press.
[275] Swan, M. (2015). Blockchain Thinking: The Brain as a DAC (Decentralized Autonomous Organization). In Texas Bitcoin Conference. Chicago.
[276] Syverson, C. (2017). Challenges to Mismeasurement Explanations for the US Productivity Slowdown. Journal of Economic Perspectives, 31 (2): 165-186.
[277] Tainter, J. (1988). The Collapse of Complex Societies. Cambridge University Press.
[278] Taleb, N. N. (2008). Fooled by Randomness: The Hidden Role of Chance in Life. Random House.
[279] Taleb, N. N. (2014). Antifragile: Things that Gain from Disorder. Random House.
[280] Taleb, N. N. (2018). Skin in the Game: Hidden Asymmetries in Daily Life. Random House.
[281] Tanaka, G. (2003). Digital Deflation. McGraw Hill Professional.
[282] Tarrow, S. G. (2011). Power in Movement: Social Movements and Contentious Politics. Cambridge University Press.
[283] Taylor, C. (2004). Modern Social Imaginaries. Duke University Press.
[284] Taylor, F. (2004). Scientific Management. Harper and Brothers.
[285] Taylor, J. R., and Van Every, E. J. (1999). The Emergent Organization: Communication as Its Site and Surface. Routledge.
[286] Thom, R., Giorello, G. and Morini, S. (2014). Parables, Parabolas and Catastrophes: Conversations on Mathematics, Science and Philosophy. Thombooks Press.
[287] Thomas, D., and Brown, J. S. (2011). A New Culture of Learning: Cultivating the Imagination for a World of Constant Change (Vol. 219). CreateSpace.
[288] Thomas, J. A., Williams, M., and Zalasiewicz, J. (2020). The Anthropocene: A Multidisciplinary Approach. Wiley.
[289] Tilly, C. (2004). Social Movements, 1768-2004. Paradigm Publishers.
[290] Trigeorgis, L. (1996). Real Options: Managerial Flexibility and Strategy in Resource Allocation. MIT Press.
[291] Tripsas M. (1997). Unraveling the Process of Creative Destruction: Complementary

Assets and Incumbent Survival in the Typesetter Industry. Strategic Management Journal 18 (1): 119-142.

[292] Turchin, P. (2007). War and Peace and War: The Rise and Fall of Empires. Plume Book, Penguin Group.

[293] Twain, M. (2004). The Best Short Stories of Mark Twain. The Modern Library.

[294] Ustundag, A., and Cevikcan, E. (2017). Industry 4.0: Managing the Digital Transformation. Springer.

[295] Vapnik, V. N. (2013). The Nature of Statistical Learning Theory. Springer Science & Business Media.

[296] Verbeke, A., and Greidanus, N. S. (2009). The End of the Opportunism vs Trust Debate: Bounded Reliability as a New Envelope Concept in Research on MNE Governance. Journal of International Business Studies, 40 (9), 1471-1495.

[297] Wack, P. (1985). Scenarios: Uncharted Waters Ahead. Harvard Business Review, September/October.

[298] Wall, D. (2014). The Commons in History: Culture, Conflict, and Ecology. MIT Press.

[299] Wallenda, N. (2014). Balance: A Story of Faith, Family, and Life on the Line. Faithwords Publisher.

[300] Weick, K. E. (1979). The Social Psychology of Organizing (2nd ed.). MA Addison-Wesley.

[301] Weick, K. E. (1976). Educational Organizations as Loosely Coupled Systems. Administrative Science Quarterly: 1-19.

[302] Weick, K. E. (1987). Organizational Culture as a Source of High Reliability. California Management Review, 29 (2): 112-127.

[303] Weick, K. E. (1988). Enacted Sensemaking in Crisis Situations. Journal of Management Studies, 25 (4): 305-317.

[304] Weick, K. E. (1995). Sensemaking in Organizations. Sage.

[305] Weick, K. E. (2012). Making Sense of the Organization, Volume 2: The Impermanent Organization. John Wiley & Sons.

[306] Weick, K. E., and Putnam, T. (2006). Organizing for Mindfulness: Eastern Wisdom and Western Knowledge. Journal of Management Inquiry, 15 (3): 275-287.

[307] Weick, K. E., and Sutcliffe, K. M. (2001). Managing the Unexpected. Jossey-Bass.

[308] Weick, K. E., and Sutcliffe, K. M. (2007). Managing the Unexpected Resilient Performance in an Age of Uncertainty. Jossey-Bass Publisher.

[309] Weick, K. E. (1995). Sensemaking in Organizations. Sage Publishing.

[310] Weinburg, M. (1978). The Social Analysis of Three Early 19th Century French Liberals: Say, Comte, and Dunoyer. Journal of Libertarian Studies, 2(1): 45-63.

[311] Welch, J. (2005). Winning. HarperCollins Publisher.

[312] Whitehead, A. N. (1978). Process and Reality: An Essay in Cosmology. New York Free Press.

[313] Wilber, K. (2001). A Theory of Everything: An Integral Vision for Business, Politics,

Science and Spirituality. Shambhala Publications.

[314] Williamson, O. E. (1996). The Mechanisms of Governance. Oxford University Press.

[315] Wilson, B., and Yachnin, P. (2010). Making Publics in Early Modern Europe: People, Things, Forms of Knowledge. Routledge Publications, New York.

[316] Wilson, W. J. (2012). The Truly Disadvantaged: The Inner City, the Underclass, and Public Policy. University of Chicago Press.

[317] Winter, S. (2004). Specialised Perception, Selection, and Strategic Surprise: Learning from the Moths and Bees. Long Range Planning Journal, 37 (2004): 163-169.

[318] Wood, D. J., and Gray, B. (1991). Toward a Comprehensive Theory of Collaboration. The Journal of Applied Behavioral Science, 27 (2): 139-162.

[319] Wood, M. S., Bakker, R. M., and Fisher, G. (2019). Back to the Future: A Time-Calibrated Theory of Entrepreneurial Action. The Academy of Management Review, 46 (1): 147-171.

[320] Wright, P., and Ferris, S. P. (1997). Agency Conflict and Corporate Strategy: The Effect of Divestment on Corporate Value. Strategic Management Journal, 18 (1): 77-83.

[321] Zalasiewicz, J., Waters, C. N., and Williams, M. (2019). The Anthropocene as a Geological Time Unit. Cambridge University Press.

[322] Ziegler, R. (2011). An Introduction to Social Entrepreneurship. Edward Elgar Publishing.

[323] Zott, C., and Huy, Q. (2007). How Entrepreneurs Use Symbolic Management to Acquire Resources. Administrative Science Quarterly, 52: 70-105.

[324] 鲍勇剑，袁文龙，Oleksiy Osiyevskyy (2014). 颠覆性变革时代的决策智慧. 清华管理评论，2014 (10): 32-40.

[325] 鲍勇剑 (2015). 新技术的胜算：特斯拉之父的商业思维. 机械工业出版社.

[326] 鲍勇剑 (2017). 策略在反面. 新世界出版社.

[327] 鲍勇剑 (2016). 管理意料之外：维克访谈录. 清华管理评论，2016 (11): 44-54.

[328] 鲍勇剑 (2019). 协同论：合作的科学. 清华管理评论，2019 (11): 6-19.

[329] 鲍勇剑 (2015). 新技术的胜算：马斯克和特斯拉. 机械工业出版社.

[330] 鲍勇剑 (2021). 重新想象商业公共空间. 管理视野，2021 (2): 82-89.

[331] 鲍勇剑 (2021). 疫情危机的哲学思考. 管理视野，2020 (7): 73-80.

[332] 鲍勇剑 (2020). 共同体经济学和基础设施资源：访谈弗里施曼. 清华管理评论，2020 (7): 14-23.

[333] 鲍勇剑，徐石，蒋蜀革 (2020). 危机反应的协同策略. 清华管理评论，2020 (5): 68-79.

[334] 鲍勇剑 (2020). 哑火的信号枪：识别新冠疫情的弱信号. 商业评论，2020 (4): 58-69.

[335] 鲍勇剑 (2019). 协同论：合作的科学——协同论创始人哈肯教授访谈录. 清华管理评论，2019 (11): 6-19.

[336] 鲍勇剑 (2018). 从不确定性到渐确定策略. 管理视野，2018 (13): 83-87.

[337] 鲍勇剑，袁文龙 (2017). 管理就是巡回排演. 清华管理评论，2017 (5): 64-74.

[338] 鲍勇剑，袁文龙，邓贻龙 (2021). 双循环的产业俱乐部策略. 清华管理评论，2021 (3)：41-51.
[339] 鲍勇剑，袁文龙，高日菖 (2016). 工作冬天来了. 清华管理评论，2016 (9)：48-62.
[340] 陈锐，许冰清 (2020). 假如武汉的警铃有机会被拉响，可以是哪天？一财网，2020-02-08，https://www.yicai.com/news/100495596.html.
[341] 路江涌 (2018). 共演战略：重新定义企业生命周期. 机械工业出版社.
[342] 毛泽东 (1991). 星星之火，可以燎原.《毛泽东选集》(第一卷). 人民出版社.
[343] 毛泽东 (1991). 关于重庆谈判.《毛泽东选集》(第四卷). 人民出版社.
[344] 澎湃新闻中心. 凉山30消防员牺牲原因30位消防员四川凉山大火牺牲原因. 2019-04-11, http://www.wmxa.cn/a/201904/617266_9.html.
[345] 塞万提斯 (2020). 堂吉诃德. 唐民权，译. 广西师范大学出版社.
[346] 唐力权 (2001). 蕴微论：场有经验的本质. 中国社会科学出版社.
[347] 唐力权 (2016). 唐力权全集. 中国社会科学出版社.
[348] 唐力权 (1989). 周易与怀德海之间：场有哲学序论. 台湾黎明文化事业公司.
[349] 亚里士多德 (2004). 前分析篇. 辽宁电子图书有限责任公司.
[350] 尹一丁 (2020). 中国品牌距离引领世界还有多远？金融时报 (中文版)，2020-07-02.
[351] 张顺江 (2003). 中国决策学：元论. 当代中国出版社.
[352] 中国日报网 (2019). 30人牺牲因"中国救火不专业"？质疑前先搞清4个问题. 2019-04-03, https://baijiahao.baidu.com/s?id=1629780604769573654&wfr=spider&for=pc.
[353] 周振鹤 (2007). 随无涯之旅. 生活·读书·新知三联书店.
[354] 朱邦复 (1998). 智慧九论. 台湾商务印刷馆股份有限公司.

图书在版编目(CIP)数据

危机协同论/(加)鲍勇剑著. —上海：复旦大学出版社，2021.8(2023.2 重印)
ISBN 978-7-309-15643-0

Ⅰ.①危… Ⅱ.①鲍… Ⅲ.①危机管理 Ⅳ.①C934

中国版本图书馆 CIP 数据核字(2021)第 080966 号

危机协同论
WEIJI XIETONG LUN
(加)鲍勇剑 著
责任编辑/戚雅斯 李 荃

复旦大学出版社有限公司出版发行
上海市国权路 579 号 邮编：200433
网址：fupnet@ fudanpress.com http://www.fudanpress.com
门市零售：86-21-65102580 团体订购：86-21-65104505
出版部电话：86-21-65642845
江阴市机关印刷服务有限公司

开本 787×1092 1/16 印张 19.25 字数 377 千
2021 年 8 月第 1 版
2023 年 2 月第 1 版第 2 次印刷

ISBN 978-7-309-15643-0/C·412
定价：88.00 元

如有印装质量问题,请向复旦大学出版社有限公司出版部调换。
版权所有 侵权必究